Alexander Kluge
Lernprozesse mit tödlichem Ausgang

Suhrkamp Verlag

edition suhrkamp 665
2. Auflage 10.–16. Tausend 1974

Satz, in Linotype Garamond, Druck und Bindung bei Georg Wagner, Nördlingen. Gesamtausstattung Willy Fleckhaus.

Vorwort

Sinnentzug. Eine gesellschaftliche Situation, in der das kollektive Lebensprogramm von Menschen schneller zerfällt, als die Menschen neue Lebensprogramme produzieren können.

Mit beiden Beinen im Leben stehen. »Alles, was an meine geliebte Mutter erinnert (deren Klo, die Schneekönigin, Prinzessinnen, Schmuck, ihr Bett und Bettvorleger, das Haus, wie sie läuft und redet ...), Brause, ihr Auto, Paris, wie die Erwachsenen reden, ihre Zweimarkstücke, ihr Wäscheschrank, mit ihr mitlaufen ... a) So hübsch, einfallsreich, modulationsfähig, hautwarm, so schnell wie Mama, b) so gesellschaftlich anerkannt, herrschend, reisefähig, ›Welt‹, c) eingebaut in einen sinnvollen Zusammenhang wie unser Haus, die Praxis meines Vaters, seine festen Lebensgewohnheiten ...«

Diese Welt bricht 1945 zusammen. Ritterkreuzträger und Jagdflieger Teddi Kunzmann muß umschulen, wird Ingenieur. 1956 schließt die Firma, auf die er sich jetzt ganz fest eingestellt hat. Teddi Kunzmann wird Reporter. Bei einem Brückeneinsturz, den er noch fotografiert, verliert er beide Beine. Er paßt sich an den körperlichen Verlust an, wird Rechnungsführer in einer Großfirma. 1972 stellt diese Firma die Abrechnung auf Computer um. Teddi soll jetzt ein neues Lebensprogramm aufbauen. Teddis Lebenslust ist nicht totzumachen.

A. K.

Inhalt

Der Betthase

I

Minguel Ozmann, von der Gelben Antilleninsel – Frauenbetreuer gegen Bezahlung. Auf keinen Fall würde ich meine Unabhängigkeit aufgeben. Ich verdiene sie täglich mit meinem Schweiß, wenn ich diesen auch im Bett unterdrücke, ich also nur so viele Bewegungen ausführe, daß ich nicht unangenehm auffalle. Das wäre mir gegenüber einer Kundin eine Beschämung, wenn sie sagen könnte: Minguel, Sie schwitzen. Oder: Kurtchen, trockne dich mal mit meinem Handtuch ab.
Ich gehe früh zu einer Frau aus Boston, die ich im Hotel massiere, dann suche ich meine Leiche auf, Belgierin, die mich für den ganzen Tag vertraglich verpflichtet hat. Insofern ist die Frau aus Boston bereits Schwarzarbeit. Ich gehe mit der Vertragspartnerin schwimmen, halte eine Zeitlang ihre tote Pfote auf der Strandliege in der meinen, reibe ihr den Arm. Dabei lasse ich mir in schöner Freiheit den Antillenwind um meine Muskeln wehen. Nachmittags muß ich dann Micki, so heißt sie angeblich, in ihrem Zimmer »überfallen«, das heißt sie sagt: Du rufst vorher an, Kurtchen, du kannst mich nicht einfach überfallen, sondern ich will wissen, wann du kommst. Deshalb sage ich überfallen, weil ich immer an diese Vorwarnung denken muß, wenn ich nach telefonischem Anruf von meinem Zimmer im vierten Stock dieses großen Baus mich zu ihr in den sechsten Stock hinaufarbeite.
Ich erschrak zu Tode, als mich heute vormittag ihre greisen Finger am Strand anrührten, mich aus einem kurzen Schlummer rissen. Faß mich nicht an, du alte Leiche, rief ich aus. Sie zog erschreckt ihre Finger wieder an sich. Während ich zu einer vorgelagerten Sandbank schwamm, um mich körperlich müde zu machen, den Tag irgendwie zu bewältigen, vergegenwärtigte ich mir ihre Vorzüge. Ich brauche einen konkreten Punkt, auf den ich mich konzentriere. Alles übrige ist dann eine Frage der Einstellung. So gebe ich mir Mühe mit dieser Kundin, denn sie soll reelle Ware erhalten, wie es dem Vertrag entspricht, und das ist keine reine körperliche Arbeit, sondern auch eine innere Konzentration auf den Gegenstand meiner Bemühung,

das heißt, an irgendeinem Punkt will ich ihr auch innerlich etwas mitgeben, das sie von diesem sonnigen Strand ins vernebelte Belgien mitnimmt.
Nachmittags fand ich Hilfe bei folgendem Vergleich: ich stellte fest, daß die Haut auf meinem Handrücken, wahrscheinlich unter Einfluß der Sonnencreme, auf ähnliche Weise sich pappig anfühlte wie bei meiner Micki, was also offenkundig eine Reaktion der Haut auf Sonne, Wasser und diese Creme war, da ja meine Natur von 32 Jahren Alter zweifellos keine Leicheneigenschaften hat – so waren wir also auch in dieser Hinsicht zwei *gleiche* Menschen, die sich solidarisierten, nachdem ich ihr die Kleider, den Straps, den Büstenhalter abgestreift und sie zu einer Liege hingetrieben hatte. Sie fraß mir aus der Hand, das heißt, sie wollte in alles einwilligen, auch in die Annullierung des Vertragsverhältnisses, wenn das die astronomische Entfernung zu mir verringert hätte – daß sie also gesagt hätte: »Kurtchen, oder Minguel, laß das alles sein, lieg ruhig da und schlaf dich aus oder hol dir einen Moppel von unten, laß mich wenigstens zusehen, oder verbiete mir auch das, dann gehe ich solange Kaffee trinken, ohne jede Bedingung, du brauchst mir deswegen keinen dankbaren Blick zuzuwerfen ...« In dieser Stimmung, die mich rührte und endgültig für sie einnahm, bat ich sie um einen Sonderscheck über 4000 Dollar, den ich später in meiner Anzughose auch fand. Sie war offenkundig reiche Erbin oder Witwe. Ich wollte nicht danach fragen, um nicht gierig zu erscheinen.

II

Soeben pladdert ein Gewittersturm über die Gartenanlagen und die Terrassen des Luxushotels. Geschirr, Tischdecken werden von den Tischen geschmissen. Die Dekorationen für »Südliche Ballnacht« sind zerstört. Ich hoffe, daß recht große Zerstörungen in diesem Luxusviertel angerichtet sein werden, da so ein Nachrichtenwert entsteht, der über die ganze Welt verbreitet werden kann und den Ruf unserer Gelben Insel planetenweit verbreitet. Erst in diesem Ausmaß hätte der Sturm einen Wert. Darauf ist heute nicht zu hoffen, falls nicht noch ein

Flugzeug, das eine Blindlandung versucht, abstürzt, denn dieser Pladderregen zerstört nur Kleinigkeiten.
»Hat man Charakter, so hat man auch sein typisches Erlebnis, das immer wiederkommt.« So streite ich mich immer wieder mit meinen Kameraden, die die gleiche Tätigkeit ausüben wie ich. Die Kameraden Charlie und Alfred Duhamel bezeichnen mich als Streikbrecher, weil ich die Konsequenzen meiner vertraglichen Verpflichtungen ziehe. Sie selber erfüllen nur den Buchstaben ihrer Verträge. Sie spielen die Distanz zu ihrer Arbeit mit, indem sie die Gegenstände ihrer Arbeit, das heißt: ihre Arbeitgeberinnen, herabsetzen. Sie kneifen die Frauen öffentlich und zeigen, daß diese sich dies gefallen lassen müssen. Sie verstehen sich, solange noch nicht gezahlt ist, als über der Sache stehend. Alfred Duhamel benachrichtigte kürzlich seinen Bruder von Wünschen einer Kundin. Hierauf antwortete Charlie am Telefon: »Keine Bewegung ohne Geld.«
Ich muß mich hier gegen den Vorwurf wehren, ich hätte keinen Charakter bzw. meine Hingabe an meine Arbeit verletze meine Eigenständigkeit. Alfred Duhamel: »Minguel, es ist ehrlich und aufrichtig, seinen Abscheu vor dieser Arbeit zu zeigen.« Ich antworte: »Nein, das ist zwiespältig. Man muß entweder die Arbeit nicht übernehmen oder sein ganzes Leben für diese Arbeit hingeben.«
Duhamel: »Wenn du, wie wir, 40 Kundinnen am Tag herunterreißt, mußt du dich aus der Sache persönlich heraushalten, sonst hältst du das nicht durch.« Ich: »Ich mache eine, höchstens 2, dafür gründlich.« Duhamel: »Aber den Vorteil suchst du doch wie wir.« Ich: »Selbstverständlich.« Duhamel: »Warum dann mit Brett vor dem Kopf?« Ich erwidere, das sei eine Sache des Charakters. Damit hatte ich ihn widerlegt. Nicht, weil ich keinen Charakter, sondern weil ich einen habe, verfolge ich z. B. gegenüber Micki diesen *Kurs der unendlichen Hingabe.* Duhamel: »Damit machst du uns Schwierigkeiten. Wenn man dich werken sieht, hat es den Anschein, als ob *wir* unseren 40 Kundinnen nicht *unser Letztes* geben.«
Ich könnte mir bei meinem stattlichen Einkommen eine oder mehrere Freundinnen aussuchen oder unterhalten. Mir wäre diese Form abstrakter Zärtlichkeit, der kein Kontrakt zugrunde liegt, die also ziellos vertan wird, heute bereits unangenehm, ein Luxus, den unsere schwer arbeitende Inselbevölke-

rung, die schließlich nichts Geringeres als unsere Unabhängigkeit durch ihre Arbeitsproduktivität verteidigt, sich nicht leisten kann. Wollen wir unabhängig vom Dollar bleiben, müssen wir arbeiten lernen. Eine Dame aus den Vereinigten Staaten versuchte mich heute als Gigolo zu behandeln. Noch während des Luncheons wollte sie mir Anweisungen geben, wo und wie ich auf sie warten sollte und was ich mitzubringen hätte, welche Wünsche ich ohne weiteres Gespräch erfüllen sollte. Ich zahlte aus meiner Tasche den Luncheon und verließ die verdutzte Person. Meine Vorfahren sind Indianer. Dies wäre außer meinem fachlich-beruflichen Interesse das einzige wirkliche Interesse, das ich habe: wie ich meine Unabhängigkeit im Sinne meiner Vorfahren (die ich mir natürlich nur denken kann) verteidige. Ich taste jede der mir zur Betreuung übergebenen Frauen daraufhin ab, ob sie in dieser Frage etwas weiß. Es würde mich zusätzlich zu ihnen hinziehen. Aber sie sind zu hastig. »Die Menschen der tiefen Traurigkeit verraten sich, wenn sie glücklich sind: sie haben eine Art, das Glück zu fassen, so als ob sie es erdrücken und ersticken möchten, aus Eifersucht – ach, sie wissen zu gut, daß es ihnen davonläuft!« Dabei würde ich keineswegs davonlaufen, sondern aufmerksam zuhören. Es kommt zu keiner Zusammenarbeit.

III

Nach einigen Wochen Aufenthalt auf der Gelben Antilleninsel – gelb wegen des Werbespruchs, der sich auf den ehemaligen Sandstrand dieser Insel bezieht – begann sich Frau Veronique Clermont, die sich Minguel gegenüber Micki nannte, gesundheitlich schlecht zu fühlen. Die fleißigen Hände ihres bezahlten Liebhabers ertasten Gewichtsabnahme, Ausmergelung. Sie verzichtete jetzt auf weitere Badekuren, lag ruhig im Strandzelt. An ihrer linken Halsseite befühlte Minguel eine kloßartige Verdickung. Oberhalb eines ihrer Zähne war eine Geschwulst zu spüren. Sie klagte über Schmerzen. Minguel, hilfreich (auch in der Hoffnung einer besonderen Belohnung, eventuell eines Anteils am Vermögen der Kranken), ließ einen Facharzt kommen. Er vermittelte den Kontakt in der Landessprache, so daß die Ärzte ihn als Auftraggeber verstanden.
Eines Nachmittags fand Minguel Veronique hustend und um

Atem ringend. Er riß die Balkontür auf. Auf Kissen gestützt setzte er die Frau in die Nähe des Luftzugs, rieb ihren Hals. Die Alte keuchte. Minguel konnte es nicht unterlassen, sich an die Stelle der Sterbenden zu versetzen (hiervor hatte Alfred Duhamel gewarnt: Du mußt dir klarmachen, daß dieser Fetzen Fett mit dir nichts zu tun hat, sonst nimmst du Schaden). Er legte der Halbtoten eine Aufstellung ihrer Aktien und Versicherungspapiere vor, die er in einem Nachttischkasten fand, und ließ sie einen Zettel unterschreiben, auf den er seinen Vor- und Zunamen gesetzt hatte. Dieses Papier bezeichnete er später als *Testament*, das er in Belgien anerkennen lassen wollte. Mit Krakelschrift hatte die Vertrauensselige ihren Eigennamen darunter gesetzt.

Minguel rief wiederum die Fachärzte herbei. Dr. Scelinski zerrte die krächzende Frau auf das Bett, setzte das Messer an die Kehle, um durch einen Luftröhrenschnitt die drohende Erstickung zu verhindern. In diesem Moment röchelte Frau Veronika und sackte zurück. Die Ärzte, die in ihrem Tun einhielten, überprüften die Pupille des rechten Auges, stellten den Tod fest.

Die Rechnung für diese ärztlichen Bemühungen war an Minguel gerichtet. Er wurde – da seine Personalien von den Ärzten festgehalten waren – von den Behörden angehalten, die Überführung der Toten auf seine Kosten (als *Gastgeber*) zu veranlassen. Hierzu war eine Flugreise Minguels nach Europa erforderlich. Die Angehörigen der Toten nahmen den Totenschein entgegen, ließen den Mann an einer Feierstunde teilnehmen, lehnten jedoch alle weiteren Gespräche mit ihm ab. Das »Testament« wurde nicht anerkannt. Minguel mußte Flug und Grand Hotel in Brüssel selbst zahlen. Seine Mittel waren erschöpft. Eine Grippe zwang ihn, sich in der belgischen Hauptstadt in eine Klinik einweisen zu lassen, wo er sich sprachlich nicht verständlich machen konnte. Da er die Klinikrechnung nicht zahlte, wurde er ausgewiesen.

Wer sich mit dem Gegenstand seiner Arbeit unendliche Mühe gibt, wird endlich doch belohnt werden. Die Schwierigkeit, sagt Minguel, liegt darin, daß ich gar nicht mehr angeben könnte, worin eine solche Belohnung noch liegen soll. So sehr bin ich in meiner Arbeit verwurzelt.

Großbau ohne wirkliche Kooperation ist lebensgefährlich

In Melbourne/Australien stürzte am 15. Oktober 1970 ein 116 m hoher Träger der im Bau befindlichen West Gate-Brücke ein. 35 Arbeiter und Ingenieure wurden getötet. Der Unfall war das Resultat von »Fehlern, ungenauen Kalkulationen, Mangel an Kommunikation unter den beteiligten Firmen und barer Unfähigkeit«.

Wegen der Toten und der Höhe des Schadens wurde eine Royal Commission unter Vorsitz des Berufsrichters Davis gebildet, die sich 80 Tage mit der Ursache der Katastrophe befaßte. Dem Ausschuß gehörten Parlamentarier sowie Vertreter der gesellschaftlich relevanten Kräfte an. Hinzu traten Fachleute, von denen sich einer für Informationstheorie interessierte. Da die Journalisten die Zahlenwerke des Berichtes, den diese Kommission anfertigte, nicht verstehen konnten, zählten sie die Seiten: Der Bericht umfaßt 300 Seiten, es wurden 52 Zeugen versammelt, das Gremium bestand aus 12 Experten und Vertretern, die Katastrophe umfaßte 35 Todesopfer, die Kosten der Erstellung der West Gate-Brücke wurden von 40 Millionen auf 200 Millionen Dollar erhöht usf.

Zum Einsturz des Trägers der überdimensionalen Brücke kam es, nachdem eine australische Baufirma die Entfernung von 30 Bolzen angeordnet hatte. Mit dieser Maßnahme sollte zusätzliches Gewicht auf den Sockel des Trägers verlagert werden, da dieser Träger um etwa zehn Zentimeter (bei insgesamt 116 m) überhöht war. Die Firma hatte zuvor Betonblöcke im Gewicht von 56 Tonnen auf die Spitze des Trägers legen lassen. Dies hatte zu keiner Senkung geführt. Die Entfernung der Bolzen sollte nunmehr weiteres Gewicht der Brückenaufbauten auf den Träger verlagern.

Am Morgen des 10. Oktober, nach dem Entfernen der Bolzen, hatte Ingenieur Jack Hindshaw Bedenken. Er stand auf dem Oberteil der Brücke und telefonierte von dort aus mit Vertretern der Firma und den Experten einer Aufsichtskommission, die sich in einer Hütte am Fuße der Baustelle befanden und den Bau überwachten. Von dieser Baracke aus, in einer Talmulde, waren sie für die Koordination zwischen den am Bau beteiligten Firmen im Dreieck Melbourne–Sidney–London zuständig. Ingenieur Hindshaw: »Soll ich die Jungen vom Träger runterholen?« 34 willige Facharbeiter und ungelernte Arbeiter beschäftigten sich auf dem gefährdeten Träger. Wenige Minuten später stürzte der Brückenteil (der jetzt noch um acht Zentimeter zu hoch war) zusammen. Hindshaw, unter den Toten, konnte nicht angeben, was die Antwort der Kommissionsmitglieder am Telefon war.

Für Richter Davis kam es vor allem auf eine präzise Bewertung der Schuld der einzelnen am Bau beteiligten Gruppen und Individuen an, wenn schon die Katastrophe ein gemeinschaftliches Unglück blieb. Schuld war danach die Firma Freeman, Fox und Partners in London, Führerin des Baukonsortiums, auf deren weltweiten Ruf und deren Erfahrung sich die australischen Firmen und Bauexperten verlassen hatten. Davis formulierte: »Eine Zusammenarbeit zwischen London und Melbourne fand keineswegs statt. Die Londoner Firma erkundigte sich über keine Einzelheiten, noch waren ihre Auskünfte auf Kalkulationen gegründet; sie beantwortete weder Briefe noch Telexanfragen – auch nicht solche dringender Art. Ein Partner dieser Firma, Dr. W. C. Brown, hat sich hierbei *in besonderem Umfang von rationaler Analyse isoliert* und Entscheidungen hauptsächlich auf Grund von Intuition getroffen . . .«

Mitglieder der Untersuchungskommission, die der Unternehmerseite freundlich gegenüberstanden, setzten demgegenüber folgende Zusatzformulierung durch: »Aber auch die Arbeiterschaft muß einen Teil der Schuld tragen. Sechs Monate individueller Sabotage haben das Projekt so sehr aufgehalten, daß der Träger, der später zusammenstürzte, sich in schwachem Zustand befand. Zwischen der *Metallarbeitergewerkschaft* und der *Gewerkschaft der Bauarbeiter* brachen Kompetenzstreitigkeiten aus, da es sich zweifellos um *Bautätigkeit* handelt, bei der jedoch *Metallteile* und *Metallkonstruktionen* verwendet wurden. Unter dem Druck der Metallarbeitergewerkschaft war die Konstruktionsfirma, die die örtliche Aufsicht führte, gezwungen, 22 Arbeiter wieder einzustellen, was die Dispositionen verwirrte. Weitere Erörterungen führten dazu, daß der Träger an seiner Unterseite nicht rechtzeitig vestärkt wurde. Schließlich zwangen beide Gewerkschaften gemeinsam durch

ihr Gesamtverhalten das Firmenkonsortium, mehrere Leute zu rekrutieren, die den Firmen nicht genehm waren.«
Zum letzteren setzten andere Mitglieder dieser pluralistisch zusammengesetzten Untersuchungskommission, die zuvor der Verurteilung der britischen Firma als Hauptschuldigem zugestimmt hatten, den weiteren Zusatz durch: »Es handelte sich um gute und willige Arbeiter.« Ein Mitglied bestand auf dem Hinweis darauf, daß innerhalb eines Jahres zwei andere große Betonflachbrücken eingestürzt seien: November 1969 die vierte Donaubrücke in Wien und Juni 1970 die Milford-Haven-Brücke in Wales.
Sir Ralph Freeman flog von London nach Melbourne und erklärte vor der Presse, seine Firma werde den Bau der Brücke zu Ende führen. Trotz der Kritik an schachtelförmigen Brükkenpfeilern habe er weiterhin Vertrauen zu diesem Typ.
Einige Ingenieure, Blackman, Soult und Müller-Eisert, sowie zahlreiche gewerkschaftlich organisierte Arbeiter, die an der Beerdigung der 35 Unfallopfer teilnahmen, faßten im Anschluß an die Beerdigungsfeier den Entschluß, die Brücke in eigener Verantwortung zu Ende zu bauen. Unter dem Eindruck des Unfalls erschienen die Kompetenzen unübersichtlich. Keine der Firmen beanspruchte z. Z. eine Verantwortung oder Gesamtverantwortung für den Bau. In dieser Stimmung schien es möglich, daß die Belegschaft der Baustelle unter Leitung einiger bei den Arbeitern beliebter Ingenieure den Bau in eigene Regie nahm. Es entstand ein neuer Träger von 116 m Höhe. Die an Ort und Stelle vorhandenen Bauteile wurden verarbeitet. In zwei Wochen rückte der Brückenbau – ohne Beteiligung oder Anweisung einer der Firmen des Konsortiums – um 40 m vor.[1] Die örtliche Buchhaltung und Kasse der Konstruktionsfirma, die nach wie vor die Baracke am Fuße des Baus bewohnte, führte in der anfänglichen Stimmung des allgemei-

1 Ingenieur Müller-Eisert: Gegenüber den Planziffern des Konsortiums arbeiten wir zwei Tage länger, als wir unter alter Leitung gearbeitet hätten. Dafür war dieser Bauteil sorgfältiger gebaut und hält schätzungsweise 40–60 Jahre länger als die übrige Brücke. Ingenieur Blackman: Was nützt aber ein 40 m langes Brückenfragment, das noch steht, wenn die übrige Brücke längst eingestürzt ist? Man kann da ja nicht mehr hinauffahren, um den Fluß und die Schlucht zu überqueren? Müller-Eisert: Sie stellen die Zweckmäßigkeitsfrage falsch. Die solide Bauweise hat ihren Zweck in sich. Diese 40 Meter besser gebaute Brücke dienen unserer Zufriedenheit.

nen Widerstands gegen das verantwortungsscheue Verhalten der Firmen alle Anweisungen der Ingenieure und Belegschaftsvertreter aus. Die Arbeit dieser zwei Wochen war plangerecht und sparte Kosten.
Später erschienen Beauftragte der Londoner Firma, einer Bank und des Konsortiums, das den Bau ursprünglich koordinieren sollte, und beanspruchten die Wiederherstellung des früheren Autoritätszustandes. Nach kurzem Streit wurden die Ingenieure Blackman, Soult und Müller-Eisert sowie ein Teil der Belegschaft entlassen. Die Metallarbeitergewerkschaft antwortete auf diesen Schritt mit einer Streikdrohung. Die höheren Instanzen der Gewerkschaft bestanden darauf, daß *aus rechtlichen Gründen* kein Streik stattfände, da die Firmen für den Streikfall mit Schadenersatzprozessen drohten. Die Firmen waren bereit, 50 zusätzliche Arbeitsplätze sowie Gespräche über einen verbesserten Tarif zuzusagen. So konnten die mit der Firma Freeman jetzt eng verbündeten Firmen ihre Autorität noch einmal herstellen und übergaben nach mehreren Monaten eine intakte Brücke mit schachtelförmigen Brückenpfeilern dem Verkehr.
Die entlassenen Ingenieure blieben eine Zeitlang in brieflichem Kontakt mit den entlassenen Arbeitern. Später ließen sie sich von Anwälten beraten und erhoben Klage. Sie stützten sich darauf, daß die Brücke in Länge von 40 m von ihnen und den von ihren angeleiteten Arbeitern hergestellt sei. Diese Arbeiten hätten sie ohne vertragliche Bindungen, also selber als Unternehmer, geleistet. Sie forderten für sich und die entlassenen Arbeiter den auf diese 40 Meter entfallenden Bruchteil des Gewinns; an den Risiken des Gesamtbaus seien sie ohnehin beteiligt gewesen, sie hätten Freunde verloren. Diese Klage wurde abgewiesen. Es nutzte den drei Ingenieuren nichts, daß sie in der Pressekonferenz, in der das Firmenkonsortium auf den abgeschlossenen Bau der West Gate-Brücke hinwies und der Staatsregierung gegenüber von »unserer Brücke« sprach, sich in einer der hinteren Reihen erhoben und sagten: »Wir möchten darauf hinweisen, daß 40 Meter dieser Brücke von uns gebaut worden sind.« Die Ingenieure Blackman, Soult und Müller-Eisert hatten einen solchen Fehlschlag ihrer Bemühungen erwartet. Sie stellten Anträge bei der Metallarbeitergewerkschaft, sie in einer besonderen Sektion als Mitglieder aufzunehmen, Ziel sei die Kooperation von Ingenieuren und Me-

tallarbeitern. Diese Arbeitsgruppen sollten in eigener Verantwortung *Brückenbau-Aufträge ohne Personengefährdung* in Zukunft übernehmen. Hierfür fühlte sich die Gewerkschaft nicht zuständig. Sie befürchtete Gegenmaßnahmen der Unternehmer sowie Streit unter den Mitgliedern. Sie lehnte die Anträge von Blackman, Soult und Müller-Eisert ab, die daher heute noch in abhängiger Stellung für fremde Firmen arbeiten. Bei der Seltenheit des Baus wirklich großer Brücken summieren sich die Katastrophen nicht so, daß sich das Verhalten der Institutionen rasch genug ändert.

»Wenn man sein Gewissen dressiert, so küßt es uns zugleich, indem es beißt.«

A. Merkl: Warum ich als Beamter des Verfassungsschutzes geschossen habe? Weil ich einen Revolver hatte.[1]

Frage: Im Ernst – was hat Sie zu diesem Schuß bewogen?

A. Merkl: Ich habe es satt, mit unserem gesammelten Wissen herumzulaufen, das wir über gewisse Gruppen, die wir observieren, besitzen, ohne handeln zu dürfen. Wir sind vorbereitet und leistungsfähig – darauf wollte ich mit meinem Schuß aufmerksam machen.

Frage: Vielleicht hatten Sie doch noch einen anderen Grund?

A. Merkl: Ich wollte zeigen, daß ein Attentäter an den Herrn Minister trotz Absperrung herankommen könnte, daß wir, wenn wir auf der Gegenseite führen dürften, dies jedenfalls fertigbrächten. Daß ich hierbei den Herrn Minister in die Backe traf, bedaure ich (und es hat mich meine Beamtenstellung gekostet). Ich hatte lediglich auf die Wand hinter dem Minister gezielt, und die Kugel sollte in einem halben Meter Abstand vor seinem Gesicht entlangpfeifen.

Frage: Wie kam es, daß Sie nach der Tat gestellt wurden?

A. Merkl: Es waren zu viele Überwacher eingesetzt. Die Beamten vom 18. Kommissariat hätten mich nicht bekommen. Da die Herren von der Sicherungsgruppe Bonn jedoch jünger sind, ausdauernder laufen und ein kreatives Training im Finden von Auswegen (wie auch wir) absolviert haben, dürfte sicher sein, daß sie einen Attentäter – nachdem er geschossen hat – immer fangen. Dies dient jedoch nur der Strafgerichtspflege, nicht der Verhinderung von Attentaten. Der Kern des Problems ist jedoch ein anderer: wir könnten offensiv Attentate verhindern, indem wir in die betreffenden Gruppen eindringen,

1 Beamte des Verfassungsschutzes tragen während ihres Dienstes keine Waffen. Herr Merkl trug diese Waffe während des Dienstes in seiner privaten Eigenschaft als Mensch.

sie durch Verhaftungen und Unterwanderung »lichten«. Das setzt jedoch eine Änderung der Strafprozeßordnung (StPO), des Gerichtsverfassungsgesetzes (GVG), eine Zusammenfassung aller Sicherheitsstreitkräfte, bessere internationale Zusammenarbeit, Besoldungserhöhung, kreative Schulung und schließlich eine Sinngebung der ganzen Arbeit voraus. Es ist erfreulich, daß wir im Schutz der Verfassung und des Lebens der Minister unseren Lebenssinn sehen.
Diesen Lebenssinn können wir aber unmöglich im Schutz der geltenden Verfassung oder der zur Zeit amtierenden Minister erblicken.

Frage: Wie sehen Sie die Änderung?

A. Merkl: Ich habe darüber im Rahmen meines Amtes ausführlich gearbeitet. Zunächst wäre erforderlich, daß wir **dürfen, was wir können.** Der Gegner, dessen Schriftgut wir ebenfalls observieren, nennt das »Entfesselung der Produktivkräfte«, so betrachten wir uns als eine Produktivkraft, deren Gegenstand die Produktion von Verfassungsmäßigkeit ist.

Frage: Sehen Sie in dem Schuß auf den Ministerkopf, der ihm einen Teil des Kiefers und der Zähne zerschlug, einen solchen Beitrag?

A. Merkl: Wie gesagt, war dies ein Fehlschuß ...

Frage: Überschritten Sie nicht das von Ihnen genannte Können, wenn Sie ja doch nicht genau zielen konnten?

A. Merkl: Auf 400 m Entfernung kann auch der beste Schütze nicht für absolute Genauigkeit garantieren. Der Fehlschuß ist übrigens dem Umstand zuzuschreiben, daß der Minister sich bewegte.

Frage: Das mußten Sie einkalkulieren.

A. Merkl: Habe ich auch.

Frage: Dann gingen Sie das Risiko eines Fehlschusses bewußt ein?

A. Merkl: Jawohl. Die Taktik, sagt unser Gegner – und wir sind durchaus bereit, vom Gegner zu lernen! –, ist eine Funktion der Strategie. Setzen wir statt Strategie »Sinn«, so muß ein Unbestimmtheitsfaktor, der sich auf den Sinn unseres ganzen Tuns bezieht, sich auch auf das Handeln im einzelnen auswirken. Es wird Unbestimmtheitsfaktoren – Sie nennen es Risiken – einschließen. Man kann ohne Risiken heute überhaupt keinen Betrieb mehr aufrechterhalten.

Frage: Könnten Sie das für unsere Zuhörer vielleicht nochmals in einfacheren Worten sagen?

A. Merkl: Ich habe ihn in die Backe geschossen, weil unser Leben überhaupt keinen genauen Sinn hat. Da kann man nicht immer genau schießen.

Frage: Aber Sie hätten warten können, bis der Minister näher herankam.

A. Merkl: Dann wäre ich am Mündungsfeuer erkannt worden.

Frage: Sie sind doch auch so gefaßt worden.

A. Merkl: Das wußte ich zu diesem Zeitpunkt noch nicht.

Frage: Aber Sie kalkulierten es ein?

A. Merkl: Gewiß.

Frage: Sind Sie mit dem Erfolg Ihrer Maßnahme nun zufrieden?

A. Merkl: Selbstverständlich nicht. Ich habe meine Dienststellung, die ich doch gerade mit einem Sinn ausstatten wollte, verloren und sehe einem Gerichtsverfahren entgegen. Die Kollegen schneiden mich, und keiner will eine Verantwortung übernehmen, obwohl es sich um einen echten Übungsfall handelt. Das ist kein Erfolg!

Frage: Aber haben Sie das denn anders erwartet?

A. Merkl: Sie haben recht. Ich habe es auch nicht anders erwartet. Aber was soll man dann tun? Irgendwie muß man sich äußern können.

Frage: Sie haben vorzügliche Dienstzeugnisse.

A. Merkl: Gewiß.

Frage: Sie sind Logiker – wie ich sehe, sogar mit Universitätsabschluß. Ihr Verhalten erscheint uns jedoch widersprüchlich.

A. Merkl: Das scheint nur so. Wir haben gelernt, gelernt, gelernt und wollen jetzt endlich auch eingesetzt werden.

Frage: Was werden Sie nach Rückkehr aus dem Gefängnis unternehmen?

A. Merkl: Ich werde gemeinsam mit einem Kollegen, der durch eine Prostituierte hereingelegt und aus dem Polizeidienst entlassen wurde (er soll auch Geldgeschäfte abgewickelt haben), ein privates Detektivbüro aufmachen, das für einzelne Firmen und Konzerne Observierungsaufgaben übernimmt.

Frage: Weil die Werkspionage, die Sabotage und die Verhetzung der Arbeitnehmer zunehmen?

A. Merkl: Jawohl. Hier liegt eine Aufgabe, der gegenüber der Staat versagt und auch versagen muß, sich versagen muß, da er – wie wir vom Gegner wissen – weder Produktivkraft noch Produktionsverhältnis ist, sondern ein Drittes, ein geschäftsführendes Gremium der herrschenden Klasse (wir glauben selbstverständlich nicht an Klassen, benutzen jedoch diesen Begriff, da er im taktischen Vorgehen klare Übersichtsverhältnisse schafft). Als solches kann er keine Einzelheiten regeln. Unser Einsatz bezieht sich aber gerade auf diese Einzelheiten, in die wir korrigierend mit allen Mitteln eingreifen.

Frage: Sie sehen Ihren bisherigen Beruf in einem düsteren Licht?

A. Merkl: Das gilt auch für die künftigen Berufsaussichten als Detektiv. Wir müssen da hindurch.

Frage: Wo sehen Sie etwas Positives?

A. Merkl: Auf unserer Seite nichts Positives.

Frage: Sie sehen Ihre Aufgabe negativ?

A. Merkl: Absolut negativ.

Frage: Warum nehmen Sie sie dann weiterhin wahr?

A. Merkl: Wir *müssen*, weil wir sonst das, was wir *können*, nicht einsetzen können. Wir sind Realisten.

Frage: Ihr realistischer Weg führt Sie direkt ins Gefängnis?

A. Merkl: Und wieder heraus . . .

Frage: Sie kämpfen für etwas, an das Sie nicht glauben?

A. Merkl: Niemand kann daran glauben.

Frage: Dann kämpfen Sie ungenau und schlecht?

A. Merkl: Wir werden auch unterschiedlich und schlecht bezahlt.

Frage: Sie erhalten aber bisher folgende Bezüge (folgen die Bezüge).

A. Merkl: Das ging, aber der Mensch lebt nicht vom Geld allein, wir brauchen Aufgaben, an die wir glauben können, und daran herrscht Mangel. Manchmal denke ich: die Aufgabenstellung des Gegners und unsere Mittel und Wege – dann aber verwerfe ich das wieder, weil viele von uns zu alt sind, um umzulernen. Außerdem haben diese Gruppen keine Macht.

Frage: Aber die haben *Sie* doch und könnten sie hinzugeben.

A. Merkl: Nein, das sehen Sie falsch. Wir haben die Macht nicht. Die Macht ist so zwischen den verschiedenen Zuständigkeiten verteilt, daß sie eigentlich keiner hat.

Frage: Auch der Minister, dem Sie den Kopf zerschossen haben, hätte in diesem Sinne keine Macht?

A. Merkl: Nein. Er kann sich zu schützen versuchen, aber die Macht, meinem Schuß zu entgehen, hatte er nicht.

Frage: Eine Arbeitsgemeinschaft der Ohnmächtigen, die zusammen die Macht bilden?

A. Merkl: Genau.

Frage: Und die Gruppen, die Sie Gegner nennen, sind nicht ohnmächtig?

A. Merkl: Sagen wir: wir müssen von ihnen lernen, durch sorgfältiges Studium der von ihnen vorgelegten Texte und Papiere, die im Handel erhältlich sind. Ich würde gern eine Abteilung aufbauen, die sich vor allem um diesen Lernprozeß kümmert und alles sammelt, was wir wissen müssen, um zu überleben.

Frage: Werden Sie die Gefängniszeit zu solchen Lernunternehmen verwenden?

A. Merkl: Selbstverständlich.

Frage: Auf Wiederhören!

A. Merkl: Bitte. Auf Wiedersehen.

Massensterben in Venedig

Im Sommer 1969 drückte die Sonne wochenlang auf die Stadt- und Wasserlandschaft von Venedig. Die Dampfer, Motorboote durchfurchten das Lagunenwasser, das grün und als dicke Suppe um die Häuser herumstand. Im Altersheim San Lorenzo, einem Steinpalast, waren über hundert alte Leute untergebracht. Sie bekamen keine Luft. An einem der letzten Julitage starben innerhalb weniger Stunden 24 der Alten. Die Übriggebliebenen, von den plötzlichen Ereignissen überrumpelt, die ihnen keine Zeit zur Verarbeitung der Eindrücke ließen, wollten den Abtransport der Toten nicht dulden. Sie töteten den Anstaltsleiter, Dr. Muratti, einen verdienten Altenarzt, ergriffen Messer, Stangen sowie zwei Revolver, die sie im Zimmer des Anstaltsleiters fanden. Sie trieben die Insassen des Altersheims und das Pflege- und Küchenpersonal in einem geräumigen Saal zusammen, der zu ebener Erde lag und noch relativ der kühlste Ort schien. Hier errichteten einige der Alten, die die physisch Stärksten waren, eine Gewaltherrschaft, indem sie sich selber zu Päpsten und Kardinälen ernannten.

Die Polizeistreitkräfte von Venedig umzingelten den Steinpalast. In einem der umliegenden Häuser ließ sich der Präfekt als oberster örtlicher Polizeikommandeur nieder. Die Polizeiführung hoffte, daß der Hunger die verzweifelten Alten aus dem Anstaltsgebäude in den folgenden Tagen herausbringen würde; sie wollte dann einzelne von ihnen verhaften, die große Mehrzahl aber zu schattigen Häusern auf dem Festland und in Alpennähe transportieren. Es war den Beamten gelungen, die seitlich des Altersheims angebaute Küche sowie die Vorratskammern zu besetzen. Die Hungerkrise, die zum Tode weiterer Heimmitglieder führte, brachte nicht die Kapitulation, sondern wütende Angriffe kleiner Pulks völlig überalterter Kämpfer auf die Polizeikräfte, die Küche und Vorratskammern besetzt hielten. Aus Hinterausgängen des Palastes brachen andere Kämpfer vor und bewarfen die dort aufgestellten Polizeiketten mit verschiedenen gefährlichen Gegenständen, versuchten lange Stoßwaffen einzusetzen. In Notwehr mußten Polizeibeamte schießen.

Redakteur der Zeitung Gazzettino: Herr Polizeipräfekt, Sie sind als liberaler Mann bekannt, warum lassen Sie jetzt auf diese unschuldigen Alten scharf schießen?

Präfekt: Diese keineswegs harmlosen Alten haben mit gefährlichen Gegenständen meine Beamten verletzt.

Redakteur: Woraus erklären Sie diesen plötzlichen Fanatismus?

Präfekt: Offenbar richtet er sich nach allen Seiten gleichzeitig.

Redakteur: Besitzen Sie Unterlagen, was die inneren Beweggründe dieses Fanatismus sind?

Präfekt: Wir haben einen Psychologen aus Mailand beigezogen. Dieser sagt: »Es ist, als hätten sie den Verstand verloren.«

Redakteur: Das scheint mir keine Erklärung. Was ist denn Ihr persönlicher Standpunkt?

Präfekt: Ich meine, daß sie in ihrer Jugend ein Weltvertrauen entwickelt haben, das durch die unerklärlichen Todesfälle dieses Monats erschüttert worden ist.

Redakteur: Und damit wollen Sie erklären, daß der von uns allen verehrte Anstaltsleiter, Dr. Muratti, von den Anstaltsinsassen umgebracht wurde? Das scheint mir eine Bemäntelung.

Präfekt: Dann müssen Sie eine andere Auslegung anbieten.

Redakteur: Was planen Sie als nächste Maßnahme?

Präfekt: Wir planen nicht, sondern warten und reagieren. Wir sind Helfer.

Redakteur: Für den Fremdenverkehr in Venedig sind diese Vorgänge natürlich negativ. Es entsteht der Anschein, daß man nach Venedig fährt, um hier zu sterben.

Präfekt: Ich bitte Sie selbstverständlich, das anders darzustellen. In Venedig sterben statistisch keineswegs mehr Fremde in den Hotels, Gaststätten oder Pensionen als in irgendeiner anderen italienischen Stadt. Mir liegt daran, das unbedingt klarzustellen.

Redakteur: Außerdem handelt es sich ja gar nicht um Touristen.

Präfekt: Wissen Sie, wir verhängen hier eine Nachrichtensperre.

Die Mehrzahl der Alten im Altersheim San Lorenzo hatte bis zu diesen Ereignissen die Vorstellung von sich gehabt, daß sie gutmütig seien. Jetzt zweifelten die Verwirrten an ihrer Gutmütigkeit. Aufgeputscht durch ihre *Kardinäle* und *Päpste* fesselten sie zwei schreiende jugendliche Küchenhilfen. Diese beiden Mädchen wurden auf den Fliesen eines ehemaligen Empfangssaales hin- und hergezogen, zwei Alte öffneten mit einer Scherbe die Halsschlagadern der gefesselten Personen. Als die Polizei, die diese Szene von Nachbarhäusern aus mit Feldstechern einsah, schießend in den Raum einzudringen versuchte, »fielen« 18 der Alten, der Rest hockte verängstigt in einer Ecke, machte aber noch Ausfälle mit und ohne Waffen, wenn Polizisten sich ihnen näherten. Alle diese Personen wurden mit Gasgranaten beschossen und eingenebelt. Hierbei starben weitere Alte, die diese Tortur nicht aushielten. Dazu Ansagen des Präfekten über Lautsprecher, der sich bis zuletzt zu verständigen versuchte. Von den nach dem Tode ihrer Anführer übriggebliebenen Alten wurden einige in Fahrzeugen zu einem Kurort in Alpennähe gebracht. Hier starben sie infolge der plötzlich einsetzenden Kühle.

Präfekt: Was mögen die letzten Eindrücke dieser Alten gewesen sein?

Kriminalbeamter: Das ging so schnell und massenhaft, daß wir gar nicht nachkamen. Ehe wir überhaupt Fragen stellen konnten, waren die schon tot.

Redakteur des Gazzettino: Ist es richtig, wenn ich von einem einsamen Tod hier spreche? Obwohl es so viele waren, sind sie sehr einsam gestorben.

Präfekt: Na, wir waren ja die ganze Zeit alle hier herum. Einsam ist übertrieben.

Kriminalbeamter: Man kann aber nicht wissen, ob sie nicht

doch vor ihrem geistigen Auge, während sie schon in dieser würdelosen Form starben, noch etwas besonders Schönes gesehen haben.

Präfekt: Das will ich nicht ausschließen, aber es war doch insgesamt, bei der Fülle von Toten, recht wenig individuell.

Der unentschiedene Philologe

I

»Die Griechen sind interessant und ganz toll wichtig, weil sie eine solche Menge von großen Einzelnen haben. Wie war das möglich? Das muß man studieren.« Dölle, Altphilologe, seit 38 Jahren im Gymnasialdienst tätig, jetzt Oberschulrat, schwankt zwischen zwei Linien, einem weichen, »lebensfreundlichen« und einem rigorosen Standpunkt, die seit mehreren Jahrzehnten gleichberechtigt in ihm koexistieren. Dieses Schwanken betrifft sowohl seinen Beruf als auch seine Ehe mit Inez Wrangel und sein Verhältnis mit der Sekretärin Vera – auch in jeder anderen Hinsicht sieht er sich »bunte Handlungen«[1] tun, während er doch *klar* sein will. Es gelingt Dölle in keiner Weise, konsequent zu sein. Im gleichen Augenblick sagt er in seiner Eröffnungsrede des Studienseminars für Jungassessoren: »Man kann durch glückliche Erfindungen das große Individuum noch ganz anders und höher erziehen, als es bis jetzt durch die Zufälle erzogen wurde. Da liegen noch Hoffnungen . .«
Dölles Heimatwissenschaft, die Altphilologie, hat mit den Grundinstinkten der Erkenntnis zu tun. In den Anfängen war die Altphilologie (F. A. Wolf) kritisch. Zugleich wurde sie Bildungsinhalt der höheren Schulen und wäre dort als kritische Wissenschaft sofort unterdrückt worden. *Daher duckte sie sich, um sich zu erhalten.* Dölle schreibt hierüber ein Buch.

»Plan

Kapitel 1
Aufzählung der verschiedenen Vorurteile zugunsten der Philologie. Bliebe wohl Philologie noch übrig, wenn man das Interesse eines Standes, eines Broterwerbs abrechnete?

1 »So sind wir modernen Menschen dank der komplizierten Mechanik unseres ›Sternenhimmels‹ – durch *verschiedene* Moralen bestimmt; unsere Handlungen leuchten abwechselnd in verschiedenen Farben, sie sind selten eindeutig – und es gibt genug Fälle, wo wir *bunte* Handlungen tun.«

Kapitel 2
Der Philologe entsteht gar nicht mehr, wenn jenes Interesse wegfällt.
Kapitel 3
Wenn unsere öffentliche Welt dahinter käme, was das Altertum eigentlich für ein unzeitgemäßes Ding ist, so würden die Philologen nicht mehr zu Erziehern bestellt. Wirkung auf Nichtphilologen gleich Null. Würden sie imperativisch und verneinend, oh wie würden sie angefeindet! Aber sie ducken sich.
Kapitel 4
Die Konstitution der Polis ist eine phönizische Erfindung: selbst diese haben die Hellenen nachgemacht. Sie haben lange Zeit wie freudige Dilettanten an allem herumgelernt.
Kapitel 5
Der zukünftige Philologe als Skeptiker über unsere ganze Kultur und damit auch als Vernichter des Philologenstandes.«

Dölle, der 1932 sein zweites Staatsexamen absolvierte, wurde ein Jahr später wegen seiner körperlichen Unbeholfenheit, die anläßlich der Besichtigung durch den Gaudozentenführer offenbar wurde, als Turn- und Geographielehrer an ein Realgymnasium strafversetzt. 1939 meldete er sich freiwillig zu einer Nachschubeinheit, die sein Freund, Hauptmann Dietzenbach, führte; dieser ließ ihn studieren und schreiben. Nach der Entlassung, 1945, wurde Dölle außerplanmäßig Direktor eines hessischen Gymnasiums. Bene navigavi cum naufragium feci – Ich segelte gerade günstig, als ich plötzlich Schiffbruch erlitt. Ein jüngerer Lehrer des Gymnasiums wurde 1951 von Schülereltern der Verführung eines Nachhilfeschülers »überführt«. Dölle half diesem Lehrer nicht, obwohl er von den Beweisen gegen ihn nicht überzeugt war. Dölle verzieh sich diese Nachgiebigkeit gegenüber dem Druck der Eltern und des Ministeriums nie. Äußerlich improvisierte er, versuchte doch noch einen Sinn mit dem Beruf des Schulmannes zu verknüpfen, glaubte daran, und glaubte nicht daran. Er führte das Leben eines Schulkarrieristen, der Strafversetzungen oder Rückschläge zu vermeiden wünscht. Innerlich, das heißt in der Nachmittagszeit, die er in seiner Studierstube verbrachte (gestärkt durch ein Schläfchen), hielt er an einer rigiden Haltung fest: »Ich träume eine Genossenschaft von Menschen, welche unbedingt sind, keine Schonung kennen und ›Vernichter‹ heißen wollen: sie halten an alles den Maßstab ihrer Kritik und opfern sich der Wahrheit.«

Diese Wahrheit lag darin, daß er Inez, mit der er seit 1943 verheiratet war, zur Zeit nicht mehr ertragen konnte. Ist Inez so geworden, weil er sie so gemacht hat? Dölle hält den Gedanken an, da andernfalls sein Weltbild auseinanderfällt. Ebenso ist Dölle seit 1962, das heißt seit nun schon acht Jahren »Inhaber« der anfangs zwanzigjährigen Schreibkraft Vera. So löst er die Probleme: er umgibt sie mit »Bezugssystemen«. *Das Prinzip eines Denkens, das sich nicht nach seinem Denken richtet.* Ist es, fragt Dölle, nur ungefährlich, wenn man nutzlos denkt, oder versperre ich damit die Fähigkeit des Denkens (als Anleitung zum praktischen Tun) anderen? Als Oberschulrat zweifellos. »Ich muß mich aus dem Verkehr ziehen.«

Eine weitere Frage, die ihn beschäftigt: wenn er sich nicht nach dem verhält, was er denkt – wenn er den Gedanken anhält, sofern dieser die Harmonie der Gesamtansicht gefährdet –, dann ist es gleich, ob er Gedanken hat oder nicht. Auch diesen Gedanken hält Dölle an, da er ohne »Gedanken« nicht leben kann und daher notgedrungen auf Denken verzichten muß, wenn Weiterdenken die Gedanken entwertet und ihm damit das Leben nimmt. Nach einiger Zeit hatte Dölle Verstopfung. Er fraß Abführpillen. Um die Spannungen zwischen seinen zweierlei Linien auszugleichen, stellt Dölle, ohne seine schärfere Haltung anzutasten, eine mildere Formulierung daneben: »Wer heute gut und heilig sein wollte, hätte es schwerer: er dürfte, um gut zu sein, nicht so ungerecht gegen das Wissen sein, wie es die früheren Heiligen waren. Auch müßte er gesund sein und sich gesund erhalten; sonst würde er gegen sich mißtrauisch werden müssen. Und vielleicht würde er gar nicht einem asketischen Heiligen ähnlich sein, vielleicht gar einem Lebemann.«

Aber Dölle steht auch unter anderem, unmittelbarem Zwang. Er muß sich Anhänger verschaffen. Oder er geht selbst unter, wird abgehängt. Dietzenbachs Stimme (der jetzt das Kultusministerium vertritt) klang bei der letzten Rücksprache mitleidig. Dölle muß die volle eigene Wasserverdrängung sicherstellen. Dies zwingt ihn zur Frontstellung gegen Kollegen im Ministerium, »technokratische Fische im Range von Oberschulräten«, sowie gegenüber Junglehrern und Schülern, die er betrügen muß, indem er sie zwingt, diese Schule unverändert weiterzubetreiben. In den ersten Tagen des Jahres unterzeichnet er eine Verfügung, die zwei Angehörige einer Lehrerarbeitsgemeinschaft, die wiederholt unverantwortliche Pamphlete über den Unterrichtsbetrieb verfaßt haben, vom Dienst suspendiert. Dies wird von ihm so erwartet. Wenn er solche Verfügungen unterschreibt, meint er das und meint es nicht. Es ist so gut, als wäre er nicht da, und gleichzeitig ist er unterschriftsberechtigter Unterschreiber.

»Das einzige Glück liegt in der Vernunft, die ganze übrige Welt ist triste.«

»Glück liegt in der Geschwindigkeit des Fühlens und Denkens: alle übrige Welt ist langsam, allmählich und dumm. Wer den Lauf des Lichtstrahls fühlen könnte, würde sehr beglückt sein, denn er ist sehr geschwind.«

»An sich denken gibt wenig Glück.«

II

Diese Sauna besitzt Sanduhren, mit deren Hilfe sich jeder seine Zehn-Minuten-Schwitz-Einheit zumessen kann. Man hätte auch einheitlich für alle *eine* Wanduhr aufstellen können, so ist es individueller. Dölle prüft den Schweißfluß auf Schultern und Oberarm. Es bilden sich erwünschte rote und weiße Fleckenmuster auf Armen und Beinen, die Dölle für gesundheitsbringend hält (saluber). In die Hitze kann man *hineinbeißen.* Dölles Beinmuskeln sind noch spannbar. Vera umfaßt gern eines der dicken Beine, nimmt es in den Arm wie eine Puppe. Es sind aber auch noch feste Muskeln da. Dölle überprüft die Haut seines Fegers, eine wunde Stelle »im Schritt« beruht auf mangelnder Durchblutung der Haut, er schmiert seit Jahren Kamillosan darauf; wenn Dölle sich lang ausstreckt auf dem oberen Saunabrett und an sich entlang sieht (hervorragende Schweißspuren auf der Brust!), so hat es fast den Anschein, als wäre kein Bauch da. Aber er braucht sich nur aufzurichten, und die

Quellmasse unter seinem Magen, der Seitenring von Fett, der seine Hüfte umgibt – eine große Gefahr, daß sich der Blick an die Körperform anpaßt. »Es geht aber nicht darum, das Bewußtsein an die objektiven Umstände zu gewöhnen, sondern vielmehr diese Umstände umzustellen.« Dölle will Salate essen gehen, noch heute, mehrere Spaziergänge einschalten! Wenn er mehr Ziele hätte, würde er weite Strecken gehen. Er ist ein teleologischer Mensch. Ohne Ziele tut er nichts. Ist es kein Ziel, den Bauch beweglicher zu gestalten? Vera sagt: Nein.

Dölle hat eine Stunde auf einem der Feldbetten geruht und geträumt. Jetzt betritt er, sein Kof ist noch immer puterrot, die Wohnung, die er mit seiner langjährigen Frau Inez bewohnt. Inez hat Gäste eingeladen. Inez: Den hau ich in die Snauze. Hier hau ich den hin und in die Snauze, wenn der so was sagt. Inez: Hallo, Hänschen, setz dich zu uns. Frau Geiger: Guten Tag, Herr Oberschulrat. Der Journalist Müller setzt sich nicht wieder hin, weil er Hänschen Dölle seinen Stuhl anbieten will. Dölle: Ich bin hier der Hausherr (er meint, der Journalist soll sich wieder setzen). Dölle will wieder verschwinden. Och! Hänschen! ruft Inez. Herr Müller sagt: Keine Drükkebergerei! Wir sitzen hier so gemütlich! Stürmchen Sturm sagt: Freue mich, dich zu sehen, Dölle. Inez ruft: Erna, eine Tasse für meinen Mann. So, jetzt setzt sich die Rasselbande (alle gehorchen, aber haben den Gesprächsfaden verloren). Inez ist jetzt 52 Jahre alt. Sie hat ihren Friseur besucht. Ihre Augen sind erregt, weil viele Gäste da sind, *sie bildet ihre Runde*. Es kann wieder so werden wie früher.

III

Dölle will noch nicht sterben. Er will an sein Leben von jetzt 65 Jahren noch ein weiteres anhängen. Neben Inez, seiner Frau, die irgendwie abwarten soll, will er die junge Vera fester an sich binden. Was wäre eine festere und tiefere Bindung als ein gemeinschaftlicher Tod mit Vera – daß sie beide das Weite suchen? Oft weiß Dölle nicht, wie er sie anders noch halten soll. »Grundsätzlich soll ein Mensch, der eine Todessehnsucht hat, diese mit sich selber ausmachen, das heißt, er soll sich zum Sterben legen.« »Dazu bin ich noch nicht bereit.«

IV

»Die Dinge kommen, wie sie kommen, und wenn sie kommen, muß man ihnen entgegengehn.« Oberschulrat Dölle hat sich in eine der hinteren Bankreihen verschanzt und beobachtet den Junglehrer. Das Schulgebäude ist klassizistisch. Eine beachtliche Stuckdecke, sparsam. Drei große helle Fenster. Der alte Dölle, seinen schweren Leib eingeklemmt zwischen Stühlchen und Schülertisch, möchte nochmals studieren, aber nicht das, was dieser Lehrer vorträgt.

Es wird wiederholt: »Die Dinge kommen, wie sie kommen, und wenn sie kommen, muß man ihnen entgegengehn.«

Schüler Albers: Diese Auffassung erscheint in doppelter Hinsicht fatalistisch und damit antiquiert. Junglehrer: weist darauf hin, daß man nicht so viele Fremdworte gebrauchen solle. Albers: Also leidend und veraltet. Lehrer: Warum der Schüler diese Auffassung für leidend hält? Albers und Brettschneider wie aus einem Mund: Die Dinge kommen nicht, wie sie kommen, sondern wie sie vorbereitet sind. Der Lehrer in der Defensive: aber man müsse ihnen entgegengehn. Albers: Nein! Man muß abrücken, wenn sie kommen. Es komme darauf an, die Dinge auszuwählen, sagt Schwietzke. Der Junglehrer kann nicht sagen: Auswählen ist schlecht, denn in einer der vergangenen Stunden hat er über die »Kraft der Wahl« (Selektion) gesprochen. Lehrer: Gut, Albers, ich will Ihrer Konzeption folgen. Danach müßte es heißen: »Die Dinge kommen wie bestellt, und wenn sie kommen, muß man ihnen entgegengehn.« Das ist doch offenkundiger Unsinn! (Der Lehrer überlegt, daß dies alles hier doch im Ergebnis gut abläuft, da er ja *diskursive Unterrichtsgestaltung unter aktiver Beteiligung der Schüler* vorführt.) Albers und Brettschneider: Ein praktisches Beispiel! Sie haben eine Flasche Milch jeden Morgen bestellt, und jetzt, als sie gebracht wird, tun Sie, als wären Sie nicht zu Hause. Wybert meldet sich: Ich möchte eine These entwickeln. »Entweder Vordersatz fatalistisch, dann muß es heißen ›entgegen-

gehn‹, denn was man nicht bestellt hat an Schicksal, muß man auch nicht abholen. Umgekehrt: Vordersatz ...«.
Lehrer unterbricht: Richtig, Wybert, fahren Sie fort! Sehen Sie, Albers: ist der Vordersatz aktivistisch, so muß auch der Nachsatz – aus Konsequenz – aktivistisch sein! Albers gibt zu, daß das wichtig ist, besteht aber auf seiner Formulierung: »Die Dinge kommen, wie sie kommen, und wenn sie kommen, muß man ihnen *entgehn.*« Die Stunde ist gerettet.
Nach dem Klingelsignal kurze Pause, anschließend Chemie und Sport. Dölle wälzt sich aus dem Zwischenbereich von Stuhl und Schreibbank heraus. Er geht mit dem Junglehrer im Flur auf und ab. »Meine Kongratulation, Kollege!« Dies schafft den Vertrauensboden für die nachfolgende Kritik. Sie müssen, sagt Dölle, aufpassen, Herr Dr. Freitag, daß Sie nicht selber lauter Fremdworte sagen. Sie übernehmen von den Schülern. Der Lehrer meint, daß er bei diesem Dienstvorgesetzten am besten durchkommt, wenn er der Kritik sogleich zustimmt. Dölle korrigiert ihn höflich: »Sie müssen mir widersprechen. Irgendwann merken die Schüler, daß Sie immer zu mir hinsehen. Sie sind doch völlig *unabhängig* von mir.« Dölle weiß, daß das, was er hier sagt, solange nicht stimmt, als er der Herr über Herrn Dr. Freitags Beförderungen und Versetzungen ist.[2] *Deshalb ordnet er das Widerspruchsverhalten speziell an*, denn das kritische Verhältnis zum Vorgesetzten darf nicht leiden. »Stellen Sie sich also auf eigene Füße. Fassen Sie meine Kritik als Anregung auf – nicht mehr!« Jetzt hat der Lehrer schon vergessen, was die Kritik war. Die Form, in der er die Kritik aufnehmen soll, das will er sich merken. Dölle sucht den Direktor dieser Schule auf, beurteilt kurz den Junglehrer,

2 Beurteilung eines Altlehrers durch den »fortschrittlichen« Dölle (moderne Technik der Formulierung des Urteils für die Personalakten): »Etwas schizoider Beamter, 40 Jahre. Er besteht aus lauter festgemauerten Ansichten, gleich, ob es um Religion oder Politik geht. Kontaktlos. Unüberwindliche Tiefenangst. Diese erscheint verständlich, wenn man sieht, was sich unter dem Gebirg von Prinzipien an inneren Gluten angesammelt hat. Auswirkung im Unterricht: Enge, Autoritätsverfall in den oberen Klassen, vorzügliche Englischdidaktik. Neigt dazu, Eintragungen ins Klassenbuch vorzunehmen, ›Disziplinierungen‹. Der die verdrängten Tiefen suchende Spaten, das persönliche Gespräch kann hier zur Sprengmine werden. Die starre Oberfläche ist notwendig. ›Quieta non movere.‹ Vorschlag: in B. belassen bis zum Pensionsdienstalter.«

bespricht eine Terminfrage. Er erreicht den Mittagszug, der ihn in die Universitätsstadt zurückbringt, in der er seinen Amtssitz hat.

V

Sein Amtszimmer hat sich Dölle nicht selbst ausgesucht. Im Backsteinhaus des Regierungspräsidiums, dritter Stock. Als Oberschulrat stehen ihm ein Schreibtisch und zwei Sessel mit Armlehnen zu. Er hat eine »Schreibecke« und eine »Besuchertischrunde« mit diesen Mitteln aufgebaut. Er durchblättert die vorgelegten Akten. Keine der Sachen eilt. Er geht hinaus ins Vorzimmer und fragt sich, wo seine Vorzimmerdame, Fräulein Vera Schwenkowski, bleibt. Sie kommt, vom Laufen erhitzt, herein, war auf der Postabstempelungsstelle im Parterre. Dölle sagt nicht **Vera**, sondern: »Fräulein Schwenkowski, wenn ich Sie einen Moment bitten darf.« Es ist niemand da, der die Vorsicht rechtfertigt. Dölle, jetzt fünfundsechzigjährig, sieht im Anzug intakt aus. Fräulein Schwenkowski ist 37 Jahre jünger. Von seinem Universitätslehrer hat Dölle einen Grundsatz mitgeteilt bekommen: Sie müssen sich eine Frau suchen, deren erster Mann Sie sind, und sie prägen. Dölle versucht, Vera zu »prägen«. Wenn sie ihn, ihr Gesicht über seinem Gesicht, ansieht, fühlt er sich als das Schaf, über dem der Wolf sitzt. Vera schreibt, was er vorsagt. Er könnte ihr auch erfundene, nichtdienstliche Texte ansagen, zum Beispiel: »Ich hole dich eine halbe Stunde nach Dienstschluß im Café ab«. Vera nickt, sie tut alles, was er sagt. Sie weiß den Treffpunkt. Dölle braucht seinen Bauch nicht zu verstecken, er muß nichts fürchten. Aber er bangt jeden Augenblick, daß sie »aufsässig« wäre.
Er versucht einen Witz, um sie an sich zu fesseln: die Schlacht bei Mollwitz! Die Österreicher haben schon gewonnen, ein Cannae! Da rücken die preußischen Grenadiere, weil sie die Niederlage nicht durchschaut haben, 300 Meter vor. Die Österreicher räumen das Schlachtfeld. Vera lacht nicht hierüber, aber kichert über etwas anderes. Irgend etwas ist ihr eingefallen. Sie zieht den Mantel an und verschwindet. Wenig später: Dölle in seinem Volkswagen mit seitlichen Chromstangen, im Handschuhfach Koralle-Präservative. Er fährt zum Treffpunkt, ein Glückspilz. Hänschen Dölle (»Schurki«).

Pensionsierungstag für Dölle. Zur Übergabe seines Amtes an seinen Nachfolger Dr. Schweikart hat Dölle seinen schwarzen Anzug angezogen. Der Leiter der Schulabteilung im Kultusministerium, Herbert Dietzenbach, nimmt als Gast teil. »Als Eideshelfer für den Freund.« Ein Cinzano wird genommen in Dölles Arbeitszimmer.
Aus Anlaß seiner Pensionierung erhält Dölle ein Verdienstkreuz. Vera weint. In der Sporthalle des Gymnasiums der Universitätsstadt sind Blumen arrangiert. Eine Streichergruppe spielt das Forellenquintett von Schubert. Die Beamten des Regierungspräsidenten reichen Dölle die Hand. Dölle sagt: Es fällt keinem Schulmann leicht, mit 65 aufzuhören, denn das Hirn funktioniert einen Tag vor der Entlassung nicht anders als einige Tage nachher. Wenn man mir eine Schule oder eine Klasse geben würde, wäre ich glücklicher als jetzt mit dem Zuviel an Freizeit. Im Ernst, wir alle wissen, daß wir schon nach spätestens zehn Jahren Schuldienst hätten ausgewechselt werden müssen. Mindestens ein Zweitstudium! Besser aber Generationswechsel. Gut, für einige galt der Krieg als ein solches Zweitstudium (der Abteilungsleiter: Ha!), spätestens 1955 waren wir endgültig veraltet. Jetzt aber, nachdem wir Alten uns an das Veralten gewöhnt haben, fällt es uns schwer aufzugeben.

»Es floh die Zeit im Wirbelfluge
Und trug des Lebens Plan mit sich
Wohl stürmisch war es auf dem Zuge
Beschwerlich oft und widerlich«

schließt Dölle seine Rede.
Die Beamten des Regierungspräsidenten, die meist der Polizeilaufbahn entstammen, werden schon mit 62 Jahren pensioniert. Sie sind über den Schlußwitz pikiert. Dölles Freund Dietzenbach, der Leiter der Schulabteilung im Kultusministerium, erhebt sich und antwortet sogleich:
Perire necesse est. Es ist notwendig, zugrunde zu gehen. Das ist der Leitspruch jener römischen Legionen, die am Grenzwall die Barbaren etwas länger aufzuhalten versuchten, als dies nach Sachlage sonst erfolgt wäre. In dieser Lage befinden auch wir uns – wir stehen als Beamte auf Lebenszeit auf Wacht gegen

das oder vielmehr für das, was »cis« ist, *diesseits* der Linien der Bildung und Entfaltung des Menschen. In dieser Lage ist die Pensionierung von dir, meinem lieben Freund Dölle, ein unverzeihlicher Luxus, den sich diese Gesellschaft leistet. Aber wir müssen auch die jüngeren Jahrgänge einmal heranlassen, wenn wir auch nicht wissen, was *da* nach uns kommt. In diesem Sinne nehme ich Abschied von einem Freund und Streitgefährten, dem Mit-Legionär Dölle!
Der Regierungspräsident selber ist soeben in der Feierstunde eingetroffen. Er findet das Du in der Rede des Ministerialvertreters übertrieben und ergreift das Wort:
Lieber Dölle, wir haben in diesem Backsteinhaus Jahre um Jahre in gemeinsamer Arbeit verbracht. Polizeiverwaltung, Inneres und Mittelinstanz der Schulverwaltung stehen hier beisammen. Nehmen Sie auf diesem Wege in die verdiente Ruhezeit meine aufrichtigen Wünsche und die meiner Mitarbeiter.
Das Quintett spielt einen Rausschmeißer. Dölle ist bedrückt. »Mit dem Tode leben. Daraus ist Kraft zu saugen.« Das ist ihm geläufig. Er sehnt sich nach Vera, die vier Bankreihen hinter ihm sitzt, wagt aber nicht, sich umzuwenden.
Die Beamten des Regierungspräsidenten müssen zu ihrer Arbeit zurück. Dölle und sein Freund gehen in die »Sonne« eine Flasche trinken. *Dölle sitzt wie auf Kohlen.*

VII

Seit der Entlassung kontrolliert Inez seinen Tagesablauf. Sie plädiert für Abschaffung seines Volkswagens. »Wozu brauchst du den Wagen jetzt noch?«
Dölle setzt sein Recht auf Spaziergänge durch, das Recht auf unbeobachtetes Sich-Entfernen von der ehelichen Wohnung. Inez: »Ich verstehe nicht, mein Hänschen, wieso du mit dem Auto wegfährst, wenn du spazieren gehen willst. Die Luft ist überall gleich. Du kannst auch hier anfangen, spazieren zu gehen.«
Am Treffpunkt Universitätsmensa holt Dölle um 18 Uhr Vera ab. Es gibt jetzt keine Reisen mehr mit erweitertem Wochenende zu Tagungen oder Besichtigungen. Sie sehen sich auf zwei,

drei Stunden, abgespart von Veras Dienstzeit und von Dölles Hausdienst.
Vera hat einen Freund, den Junglehrer Gössel, der dafür da ist, zu den Zeiten, zu denen Dölle unabkömmlich ist, Gespräche mit ihr zu führen, mit ihr an der Luft hin- und herzugehen.
Dölle ist in Veras Zimmer »eingedrungen«. Er findet dort Gössel vor. Die beiden erwarten Vera, als sie vom Dienst nach Hause kommt. Sie schließt, ausgepumpt, die Wohnungstür auf und erblickt beide.
Vera zu Dölle: Was willst du hier? Dölle ist überrascht. Ich will nicht, sagt sie, daß du mich auch noch in meinem Zimmer belagerst. Wenn du kommst, soll ich in Bereitstellung gehen. Aber ich bin müde. Worauf warte ich überhaupt? Wie ein Einmachglas warte ich schon die ganze Zeit über. Dölle: Ich habe dir noch nicht erzählt, daß ich beim Arzt war (gelogen). Vera muß ihrer Erziehung nach jetzt fragen: Und was war das Ergebnis?
Dölle behält es für sich. Vera hat ihn durch plötzliche Aufsässigkeit überrascht. Beabsichtigt sie, ihn zu »betrügen«?
Nachdem sich Dölle »eisig« verabschiedet hat, setzen sich Vera und Gössel in einem Café zusammen. Vera: Du manipulierst mich. Gössel: Was soll das heißen? Vera: Warum mußt du mit Dölle dasitzen? Gössel: Ich war eher da. Vera: Du manipulierst mich ständig. Gössel schweigt. Vera: Ich bin für dich ein Stück Verschiebebahnhof. Gössel: Du denkst, daß ich Dölle verdrängen will, dabei weißt du, daß ich das nicht will. Ich bin mit Gerda fest liiert. Vera: Und was willst du eigentlich von mir? Gössel: Mit dir einmal gründlich reden. Vera: Und was willst du mir sagen? Gössel: Du betrügst dich um dein Leben, wenn du dich von Dölle derart abhängig machst. Vera: Da haben wir's doch, daß du mich manipulierst.
Dölle drängt Vera in den folgenden Tagen, daß sie sich entschließt, Gössel nie wiederzutreffen. Vera gehorcht.

VIII

In einem Hotelzimmer. Dölle: Willst du mir daraus einen Vorwurf machen? Vera: Natürlich nicht. Dölle: Du könntest es auch nicht. Aus dem bloßen Zeitablauf von acht Jahren kannst

du mir keinen Vorwurf machen. Vera: Und ich verdanke dir ja viel. Dölle: Ich habe wieder einen Stapel Bücher für dich ausgesucht. Sobald du mit Lesen fertig bist, bringe ich dir die neuen Bücher. Vera: Ich lese nicht so schnell. Ich habe in den acht Jahren, seit ich dich kenne, schon so viel gelesen. Dölle: Wie geht denn der Betrieb im Amt jetzt? Vera: Oberschulrat Schweikart ist ein Fisch.
Vera kann jetzt außer mit Dölle mit niemandem mehr sprechen. Dölle übt über ihre kurze Freizeit die volle Kontrolle aus. Sie möchte ausdrücken, daß Dölle, so wie er in den vergangenen Jahren ihr Chef war, ihr als einziger vorbildlich erscheint. »Er ist der einzige, der mir gehorcht.« Ich bin für ihn wertvoll, weil seine Vitalität ausschließlich von mir abhängt. Vera lehnt die nüchterne Arbeit unter dem neuen Chef ab, der vieles anders anweist, als es Dölle getan hat. Sie hat im Amt Versetzung beantragt. Gleichzeitig will Vera ausdrücken, daß Dölles »Format« durch die Pensionierung gelitten hat. Er ist nicht mehr der »starke Dölle«, der über die Zukunft der Junglehrer und über das Bestehen der Reifeprüfungen entscheidet. Auch Vera ist nicht unabhängig von dieser öffentlichen Einschätzung Dölles. Sie muß sich Mühe geben, den Freizeit-Dölle, der ihr hier zwischen dem überalterten Mobiliar des Hotelzimmers zur Verfügung steht, so zu verehren, wie sie acht Jahre lang den Chef Dölle angeblickt hat. Sie merkt, wie die Gefühle geringer werden, **um so stärker will sie zu Dölle halten,** als seine *einzige Hilfstruppe* (Ausdruck von Dölle). »Hoffentlich halte ich durch.«
Eigentlich hat Vera in den Jahren mit Dölle daran gedacht, daß ihre Verbindung mit ihm einen stillschweigenden gesellschaftlichen Aufstieg ermöglicht. Hätte Dölle, der doch formal die Macht dazu hatte, ihr das Reifezeugnis ermöglichen können? Jetzt steht endgültig fest, daß sie von ihm keine Hochschulreife erhalten wird. Statt dessen gibt Dölle sich selbst. Vera: Ich will auf keinen Fall berechnend sein. Veras Verhältnis zu Dölle: acht Jahre Lernarbeit – dieses Ergebnis will Vera nicht aufgeben.
Dölle war kurz »unterwegs«. Er hat eine Ente aus der Tiefkühltruhe erstanden. Vera soll diese Ente in ihrem Einzimmer-Appartement für sie beide braten.

IX

Wenn ihn Inez nur nicht »Hänschen« rufen würde. Niemand außer ihr nennt ihn so.
Sonntag vormittags. Frau Dölle läuft von ihrem Schlafzimmer herüber zu dem Zimmer, in dem ihr Mann schläft. Das Zimmer ist verschlossen. Inez rackelt an der Tür. Sie ergreift ein Zorn. Die Kinder stehen hinter der Tür des Kinderzimmers. Sie sagen sinngemäß: »Ich will das nie wieder tun, ich will das nie wieder tun.« Inez ruft: Mach auf, Hänschen. Sie preßt sich gegen die Tür, macht Lärm mit der Klinke. Sie will die Kinder mobilisieren, indem sie die Stimme hebt, die alles hören, aber aus ihrem Zimmer nicht hervorkommen. Öffne, schreit Inez, du dummes Arschloch, ich will dir doch nichts tun. Aufmachen! Dölle, sprachgewaltig, sitzt aufrecht in seinem Bett und segnet den Vorabend, an dem er die Tür abschloß. Stunden später sitzen alle am Kaffeetisch, als wäre nichts gewesen. Um 16 Uhr sieht Dölle Vera im Café Weingarten im benachbarten Städtchen W. Vera ist mit dem Zug gekommen, Dölle mit dem Volkswagen. Sie fahren ein Stück.

X

Dölle hat Fieber. Das Fieber hält sich eine Woche lang, stets ein Grad Übertemperatur, nicht mehr. Inez erklärt: Das ist die Einbildung. Aber das Thermometer zeigt objektiv ein Grad Temperatur. Dölle fühlt sich zerschlagen. Die Humanität zerrinnt.[3] Er läßt sich von seiner ältesten Tochter pflegen, ein Besen, aber er wird von ihr nicht Hänschen genannt. Sein Freund, der Leiter der Schulabteilung im Kultusministerium, kommt, auf Dienstreise befindlich, auf einen Sprung vorbei. »Na, Schurki, totaler Aufgabenmangel!« »Die Diagnose stimmt.« »Wir wollen sehen.« Der Freund verspricht nichts, weil man Versprochenes in jedem Falle einhalten muß. Er hat einen Plan.
Nach einer Woche ist Dölle wieder mobil. Eines freitags begibt er sich in das Schlafzimmer seiner Frau. Die Kinder sind abwesend. Er gibt sich Mühe mit Inez, aber gerade Dölles

3 »Es ist eine falsche Auffassung zu sagen: immer gab es eine Kaste, welche die Bildung eines Volkes verwaltete: folglich sind die Gelehrten nötig.«

Zartheiten vermögen Inez nicht zu befriedigen. Es ist wie in früheren Jahren: am besten, er macht Massage des Rückens und der Brust. Das kann er besser ohne sein Geschlechtsteil. Inez befriedigt das zwar körperlich, aber nicht »seelisch«. Aus seelischen Gründen muß er sein Geschlechtsteil einführen. Es ist eine nicht sichtbare gemeinsame Wunde, an der gezupft und gedrückt wird. Dölle hat seinen Plan. Er hält aus. Inez, die nicht mehr pusten kann (alle Gefühle Dölles sind tot), schmiegt sich an ihn. Er hat Schwitze-Schweiß ganz gern, liegt aber nicht gern so in Hautkontakt mit Inez. Heute will er einen Kompromiß machen.
Er bewegt seinen Mund an ihr Ohr und will etwas sagen (daß man sich vielleicht weniger häufig sehen soll, um die »Spannung« zu erhöhen). Sie legt ihm die Hand auf seinen Mund, ehe er reden kann: Still!, und kuschelt sich an ihn heran. Plötzlich faßt sie ihn an den Bauch, kneift mit beiden Händen in die Speckfalte und lacht. Er hat in früheren Jahren versucht, sie zu »erziehen«. Unabhängig von diesem Erziehungsplan hat er sie tatsächlich so zugerichtet, daß sie jetzt ihm unerträgliche Eigenschaften hat. Durch »Guttun« möchte er, »ohne Inez zu verstimmen«, eine dritte Jugend mit Vera ergattern.

XI

Dölle und Vera sind schon lange verzweifelt. Ein Vorschlag kommt von Vera. Dölle kennt einen Arzt, der ihm Tabletten verschafft, weil er an Dölles Schlafstörungen glaubt (Dölle schläft vorzüglich). Sie wollen in Dölles Volkswagen Auspuffgase hereinleiten und außerdem die Tabletten aufessen. Sie fahren zum Wäldchen in der Nähe von W. Dort ist aber zuviel Verkehr. So fahren sie – es kommt diesmal nicht auf Zeit an – etwa 60 Kilometer weiter, wo sie in einem Waldgelände in der Nähe von Kassel halten. Dölle weiß die ganze Zeit über: das ist unverantwortlich, das würde ich allein nicht machen. Aber er macht mit, weil ihn eine tiefe Zuneigung faßt zu dieser Gestalt seines Todes, die ihn mit Vera verbindet. Er nimmt einige ihrer Finger in den Mund, und sie sagt nicht: Laß das, »weil es keinen Zweck hat«, sondern wartet, bis er es sein läßt. Sie hat den stärkeren Willen, und eine Konstruk-

tion wird gebaut vom Auspuffrohr als Schlauchlinie ins Wageninnere. Jetzt versteht Dölle, wozu Zeitungspapier nötig ist: damit die Schlaucheinführung abgedichtet werden kann. Man muß wegen des Schlauches ein Wagenfenster öffnen.
Dann nehmen sie aus einer Seltersflasche kleine Schlucke und essen dazu mehrere Tabletten. Vera setzt sich auf den Fahrersitz des im Leerlauf brummenden Fahrzeugs. Wenn sie das Gaspedal bedient, strömen Gase ein. Dölle sieht Veras Augen an seiner Seite. Er ist das Schaf, sie ist der stärkere Wille. Er will ihr zu Gefallen alles tun. Sie ist das einzige »Eigen«, das er haben will. Vera hat die Augen geschlossen. Dölle denkt: das ist nicht zu verantworten. Er öffnet die Wagentür, reißt die Schlauchkonstruktion ab und »deponiert« sie in den Büschen. Er drängelt die bewußtlose Vera vom Fahrersitz, legt sie am Waldboden zurecht. Er überlegt: »Ich bin wegen der Tabletten fahruntüchtig.« Trotzdem muß er fahren. Er hält sorgfältig Ausschau, um keiner Polizeistreife in die Hände zu fallen. Die Augen fallen ihm zu, während er die Schnellstraße nach M. hineinfährt. Er läßt Dr. Arnold, seinen Freund, aus der Praxis herausrufen. »Ich habe Mist gemacht!« »Was für einen Mist, Schurki?« Sie gehen zum Hof, auf dem Dölle sein Fahrzeug abgestellt hat. Der Arzt lädt sich Vera auf den Rükken. Dölle schiebt und hält, so daß sie die Treppen zur Arztpraxis hinaufgelangen. Die wartenden Patienten werden von der Sprechstundenhilfe zur Geduld gemahnt. Im Hinterzimmer der Praxis pumpt Dr. Arnold Veras Magen aus. Dölle macht sich nützlich, indem er das Gefäß hält. Er schlägt Vera leicht auf die Backe, massiert der Bleichen die Stirn. »Laß das, Schurki«, sagt der Arzt. Dölle: »Hast du nicht irgendeine Spritze für sie?« Der Arzt gibt eine Kampferspritze. Nach einer Weile schlägt Vera die Augen auf. Dölle fühlt sich zittrig. Aber das Gift und die Gase können sich in seinem voluminöseren Körper besser verteilen.

XII

In seinem schweren Körper wie in einem Gefängnis. Nochmals in einem Gefängnis, sobald Dölle sein Zimmer, in dem er schläft, verläßt. Dann – in der Stadt, die Wächterin Inez nicht

in der Nähe – im Gefängnis seiner Unwissenheit. Er weiß viel, aber nicht, wie er Vera halten kann. Das Wissen, das er besitzt, ist nicht »sein Eigen«. Er will nochmals studieren. Einige Wochen besucht er regelmäßig Vorlesungen: 1. Einführungsvorlesung und Seminar »Das Leben der Zigeuner«; 2. Einführung in die Psychoanalyse I; 3. Psychologie für Anfänger, vierstündig; 4. Gynäkologie, Einführungskurs; 5. Anthropologie I und II; 6. Sozialethische Übungen, vierzehntägig (stellt sich als theologische Veranstaltung heraus); 7. (als Ergänzung und Belohnung:) Textanalyse von Platons »Kriton«, zweistündig. Hiervon kann er – gewissermaßen von den Quellen – Vera erzählen. Vera interessiert sich für die Abstammungslehre. Eine Makakenbraut wäre sie gern, als noch Madagaskar bei Indien lag. Dölles Glück hat von diesen Sonntagsstunden mit Vera das Glockenzeichen »Salzburger Nockerln, süß wie die Liebe und süß wie ein Kuß« bewahrt. Jedes Mal, wenn das gespielt wird, so wie er es mit Vera gehört hat, stellt er sich vor, werde ich ihre Wolfs- und Makakenaugen sehen.
Er greift jetzt eine unabgeschlossene Jugendarbeit wieder auf, die unter den Anspannungen des Berufs liegengeblieben war: »Die geographischen und meteorologischen Verhältnisse in Altrom bis zur Kaiserzeit.« Exzerpiert die Quellen. Offenbar viel Regengüsse.
Dölle bricht nach einigen Wochen des intellektuellen Wiederaufbaus an der Universität zu einer Reise in die Landeshauptstadt auf, zum Kultusministerium. Im Kultusministerium besucht er seinen Freund Dr. Dietzenbach. Er möchte eine Beschäftigung haben. Praktische Vorschläge hat der nicht. Die Freundschaft nutzt sich ab, wenn Dölle weiter »notleidend« bleibt. Sein Freund will nicht dauerhaft inkonsequent sein. Er will dem Freund Dölle helfen – kann er nicht helfen, wäre es besser, Dölle wäre nicht sein Freund. Dölle ist sicher: dieser Anpassungsvorgang der Gedanken an die Taten ist bei Dietzenbach schon im Gange.

Hunger nach Sinn

1. Rache für Verdun

Ingenieur Willi Eisler wollte nach dem »Artillerieduell« vom 16. Oktober 1916 bei Verdun mit seiner Kompanie die ihm zugeteilte Schlachtzone verlassen, auf die wenig später vom Gegner mehrere Tausend Tonnen Granaten abgeschossen wurden. Die flüchtende Schar wurde von einem Stabsoffizier, Dr. von Fredersdorff, der Feldgendarmen um sich hatte, bei Orlémont aufgehalten. »Machen Sie, daß Sie schleunigst wieder dahinkommen, wo Sie mit Ihrer Kompanie herkommen.« »Herr Major wollen sich diese Sumpfzone ansehen. Der Beschuß wird in der nächsten Stunde noch zunehmen«. »Papperlapapp. Sie kehren mit Ihren Männern um.«
Dieser Vertreter einer Logik, die durch bloße *Materialmassierung* »dem Gegner Blut ablassen« wollte, zog den langandauernden Haß von Ingenieur Eisler auf sich.
18 Jahre später ließ Eisler einen Brücktenteil, auf dem Major a. D. von Fredersdorff – jetzt Oberbaurat – eine Besichtigung vornahm, einstürzen. Ihm waren die Folgen gleichgültig, wenn er nur seine Rache befriedigen konnte – wenn schon nicht an allen, die für Verdun verantwortlich waren, so doch an einem charakteristischen Vertreter einer *überwundenen Denkform.* Aus dem Gefängnis, in dem Eisler wegen fahrlässiger Tötung einsaß, holte ihn 1942 Fritz Saur vom Jägerstab im Rüstungs- und Munitionsministerium. Noch 1945 gelang es Ingenieur Eisler, den gelähmten Fredersdorff in dem diesem gehörigen Gartenhäuschen auf der Schwäbischen Alb aufzuspüren. Bei jenem Brückeneinsturz, für den Eisler gebüßt hatte, waren zwölf Arbeiter getötet, Fredersdorff nur am Rückgrat verletzt worden. In seinem Rollstuhl schrieb Fredersdorff an einem Buch. Jetzt warf Eisler, der mit zwei ausländischen Hilfskräften in einem Militärfahrzeug vorfuhr, diesen Rollstuhl um, schleifte Fredersdorff – der in dem rachsüchtigen Ingenieur nicht jenen Fähnrich wiedererkannte, den er »an der

Straßenkreuzung von Orlémont auf seine Pflicht aufmerksam gemacht hatte« – an einen Weiher, in dem rasch Hinzukommende den Gelähmten später fanden. Brustquetschen hatte Erfolg, Fredersdorff atmete wieder. Ingenieur Eisler wurde nach Wiederherstellung der Rechtsverhältnisse wegen dieser Sache (Paragraph 211, 48 StGB) auf drei Jahre eingesperrt. Im Jahre 1959 gelang es Eisler erneut, den alten Fredersdorff aufzuspüren, der jetzt wieder Beratungen von Baufirmen durchführte. Eisler verwüstete Fredersdorffs Büro. Im Gartenhaus verbrannte Fredersdorff in dem von Eisler eilig gelegten Brand. Eisler erzog in der Folgezeit seine Nachkommen, mehrere Söhne und Töchter, zwei Enkel, in einem rigiden Antikriegsklima – wobei Eisler nicht den Krieg als solchen bekämpfte, sondern eine bestimmte **Denkform**, die in Verdun sein Leben zerstört hatte, indem sie von allen seinen zahlreichen Wünschen nur den nach unverzüglicher Rache übrigließ.

»Die Scheibe friert, der Wind ist rauh
Der nächt'ge Himmel rein und blau
Und will ich in die Sterne sehen
Muß stets das Aug mir übergehen . . .«

2. Ingrids Rache

»Das Weib lernt hassen, in dem Maße, in dem es zu bezaubern verlernt.« Ingrid Töpfer lernte Bernd Wolzogen während des Rückzugs in Charkow 1943 kennen. Sie kamen 1946 im rheinischen Industriegebiet an. In den folgenden Jahren bauten die Belegschaften im wesentlichen selbständig die zerstörten Industrieanlagen auf und verteidigten sie gegen Demontage. Bernd Wolzogen wurde Betriebsratsvorsitzender. Seine Frau leistete unbezahlt die jahrelangen Hilfsdienste, die ihn instand setzten, seine ganze Kraft einerseits dem Betrieb zu verkaufen, andererseits der Betriebsratsarbeit zu widmen. Kam er nach Hause, mußte er sich erholen.
In den fünfziger Jahren wurde Wolzogen nach Einführung der Mitbestimmungsregelung in den Vorstand der Großfirma

berufen. Seine Lebensumstände wurden auf Rat seiner neuen Kollegen dem *Arbeitsdirektorenrang* angepaßt: ein Haus, ein Dienstwagen. Mitte der fünfziger Jahre verlor Ingrid ihren Einfluß auf diesen Mann völlig. Ihre Hilfsdienste waren jetzt überflüssig. Sie stellte sich vor, er sei nach wie vor ihre Sparbüchse, in der sich ihre unbezahlten Hausfrauen- und Liebedienstarbeiten der Vorjahre ansammelten – deshalb versuchte sie, unter Unterdrückung zahlreicher widersprüchlicher Gefühle, ein sachliches Verhältnis zu Wolzogen herzustellen. Die Rückzugstraßen von 1944, die Jahre des Neuanfangs – sie konnte ihr Leben und das Wolzogens nicht nachträglich voneinander trennen. Der Versuch, sachlich zu bleiben, führte schließlich dazu, daß sie in eine vereinbarte Scheidung einwilligte. Wolzogen heiratete eine Jüngere.
Zehn Jahre später war Ingrids Haß gegen Wolzogen ausgereift. Sie hatte nach der Trennung keine Chance mehr gehabt. In der Neujahrsnacht 1966 zerschlug sie mit einem kleinen Hämmerchen den Lack auf dem BMW-Fahrzeug ihres ehemaligen Mannes; dieses Fahrzeug parkte vor der Villa, die zwei runde Fenster besaß, hinter denen sich das Bad und zwei Toiletten befanden. Das Auto stand als unlackiertes Blech im Schnee. Wolzogen hatte Schwierigkeiten, den Fall seiner Versicherung als versuchten Einbruch darzustellen. Ingrids Rachebedürfnis war durch die Tat nicht gemildert. »Nicht die Stärke, sondern die Dauer der hohen Empfindungen macht die hohen Menschen.«

3. Rache für fremdes Leiden

Seit 1952 ist F. Juschke in der Feuchtchemie eines mittleren chemischen Werkes in Frankfurt tätig. Die Werksärztin, Frau Lohmann, ist als Urlaubsvertretung eingesprungen. Sie sieht in Juschkes Gesichtszügen, daß dieser Mann »am Ende« ist. Eine drückende Hitze liegt über der Stadt. Die kalte Luftschicht in der Höhe drückt die Industriegase nach unten. Wie unter einem Treibhausdach vegetiert die Stadt. Diffuse Wolken, durch die die Sonne nach unten preßt, die schädlichen Gase selbst nicht sinnfällig.

Die Ärztin faßt einen Plan: Juschke wird in die Grunduntersuchung der nächsten Woche eingefädelt. Die Ärztin telefoniert mit der Universitätsklinik. Alles vororganisiert: Magen, Darmtrakt, Kreislauf, die gesamte verbliebene körperliche Existenz Juschkes wird in der kommenden Woche von fähigen Ärzten durchforscht werden. Die Ärztin gibt Juschke Tabletten (ärztliche Muster) mit, um die Magen- und Kopfschmerzen über das Wochenende zu betäuben. Ärztin Lohmann: Die Tabletten nehmen Sie alle zwei Stunden bis Sonntag mittag 12 Uhr. Dann hören Sie damit unbedingt auf. Es verwirrt sonst die Untersuchungsergebnisse. Wenn ich die Ergebnisse der Grunduntersuchung habe, machen wir einen Behandlungsplan. Nach der Behandlung: Erholungsurlaub.[1]
Juschke ist ihr grundsätzlich dankbar. Schon allein dafür, daß ihn jemand so lange befragt und sich mit seinen Körperresten befaßt. Er kann sich aber auf diese Situation nur schwer einstellen. Sie kommt überraschend. Er spürt: er müßte seine Beobachtungen über seine körperlichen Erscheinungen hier genauer vortragen. Dies ist seine letzte Chance. Die Erinnerungen daran liegen jedoch verzettelt über die Jahre. Er bringt es nicht fertig, obwohl die Ärztin nicht zur Eile mahnt und das Gespräch jetzt schon 40 Minuten hin und her verläuft, seine Erfahrungen, die er mit Ausfallserscheinungen des Körpers oder mit Wohlbefinden gemacht hat, zusammenzufügen. Das strengt ihn maßlos an. Die Ärztin gibt zu erkennen, daß sie ihm auch noch länger zuhören würde.[2]
Juschke sitzt bleich da und beschreibt die Abteilung für Feuchtchemie, für die kein Nachwuchs zu gewinnen ist. Er hat sie nach 1945 aus den Trümmern wiederaufbauen helfen. Juschke, der das Verhör nicht länger aushält, müde, aber aufs höch-

1 Sie macht sich bei der Betriebsleitung mit ihren ausführlichen Gesundheitsplänen nicht beliebt. Aber sie wird diese Stellung nur drei Wochen bis zur Rückkehr des Werkarztes bekleiden.

2 Sie würde über seine Arbeitssituation gern mehr erfahren, von Mißständen hören, die ihr unruhevolles Motiv, daß in dieser Gesellschaft nicht gelebt werden kann, bestätigen. Sie könnte das in sich aufsaugen, vielleicht dadurch Kraft für Initiative gewinnen; ihren Mann zu Hause, der über revolutionären Thesen brütet, mit frischen Nachrichten versorgen. Wie ein Vampir giert sie nach Juschkes Wirklichkeit. Ein Stück mehr von seiner Erfahrung wäre ihr mehrere Stunden Zeit wert. Er soll so lange reden, wie er will und kann.

ste »angeregt«, drängt auf Verabschiedung. Er gibt der Ärztin herzlich die Hand.

Juschke: »Ich habe mein ganzes Leben in der Feuchtchemie eingesetzt, und dafür tausche ich jetzt diese Tabletten hier ein.«

In der folgenden Woche erfährt die Ärztin, daß Juschke gestorben ist. Die Worte, die sie ihm abgehört hat, waren möglicherweise seine letzten. Ihr Mann, dem sie den Vorfall eilfertig berichtet, hält diese letzten Worte für *substanzreich.* Frau Lohmann und ihr Mann wollen Juschkes zersetzte körperliche Verfassung an dieser Betriebsleitung, aber auch an allen Betriebsleitungen überhaupt rächen.[3]
Nach Entlassung aus ihrer Stellung als Werksärztin will Frau Lohmann »Juschkes Leiden« wenigstens an irgendeiner beliebigen, jedoch erreichbaren Stelle vergelten. Dazu muß sie zunächst warten. Vorerst absolviert sie in einer Universitätsklinik ihr Assistenzjahr.

4. Ausbruchsversuche innerhalb der Gefängnismauern

F. Schmidt und D. Kelpe, Schweißer in Florstadt, besteigen Freitag, 17.46 Uhr, den Zug, der sie in die Metropole bringt. Dort angekommen, nehmen sie Aufenthalt im Eldorado, danach Weinstadel, bei »Mario« Spaghetti Bolognaise für 8,–

3 Es ist nicht zu übersehen, daß Frau Lohmann aus eigenen Motiven handeln wird. Dazu reicht es aus, daß ihre Ehe mit Lohmann Krisen produziert. »Alle Familien in der pluralistischen Gesellschaft sind dem Typ der bürgerlichen Familie nachgebildet. Dieser Familientyp selber ist untergegangen.« Frau Lohmann erlebt dies so: ihre Fürsorge bewahrt ihren Mann vor Magenschmerzen (bedingt durch seine aussichtslose berufliche Perspektive), aber auch vor jeder Berührung mit der Wirklichkeit. Je mehr sie fürsorgt, desto unselbständiger wird ihr Mann. Bisher hat Frau Lohmann versucht, diesen Konflikt auszugleichen: durch noch mehr Fürsorge. Die Krise macht sie konservativ-aufrührerisch. »Revolutionsgeduldig – revolutionslustig.« Kompromisse bringen keine Sicherheit. Die eine oder andere Richtung ihrer Gefühle soll ausschlaggebend sein. Sie sucht nach Gründen. Es geht um eine lebenswichtige Frage. Die Begegnung mit Juschke hat nun den Ausschlag gegeben.

D-Mark und 1 Bier. Gegen 23 Uhr lassen sie sich zum Schlachthof fahren. Hier übersteigen sie die Mauer, die den im wesentlichen unbewachten Schlachthof umgrenzt. Sie dringen in das Verwaltungsgebäude ein, im Direktionsvorzimmer erbrechen sie die Kasse, entnehmen 420,30 DM. In einer Garage, deren Schloß sie öffnen, finden sie einen Lastkraftwagen, der noch über einen Benzinrest verfügt. Sie durchbrechen das Garagentor, das sie ihrer beruflichen Fähigkeit nach auch hätten vollends öffnen können, wenn sie noch Kraft für Initiative gehabt hätten. Mit laufendem Motor steht das Fahrzeug auf dem Asphalthof, konfrontiert mit einer hohen Backsteinmauer. Nach einer Viertelstunde kraftlosen Planens – die Schmidt und Kelpe eigentümliche Kraft steckte in Florstadt in einer großen Zahl von Schweißvorgängen, mit denen sie die laufende Woche und alle vorangegangenen Wochen verbracht hatten –, richteten sie den Lastwagen gegen einen Mauerteil und starteten. Etwa achtmal ließen sie den Motorteil des Wagens gegen die Mauer stoßen. Die ruhige Klangfarbe des Motors verfärbte sich im Verlauf dieses »Versuchs«. Das zerstörte Fahrzeug ließen sie »an der Mauer festklebend« zurück und entfernten sich, wie sie gekommen waren.
Mit einem Nachtzug kamen sie bis Pfungstadt. Hier strebten sie über die Bundesstraße in Richtung Florstadt. Ein Omnibus der Bundeswehr nähert sich. Schmidt und Kelpe werfen eine Eisenstange, die sie seit einigen Minuten mitführen, gegen das Fahrzeug. Wahrscheinlich wollten sie nur mitgenommen werden. Der erschreckte Fahrer benachrichtigte in der nächsten Ortschaft die Polizei. Bundeswehr- und Polizeieinheiten durchsuchten die Gegend des Attentats. Schmidt und Kelpe, die einen Nebenweg eingeschlagen haben, werden, in Büschen versteckt, eingekreist.
Zum Verhör nach Pfungstadt gebracht:

Kommissar: Was haben Sie sich bei dem Wurf der Eisenstange gedacht?

Kelpe: Wir waren schon vorher in Frankfurt.

Kommissar: Und was wollten Sie da?

Schmidt: Wir waren da im Schlachthof.

Kelpe: Vorher im Eldorado, Weinstadel und bei Mario.

Kommissar: Mich interessiert hier nur Ihre Eisenstange.

Schmidt: Im Schlachthof haben wir aber diese 420,30 DM erbeutet.

Kommissar: Geben Sie her.

Kelpe: Und das Fahrzeug, das wir an der Schlachthofmauer zertrümmert haben, geht auch auf unsere Kappe.

Kommissar: Das ist ja interessant. Lassen Sie mich das mal formulieren. Wiederholen Sie nochmal.

Schmidt: Wir kommen rein in den Schlachthof und sehen das Fahrzeug und haben es in den Hof gefahren.

Kelpe: Da ist eine Mauer. Backsteinmauer.

Kommissar: Mal von Anfang an. Sie heißen?

Schmidt: F. Schmidt.

Kelpe: D. Kelpe.

Kommissar: Beruf?

Schmidt und Kelpe: Schweißer in Florstadt.

Kommissar: Nun mal von Anfang an.

Schmidt: Wir fahren also 17.46 Uhr los . .

Nach dem Verhör schlafen Schmidt und Kelpe ruhig in ihren Zellen. Strafe: je 1 Jahr ohne Bewährung. Sie wußten, daß sie in Florstadt unentbehrlich waren. Ihre Stellung konnte ihnen, auch wenn sie jetzt vorbestraft waren, nicht genommen werden, da sie erstklassige Fachkräfte und, gemessen an ihrer Leistung, zu billig waren.

5. Knautsch-Betty

Für Erfindungen sind Erfinder da; die Schnellöterin Elisabeth Daeneke, die Halbleiterteile in einem Großbetrieb der elektronischen Industrie lötete, war für Routinearbeit vorgesehen. Aus unbezwinglicher Sehnsucht, früher nach Hause zu kommen, lernte sie, die Halbleiterteile, von denen sie täglich ein bestimmtes Soll zu bearbeiten hatte, unter Verwendung eines von ihr erfundenen Abkürzungsverfahrens zu löten. Dagegen verlor der Betrieb, der sie entließ, ihre Erfindung jedoch seinerseits verwendete, ein Stück seiner Identität: er sah sich gezwungen, den Gegenwert von Elisabeth Daenekes (unter Freunden wurde sie Knautsch-Betty genannt) Erfindung, ohne Einbehaltung eines Mehrwerts, zu bezahlen, was vorher und nachher nicht im Sinne der Firma war.

Knautsch-Betty war für Rache an sich ungeeignet; wenn ihr eine Umgebung nicht bekam, so wechselte sie sie. Alle Abmagerungskuren, die sie aber jeweils aufgab, wenn sie lästig wurden, konnten die Breite ihres hübschen Körpers nicht schmälern. Die empfindlichen Brüste waren sicher untergebracht und gehalten vom Oberteil ihres Overalls. Wie ein Schwamm saugte dieser Körper die Eindrücke der Umgebung auf, viel Platz für Unangenehmes, und verarbeitete sie. Diese »unbestellte Arbeit« neben ihrer Arbeit als Schnellöterin fiel keinem Refa-Experten und auch dem Kontrollauge des Werkmeisters nicht auf.

Täglich lötete sie ihr Soll an Schaltkreisen. »Ich kann arbeiten, aber daß mich Arbeit befriedigt, würde ich nicht sagen.« Sie wartete täglich auf das Ende des Lötens. Nach Durchschreiten des Werktors sammelte sie ihre Glieder auf der Couch ihres Liebhabers, Rechtsanwalt Düppelmann. Das beschäftigte ihren Sinn: wie sie diese kuschelige Ecke möglichst rasch erreichen könnte. An sich fühlte sie sich für mehr gut. Sie hatte jetzt, nach Arbeitsschluß, angestrengt durch die zusätzliche Arbeit, Körper und Geist bis zur Erreichung der Couch einigermaßen zusammenzuhalten, nicht allzuviel Kraft mehr zu verwalten. Ihr Wunsch nach »mehr« drückte sich vor allem darin aus, daß sie schon längere Zeit bei Düppelmann ausharrte, der ihr immer wieder versprach, »mehr« zu geben, als er hatte. Er war jetzt 46 Jahre alt: ihm schien Betty sein letztes Stückchen Leben, das er noch zu erwarten hatte. Dieses ideelle Moment in Düppelmanns Verhalten hielt Betty fest (wie man sich bei Schwindelgefühl an den Stangen einer Schiffsschaukel besonders festhält). »Sie war jetzt 20, zweimal verheiratet, geschieden, hatte eine kolossale Menge von Liebhabern befriedigt, da melden sich schon mal die Herzensbedürfnisse.«

Im April 1972 war der aufsichtführende Meister von Bettys Betrieb krank. Sie »erfand« eine Abkürzung der Lötlinie, die es ihr gestattete, ihr Soll dreieinhalb Stunden früher zu erfüllen als bisher. Ihre Gedanken weilten in der Zeit nach Arbeitsschluß. »Wenn sie nicht so schnell hätte weg wollen, hätte sie das nie erfunden.« Nach Ablieferung der Norm verließ sie den Arbeitsplatz unter einem Vorwand. Dem mit den örtlichen Verhältnissen noch nicht vertrauten Stellvertreter des erkrankten Meisters fiel dies zunächst nicht auf. Als es ihm nach Wochen auffiel, benachrichtigte er den Ingenieur Fred Dattler und »stellte« Betty, die sich auf der Toilette kurz für die Heimkehr zurechtgemacht hatte (Rouge, Bluse gewechselt usf.).

Dattler: Wohin wollen Sie in dieser Aufmachung verschwinden?

Betty: Das geht Sie einen Dreck an.

Meister: Sie verlassen vorzeitig seit Wochen Ihren Arbeitsplatz.

Betty: Woher wollen Sie überhaupt wissen, daß ich verschwinden will? Ich darf mich doch wohl einen Moment frischmachen.

Dattler: Sie haben Ihr Soll an Schaltkreisen für den heutigen Tag abgeliefert, und ich entnehme daraus, daß Sie jetzt verschwinden wollen.

Betty: So? Und das berechtigt Sie, mir auf der Damentoilette nachzuspionieren? Ich fordere Sie auf, die Damentoilette hier **sofort** zu verlassen.

Meister: Das hier ist Werksgelände.

Dattler: Sie geben also zu, daß Sie hier vorzeitig verschwinden wollten?

Meister: So wie Sie es nach meinen Feststellungen seit Wochen getan haben.

Betty: Ich habe mein Soll abgeliefert.

Dattler: Ich habe mit dem Abteilungsleiter bereits gesprochen. Sie sind fristlos entlassen.

Betty: Weil ich mein Soll ordnungsgemäß abgeliefert habe?

Dattler: Sie haben Ihren Arbeitsplatz ohne Erlaubnis vorzeitig verlassen.

Betty: Statt daß Sie sich freuen über den Haufen Schaltkreise, den ich Ihnen gebracht habe.

Dattler: Worüber wir uns freuen, das können Sie uns überlassen. Verlassen Sie sofort das Werksgelände.

Meister: Sie haben Hausverbot.

Betty vergaß, sobald sie im Café Eldorado ihren Düppelmann getroffen hatte, diesen häßlichen Resttag. Wenig später sortierten sie wechselseitig ihre Glieder, Nervenmassen. Auch ein Jahr später waren ihr die bereits alternden Beine und Arme Düppelmanns nicht lästig. Er gab sich mit ihr Mühe, dachte auch in Bettys Abwesenheit lange und fest an sie. »Es war einmal ein treuer Husar, der liebte sein Mädchen ein ganzes Jahr.« In den Fällen, in denen Düppelmann keine Einfälle hatte, die Knautsch-Betty amüsierten, versprach er ihr welche für die Zukunft.
Knapp ein Jahr nach Bettys Entlassung – ihr war der Zwischenfall egal, da sie das Löten ebenso entbehren konnte, wie sie die gegenwärtige Tätigkeit als Kellnerin hätte entbehren können – unternahmen Düppelmann und Betty einen Ausflug mit einem Maindampfer. Das schmierige Wasser, das am Dampfer vorbeifloß, war zum Baden ungeeignet, auch nicht mehr fischhaltig, reichte jedoch als Reflexionsfläche für die Sonne noch immer. Düppelmann wünschte sich eine Sonnenbrille. Die Augen schmerzten wegen dieses Gefunkels.
Betty schwitzte in der Sonne. Das schattige Dampferheck konnten sie nicht aufsuchen, da der Rauch des Fahrzeugs vom Wind hierhin gedrückt wurde; dort überzogen sich die Gesichter mit Rauch, der Bettys Haut schädigte. Das hatten sie alles schon bei früheren Fahrten probiert. Es blieb nichts übrig als auszuhalten, bis die Fahrt beendet war. Nach Rückkehr in seine Wohnung hätte sich Düppelmann gern unverzüglich schlafen gelegt. Er richtete das Haupt, legte sein Haupt auf

das Kopfkissen, schloß die Augen: »Richtige Vorbereitung auf einen schriftsatzreichen morgigen Tag.« Betty, die diesen Tag noch nicht als »gelebt« einstufte, legte ihre Beine über seinen Körper, stellte ergiebige Fragen: »Und was schreibst du in diesen Schriftsätzen morgen?« – »Was haben denn deine Gegner dir geschrieben?« Die Frage war nicht kurz zu beantworten. Düppelmann, der für seinen Vorratsschlaf, der vor 12 Uhr angetreten werden mußte, fürchtete, antwortete mit geschlossenen Augen: »Wenn ich deine Fragen beantworte, ist es zwölf Uhr durch. Du bist wohl noch nicht müde?« Betty fühlte sich »ironisiert«. Sie weinte. Jetzt war für Düppelmann an Schlafen nicht mehr zu denken. Er dachte wieder fest an Betty, deren Gesicht wenige Zentimeter von seinem entfernt neben ihm lag. »Wenn ich tot bin, kann ich sie so nicht mehr ansehen. Ich habe also gar keine Zeit, sie *nicht* anzusehen. Ich werde keine Zeit verlieren und sie jetzt gründlich ansehen.«

Düppelmann: Funktionieren eigentlich die Halbleiterkreise, die du im Abkürzungsverfahren gelötet hast, genauso wie die Halbleiterkreise ohne das Abkürzungsverfahren?

Betty: Mindestens. Die funktionieren besser.

Düppelmann: Prüf doch mal nach, ob die Firma dein Abkürzungsverfahren verwendet.

Betty: Die sind doch nicht dumm.

Düppelmann: Das müßte man genau wissen.

Betty: Wieso müßte man das genau wissen?

Düppelmann: Das müßte man wissen.

Betty: Ich gehe da nicht mehr hin. Ich komme auch gar nicht ohne Ausweis am Pförtner vorbei.

Düppelmann: Aber du kannst eine Kollegin fragen.

Betty (einerseits erfreut, daß hier ein längeres Abendgespräch in Gang kommt, Düppelmanns Müdigkeit verliert sich, andererseits zerquält durch die Aussicht auf eine Befragung ehemaliger Kolleginnen, das sah sie als unnütze Arbeit an): Und was soll ich die Kolleginnen fragen?

Düppelmann: Ob sie die Schaltkreise jetzt nach deinem Abkürzungsverfahren löten.

Betty: Und warum soll ich?

Düppelmann: Frage mal. Vielleicht löten die die Schaltkreise nach deinem Abkürzungsverfahren.

Betty: Nehmen wir einmal an, die löten die Schaltkreise nach meinem Abkürzungsverfahren. Das wäre ja praktisch. Ich würde sagen: das ist ganz sicher, daß die dieses Abkürzungsverfahren verwenden.

Düppelmann: Das ist mir egal, was du für sicher hältst. Ich will jedenfalls wissen, ob die das Abkürzungsverfahren verwenden.

Betty: Du glaubst mir nicht?

Düppelmann: Es ist ganz gleich, was ich glaube. Ich will **wissen**, ob die das Abkürzungsverfahren verwenden.

Betty (gutmütig): Dann kann ich ja mal fragen.

Es wurde für Betty ein ertragreicher Abend, da Düppelmann jetzt hellwach war und an sie und nicht an die Schriftsätze des morgigen Tages dachte.
Ja, die Firma hatte Bettys Lötverfahren übernommen. Düppelmann setzte einen Schriftsatz auf.
»Sehr geehrte Herren, namens und im Auftrag meiner Mandantin, Elisabeth Daeneke, trage ich folgenden Sachverhalt vor. [Folgt Sachvortrag.] Der Ihnen aus der Verwendung der Erfindung meiner Mandantin zugeflossene Rationalisierungsgewinn, den ich durch einen unabhängigen Sachverständigen, dessen Benennung ich mir vorbehalte, schätzen lassen werde, ist aus dem Gesichtspunkt der ungerechtfertigten Bereicherung (§§ 812, 818 III BGB) nebst Zinsen ab Zustellung dieses Schriftsatzes an meine Mandantin herauszugeben. Durch die Tatsache, daß Sie meine Mandantin entließen, haben Sie selbst deren Erfindung als nicht zur ordnungsgemäßen Abwicklung Ihres Betriebs zugehörig dargestellt. Es handelt sich deshalb keineswegs um eine Betriebserfindung, an der Sie Recht erworben haben können. Durch Nichteinbeziehung des Vorgehens

meiner Mandantin in den Betriebsablauf haben Sie selber erklärt, daß es sich hier um eine Privaterfindung meiner Mandantin handelt. Ich bin beauftragt, im Klagewege den Herausgabeanspruch meiner Mandantin zu verfolgen ...«
Zum zweijährigen Bestehen ihrer Freundschaft überreichte Düppelmann Knautsch-Betty ein vollstreckbares Urteil über einen Teilbetrag von 800 000 DM. Mit dieser Summe eröffnete sie einen Massagesalon. Sie hatte schon immer von einer Arbeit geträumt, bei der sie nichts als Unterwäsche und einen weißen Kittel anziehen mußte. Da sie leicht ins Schwitzen geriet, war dies eine Kleidung, die sie jeder anderen Arbeitskleidung vorzog.

6. Regine Feiler von der Schwarzarbeiterbrigade

»Sie war die einzige Frau, die ich je gesehen habe, die einen Mann mit der linken Hand ohrfeigt, nachdem sie zuerst mit der rechten getäuscht hatte.«
Regine Feiler setzt sich zur Wehr. Aber der Mann, den sie dadurch an sich fesseln wollte, daß sie ihn ohrfeigte (so wie man ein Bügeleisen mit Wackelkontakt erst einmal pufft, vielleicht funktioniert es doch noch), kam nicht wieder.
Regine Feiler, 26 Jahre, aus einem Dorf bei Braunschweig, Zimmer-Mädchen in Braunschweig, später Aufstieg zur Wäscherei- und Bügelspezialistin. »Unter dem Sinn des Lebens stelle ich mir vor, daß ich nie wieder auf das flache Land zurück muß.«
Regine hält sich für häßlich. Über ihrem zu dicken Po »spannen« Rock oder Hose. Die Nase ist »fleischig«, »zu dicht gewachsene Augenbrauen«. Regine: Das kommt durch meine Umgebung, wenn ich einen völlig anderen Umgang hätte, wäre ich »schön wie ein Mannequin«.

»Über das Vorurteil, daß sich eine Frau gut verkauft, wenn sie ein bestimmtes Ebenmaß, gewisse Normalitäten hat, obwohl sich gerade Liebe nicht an die Normen hält.« Eine »Liebende«: verschwitzt, das Gesicht verdreckt, schwer arbei-

tend, Gegenstände schleppend, in einem großen Topf rührend, von dem Dampf aufsteigt. Aus einem toten Maskengesicht sehen zwei lebendige Augen. Ein halber Liter Tränen fließt aus den Augen über das teigige Material herab und bildet eine tiefe Furche. An dieser Stelle kann man unten die (noch dreckige) lebendige Haut sehen. Man kann hineingreifen. Zwei Finger eines Mannes prüfen die Festigkeit der Haut.
Dagegen die »Verkaufs«-Frau aus der großen weiten Welt: Ein »Mannequingesicht« mit extrem langen Wimpern, weinend. **Weil sie immer so viel weinte, wuchsen die Wimpern schneller, sie wurden »gewässert«.**
Eine »Tennisspielerin«. Nach dem Tennisspiel duscht sie. Durch ein Guckloch zur Duschkabine betrachtet ein Voyeur, kurz zuvor war er der Tennispartner, die Duschende. »Er vergleicht und schätzt den objektiven Wert seiner Partnerin ab.« Der Kopf der Duschenden. Der Kopf wird abwechselnd schwarzhaarig und blond. Was besser paßt.
Schöne Frauen auf schönen Pferden. Die wütende Regine zieht eine »Mannequinpuppe«, die mit Stricken auf ein weißes Roß gefesselt ist, in den Dreck herunter und schleift sie eine Weile hinter sich her. In ein vom Maskenbildner aus Knete gefertigtes hübsches Gesicht mit allen zehn Fingern hineingreifen! Das Gesicht hat jetzt häßliche Vertiefungen. »Es ist nicht wirklich, aber es ist wirklicher, als vorher das hübsche Gesicht aus Knete war.«

»Die einfachste Form gesellschaftlicher Veränderung ist der Umzug.« Regine, die sich von Braunschweig abgesetzt hat, ist jetzt Büglerin in der Metropole, städtische Krankenanstalten. Mit für andere schwer erreichbarer Perfektion, schnellen Handgriffen, arbeitet sie für die Freizeit. Einen Sinn hätte die Freizeit für Regine, wenn sie hier passende Liebesbeziehungen hätte, die ihr »guttun«. In der Metropole hat sie bisher einen Mann kennengelernt (Bild des Mannes), der hatte Filzläuse. Sie lernte einen anderen Mann kennen (Bild), der hat sie besoffen gemacht, so daß sie nichts »fühlte«; hat sie nach dem ersten Beisammensein nicht wieder besucht. Sie lernte einen verheirateten Mann kennen (Bild), der hatte Schwierigkeiten, sie wiederzutreffen, da er bereits zwei weitere Freundinnen neben seiner Ehefrau besaß. Ein weiterer Mann (Bild), den sie kennenlernte, den sie »attraktiv« fand, hatte immer dann Schicht, wenn sie Freizeit hatte; deshalb lernte sie noch einen weiteren Mann kennen für die Zwischenzeit. Das nahm ihr der »attraktive« Mann übel, so daß er sich von ihr trennte. Sie lernte einen Mann kennen (Bild), der Beamter ist, der sie immer nur zu bestimmten Stunden bestellt. Ihn verachtet sie.

Noch aus der Zeit in Braunschweig datiert Regines Freundschaft mit Monika Willuch und Paula Hetz. Die Freundinnen haben sich anläßlich eines gemeinsam besuchten Abendkurses der Volkshochschule Braunschweig zusammengeschlossen. Den Plan zum Umzug von Braunschweig in die Metropole haben sie gemeinsam gefaßt und ausgeführt. Hier unterhält Monika eine Firma, in der Gastarbeiter verliehen werden, Paula einen Massagesalon. Die Frauen haben eine gemeinsame *Notkasse* errichtet. Regine sieht in dem Lohn, den sie für ihre Bügelarbeit erhält, keinen ausreichenden Gegenwert für ihre überproportional perfekte Arbeit, da der Lohn in eine für ihr Empfinden sinnlose Freizeit fließt. Sie hält Teile ihrer Arbeitskraft zurück (an sich wäre sie in der Lage, ihre derzeitige Bügelleistung hoffnungslos in den Schatten zu stellen); andere Teile ihrer »wertlos entlohnten« Arbeitskraft verwendet sie zum Durchschleusen von Schwarzwäsche. In ihrer Dienstzeit wäscht und bügelt sie die in den Betrieben von Monika und Paula anfallende Wäsche, nimmt darüber hinaus Schwarzwäsche gegen Provision auch von Dritten an, die Gewinne fließen in die Notkasse.

Notkasse, zweckgebunden für mehr Lebensqualität. Der Betrieb Monikas, mitsamt einem Grundbestand von Arbeitsemigranten von einer Leasingfirma gepachtet, ist in einer ehemaligen Gastwirtschaft untergebracht. In der Kegelbahn dieser Gastwirtschaft, »reitstallähnlich«, auf wertvolle Weise holzvertäfelt, hat Monika eine Trink- und Sitzecke eingerichtet. Kuchen, Likör, heißer Rotwein mit Nelken in einem Topf, stehen auf dem Tisch. Die Freundinnen stärken sich, beraten über die Verwendung der Notkasse. Es geht darum, die Mittel zu konzentrieren. Zunächst soll Regine ausgestattet werden (geht es ihr besser, so hat das, meinen Paula und

Monika, auch Rückwirkung auf sie). Regines Privatleben bedarf der Reorganisation:

Paula: Wenn du das betrachtest, dann liegt der Fehler darin, daß du zuviel wechselst.

Regine: Nicht ich wechsle, sondern ich werde gewechselt.

Monika: Weil du nie nein sagen kannst.

Paula: Wir geben dir aus der Notkasse einen Fonds. Damit machst du die Akne aus deinem Gesicht weg. Du wirst aufgebaut.

Die Freundinnen durcheilen die Stadt, kleiden Regine neu ein. In der größtenteils bisher nicht ausgenutzten Kegelbahn der Gastwirtschaft verbessern sie mit Schminke, Wimperntusche und Wässerchen Regines Gesicht.

Paula: So stehst du ganz anders da.

Monika: Und du sagst immer nein. Zunächst.

Regine: Und dann bleibe ich als Nonne sitzen.

Paula: Das ist Quatsch. Die reißen sich, und du sagst so lange nein, bis du dich für einen bestimmten sicher entschieden hast. Das bauen wir dann aus.

Monika: So erhältst du einen guten Ruf im Betrieb.

Paula: Das Gesicht ist nicht wiederzuerkennen.

Regine: Und dann gar nicht erst ja sagen.

Monika: Das wird ziehen.

Städtische Krankenanstalten. Dazugehörige Bügelanstalt. Regine Feiler, Vorsteherin der Bügelei. Ihr Hinterzimmer. Hier wird eine Tasse Kaffee getrunken. Stapel von Wäsche werden aussortiert. Paula erscheint mit einem Stapel Wäsche, zum Teil blutig, sie erhält einen frisch gewaschenen und gebügelten Stapel zurück.
In dem Hinterzimmer Regines ist ein kleines Ambulatorium eingerichtet: Medikamente, verschiedene Sorten, Scheren, Watte, Mullbinden, Vorräte an Tabletten, Impfstoff gegen

Pest, Äther – was aus anderen Abteilungen des Krankenhauskomplexes bisher aufgestapelt werden konnte.
Monika tritt herein, einen Ballen Wäsche. Sie hat einen Gastarbeiter mitgebracht, dessen Finger zerquetscht worden sind. Jod, Schiene, Mullverband – er bekommt eine Tasse Kaffee, ein Brot wird geschmiert.
Draußen rufen die Büglerinnen: »Der Inspektor kommt.« Der Inspektor des Krankenhauses, mit einem Boxerhund, betritt die Bügelei. Er führt Aufsicht. Im Hinterzimmer wird weggeräumt. Der Gastarbeiter und Monika verstecken sich hinter einem Wäscheberg. Tür zu.
Regine, die den Büglerinnensaal betritt: »Tiere kommen mir hier nicht herein, Herr Inspektor. Sie wissen selber, daß vom Standpunkt der Hygiene es vollkommen unzulässig ist, wenn Tiere mit der Krankenwäsche in Berührung kommen. Sehen Sie, wie er schnüffelt.«
Regine und die Büglerinnen treten zu einem Halbkreis zusammen. Sie engen die Bewegungsmöglichkeiten des Inspektors ein. Da sie, während er aufsichtführend hier steht, nicht weiterarbeiten, üben sie durch Zeitverbrauch Druck auf ihn aus. Er soll verschwinden.

Inspektor: Ich wollte ja bloß mal sehen.

Regine: Wir haben hier Hochbetrieb. Kommen Sie morgen wieder.

Monika, mit Gastarbeiter und großem Paket mit sauberer Wäsche, wird durch die Hintertür herausgelassen. Sie spendet 30 DM, eine Flasche Cognac, 1 Pfund Kaffee, 2 Kringel Bratwurst. Monika: Hausmacherwurst! Für die Belegschaft! Büglerinnen: Wir danken schön.

Derselbe Tag, nachts. Die Bügelei liegt verlassen und verschlossen. Wie ein Einbrecher: der Inspektor mit Generalschlüssel, Hund und zwei Taschenlampen. Er dringt ein, untersucht die Bügelei, findet zum Hinterzimmer, sieht die gestapelten Medikamente, den Kocher, den Kaffee, die Nahrungsmittel. Inspektor: »Aha.«

Die anderen Büglerinnen sind von Regines fachlichen Qualitäten hingerissen. In den Räumen der Bügelei ist es extrem heiß. Ungenügende Lüftung. Dampfwirkung.

Regine: Da zahlen wir uns tot für Heilpaste und Kosmetik, und in dieser Temperatur werden die erreichten Ergebnisse wieder zunichte. Hier muß ein Ventilator her.

Eine Büglerin: Ein Ventilator wurde meines Wissens bereits angeschafft. Er wird erprobt. Wenn er sich bewährt, werden hier mehrere installiert.

Regine: Ich sehe keinen Ventilator.

Die Büglerin: Der Ventilator wird erprobt.

Regine: Und wo wird er erprobt? Ich sehe nichts.

Büglerin: Er wird im Zimmer des Inspektors erprobt.

Regine: Wo es kühl ist? Da gehe ich sofort mal rauf!

Der Inspektor, an seinem Schreibtisch. In das Glas des Zimmerfensters eingearbeitet: der Ventilator.

Inspektor: Ich würde mich an Ihrer Stelle, Frau Feiler, in dieser Sache nicht so heftig aufmotzen. Gegen Sie liegen Vorwürfe vor.

Regine: Führen Sie eine schwarze Liste? Das wäre ja toll!

Inspektor: Es liegen Feststellungen vor.

Regine: Das ist wohl eine Drohung?

Regine hat die Büglerinnen der Frühschicht in einer Ecke der großen Bügelhalle versammelt. Die Büglerinnen, die Regines fachliches Können registriert haben, da sie Proben ihres Spitzenkraft-Bügelns bei Gelegenheit zeigt, auch wenn sie diese Produktivkraft während des Dienstes normalerweise drosselt, folgen ihr auch in Arbeitsplatzfragen bedingungslos. Regine: Wir bügeln auf unbestimmte Zeit so *gründlich*, wie es sich für Spezialistinnen gehört.
Ängstliche Büglerin: Und wenn das schiefgeht und wir rausgeschmissen werden? Regine: Dann müssen wir alle gehen. Dieser Ausblick wird die Direktion hemmen.
Große Bügelhalle. Die Büglerinnen bügeln extrem sorgfältig. Wäschestücke erhalten eine leicht bräunliche Färbung. Die

frischgewaschene Wäsche wird aus der Wäscherei durch einen unterirdischen Gang (der gesamte Krankenhauskomplex ist durch solche Gänge unterkellert, von den Kliniken zur Pathologie, von der Wäscherei zur Bügelanstalt) in Schiebe-Loren zur Bügelei gefahren. Von diesem unterirdischen Gang ausgehend, stapelt sich bis zur großen Bügelhalle hin die Wäschemasse in Wartestellung.
Monika, Paula, Regine, einige Büglerinnen im Hinterzimmer der Bügelei. Kleine Kaffee-Tafel. Regine: Kann ich aus der Notkasse eine Überbrückung haben, wenn die mich tatsächlich rausschmeißen? Paula: Der Übergang würde aus der Notkasse bezahlt. Rufe von draußen: Der Inspektor!
Der Inspektor steht, begleitet von seinem Hund, neben ihm ein Vertreter der Direktion, in der Nähe der aufgestauten Masse an Rohwasch-Wäsche. In die Halle selbst kann er nicht hineingelangen. Die Büglerinnen stehen untergehakt, blockieren den Zutritt zur Halle. Sie lassen sich auch durch den einzelnen Boxer-Hund nicht erschrecken.

Die städtischen Krankenanstalten sind von der Stadt durch zwei Eisenbahnlinien (nur eine Unterführung) sowie eine Hauptverkehrsdurchgangsstraße mit nur einer Abbiegemöglichkeit dreieckförmig (wie durch Mauer und Graben) abgegrenzt. Innerhalb dieser Festung führt eine Rampe in eine Art betonierten Talkessel, in dem als selbständiger Altbau die Bügelanstalt des Krankenhauses steht: wie eine Miniaturfabrik, relativ hoher Schornstein. Aber dieser hohe Schornstein und die Tiefenlage der Bügelanstalt heben einander auf. Dämpfe und Aufheizgase werden zu ebener Erde in die Stadt geblasen, so wie die Lufttrübung von der Stadt, der Hauptverkehrsdurchgangsstraße und der Bahn her zum Krankenhauskomplex ebenerdig durchdringt. Zwischen Krankenanstalten und Stadt besteht eine Art gegenseitiger Nichtbeachtung. So sind die Krankenanstalten auch durch die Grippeepidemie in der Stadt zunächst nicht betroffen. Keiner der Grippekranken kommt auf die Idee, sich in diese abgegrenzte Krankenhauswelt zu begeben und versorgen zu lassen. Wäre es anders, bräche der Betrieb in den Anstalten zusammen. **Angemessene Abwehr von »Krankengut« ist für die Anstaltsverwaltung**

eine Frage auf Leben und Tod. Nach einigen Wochen greift die Grippe, trotz Abschirmung gegenüber der Stadt, auf die Anstalten über. Das Virus kombiniert sich hier mit krankenhausintern entwickelten, resistenten Bakterienstämmen. In der Dampfzone der Bügelei haben alle eine komplizierte Doppelinfektion aus Viren und Bakterien.

Geburtstagsfeier von Regine. Im Kegelbahnzimmer von Monikas Gastwirtschaft. Warmes Bier, Grog, belegte Brötchen, Kuchen. Alle sind vergrippt. Eine Büglerin bringt die Abschrift eines Briefes, den Frau Emmi Kiesinger, mit Regine verfeindete Büglerin, an den Oberbürgermeister der Stadt, obersten Dienstvorgesetzten der Krankenanstalten, abgeschickt hat. Es ist ein Denunzianten-Brief. In ihm wird auf die Verarbeitung von Schwarzwäsche in der Wasch- und Bügelanstalt des Krankenhauses verwiesen.
Regine: Die will meine Stelle haben. Die schreibt hier: »Sehr geehrter Herr Oberbürgermeister! Ich teile Ihnen hierdurch mit, daß in der Bügelei des Kreiskrankenhauses Schwarzwäsche mitgewaschen und gebügelt wird. Die Rädelsführerin dieser verbotenen Tätigkeit ist Frau Regine Feiler. Da sie Leiterin der Bügelei ist, können wir einfachen Arbeitskräfte nichts dagegen tun. Vielmehr werden wir ebenfalls zum Schwarzbügeln krankenhausfremder Wäsche herangezogen. Hiergegen möchte ich auch im Namen meiner Arbeitskolleginnen protestieren. – Außerdem hat diese Frau Feiler wechselnde Männerbekanntschaften, was ebenfalls den Hygiene-Bestimmungen des Krankenhauses nicht entspricht. Es wurden Herrenunterhosen mitgewaschen, die ich mich nur mit Handschuhen anzufassen getraute. – Mit vorzüglicher Hochachtung. Emmi Kiesinger.«

Die Schicht, zu der die Denunziantin gehört, hat ihren Dienst heute schon beendet. Die Geburtstagsgesellschaft, einige Büglerinnen, Monika, Paula, Regine, 2 Gastarbeiter, eine Masseuse aus Paulas Betrieb, fahren unverzüglich zur Wohnung der Denunziantin. Türschild: »Emmi Kiesinger«. Eindringen in die Wohnung. Sobald die Tür sich öffnet, stellt Paula den Fuß dazwischen. Beseitigung der Vorlegekette durch mehrere Rucke. Die Frauen werfen sich gegen die Tür. Die Denunziantin wird ins Bett gelegt und *infiziert:* Mund-zu-Mund-Beatmung durch

die vergrippte Regine, abwechselnd mit Paula, Monika, zwei fiebernden Büglerinnen. Einreiben der Nase und des Mundes der Denunziantin mit Speichel und infizierter Masse. Bewachung der Denunziantin durch zwei Gastarbeiter.
Die vergrippte Denunziantin blieb nie ohne Bewachung. Zwei Tage später: In hohem Fieber schreibt die Denunziantin mit krakeliger Schrift nach Diktat einen Widerrufbrief an den Oberbürgermeister. Während des Diktats preßt sie ein Fieberthermometer unter die Achsel. Es wird abgelesen: 39,2°.
Regine diktiert: »Ich habe mich in meinem Anschuldigungsschreiben geirrt. Ich habe mich bei der Anfertigung dieses Schreibens von meinem Haß auf meine Kollegin leiten lassen, weil ich mickrig gewachsen bin. Ich bedauere dies. Mit vorzüglicher Hochachtung.«
Monika: Wir müssen das neutraler fassen. (Sie diktiert erneut:) »Sehr geehrter Herr Oberbürgermeister, . . .«
Regines Akne ist, 1/4 Jahr später, stark zurückgegangen. Oft meint sie, sie sähe jetzt »hübscher« aus. Zu Silvester zeigt Regine den Freundinnen ihre »neueste Bekanntschaft« vor. Regine: Der ist ganz neu. Paula: Für 3 Tage? Regine: Nein. Der fährt erst Ende der ersten Woche nach ehemals Deutsch-Ostafrika. Monika: Und wann kommt er wieder? Regine: Er bleibt da. Als diese Bekanntschaft, nach hitziger Woche, abfährt, paßt das Regine gut. Sie hat infolge der innerbetrieblichen Abwehrkämpfe wenig Zeit. So ging die Aufrüstung Regines in eine Richtung, die jetzt inaktuell ist. Der Krach im Betrieb ist wesentlich befriedigender, als es Regines Freizeit je werden kann. Der nächste Schlag aus der Notkasse wird der betrieblichen Verbesserung von Paulas Massagesalon zugewendet.

Die Ostertage 1971

Eine falsche Wahl, und schon ist für Schmidt der Nachmittag vertan. Sonnabend 14 Uhr begibt sich der Arbeiter Schmidt, der eine Sonderschicht geleistet hat, von der VDO-Manometerfabrik durchs Werktor zum Lokal »Schmutziger Löffel«. Er hat Appetit. Von der Karte bestellt er eine Schweinshaxe und zwei Bier. Als abgeräumt wird, zahlt er 9,50 DM. Er ist vollgegessen, aber alles andere als zufrieden.
Diese Mahlzeit trifft ihn nach einer Woche Arbeit plus einem halben Tag Sonderarbeit unvorbereitet. Er hatte »die Wahl« zwischen Schnitzel mit Cola, Gulasch mit Gurke und einem Bier und dem, was er dann bestellte. Er sitzt, »abgefertigt«, noch einige Teile der wertvollen (aber mit der ihm verbleibenden Kraft und Aufmerksamkeit schwer zu gestaltenden) Sonnabendnachmittagszeit und macht sich dann auf den Weg »nach Haus«. Dort legt er sich schlafen bis 21 Uhr. Danach ist er erst richtig marode.

Pförtls Reise. Überfallartig kommen nach der Hetze der vergangenen Wochen für die Arbeiter Heilmeyer, Buttler, Schmidt und Pförtl die »heiligen Tage«, Karfreitag bis Ostermontag – **jetzt hat aber alles zu.** Die Fernstraßen sind verstopft.
Pförtl hat noch in der Nacht zum Karfreitag seinen Wagen gewaschen und fährt seit fünf Uhr früh mit Freundin Hella Mengering, die bei *Telefonbau und Normalzeit* arbeitet, in Richtung Brenner. Sie müssen durchkommen, ehe der volle Osterverkehr einsetzt, und trinken unterwegs Kaffee, um sich fahrtüchtig zu halten. Bis Ostersamstag 14 Uhr sind sie auf dem Apenninenkamm. Sie kommen in Viareggio an, fahren auf der Küstenstraße. Sie versuchen zu baden, trotz der Kälte des Wassers ist das möglich. Sie werden von Bademeistern angeschrien, weil man hier nicht baden darf. Sie haben in dieser Gegend keine Bekannten und fahren noch nach Florenz, wo man aber Ostersonntag nichts Interessantes kaufen kann. Schlauerweise durchfahren sie diesmal die Brennerstrecke in

der Nacht von Sonntag auf Ostermontag. Es ist doch wesentlich weniger Verkehr als in der Nacht zum Karfreitag. Ab Montag mittag schlafen sie durch – es war alles sehr teuer, obwohl sie nichts einkaufen mußten, und sie müssen Dienstag früh fit sein.

Der **Ingenieur Jungheinrich** geht Samstag 14 Uhr mit vier Kindern und seiner Frau in die Brathendelstation »konsumieren«. Das Bier (»süffig«, im Pokal gereicht) hat auf ihn physiologisch zu dieser Tageszeit eine dumpfige Wirkung. Die Erinnerungen, die es weckt, das heißt: die Bedeutung des Biers, paßt nicht auf die Situation. Jungheinrich stellt den Lokalgeschäftsführer zur Rede. »In jeder Station bekomme ich mein Hendel in drei Minuten. Hier warte ich schon eine Stunde!«
»Das liegt daran, daß wir die Hendel neu braten. Wenn ich Ihnen einen von den gestrigen warm machen soll, geht es in zwei bis drei Minuten. Bitte sehr!«
Jungheinrich: »Das ist eine ganz unglaubliche Alternative!«
Ach, essen wir, sagt Jungheinrich. Es hat keinen Zweck. Jede Resignation mehr kneift den Magen ein Stück enger. Er will zu dem Nachteil unsorgfältiger Bedienung nicht noch den körperlichen Schaden haben.
Wenn er seine Frau ansieht, wird er müde.
Die Kinder sind artig, die Frau mahnt sie zur Ruhe. Ein langes Wochenende liegt vor der Familie, gefüllt mit »Freiheit im Sinn von Freizeit«.

Steffie Haseloff hat eine gewölbte Stirn. Die Haare enden in dünnem blonden Flaum. Im Lokal befindet sich ein Spiegel. Von ihrem Platz aus kann sie sich zusehen, wie sie mit einer Drahtbürste ihre neue Hängefrisur striegelt, zwei mit Haarklammern befestigte Schwänzchen hängen seitlich. Die Augenbrauen haben einen starken Schwarzstrich, die Augenlider sind schwer mit grüner Schminke behängt. Sie stellt sich jetzt breitbeinig vor den Spiegel des Lokals hin und kämmt sich weiter, nur weil eine Neuankommende gesagt hat »Was für schicke Haare«. Ein Junge aus dieser Runde versucht, zwei Ringe, die er sich von einem der Mädchen ausgebeten hat, zusammenzubiegen, so daß sich *einer* ergibt. Eines der Mädchen äußert:

»Daß dir Marie-Lou ihren Ring gegeben hat, will viel bedeuten.« Steffie hat sich an ihren Freund gekuschelt und flüstert ihm ins Ohr: »Ich liebe dich.« Er: »Das kannst du für dich behalten.« Sie: »Dann kannst du dir eine Bessere suchen.« Trotz allen Spaßes läuft im Augenblick nichts. Er ist gleichgültig, und ihr Lachen, Zähnezeigen, Stirnerunzeln, ihre Augenbewegungen sind entweder zu schnell oder verspätet, schlecht getimed. »Nichts fließt.«
Man muß den Ostersamstag vorübergehen lassen.

Heinz Löwe, Cheffahrer, sagt zum Wirt des Lokals, das als Eßlokal heute geschlossen hat, als Kneipe aber offen ist: »Die Amis und die Russe werde abgetriwwe nach Hinterindien.« Macht auf seinem Weg zur Toilette nochmal kehrt, kommt zurück zur Theke: »Un wenn der Chinese was will, wird er abgedrängt.« »Du bist ganz groß. Du liest viel«, sagt der Wirt. »Mehr kann ich dir nicht sagen«, antwortet Löwe und begibt sich zur Toilette, die eingenommene Flüssigkeit wieder abzulassen. Ihn haben die zusammengeklotzten vier Feiertage überrumpelt. So hat er sich **»prophylaktisch«** erst einmal vollaufen lassen. **Vor Montag abend hat er den Produktionsrhythmus für diese Tage nicht, dann sind sie auch schon zu Ende.**

Waldemar Dralle, Wissenschaftler aus Langen, hat sich bis Spitzingsee vorgeschoben, wo er über die Ostertage für 16,30 DM pro Nacht wohnt. Er sonnt sich ab Ostersonnabend früh.
»Die Nägel wachsen rasch.« Die Haut gläsern, Bräune will nicht kommen. Wie auf den Zehen auf dem dritten Fingerglied heftige Behaarung. Die gefüllten Adern der Hand. Poren immer dort, wo Haare sind, wo keine Haare sind, faltige Haut. Ein Zittern, wenn die Hand freistehen soll. Etwas nehmen, etwas halten. Dies alles wird früher oder später tot sein. Kaum kann man sich vorstellen, daß es einem Mädchen gefällt. Im Rahmen meiner beruflichen Zeiteinteilung, als hauptamtlich tätiger Chemiker, kann ich aber diesen körperlichen Zustand nicht wesentlich verbessern. Noch lebt die entsprechende Hand meines Vaters.

Philipp Dalquen hat sich für Karfreitag und Ostersamstag einen **Theorietag** vorgenommen. Er hat sich ein Schallplattengerät entliehen und sich vom Radio unabhängig gemacht, Bücher.

> »Weil die Realität mangels jeder anderen überzeugenden Ideologie zu der ihrer selbst wird, bedürfte es nur einer geringen Anstrengung des Geistes, den zugleich allmächtigen und nichtigen Schein von sich zu werfen.«

Philipp Dalquen versucht in mehreren Stunden diese »geringe Anstrengung des Geistes«. Er kann sie aber nur mit großer Gründlichkeit, mit der ihm eingewachsenen Gewalt des »ganzen Gedankens« vornehmen. Dieser schwere Hegel zerschlägt ihm immer wieder die kleinen Einfälle. Er fühlt sich noch nicht genügend vorbereitet. Er will vor andere Menschen nur hintreten, wenn er ihnen etwas zu sagen hat.[1]
Sein früherer Freund Fred Mazel, der an der westafrikanischen Küste in kommerziellem Auftrag »Wellenreit-Tests« mit Brettern verschiedener Firmen durchführt, sagt: »Philipp hat keine Leichtigkeit.« »Wie bringt es der Kapitalismus fertig, Philipp die Leichtigkeit so nachhaltig zu nehmen?« Philipp Dalquen sagt: »Um diese Frage ausreichend zu beantworten, müssen wir auf den Grundwiderspruch von Lohnarbeit und Kapital sowie auf andere elementare Begriffe der politischen Ökonomie zurückgehen. Schließlich gibt es so etwas wie Klassen!«
Zu Ostern nützt das alles nichts. Ohne den Grundstrom der allgemeinen Produktion, beginnt er wieder viel Fernsehen anzusehen, schläft in den nächsten Tagen morgens lange, muß abends »ausbrechen«, Lokale abklappern, wo vielleicht Freunde sitzen, Biere trinken. Selbst die Stellung eines Kassierers in einer Gastwirtschaft erscheint ihm verlockend, weil sie bewältigbar ist und **Grenzen für die unendliche Anstrengung** bietet. Dann aber verwirft er das. Er kann sich nicht dümmer machen, als er ist.

1 Vom Denken gilt: »Das Allgemeine, von welchem das Besondere wie von einem Folterinstrument zusammengepreßt wird, bis es zersplittert, arbeitet gegen sich selbst, weil es seine Substanz hat am Leben des Besonderen; ohne es sinkt es zur abstrakten, getrennten und tilgbaren Form herab.«

Dr. Freitag hat seine junge Freundin, Fräulein Illig, Ostersamstag in sein Zimmer mitgenommen. Der automatische Radiowecker der Firma Sony weckt sie. An diesem Ostersonntag fällt die Produktion aus, Dr. Freitag hat keinen Kontakt zu seiner Schule, seine Freundin kann nicht zur Arbeit gehen, weil der Stein vor dem Grabe Jesu plötzlich fort ist, so daß die Wachen tödlich erschüttert niederstürzen, gläubig werden. Sonys Stimme: »... zu **glauben,** daß der Stein weggewälzt war, daß er weggewälzt ist! Meine lieben Zuhörer und Zuhörerinnen, Sie kennen den Mythos von Sisyphos. Diese Welt will den Fels selbst wälzen. In einer verbissenen Anstrengung will sie ihr eigener Gott sein. Was sagt Ostern diesem Sisyphos? Ostern sagt zu Sisyphos: Du hast ein falsches Verständnis von dir selbst. Blick auf: der Stein *ist* weggewälzt! ...« Mäuschen Illig fragt den Dr. Freitag: »Welcher Stein? Dr. Franz Stein?« Dr. Freitag: »Was ist mit Stein?« Mäuschen: »Du bist sprech- und denkfaul.« Sie wollte nur seine Gesprächsbereitschaft testen. In Wirklichkeit ist Dr. Freitag zur Zeit an keinem anderen Menschen, sondern nur an seinem Schlafbedürfnis interessiert. Mäuschen dagegen ist hellwach, weil ihre Arbeitszeit sonst früh beginnt. Dr. Freitag (lügnerisch): »Ich höre dir zu und beantworte alle deine Fragen.«
(Stimme im Radio:) »Der Stein muß vor sich selbst gerettet werden. Aber dann ist Stein nicht mehr Stein.«
Das Mädchen beharrt: »Das ist Stein im Sinn von Fels.« Dr. Freitag murmelt: »Das ist zu Ostern.« Mäuschen: »Der Grund, warum wir alle feiern, ist doch das Kreuz.« Dr. Freitag: »Aber nicht zu Ostern, da geht es um den Stein.« Mäuschen: »Dr. Franz Stein?« Es ist in diesem Raum, dessen Verdunklungsmöglichkeiten mangelhaft sind und der von dem jungen Lehrer nur vorübergehend (für die Zeit seiner Abordnung in dieses Städtchen) gemietet wurde, viel zu hell für die müden Augen. Sie macht Kaffeewasser.
(Stimme im Radio:) »Und was Sie jetzt hören, wird der Stimmung des Ostermorgens am besten entsprechen. Ave Maria von Charles Gounod, es singt Professor ... (unverständlich), an den Flügeln Professor Sedebour und Charles Richter, Geige Professor Schnicki ...«
Fräulin Illig erzählt, während sie frühstücken, daß ein Hotelbesitzer aus Bergen-Enkheim vor einigen Tagen – noch mit

Vorsprung vor der Osterwelle – nach Südafrika geflogen ist und in der Nähe von Port Durban von Haifischen aufgefressen wurde. Die Haifische wiederum wurden von Delphinen in Küstennähe gejagt. Die Delphine können mit ihren Schnauzen harte Püffe versetzen, die die Haifische fürchten. Dr. Freitag antwortet: »Der Hotelbesitzer hat viel Zielstrebigkeit besessen, um gewissermaßen dem Zufall zu begegnen.« »Und was soll das heißen?«

»Wenn die Produktion stillsteht, nehmen die Unglücke zu.«

Das **Ehepaar Pfeifer,** beide arbeiten in einer Autofabrik bei Köln, war seit 6 Uhr früh unterwegs. Jetzt saßen sie auf dem Trittbrett ihres neuen, jetzt demolierten Wagens in der Gegend von Kassel. Sie gehörten zu den letzten, die vom Autobahn-Auffahrunfall bei Kassel betroffen waren. Sie konnten noch rechtzeitig vor Erreichen der Karambolage (etwa 40 Fahrzeuge) eine Vollbremsung durchführen, wurden vom hinter ihnen fahrenden Kraftfahrzeug jedoch zerdrückt. Sie erblickten zahlreiche Unfallwagen, die übers Feld fuhren. Die Polizei konnte über die Autobahn zu den Verletzten und Toten nicht vordringen. Sie arbeitete sich den Nachmittag über langsam bis zu den Pfeifers durch.

Das letzte, was **Oberregierungsrat Mangold** von Melsungen sah (wo er schon 1936 gedient hatte), waren Fliesen des Kreiskrankenhauses, die eine schiefe Ebene zur Wand bildeten; die anschließende Operation verlief unglücklich.

Grund zur Freude hatte **Erwin Tacke aus Raunheim.** Auf den Dachfirst seines Hauses fiel als »Beweisstück« der Benzintankverschluß eines der Düsenriesen, die jeden Tag über Raunheim zur Landung auf Flughafen Rhein-Main ansetzten. Wenige Tage zuvor hatten Raunheimer Bürger eine Verkehrsmaschine mit brennendem Triebwerk gesehen, die aber nicht abstürzen wollte. Aus der Inschrift des Tankverschlusses war zu entnehmen, daß er am 31. 12. 1969 hätte außer Dienst gestellt werden müssen. Anrufe auf dem Rhein-Main-Flughafen ergaben, daß eine Verlustmeldung hinsichtlich eines Tankverschlusses an diesem Tag, an dem der Tankverschluß auf Tackes Grundstück fiel, nicht erfolgt war, also war der Düsenriese ohne Tankverschluß wieder gestartet! Hier war für die Raunheimer endlich der Beweis, daß die Düsenriesen Fehler machen!

Auf der **Bundesautobahn in der Nähe von Frechen bei Köln** verlor ein Kombifahrzeug mehrere Bretter. Die ungewöhnliche Fracht war auf dem Dach dieses Fahrzeugs locker befestigt. Diese Bretter behinderten einen nachfolgenden Personenwagen und einen diesem nachfolgenden Kleinbus aus Holland. Der Kleinbus streifte das vor ihm fahrende Auto leicht, geriet ins Schleudern und kippte um. Ein in unvermindertem Tempo fahrender Lastzug raste in dieses Hindernis hinein und tötete fünf Insassen des Kleinbusses, in dem sich 14 Gastarbeiter nach Süden bewegten. Sechs der Gastarbeiter wurden verletzt. Die unverletzt gebliebenen Insassen des Kleinbusses versammelten sich in einer Kneipe in der Nähe des Unfallkrankenhauses, in dem die verwundeten und toten Kameraden lagen und das sie nach langem Suchen fanden, da Polizei und Unfallwagen ihnen vorausgefahren waren. Sie wußten nicht: sollten sie nun anrufen – bei der Arbeitsstelle oder in der fernen Heimat – und sagen, daß nun aus der Fahrt nichts wird?
Das Kombifahrzeug, das die Bretter verloren hatte, fuhr bis Darmstadt. Die Insassen erfuhren von dem Unglück erst am folgenden Tag aus der Presse und waren (in ihrer unaufmerksamen Feststimmung) nicht sicher, ob dieses Unglück durch ihre »Schuld« entstanden war. Es konnten auch andere Bretter an diesem Tag herabgestürzt sein. Mit den Brettern wollten sie einem Cousin, der einen Stallanbau plante, eine Freude machen. **»Es kommen zu viele Absichten auf wenige Stunden der Freizeit (vier Tage) zusammen. Und diese Absichten haben nicht die Präzision, die sie im Produktionsprozeß, durch die Kooperation vieler, vermutlich hätten.«**

Die überarbeitete Buchhalterin. Die arme Frau Mückert schleppte ihre bastene Badetasche bis zur Hotelrezeption und beschwerte sich bei der dort aufgestellten Rezeptionsdame, einer achtundzwanzigjährigen jungen Frau, daß sie durch übertriebene Benutzung des Wasserhahns in der Nacht durch den Zimmernachbarn gestört worden sei. Sie kommt aus einem Betrieb, in dem sie die gesamte, seit zwei Jahren um drei Prozent gewachsene Buchhaltung zu erledigen hat. Nach drei Jahren ist dies ihr erster Urlaub, sie entbehrt die gewohnte Umgebung ihrer eigenen Wohnung. Sie muß erholt sein bis Dienstag. »Wenn ich hier abkratze, weil ich jedesmal aufschrecke, daß mir das Herz blubbert, dann fällt das auf das Hotel zurück.« Dann sagt sie: »Helfen Sie mir doch.«

Die Rezeptionsdame kann und will die Struktur dieses alternden Hotels, das einer Erbengemeinschaft gehört, die sich über Neuerungen nicht einigen kann, nicht ändern. Sie sagt: »Das gibt es doch immer, daß ein Wasserhahn Töne abgibt. Das müßte stärker verschraubt werden.« Frau Mückert: »Es kommt darauf an, wie man aufdreht. Sie müssen diesem Zimmernachbarn etwas sagen.« Die Rezeptionsdame antwortet: »Das ist Herr von Posalowski, dem ich das nicht sagen kann. Wenn er das Zimmer mietet, kann er den Wasserhahn so lange aufdrehen, wie er will.«

Frau Mückert nimmt wortlos ihre Tasche auf, ihr Gesicht ist vor Zorn rot. Sie will nicht noch weitere Aufregung in dieses Streitgespräch investieren, das vergebens bleibt. Ihr wird in ihrem kurzen Leben Leistung um Leistung abverlangt, dagegen übernimmt niemand die Fürsorge für die ihr nach Abzug der Arbeit verbleibenden Körperteile, Nerven und Wünsche, die sie in diesem Kurzurlaub (nach drei Jahren) zusammensammeln wollte, zusammenfügen

»wie eine Vase, die zerschlagen ist
und jetzt mit Uhu gekittet werden soll,
damit sie wie neu aussieht
mit schwarzen Rillen an den Klebestellen,
die vorher nicht da waren.«

Jeder nach seinen Fähigkeiten, keinem nach seinen Bedürfnissen:

> **»Man hat schlecht dem Leben zugeschaut,**
> **wenn man nicht auch die Hand gesehen hat,**
> **die auf schonende Weise – tötet.«**

Der Direktor einer westdeutschen Universitätsklinik gehörte zu jener Elite, die das Ansehen der deutschen Schulmedizin im internationalen Rahmen »auch nach allgemeinem Niedergang der deutschen Universität« aufrechterhielt. Er litt seit Jahren unter Überarbeitung. Nach aufreibender Woche – durch Häufung aller Befugnisse und Qualifikationen in seiner Hand erschien er selber als der Organisator seiner Überanstrengung, gleichzeitig tat er das alles nicht freiwillig, sondern als Glied eines Konkurrenzmechanismus aller Klinikdirektoren, ja aller derjenigen, die auf den großen Ärztekongressen die Geheimwissenschaften der Medizin vertraten und sich so gegenseitig in eine extreme Rüstung hineinmanövriert hatten (gaben sie nur etwas nach gegenüber der Natur – in Form der andrängenden Krankheiten, der wissenschaftlichen Probleme – einerseits oder gegenüber den nachfolgenden Assistenzärzten andererseits, brach dieses Gebäude der Zivilisation zusammen) – nach einer solchen frustrierenden Woche saß Professor F., Karfreitag, in einem Kino der Universitätsstadt. Ihm wird vorgeworfen, er habe einem Knaben, der im Kino neben ihm saß, an die Hoden gefaßt und die bloßen Beine gestreichelt. Im Polizeiverhör ließ sich der Lehrstuhlinhaber dahin ein, daß er von alledem nichts wisse, und daß er, falls überhaupt der Tatbestand vorliege, unbewußt gehandelt habe. Es war den Beamten offensichtlich, daß sich der sechzigjährige Mann schämte. Er bestieg sein Kraftfahrzeug und fuhr in ein Wäldchen im Siebengebirge, wo er sich eine tödliche Dosis eines Giftes spritzte.
»Der Verbrecher ist häufig genug seiner Tat nicht gewachsen: er verkleinert und verleumdet sie.«
Besser, als diese Kapazität sterben zu lassen, wäre es nach Ansicht des ehemaligen Universitätskurators R. gewesen, ihr ein Gnadenbrot zu geben unter der Bedingung, daß dieser Arzt in einer Polyklinik mitgearbeitet hätte, deren Belegschaft ihn in einem solchen Notfall, wie er Professor F. zustieß, geschützt hätte. Wo eine solche Polyklinik und entsprechende Belegschaft existiert, konnte auch der Kurator R. nicht sagen.

Schlag und Gegenschlag.
Der Geschäftsmann Döllsdorf hat sich die ganze Woche hindurch scharf gesteuert. Er hat Karfreitag hinzugegeben. Jetzt am Samstag kann er sich nicht mehr »zwingen«. Er wird im Hotel um sieben Uhr geweckt, um neun Uhr verlassen die Maschinen den Flughafen. Er bummelt, packt lange an seinen Sachen. Er telefoniert noch, fängt erneut an, die Sachen in seinem Koffer besser zu verpacken. Er jagt über die Autobahn zum Flughafen, stellt das Auto auf Dauerparkplatz ab. Da er verspätet ist, rennt er mit Koffer und Tasche vom Abstellplatz 1,2 Kilometer zum Inlandabflug. Es ist eine Übung, an der er sein Durchhaltevermögen testen kann. Er schwitzt. Neun Minuten vor Abflug steht er vor dem Abflugschalter. Die Passagiere sind schon aus dem Warteraum weg.
Die Stewardessen mustern den heranhetzenden verschwitzten Mann, der zu hastig bittet, eingelassen zu werden. »Die Maschine ist voll.« »Aber ich habe gebucht.« »Die Maschine steht am anderen Ende des Flugplatzes, bei Kelsterbach draußen. Wenn wir jeden, der neun Minuten vor Abflug kommt, noch abfertigen würden, wäre kein timing möglich.«
Er entgegnet: »Ach, machen Sie doch.« »Ihr Anspruch erlischt zehn Minuten vor Abflug.«
Döllsdorf hat schon erlebt, daß sie einen auf Warteliste angenommenen Passagier wieder hinausbefördern, wenn ein »fest Gebuchter« noch nachträglich erscheint. »Fragen Sie doch einmal bei der Besatzung an.« Das machen die Stewardessen nicht. Sie schätzen diesen Mann nicht als »bedeutend« ein. »Wir können wegen des Anschlusses nach Rom nicht ein delay von einer halben Stunde riskieren.«
Jetzt sind weitere Minuten vergangen. Die Stewardeß telefoniert mit der Zentrale, um eine Umbuchung von Döllsdorf auf die nächste Maschine zu veranlassen. »Alle nächsten Maschinen sind ausgebucht.« Döllsdorf, jetzt wieder beherrschter, sieht der Stewardeß an, daß sie den Schaden, den sie angerichtet hat, als sie ihn nicht mehr berücksichtigte, inzwischen anerkennt. Eine Platzbuchung kann sie erst für den späten Abend zusagen. Nach ungelebter, diszipliniert verbrachter Woche ist Döllsdorf dazu verurteilt, den Samstag wartend in einem zugigen Flughafenrestaurant zu verbringen.
Döllsdorf sagt – denn jetzt ist es gleich, ob er sich mit den

Mädchen gutstellt oder nicht –: »Es ist Ihre persönliche Gemeinheit, daß ich nicht mitgekommen bin.« Die Mädchen sagen, wie sie es in der Instruktionsstunde lernen: »Das ist *Ihre* Ansicht!«

Döllsdorf, der neun Stunden Wartezeit vor sich sieht, begibt sich – vollkommen unbefriedigt – zum Aufsichtsführer der Lufthansa und gibt dort zu Protokoll: »Ich bin vom Bodenpersonal des Flugs LH 692 belogen worden. Obwohl ich fest gebucht hatte und 14 Minuten vor Abflug (nach meiner Uhr) erschien, wurde ich durch Wechselreden hingehalten und schließlich abgewiesen. Ich hatte den Eindruck, daß die Stewardessen von Wartelistenpassagieren Trinkgelder angenommen haben. Im Gespräch haben sie mir dies auch zugestanden. Ich bitte um eine Untersuchung und entsprechende Bestrafung.«

Er war sicher, daß von diesem »Gegenschlag« etwas an den Mädchen hängen bleiben würde, auch wenn sie leugneten.

Döllsdorf saß nach dieser Maßnahme neun Stunden vor seiner Tasse Kaffee und notierte Geschäfts- und Redeentwürfe für die folgende Woche. Die Mädchen hatten seine »Freizeit« in »Arbeitszeit« zurückverwandelt, da reine Wartezeit anders nicht zu verwerten ist.

Nachts, angelangt bei seiner geliebten Freundin, berichtete er ihr von seinem Vorgehen gegen die Mädchen, die ihn so schlecht bedient hatten. Er erntete Einwände. »Du hättest nicht unwahre Behauptungen aufstellen dürfen.« Mein Schäfchen, antwortete Döllsdorf, ich hätte doch sonst keinen Erfolg gehabt. »Aber du warst unfair.«

Die Freundin dachte bei sich: wenn Döllsdorf den Tag ungekürzt in seinen Besitz gebracht hätte, hätte er zirka sechs Stunden früher seinen Fick gehabt, sich länger ausgeruht, aber sein »Leben« hätte sich nicht verändert. »Du kannst die nicht einfach verleumden.« Döllsdorf war jetzt ärgerlich. »Eine Gegenmaßnahme muß wirksam sein.« »Die passende Gegenmaßnahme wäre gewesen, früher aufzustehen.« Döllsdorf wünschte sich, allein schon um in diesem Gespräch besser zu bestehen, daß sein »Leben« wichtiger wäre. Dann könnte er auch seinen Satz von der *Wirksamkeit*, von dem er fühlte, daß er ein Stück Wahrheit enthielt, besser begründen. »Sie haben mir einen ganzen Tag gestohlen.«

Da sich die beiden über diese Frage nicht einigen konnten, begannen sie sich wieder mit ihren Körpern zu befassen. Sie hätte Döllsdorf gern auf das Glied geschlagen, um ihm das Problem von Schlag und Gegenschlag zu zeigen, fürchtete aber seinen Gegenschlag, zumindest die Ungewißheit, wie weit Döllsdorf gehen würde. Andererseits war sie auf nichts anderes als dies neugierig. So kann kein ordnungsgemäßer Beischlaf gelingen.

Mutzlaffs Ostern.

Franz Mutzlaff war bis einschließlich Gründonnerstag nicht aus dem Labor herausgekommen. Ein Pförtner brachte ihm Milch, ein halbes Pfund Brot, Butter. Damit wandte er sich in der Nacht zum Karfreitag »nach Hause«, das heißt er betrat sein Einzimmer-Appartement.

Für den Karfreitag waren noch mehrere Sitzungen mit Vertretern der Fakultät angesetzt, die in der Woche nicht mehr unterzubringen waren. Mutzlaff besuchte Dekan Eimsbüller. Sie aßen gemeinsam eine Pastete im Vierjahreszeiten und warteten dort auf Professor Pinkus und Dr. Hildebrandt, mit denen Nachwuchsfragen zu besprechen waren. Eine Stunde verging mit der Suche nach einer Sekretärin, die die erarbeiteten Texte niederschreiben konnte. Ein Kännchen Kaffee (tassenweise gab es hier nichts) kontrahierte die schon ausgeleierten und übermüdeten Gefäße Mutzlaffs nochmals, ohne »Konzentration« hervorzubringen. In diesem Zustand sollte er zwischen 18 und 22 Uhr (kein einziger »Genuß« auch an diesem Tag!) einen Text diktieren, der Forderungen und Vorschläge für die Gestaltung des Institutsetats 1972 enthielt. Nach diesem Tagwerk konnte er nicht schlafen gehen und verirrte sich durch mehrere Lokale, in denen er Bier trank, bis er um vier Uhr einschlief.

»Selbst wenn wir zugeben, daß es bei uns keinen Platz für Poeten im Laboratorium gibt, sollten wir doch anerkennen, daß es neben Gewinn auch Verlust bedeutet, wenn wir solchen Wert auf objektive Rationalität legen.«

Am Ostersonnabend merkte er, daß er unvorbereitet in die toten Tage geraten war. Freunde erreichte er nicht mehr. Seine langjährige Gefährtin hatte eine bösartige Angina. Er wollte sie nicht aufsuchen, da er sich bei ihr anstecken würde und

Dienstag nach Ostern dann nicht mehr einsatzfähig wäre. »Ich liege hier«, sagte Gabriele am Telefon, »wie ein Hund, mein Hemd ist nach fünf Minuten verschwitzt. Ich liege hier wie ein nasser Sack.« Mutzlaff besorgte ihr vom Hauptbahnhof Romane, Zeitschriften, ein Paket Medikamente und warf dies alles (wie für eine Pestkranke bestimmt) durch den Wohnungsschlitz. »Danke, das ist aber lieb«, erwiderte Gabriele von der anderen Seite der Tür.

Vor seinem Badezimmerspiegel erwies sich sein nackter Körper als frisch gewaschen und einsatzbereit. Die gewaschenen Haare (mit Kastanienöl) fielen locker und waren noch fest wie Draht. Aber in der Stadt war niemand, mit dem er sich telefonisch jetzt verabreden konnte. Er hockte vor seinem Stereo-Empfänger (wie ein eifriges Insekt, aber ohne gesellschaftlichen Auftrag, wie ihn Bienen vermutlich haben) und versuchte, eine passende Musik zu finden.

»Dennoch haben Mythos und Musik (und Traum) bestimmte Elemente gemeinsam. Sie sind Maschinen zur Aufhebung der Zeit.«

Zu diesem Zeitpunkt gab es im Rundfunk jedoch nur »Zweckmusik«. Die gottesdienstliche Haltung zur Auferstehung Jesu, ein Jugendprogramm, ein Blasorchester.

In seinem Institut kann Mutzlaff 12 Milliarden Lichtjahre[2] weit mit Hilfe seiner radio-astronomischen Hilfsmittel in den Weltraum hineinhorchen. Obgleich er inzwischen einen ausgeschlafenen Leib, wiedergewonnene Denkfähigkeit sein eigen nennt, verkümmert ihm die Neugier an diesem toten Feiertag. Auch die helle Sonne draußen kann er nicht nutzen, weil die laue Luft verzweifelte Sehnsüchte hervorruft, die er nicht »beantworten« kann.

So liest dieser intelligente und sehnsüchtige Mensch einige Romane, hofft, daß der Tag vergeht.

Heute und morgen gibt es nichts zu kaufen. Ostermontag nachmittag (in der DDR ist kein Feiertag!) nimmt er vorlieb mit zwei früheren Freundinnen, die er in das Kino-Festprogramm der Feiertage ausführt. Sie sehen den Film *Fantasia* von Walt Disney. Die Dinosaurier sind in ihrer Biologie völlig falsch dargestellt, sie sind seinerzeit nicht in der Wüste verdurstet;

2 1 Licht*sekunde* = 300 000 km.

gänzlich unzulängliche Darstellung von Sternenhaufen. Für alles dies, was in »Fantasia« dargestellt ist, gibt es harte Daten, das *weiß* Mutzlaff. Diese »Poesie« lehnt Forscher Mutzlaff ab, gerade weil er den ganzen Tag nach Poesie sucht.
»Europa hat einen menschlichen Bruder, Kadmos, der eine von den Göttern gesandte Kuh opfern soll und dabei ein Ungeheuer erschlägt, aus dessen Überresten menschliche Wesen entstehen. Aber Kadmos ist selber ein Ungeheuer.«
Mutzlaff macht sich einen Sport daraus, die Märchen der Griechen, die in einem in seinem Besitz befindlichen Band zusammengefaßt sind, jeweils auf eine kürzeste Formel zu bringen. »Sie werden dadurch dichter.«
Gegen Abend kommen die ersten Dienstagszeitungen auf die Straße. Viele Menschen fangen jetzt an zu promenieren. Mutzlaff hat eine graphische Darstellung hergestellt, wie Ostern durch ein **Gegenostern** ersetzt werden könnte, das nicht vom verschollenen Herrn Jesus, sondern von wirklichen »Sinnzusammenhängen unserer Zeit« ausgeht. Eine Koordinate seiner graphischen Darstellung bezeichnet Mutzlaff als »Freude über den vorläufigen Abschluß eines Projekts«, eine zweite »Erinnerung an große geschichtliche Wendepunkte«, eine dritte Koordinate gibt er den »Frühlingsgefühlen«, für weitere Koordinaten hat sein graphisches System keinen Platz; er hätte aber noch mathematische Möglichkeiten, sich auszudrücken. Dies ist schwierig. Soll er die Zusatzbezeichnung »Werthaftigkeit« oder die Koordinate »Sympathie« wählen? Er kommt zu einem Bezugssystem (»feiernswert«) mit 46 Koordinaten. So müßte man feiern, sagt Mutzlaff.
Straßen und Autobahnen sind voller Fahrzeuge. Die Einsamkeit dieser Tage ist Folge dieser »Blockade«. Jetzt findet Mutzlaff den Absprung. In einer Bar findet er ein Mädchen, das er schon längst näher kennenlernen wollte. Sie kommt mit.
Pünktlich ist Mutzlaff am Dienstag früh in seinem Labor. Offensichtlich ist dies Labor doch mit versteckter Poesie verproviantiert. In diesem Institut ist er mit allen anderen Instituten verbunden, die auf dem Planeten Erde sich mit den Sternen und den Milliarden Milchstraßen befassen, mit allen, die professionell damit zu tun haben. Mit Lust betastet er das Fernschreibgerät.
Die Rechnungsprüfung hat nicht einmal ein Sofa für Institute

der naturwissenschaftlichen Fachrichtung zugelassen. Noch viel weniger käme Mutzlaff auf die Idee, eine seiner Freundinnen hier hereinzubitten (was für eine Tätigkeit sollte sie hier ausüben?). Erst wenn die professionelle Tätigkeit Mutzlaff nicht mehr befriedigt, wird er sich ernsthaft in Bewegung setzen, wird er Ostern selbst zum Gegenstand seiner Erkenntnis machen.

Mutzlaffs Lied
»Alles Große werd' ich sehen,
Alles Schöne, das mir blühte,
Wird verherrlicht vor mir stehen.
Jeden Stern, der mir erglühte,
Der mit freundlichem Gefunkel
Durch das **grauenvolle Dunkel**
Meines kurzen Weges blickte.«[3]

3 Entgegen seiner Erwartung starb Mutzlaff jedoch in der folgenden Zeit und auch später nicht.

Frankfurt/Kaiserstraße

1. Bettine G.

Bettine G. trug »ihren Marschallstab im Tornister«. Da sie aber Bücher, in denen Worte wie Tornister, Marschall, Stab vorkamen, grundsätzlich niemals las, sagte sie: »Ich muß in die Großstadt. Dort habe ich eine Chance.« Sie hatte Gründe für ihr Unternehmertum: ihre absolut unerträgliche Lage in Nordhessen. Solange aber das Weltbild noch Blindstellen zeigt, von ihr nicht durchschaute Regionen der Gesellschaft, konzentrieren sich dorthin ihre Erwartungen:
1. daß etwas Reales geschieht,
2. daß man etwas dauerhaft lieben kann,
3. daß man sich entäußert und dafür nicht betrogen wird.

* * *

Bettine G. ging nach Frankfurt, um Geld zu verdienen. Sechsundzwanzig Jahre ihres Lebens hatte sie in dem Großdorf W. in Nordhessen, ihrem Geburtsort, verbracht. Sie wollte dorthin nie mehr zurück. Warum wollte sie nicht zurück? Kein Kommentar. Der Ort war ihr langweilig. Man hätte ihr einen Gutshof versprechen können, den sie sich für das Geld, das sie verdienen wollte, ja hätte leisten können, aber auch die Aussicht, Gutsherrin zu werden und die anderen Dorfbewohner schikanieren zu dürfen, reizte sie nicht.
Sie wollte einen Schlußstrich haben unter dieses Leben, in dem es, ob man nun dafür arbeiten mußte oder nicht, eigentlich gar keine Vorteile gab, die sie angingen. Sie wäre zum Beispiel gern ausgewandert. Aber dazu brauchte sie eine Geldsumme. Nach Amerika zu heiraten, war ihr zu unsicher. Sie war auch nicht bereit, ihre Freiheit in New York bereits vor Ankunft zu opfern, und wie schwierig es war, einen Mann, dem man etwas

verdankt, wieder loszuwerden, wußte sie. Wie sah sie aus? Vorteilhaft.
Sie ging also nach Frankfurt.
Sie gab ihre Handtasche, in der alles verstaut war, was sie nötig hatte, in der Aufbewahrungsstelle am Hauptbahnhof ab und suchte sich ein Lokal in der Kaiserstraße aus, wo sie etwas zu essen bestellte. Jemand sprach sie an, und sie wurde ihn nicht los. Sie wollte jetzt unbedingt allein sein, da sie diesen Anfang nicht verpatzen wollte. Sie sagte ja, ja und trank aus, was der Mann bestellte. Im gleichen Moment bereute sie das, da sie nichts trinken wollte und von ihm nichts annehmen wollte, als daß er schleunigst ginge. Der Mann wollte sie unbedingt wiedersehen und tat so, als ob sein Schicksal daran hinge, und sie gab ihm, um den aufdringlichen Mann endlich loszuwerden, den Personalausweis zum Pfande. Sie versprach, zu einer bestimmten Zeit an einer bestimmten Stelle zu warten. Sie merkte sich aber nicht einmal Zeit und Ort und wartete nur darauf, daß er sie endlich verließ.

* * *

In den Kaiser-Lichtspielen traf sie ihre spätere Freundin, Sadie Hellmann, für die es ebenfalls die erste Nacht war, und sie blieben zusammen an diesem Abend, der eine gewisse Freundschaft besiegelte. Dann wollten die Männer, mit denen sie zusammensaßen, los. Bettine mußte zugeben, als sie mit dem für sie bestimmten Freier allein war, daß sie kein Zimmer besaß. Der Mann beschaffte ein Hotelzimmer und zahlte ihr entsprechend weniger als ausgemacht war. Sie ließ sich das Geld gleich geben, weil sie nicht wußte, ob sie nicht nachträglich Skrupel hätte, es anzunehmen. Später wollte der Mann das Geld wiederhaben. Er drohte, die Polizei zu rufen und Bettine G. für das anzuzeigen, was sie getan hätte. Was sie denn getan hätte, fragte sie. Sie ließ es darauf ankommen und gab ihm nichts und ließ sich auch nichts fortnehmen, als er mit ihr zu ringen versuchte.
Nach diesem Erlebnis fühlte sie sich sicherer auf ihren Füßen.

Sie war meist im Café Royal tätig, zusammen mit ihrer Kollegin Sadie Hellmann, die aber leichtsinnig war und gelegentlich den Kunden Sachen klaute. Sadie mußte sich deshalb nach einigen Wochen nach Hamburg begeben, da geschädigte Kunden zurückkamen und nach ihr fragten. Ohne Sadie war die Arbeit klarer und unkomplizierter, da keine Lügengebäude aufrechtzuerhalten waren. Sadie hatte die Angewohnheit, es so darzustellen, als sei es jeweils immer noch ihre erste Nacht, was sie dann, wenn die Kunden sich nicht heranwagten, wieder ausgleichen mußte. Bettine war froh, daß Sadie und das ganze komplizierte Freundschaftssystem in Hamburg waren, wo man sie aus der Ferne achten konnte.
Sie hatte Grundsätze, an denen sie streng festhielt wie an einer Art Keuschheit; sie trank nicht, sie duldete keine Sonderwünsche und machte Sauberkeit zur Bedingung; Kunden, die sich nicht waschen, schickte sie unter Zurückzahlung des noch nicht verbrauchten Zeithonorars wieder weg. Sie achtete sehr darauf, daß sie sich nicht ansteckte, auch nicht auf der Toilette. Einmal las sie, daß der Leiter der medizinischen Akademie in Düsseldorf in einem Vortrag gesagt hätte, es gäbe so gut wie keine Krankheit mehr, sie müßten den Studenten die Geschlechtskrankheiten an Bildern erklären, weil keine Kranken aufzutreiben seien. Sie merkte sich den Namen dieses Professors, behielt aber ihr Wissen für sich, da sie sah, daß die Angst vor der Krankheit ihr Geschäft sicherte, das vor allem darauf beruhte, daß sie sauber war.

* * *

Momentaufnahme

Noch warm vom Sitzbad, das wie eine Zäsur Kunden von Kunden trennt, läuft Bettine in Joloms Imbißstube ein. Sie bestellte ein Cola mit Zitrone, hält sich aber schon in der Nähe des Ausgangs. (Das Sich-Anbieten auf der Straße ist in Bahnhofsnähe verboten.) Sie hat von ihrer Position in Türnähe den Wink eines Kunden aufgefangen, zahlt noch rasch mit einem zu großen Geldstück (der größere Teil davon ist für das auf vielleicht vier bis sechs Minuten gewährte Asyl).

Schwierigkeiten in der Straßenbahn

In der Straßenbahn versucht ein Mann, in Bettines Rücken zu gelangen. Der Schaffner will Wechselgeld nicht herausgeben. Sie muß erst bitte sagen. Umstehende lachen. Bettine ist nicht auffällig angezogen, aber dennoch sofort erkennbar. Praktisch kann sie nur noch wagen, Taxi zu fahren.

Hoffnung

In zwei Jahren hofft sie durch zu sein, soviel Geld zu haben, um auswandern zu können.

Was verdiente Bettine etwa? Sie verdiente gut, so daß sie nur tagsüber zu arbeiten brauchte. Sie hielt auch regelmäßigen Schlaf ein, genau wie ihre Waschriten. Die einzige Schwierigkeit bestand darin, daß sie keinen Personalausweis mehr hatte. Sie mußte sich deshalb jeweils bei Auftauchen der Polizei aus dem Lokal schleusen lassen, was ihr bei den Kunden einen häßlichen Anstrich gab, aber auszugleichen war.

Was sie täglich einnahm, trug sie bei sich, bis sie nach Hause ging, wo sie es in eine Kassette legte, deren Schlüssel sie bei sich trug. Manchmal nahmen ihr die Männer das Geld, das sie bei sich trug, weg, aber sie konnte sich nicht entschließen, es irgendwem anzuvertrauen. Schließlich handelte es sich im Höchstfall um die Tageseinnahme. Sie hatte in ihrer Kassette 14 000 DM zusammen, als sie den unglücklichen Abend hatte.

Sie kleidete sich um für den Abend. Das geschah in der Pension, die sie als ihren Hauptstandort ausgesucht hatte. Aus dem Zimmer nebenan, in dem eine andere Prostituierte abstieg, die sie kannte, versuchte ein Freier auszubrechen. Bettine lief in den Flur und sah zu (was ihr gleich darauf leid tat), wie sie den Mann, der nichts zahlen wollte, festhielten: drei Prostituierte, und wenn sie es nicht geschafft hätten, wären die Zuhälter von unten gekommen. Die Funkwagenstreife erschien und nahm alle Prostituierten, die in dieser Pension lebten, fest. Der Mann, der hatte zahlen sollen, beschuldigte alle im Polizeipräsidium vorgeführten Pensionsinsassinnen der Körperverletzung, so als sei er von fünf oder sechs Frauen geschlagen worden. Es war ein kleiner, rachsüchtiger Bursche. Es gelang der Ehrgeizigen nicht, sich aus der Sache herauszuargumentieren, obwohl Bettine tatsächlich nur zugesehen hatte und der Richter ihr halbwegs glauben wollte, daß sie nicht der Typ war, der sich schlägt, aber es kam hinzu, daß sie keinen Ausweis vorlegen konnte. Der Richter verurteilte sie, teils wegen der Körperverletzung, teils wegen Verstoßes gegen die Ausweispflicht, zu Frauengefängnis. Sie nahm die Strafe in dem Bewußtsein hin, daß das alles ihre Kassette nicht berührte und daß das Urteil wohl anders ausgefallen wäre, wenn sie ihre 14 000 DM auf den Tisch gelegt hätte und zum Beispiel als vermögende Erbin erschienen wäre. Sie pflegte sich in der Frauenstrafanstalt und brachte sich für den Winter in Form, indem sie die Summen, die sie für Plättüberstunden erhielt, in Vitaminen anlegte. Sie verhielt sich innerhalb der Gefängnisgemeinschaft ruhig und hoffte, daß Schikanen unterblieben.

* * *

In den ersten Tagen nach ihrer Entlassung aus der Strafanstalt fühlte sich Bettine G. unsicher und machte Fehler. Sie verlor zum Beispiel Zeit, indem sie Geld von der Post holte, das mit Postanweisung gekommen war: für eine Eisenbahnfahrkarte die Rückerstattung, 16,75 DM, und dafür zwei Stunden investiert (ehe sie die richtige Stelle gefunden hatte) à 3 x 40 DM, eine kleine Pause einkalkuliert, in der besten Laufzeit (= 240 DM). Sie machte den zweiten Fehler, als sie einen Ausländer annahm, den sie nicht kannte. Sie ging mit zum Auto, und als sie neben diesem Mann saß, in dem überheizten Auto, hätte sie sich ohrfeigen mögen. Das Fahrzeug verließ die Stadt. Als sie das bemerkte, wollte sie aussteigen, aber der Mann verstand sie nicht. Sie versuchte, die Wagentür zu öffnen, konnte aber auf diese Weise nicht aussteigen, da der Mann das Tempo erhöhte, als sie die Tür einen Spalt geöffnet hatte. Sie versuchte, den Zündschlüssel abzuziehen, was ihr aber mißlang. Als der Wagen in einer Waldschneise hielt, stieg Bettine sofort aus. Sie glaubte, daß sie vergewaltigt werden sollte und der Mann anschließend zufrieden wäre, wenn er nicht zu zahlen brauchte. Statt dessen fuhr der Wagen, sobald sie ausgestiegen war, mit hoher Geschwindigkeit tiefer in das Waldgelände hinein. Bettine versuchte, die Hauptstraße wiederzufinden.

Die Kassette (in der Pension) war in Bettines planmäßig herbeigeführter Abwesenheit abgeholt worden.
Als das Haus ihres Vaters im April 1945 durch Beschuß zerstört wurde, war Bettine elf Jahre alt. Am Tage nach der Zerstörung nahm der Vater seine Berufstätigkeit von einem Notquartier aus wieder auf. So nahm auch Bettine nach Verlust der Kassette ihre Tätigkeit sofort wieder auf. Außerdem stellte sie Nachforschungen an, wer die Kassette geholt haben könnte.
Wer war es?
Der Anzeigeerstatter. Wegen Beteiligung an einem Hehlereigeschäft, wegen Prostitution in der Nähe von Kirchen, Schulen und in Bahnhofsnähe sowie wegen versuchten Diebstahls am 16. Juli 1962 wurde Bettine angezeigt. Sie hatte diese Straftaten nicht begangen. Den Namen des Anzeigeerstatters erfuhr sie nicht. Sie war aber sicher, daß der Anzeigeerstatter zugleich auch der Kassettenabholer war. Der Richter verurteilte Bettine zu drei Jahren Frauengefängnis.

* * *

Interessengebiete Bettines:
Musik langweilig
Spazierengehen, Natur langweilig
Männer unerträglich
Kinder will sie nicht
Zu den Wahlen gehen nein
Sport langweilig
Verwandtenbesuch, Eltern unerträglich
Weihnachtsgeschenke in die Ostzone schicken langweilig
Basteln oder Hausarbeit langweilig
Fabrikarbeit unerträglich
Sprechsendungen im Rundfunk langweilig
Kirchenbesuch langweilig
Vorträge langweilig
Bücher langweilig
Essen langweilig
Alkohol trinken will sie nicht.

Aus der Diskussion über die Verurteilte
[Auszug:]

Präsident: Das Wort hat Amtsgerichtsrat Beitsch.

Amtsgerichtsrat Beitsch: Die Humanisten hätten einen ganz bestimmten Begriff geprägt, den der Acedia, den man mit »saure Schärfe« oder »lustlose Schwäche« übersetzen könne, besser noch »gefühlsmäßige Fehlhaltung«. Man könne noch weitergehen und sagen »Gefühlsarmut«. Sie finde sich bei der Verurteilten. Gewisse Wertferne, Unfähigkeit, sich für die Schönheiten und Werte des Lebens zu begeistern. Er spreche hier nicht als Theoretiker, sondern als Praktiker: Wenn solche Fälle begegneten, so gebe es nur: hineinhauen mit einer gezielten Strafe, denn eine Gesellschaft gebe sich selbst auf, wenn sie Acedia dulde, die die alten Humanisten als Sünde erkannt hätten und die man übrigens auch als »mürrische Verhärtung« bezeichnen könne. Sie sei selbst zwar nicht strafbar, aber doch ein Strafbewertungsgrund.

Direktor Tacke: Die Einführung des vergessenen Begriffs Acedia scheine ihm begrüßenswert. Schon bei den Kindern im Schulzusammenhang zeige sich, was Beitsch Acedia nenne. Sie gehe oft Hand in Hand mit Gewinnstreben.

Oberst a. D. Berger: Es gehe in Wirklichkeit nicht um die Freiheitsstrafe, sondern um die Verwirklichung der Freiarbeitsstrafe. Der Täter müsse sich von der Schuld freiarbeiten. Freiarbeit sei für die Sühne das, was Freiheit in der Gemeinschaft sei.

Präsident: Er sehe es gern, wenn gegensätzliche Stimmen wie hier aufeinanderprallten. Er bitte, in der Diskussion fortzufahren.

Abgeordneter Professor Meinz: Die Verurteilte habe vor der Tat in ihre Bestrafung (durch den Tatanfang) eingewilligt.

Abgeordneter Dr. Peiler: Es sei zweifelhaft, ob die Verurteilte tatsächlich eingewilligt habe. Für die Frage der Abschreckung sei die Frage der Einwilligung bedeutungslos.

Abg. Prof. Meinz: Er müsse auf den Sühnegedanken bestehen.

Gefängnisdirektor Pichota: Was mit der Verurteilten voraussichtlich weiter geschehen werde?

Regierungsamtmann Palm: Sie würde voraussichtlich immer wieder straffällig. Solange, bis sie entweder dahin zurückgehe, wo sie hergekommen sei, oder aber sich verbraucht hätte.

Staatsanwalt Beresina: Ihm scheine die Motivlage wichtig zu sein. Was treibe diese kriminellen Menschen an?

Präsident: Das sei eine Frage für Diplom-Psychologen Mänke.

Dipl.-Psychologe Mänke: Das sei eine schwierige Frage. Vorwiegend Gewinnstreben, der Wunsch, sich Vorteile zu verschaffen.

Dozent der Psychologie Petzold: Er könne nur als Fachmann sprechen. Es handle sich um Sich-Ausleben-Wollen. Das Sich-Ausleben-Wollen sei aber eher verdrängt, insofern handle es sich eher um eine Unbeherrschtheit der trieblichen Strebungen, aber das sei eine sehr komplizierte Frage.

Präsident: Er danke für die Beiträge. Das Wort habe Herr Lemmer.

Bergassessor Lemmer: Die Rechnung der Verurteilten dürfe nicht aufgehen. Zwei Jahre »Dienst am Kunden«, dann könne sich eine Verurteilte zur Ruhe setzen. Jeder Kriminalfilm lehre, daß das nicht sein dürfe.

Einwurf *Rat Berger:* Nach zwei bis drei Jahren könne sich die Verurteilte zur Ruhe setzen. (Unterstellt, sie wäre in Freiheit.)

Einwurf *Oberst a. D. Berger:* Oder sie wandert aus.

Einwurf *Bewährungshelferin Berthold:* Oder geht in die Zone.

Präsident: Er sei dankbar für die vielen verschiedenen Standpunkte, bitte aber, die Worterteilung zu beachten. Herr Jilusich.

Dr. Jilusich: Auch fehlende Nestwärme spiele eine Rolle.

Rat Berger: Die Verurteilte habe Nestwärme gehabt.

Geistlicher Rat Franz: Mit Erstaunen, Befremden habe er die Gleichgültigkeit der Verurteilten festgestellt. Geistige Werte gebe es für sie anscheinend nicht.

Amtsgerichtsrat Beitsch: Ihr fehle auch jedes Unrechtsbewußtsein. Sie fühle sich noch schlecht behandelt.

Fürsorgerin Meier: Sie habe die Straftaten nie eingestanden, zeige keine Reue, auch nicht nach der Verurteilung.

Amtsgerichtsrat Beitsch: Eine erschreckende Interesselosigkeit zeige sich. Habe die Verurteilte überhaupt die Schule besucht?

Direktor Tacke: Ja.

Bewährungshelferin Berthold: Sie sei ohne Interessen und dabei unbescheiden.

Amtsgerichtsrat Beitsch: Es gehe um eine moderne Form der Maßlosigkeit (Exuberantia, Luxuria) bei der Verurteilten.

Gefängnisgeistlicher Eylau: Auch Liebe sei erforderlich. Wo sie aber nicht verdient sei, da sei Liebe nicht am Platze.

Oberstaatsanwalt Barnabas: Den meisten Tätern fehle vielfach die Selbstbescheidung.

Universitätsprofessor Mangold: Er habe auch schon bescheidene Täter gesehen.

(*Lachen, Heiterkeit*)

Fürsorgerin Meier: Der Oberstaatsanwalt meine wohl Kalfaktoren.

(*Heiterkeit*)

Präsident: Er bitte fortzufahren.

Regierungsamtmann Willke: Die Gefangenen seien früher zweifellos bescheidener gewesen. Der Tätertyp des 19. Jahrhunderts sei ein anderer, bescheidenerer gewesen.

Ministerialrat Döhmer: Plato führe den Begriff der Selbstgenügsamkeit ein (Autarkia). Er wolle aber anderseits darauf hinweisen, daß zum Beispiel Goethe die Prostituierte nicht grundsätzlich verneint habe.

Abg. Prof. Meinz: Dies sei bereits der zweite klassische Begriff in diesem hervorragenden Gespräch.

Herr Friedrich: Langeweile, sage Goethe, sei der Defekt im Betrachter. Die Verurteilte könne sich nicht mit Langeweile herausreden.

Amtsgerichtsrat Beitsch: Bestraft werde der Defekt im Betrachter.

Kriminalrat Bauer: Es sei eine geglückte Diskussion.

Rat Berger: Die heute besprochenen Probleme seien anregend gewesen. In sehr verdienstvoller Weise sei die Problematik behandelt worden. Es gehe um das Problem Staat – ideelle Freiheit.

(*Beifall*)

Amtsgerichtsrat Beitsch: Es sei offen diskutiert worden.

(Beifall)

Präsident: Nachdem die Diskussion viele anregende Gedanken ergeben habe, erteile er das Schlußwort Herrn Friedrich.

(*Beifall*)

Herr Friedrich: Er danke für die Worterteilung und die lebhafte Diskussion.

(*warmer, fülliger Beifall*)

2. Die Semm

Kaiserstraße/Ecke Elbestraße

Semm sieht Charles mit der ihr unbekannten Angelique. Wie Fricka gesagt hatte, saß Charles im »Schmalen Handtuch«. Semm sah gar nicht richtig hin, sondern trat sofort ein paar Schritte zurück, schloß die Lokaltür wieder, fing ohne ein Wort an zu heulen und lief zu ihrer Arbeitsstelle, »Mario«, wo sie

2 Kaffee und 1 Südwein abrechnete, die Bestellungen mußten von der Zunge herunter. Bis 15 Uhr lief sie, am ganzen Körper angespannt, ihren Weg zwischen den sieben Tischen, die ihr Revier bildeten. Mit der Mittagswelle kamen diesmal viele Reisende, die mit ihren Koffern die Laufgänge versperrten und wenig bestellten.

Höhle oder Hafen Arbeit:
Semm wartet auf Befehle. Unter den Gästen ist Ruh'. Semm gehört jedem, der sich um sie kümmert; der sich bereit findet, sie auszubeuten. Sie ist so sehr auf Ausbeutung eingestellt, daß niemand anders kann, als sie ausbeuten. Semm erfordert einen neuen Typ des Ausbeuters: der das Ausbeuten dauerhaft erträgt. Die Katastrophen entstehen, wenn die Ausbeutung zeitweise aussetzt.

Kann man Unglück züchten?
Semm, Schaustellerkind, geboren 1938. Als sie drei Jahre alt ist, löst die Familie sich auf. Die Kinder werden in Thüringen auf die Dörfer verteilt. Semm kommt zum Bauern. Nach einigen Jahren macht die Großmutter ein Unternehmen auf; sie sammelt die Kinder wieder ein und bildet sie mit der Peitsche für bestimmte Kunststücke aus. Ausbildung und artistische Tätigkeit dauern bis zum 18. Lebensjahr. Dann kommt Semm als Kellnerin nach Frankfurt/Main.

Die anderen Kellnerinnen haben Walkürennamen:
Fricka, Albertine. Wie zwei Schlachtschiffe auslaufend aus der Barenge: Albertine. Fricka. Albertine: als sei die Körpermitte explodiert – Arme, Beine, große Hände, Hals. Sie hätte einen Gürtel um den Leib tragen sollen, trug aber eine weite Rüsche vom Nabel bis zu den Brüsten. Heute taten die beiden Mädchen der Semm nichts. Hündin Semm, auf ihrem schwarzen Stuhl neben der Kasse, hütet die aufgespießten Bons. Semm, die die Kaiserstraße nach Charles absucht, die von einem Passanten seitlich angeredet wird und ausweicht, die von Polizisten angehalten wird, die – wenn sie Polizisten sieht – ihre Pläne sofort aufgibt, in ihre Arbeitsecke zurückrennt: die neben Charles ohne jede Empfindung ist, närrisch vor Anhänglichkeit.

Puritanisch.
Mit starkem Affekt gegen dicke Frauen, die fleischlich sind. Rose, Höllenrose, Marzipanrose. Man darf niemals Marzipan essen. Einmal fragte die Hure Gilda Semm, ob sie zu einem Mittagsschläfchen mitgehen würde. Dabei streichelte Gilda einen Musikautomaten, den sie mit Groschen gefüttert hatte. Semm: nein.

Liebe aus Realitätsbedürfnis.
Weil man sich einem Mann unterwerfen muß, weil Semm sonst Angst hätte, den Anschluß zu verlieren, weil das dazugehört: sie findet Charles, einen »guten« Mann. Die Angst, daß sie einen schlechtern fände. Liebe und Unglück sind so verfilzt, daß Semm nicht sagen könnte, ob sie Liebe oder Unglück will; die Wahl besteht auch nur rein theoretisch. Wie ein Hund, der sich so hinsetzt, daß er getreten werden muß, stellt sie Fallen, zieht Unglück in ihre Fallen.
Charles sucht dickere Personen, stärkere Anregung. Liebt das, was dahinter ist: hinter dem hautreichen Hintern seiner augenblicklichen Partnerin, die nicht Semm ist. Läßt sich ausbeuten, um dranzubleiben – Angst, daß die Realität ihm so entschwindet, wie die fleischige Genossin verschwinden wird, wenn seine Barmittel erschöpft sind. Vielleicht hätte Charles auf das Abenteuer mit der dicken Angelique lieber verzichtet? Sachlichkeit und Anständigkeit, aber auch Unsicherheit im Verhältnis von Charles und Semm, Alkohol trinken statt reden. Weinen statt reden.

Die Situation zum Zeitpunkt der Verabredung mit Charles.
Die Semm wurde aufgehalten und kam deshalb zu spät Ecke Weserstraße/Kaiserstraße an. Sie wartete, als sie Charles nicht fand, und begann dann die Kaiserstraße abzusuchen. Im Reichshof – La Plaza wurde sie nicht eingelassen wegen ihrer etwas schäbigen Bluse. Sie konnte deshalb nur am Eingang fragen, ob Charles dagewesen sei. Aber da sie selbst meinte, daß Charles nicht dagewesen sei, fragte sie nicht schlagkräftig genug und erhielt (obwohl Charles seit Mittag im La Plaza wartete und beim Einlaß Nachricht hinterlassen hatte) eine abschlägige Antwort.

1. Suche

Sie lief also weiter, in ihrer charakteristischen Gangart, mit durchgedrückten Knien und suchte die Lokale in der Kaiserstraße ab. Die hohen Absätze stachen in den Unterleib. Sie hatte Kreuzschmerzen, und da sie glaubte, daß Blut käme, lief sie nach Haus, wo die Zimmerwirtin sie nach Charles fragte und den geliehenen Mantel zurückforderte. Semm wechselte die Schuhe und zog sich um, lief wieder Charles suchen. Sie fand ihn im La Plaza, als sie es dort wieder versuchte. Der dunkle große Mann sprang sofort auf, als er sie kommen sah.

2. Suche

Semm war zu verhetzt. Seiner »Freude« wußte sie nichts zu entgegnen. Sie bestellte Getränke und ging auf die Toilette, sich zurechtzumachen. Das brachte nicht die Wandlung, auf die sie hoffte. Sie war noch zu sehr in Angst, daß sie Charles nicht fände. Sie sagte, daß sie noch eine Besorgung zu erledigen hätte. Als sie von ihrem Gang zurückkam, fand sie Charles nicht mehr im La Plaza.

Sie wartete auf dem Platz, wo er gesessen hatte. Später erschien die Sittenpolizei und kontrollierte – sie machen das am Spätnachmittag, weil es abends den Betrieb durcheinanderbringt. Die Semm hatte Angst, weil sie keine rote Karte besaß und nicht daran glaubte, daß sie den Beamten den wahren Grund ihrer Anwesenheit in diesem Lokal (Suche nach Charles) erklären könnte. Sie ging deshalb mit einigen anderen Mädchen auf die Toilette und ließ sich von der Toilettenfrau für eine Mark in das benachbarte Roxy-Kino bringen. Sie heulte und schlug einen, der sie anreden wollte, mit der Handtasche gegen den Hals, suchte die Lokale ab.

Der wiedergefundene Charles

Sie fand Charles abends in den Fischerstuben mit einem Sergeanten. Er fuhr sich aus Müdigkeit mit allen fünf Fingern durch das unordentliche schwarze Haar. Er versuchte, dem Sergeanten ein Lokal zu beschreiben. Die Semm saß, während die Männer sprachen, ohne ein Wort daneben.

Als endlich eine Prostituierte den jungen Sergeanten abholte, wollte Charles ihn nicht gehen lassen. Die Semm fühlte sich besser, als er weg war. Sie versuchte Charles zu überreden, mit ihr aus diesem Lokal fortzugehen. Sie wäre glücklich gewesen, draußen nur neben ihm herlaufen zu dürfen oder etwas zu unternehmen, aber sie war auch glücklich, hier neben ihm zu sitzen, obwohl sie nicht wußte, was sie mit dem betrunkenen Mann reden sollte.

Die Semm wußte nicht, wie sie es verhindern sollte, daß Gitti und Kitti sich an Charles' Tisch setzten. Sie gehörten zu den wenigen wohlhabenderen Prostituierten, die die Fischerstuben besuchten, trugen elegante schwarze Kleider. Sie hatten eine junge bleiche Haut, weiß, ohne jeden Flecken über Stirn, Hals, Schultern; helle Haare, die auf dem Schädel in ihrer Schwäche flach nach allen Seiten standen und den Kopf mit einem Ring von fahlem Kraushaar umgaben: in dem künstlichen Licht mit ihren bleich-lichten Hälsen. Die Semm saß ohne ein Wort am Tisch.

Semm lieh Charles das Geld, das er brauchte, um die Getränke zu bezahlen. Sie wäre gern mitgegangen mit Charles und den beiden Reichen. Aber sie fragte nicht, weil sie fürchtete, daß sie es ihr abschlagen würden. So ging sie mit vier Prostituierten in die Neun-Uhr-Vorstellung in den Kaiser-Lichtspielen.

3. Suche

Nach dem Kino weinte sie, weil sie übermüdet war und weil sie die beiden Reichen nicht vergessen konnte, und fing an, Charles zu suchen. Sie wurde in der Kaiserstraße angeredet und trank mit einem, der darauf bestand, einen Johannisbeersüßmost, weil sie Charles nicht finden konnte, brach dann aber sofort wieder auf und fand Charles ausgeplündert in einer Bierschwemme in der Münchner Straße. Sie hatten ihm Wertsachen und Geld weggenommen.

Höhepunkt

Semm war wütend und schmiß dem Kaschemmenwirt, den sie für die Diebstähle verantwortlich machte, das Geld hin, das er als Auslösung für Charles forderte, und nahm Charles, der ziemlich betrunken war, mit. Sie lief an Charles' Seite die Kaiserstraße hinauf. Darauf hatte sie den ganzen Tag gewartet. An der Gallusanlage fanden sie einen amerikanischen Pkw, der unverschlossen war und in den sie sich setzten. Sie hatte

Sehnsucht nach ihrer Arbeit und hatte keine Idee, was sie jetzt reden sollte, obwohl sie auch »glücklich« war, Charles jetzt nicht mehr suchen zu müssen. Sie hatte Schmerzen im Bauch. Sie faßte Charles' Hand und wollte irgendetwas sagen, wagte es aber nicht. Charles öffnete ihr das Kleid, und sie wurde sofort wieder angespannt und versuchte, ihn abzuwehren, was ihr aber nicht gelang. Sie wehrte sich nicht gegen Charles, denn sie wollte es nicht falsch machen. Sie lag nackt mit geschlossenen Augen auf dem Rücksitz des Wagens und wartete. Aber Charles machte sie nur naß und lag dann in ihre Seite gekuscht.

Sie fror, wagte aber nicht, ihre Kleider unter Charles' großem Körper hervorzuziehen. Sie hielt die Augen geschlossen, war glücklich, ihn neben sich zu haben, fror aber. Später fiel ihr ein, daß sein Permit um drei Uhr nachts ablief.

Tagesende

Sie zog sich im engen Wagen an und lief nach Hause, Geld holen. Sie brachte Charles in einem Taxi zum Camp hinaus. Charles, der im Taxi geschlafen hatte, ging zur Camp-Torwache hinüber. Semm sieht ihn noch mit dem Militärpolizisten reden, als das Taxi wieder anfährt und sie durch das Rückfenster nach Charles sieht. So ist der Tag noch relativ glücklich ausgegangen.

3. Die Bindung ohne den Mann

Tanja M., wohnhaft Weserstraße, liebte ihren ersten Abtreiber. Sie liebte nicht, wie es die Faustregel will, den Mann, der sie als erster verführte, sondern denjenigen, der die Folgen dieser ersten Verbindung beseitigte: Dr. v. H. Dr. v. H. hatte Angst, daß etwas durch ihre Unvorsichtigkeit herauskäme. Er verbot ihr, zur Sprechstunde zu kommen. Sie saß trotzdem im Wartezimmer. Sie spionierte in seiner Wohnung. Der Arzt ließ sie durch seine Sprechstundenhilfe hinausbringen.

Tanjas erster Liebhaber (bis in ihr dreiundzwanzigstes Jahr hatte sie diese Probe hinausgezögert) war der junge P. Später

brachte sie (als er sich beruhigt hatte), weil alles so elend war, nicht einmal mehr die »Lust« auf, rechtzeitig aufzustehen und sich zu waschen. P. hatte dann nur noch insofern Bedeutung, als er sie im Ergebnis mit Dr. v. H. in Kontakt brachte.
Daß sie aus der unvollkommenen Bindung mit P. ein Kind bekommen sollte, erschreckte Tanja. Später verstand sie nicht, was daran so furchtbar sein sollte, da man das Kind ja wieder entfernen konnte. An sich mochte sie Zeiten mit herabgesetztem körperlichen Zustand gern, da sie es nicht leiden konnte, wenn die Gesundheit das Gesamtbefinden überwuchert. Sie besuchte verschiedene Frauen, zu denen sie aber kein Vertrauen faßte. Sie vertraute darauf, daß sie den richtigen Ratgeber noch nicht gefunden hätte und suchte weiter nach jemand, der ihr einen Rat geben konnte oder ihr helfen würde. Unter anderem rief sie Dr. v. H. an. Der sagte ihr, wo sie auf ihn warten sollte. Sie wartete in der von ihm angegebenen Straße nachmittags um fünf Uhr und sah dann seinen Wagen herankommen. Nach der Erledigung dieser Angelegenheit blieb sie noch eine Zeit lang in seiner Behandlung. Später entdeckte der Arzt, daß sie Instrumente von seinem Instrumententisch mitgenommen hatte. Er verbot ihr, seine Praxis künftig zu betreten. Tanja hält an ihm fest.

Die Sprechstundenhilfe brachte sie an die Tür. Die Sprechstundenhilfe hielt den Arm des Mädchens gleichmäßig umklammert und drückte auf den Oberarm und schob das Mädchen so bis zur Tür. Die Sprechstundenhilfe schüttelte ihr reiches blondes Haar, das ihr bis auf die Schultern fiel, was aber in einer Arztpraxis nur ein Bazillenfänger ist. Sie schob das Mädchen vor sich her. »Seien Sie vernünftig«, sagte sie, »ich kann auch die Polizei holen, wenn Sie nicht vernünftig sind.«
Das Mädchen ging durch die verregnete Stadt, zu unruhig, um auf eine der Straßenbahnen zu warten, die sie überholten. In der Wohnung, in der sie vorläufig untergekommen war, wartete bereits der Eigentümer, dem sie »Frühstück und Nachtmahl« zu machen hatte, wofür er sie in seiner Wohnung wohnen ließ. Er war ihr in der Küche behilflich.

Sie ließ sich von ihm küssen, um das hinter sich zu haben, und machte ihm sein Essen.

Du gibst mir eine schene Kiss. Eine schene Kiss bekomme ich.

Der Wohnungseigentümer war ein Geschäftsmann, der sehr unregelmäßig arbeitete, und sie wußte nicht, wie lange sie die Unterkunft hier noch halten konnte, wenn er fast immer zu Hause war. Sie setzte ihm das Essen hin und ging fort. Sie blieb in der Stadt, in der sie vergeblich versuchte, dem Regen zu entkommen; gegen zehn Uhr kam sie durchnäßt zurück. Der Geschäftsmann, der gebadet hatte, kam in einem weißen Schlafanzug an ihr Bett und versuchte, etwas mit ihr auszumachen. Sie vertröstete ihn und brachte ihn allmählich dazu, daß er wieder in sein Zimmer ging.

Tu mir was Gutes.

Sei doch nicht so.
Du gefällst mir so gut.

Sie wollte niemand anders haben als den Arzt, der das Kind weggebracht hatte. Es war so: sie wartete den Nachmittag über in der Straße, wie es Dr. v. H. am Telefon angeordnet hatte. Sie fror im nassen Schnee. Dann sah sie ihn kommen in seinem Wagen. Er machte ihr in seiner Wohnung einen Evipanrausch und beseitigte das Kind. Als sie aus dem Rausch erwachte, war sie noch in seiner Wohnung, vollkommen »gerettet«, er saß noch in der Nähe.

Seither war sie einige Male in seiner Wohnung eingedrungen und hatte sich darin aufgehalten, bis er nach Haus kam und sie in ihren Verstecken fand. Noch eine Zeit lang war sie in seiner Behandlung gewesen. Er vermißte Instrumente von seinem Instrumententisch, die sie gestohlen hatte, und verbot ihr daraufhin, seine Wohnung oder seine Praxis zu betreten. Sie gehorchte nicht, wurde aber von der blonden Sprechstundenhilfe fortgeführt.
Mit P., der sie auf dem Gewissen hatte, was aber nicht schwer

wog, hatte sie gleich, nachdem das Kind fort war, abgeschlossen. Sie erinnerte sich: ein leichtsinniger Mensch.

Die Tage, als feststand, daß sie ein Kind bekäme. Sie rannte zu verschiedenen Frauen, die ihr empfohlen worden waren, aber sie hatte zu keiner von ihnen Vertrauen. Sie war in einer Panik, die das Kind schützte. Die Panik brachte ein Hin und Her von Möglichkeiten.

Auf den Arzt kam sie durch Willi Fitzlaff, dem sie sich anvertraut hatte und der ihr zu einer Abtreibung riet, aber auch davon abriet. Mit ihm zusammen, der sich zu nichts entschließen konnte und zu gar nichts raten wollte, entschloß sie sich. Sie rief den Arzt an, der sie dann in die Rheinstraße bestellte, wo sie wartete, bis er um fünf Uhr mit seinem Wagen sie holen kam. **Es war ihr erstes wirkliches Erlebnis mit einem Mann.** Sie konnte »genießen«, nicht leiden. Es war so absurd, als ob einer mit Appetit einen Apfel ißt, während die Füße erfrieren. Auch die in Bauerndialekt abgefaßten Speisekarten in den teueren Großstadt-Restaurants, in die sie ihren Wohnungseigentümer begleiten mußte, waren absurd. Es war alles absurd ohne den Arzt, der das Kind weggebracht hatte. Er hatte ihr geholfen. Sie möchte diesen Mann erschießen und sie möchte seine Frau werden. Währenddessen verkommt sie, weil sich bis auf den Geschäftsmann, der aber oft zuhause ist, niemand um sie kümmert und sie sich auch um niemanden kümmert, es sei denn, es wäre dieser eine Mann, der ihr einmal geholfen hat, in einer für sie sehr wichtigen Sache, aber was sie sich auch in dieser Richtung ausdenkt, es ist aussichtslos.

Goldgräberstadt

[Eine Boxgroßveranstaltung] Die créme der Gesellschaft, darunter Banken, Gattinnen, Verbrecher, ist versammelt. Namensnennung der Anwesenden im Stil eines Gesellschaftskolumnisten. Schmuck und Brieftaschen. Noch während der Veranstaltung werden Einladungskarten verteilt: eine Nachfeier im geschlossenen Kreis.
Nach Schluß der Veranstaltung stehen draußen Luxusautos bereit, um die Eingeladenen zu einer Villa zu bringen. Vorfahrt der Gäste.
Die Gäste werden im Foyer zum Ablegen veranlaßt. Sie werden in einen Keller geführt, dort an die Wand gestellt und unter Vorhalt von Schußwaffen beraubt. Während einige Gäste schon »verarbeitet« sind, warten andere auf der Treppe der Villa oder im Foyer darauf, hereingelassen zu werden.
Die beraubten Gäste, auch ihrer Pelze entledigt, liegen gefesselt am Kellerboden.
Es ist die Tat der Amateure Köckermann und Großherr, typischer Projektemacher, Verbrecher im konservativen Sinne. In Neapel, Hafennähe, wird ihr Wagen ausgeräumt gefunden. Köckermann und Großherr in Hockstellung unmittelbar hinter dem Fahrersitz. Kriminalrat Kobras: »Herz zerrissen, Aorta beschädigt, Leber und Blase geplatzt, Rippen gebrochen, Rückgrat gebrochen, der Hüftknochen zerschmettert, das Bekken nach innen zum Magen hin einwärts gedreht. Offenkundig nachträglich so hingesetzt, wie wir sie fanden.« Immerhin haben verschiedene Angehörige der Frankfurter Verbrecherwelt durch sie ihr Gesicht verloren, haben zweifellos Brieftaschen, Schmuck von Freundinnen usf. herausgeben müssen.

[Ein Nichts, das lebt] Morgenstunde, Restaurant »Reichshof«; im »La Plaza – Fischerstuben«, nebenan, Frühgäste, einige Vertreter, die sich vor Arbeitsanfang mit einem Geschlechtsverkehr erfrischen wollen. Die Jung-Prostituierte Gilda durchtrabt das langgestreckte, schlauchartige Lokal »Reichshof«, strebt zu einer der hinteren dunklen Ecken. 35 cm

Haarturm, für diesen Moment vor Arbeitsbeginn voll intakt. Mit einem rosa Tempotaschentuch wischt Gilda die Sitzbank, besieht sich in einem der Rundspiegel. Heute ein ganz frischer sauberer Anfang. Sie muß gleich etwas ganz Kaltes trinken. »Ich schlafe sonst ein.«
Noch ist das Lokal leer. »Ich bin doch nicht unterzukriegen.« Sie trägt ein Kleid, auf das ein Kragen aufgepinnt ist: zwei große gepunktete Lappen, die bis zum Mittelbauch reichen. Das Kleid kann sie als Dienstkleidung 6 bis 12 Wochen tragen, falls nur dieser Kragen täglich oder zweitägig gewechselt wird. Nach zwei Stunden stehen vor Gilda geleert: 1 Kaffeegeschirr, 1 x Campari, 3 x etwas ganz Kaltes zum »Wecken«.
Sie ist noch völlig ungebraucht, als gegen 11 Uhr Kriminalobermeister Mürke eintrifft und sie zum Polizeipräsidium mitnimmt. Sie soll in der Mordsache Berends aussagen; Mürke nimmt an, daß sie irgend etwas mitteilen könnte.

Gilda: Ihr könnt mich doch hier nicht fertigmachen.

Mürke: Hältst du uns für blöd?

Gilda: Ich halte euch nicht für blöd.

Mürke: Vor einem Jahr hattest du noch die Perücke. Damals hast du dich geweigert, der Polizei zu helfen. 1970 bestraft wegen Begünstigung. Warum sollen wir dir irgend etwas glauben?

Gilda: Ihr könnt mir doch nichts andichten.

Mürke: Ich könnte jetzt beleidigt sein. Was heißt »andichten«?

Gilda: Ich kann aus meinem Herzen keine Mördergrube machen.

Mürke: Ich habe von Mord noch gar nichts gesagt. Ich habe gefragt, was du gesehen hast.

Gilda: Ich habe überhaupt nichts gesehen. Ich habe geschlafen.

Mürke: Du willst uns auf den Roller nehmen.

Gilda: So weit bin ich nun doch, daß ich niemand auf den Roller nehme.

Mürke: Da gibt es nichts zu vertuschen.

Gilda: Seid doch mal vernünftig.

Mürke: Wir sind vernünftig.

Die Sprache ist die Magd des Vorteils. Etwas darin mitteilen, ist einfach; aber nichts mitteilen, die Mitteilung in lauter Sprache verschwinden lassen, dies ist eine Arbeitsleistung von außerordentlicher Qualität.
Nach vier Stunden Verhör, überrollt von den Kräften, die sie benutzen wollen, sagt Gilda mit auf 8 cm Höhe zusammengefallener Frisur alles, wovon sie annimmt, daß die Beamten es hören wollen. Zurück im Revier, Wartestellung im »Reichshof«, wird sie von Experten des Syndikats gefaßt. Es ist hier schon bekannt, daß sie im Polizeipräsidium war. Sie soll ihre Aussagen schriftlich widerrufen. Es wird gedroht. Ganz unscheinbar, ein Nichts, das fremdem Willen folgt, widerruft sie, erreicht so, daß man von ihr abläßt. Von einem solchen Nichts gilt weder die Aussage noch der Widerruf. Wenn das so weitergeht, siegt sie sich zu Tode. Mürke holt sie spät nachmittags erneut zum Verhör. »Ich haue dich zu Puppendreck.« Sie widerruft den Widerruf. Wieder zurück im »Reichshof«, warten schon die Syndikatoren. Sie läßt sich in ein Hotelzimmer führen; hier setzen sie gemeinsam einen hieb- und stichfesten Widerruf von Gildas Aussage auf.
Allmählich wird so diese Zeugin für die Polizei wertlos. Es wird zu einem Interessenwegfall sowohl für die Polizei wie für das Syndikat kommen, wenn sie nur durchhält. **Das ist Schwerstarbeit; einen greifbaren Gegenwert für die Arbeit erhält sie nicht.** Gerade, daß sie aus der Zange herauskommt. Sie rennt zum Speiselokal »Vávra«, auf einer Toilette hat sie ihren Haarturm durch Striegeln in Form gebracht. »Sie lächelte, ihr Haar leuchtete, und sie trat schnell, wie ein verschwitzter Bauarbeiter, an die Theke.«

[Einer äußert sich] Ein in diesem Lokal bekannter Angestellter eines Pelzversandhauses rennt in den schmalen Schlauch »Reichshof« hinein: »Ich komme gerade vom Totschlag. Bin freigesprochen.« In seiner Firma darf er sich in dieser Tonlage nicht äußern. Die Lokalinsassen, eine junge Hure, eine Alt-Hure, die sich kürzlich in die Rente eingekauft hat, lachen. Der Angestellte läuft aus dem Lokal hinaus. Jetzt eilt er wieder

herein: »Mein Bruder war Totschläger, ich bin Rattenfänger.« In diesem Zustand, einmal in der Woche, kommt er zur »Äußerung«. Der Ober fordert ihn zum Verlassen des Lokals auf; der Angestellte, sich zurückziehend: »Ich gehe vor, Sie kommen nach.« Selbstverständlich bleibt der Ober, wo er ist.
»Das ist wichtiger als Geld, daß man mal lacht.« Dies sagt die pensionierte Alt-Hure, eine dicke, pferdeschenkelige Natur, die sich jetzt zur Toilette hinbegibt. Sie sagt es zu der jungen Hure hin, die Apfelmus ißt und mit ihr noch eben »silberhell« gelacht hat. Die Alte: »Wir haben das Geld auf dieselbe Art zusammengekriegt.« Sie will die Möglichkeit ausschließen, daß die Jung-Hure vielleicht (wegen des Alters der Alten) sich darüber täuscht, daß sie demselben Geschäftszweig zugehören. Die Junge billigt die Worte der Veteranin, nickt mit vollem Munde heftig. Vielleicht bringt ihr dieses kurze, nicht absatzbezogene Gespräch Glück.

[Müselchen] Sie wäre in der Lage, sechs männliche Säcke samt Feger gleichzeitig zu trösten, wenn die »Affenköppe« nicht Hemmungen hätten, sich nebeneinander aufzustellen, so, wie sie sich vor den Pissoirbecken ja schließlich, wenn Hochbetrieb ist, ebenfalls nebeneinander aufstellen.
Sie ist Anhängsel ihrer Geldkassette, in die sie Teile ihres Gewinns, soweit sie die vor Fred verbergen kann, hineinspart; sonst Anhängsel ihres Zuhälters. Soweit dieser sie nicht zu schützen vermag vor der »Organisation«, sind beide Anhängsel dieser Organisation, aber auch, wenn sie in dessen Räderwerk geraten, Anhängsel des Polizeiapparats. Anhängsel sind ihre Wünsche (z. B. nach einem Bier, einem 50 Pfennig-Stück, das sie in die Musikbox stecken kann). Sie sitzt in Wartestellung, füllt Maggi in Stonsdorfer Fläschchen, die sie geleert hat. Überschießende Arbeitskraft; 4 Flaschen sind verarbeitet.
Alle die Anhängsel und Eigenschaften zusammengenommen ergeben eine schöne Wucht von Person, aber sie wollen einzeln berücksichtigt sein: wie eine Rotte eigensinniger Verbrecherspezialisten, die sich nicht auf einen gemeinsamen Plan vereinigen lassen; wenn es aber darum geht, sich zum Verschwinden zu bringen, entwickeln sie Gemeinsinn.

[Nahrungsmittelchemiker Hiesel, Kaiserstraße:] »Was hier in den von uns untersuchten Würsten von uns in der letzten Zeit gefunden wurde, stellt den Tatbestand der vorsätzlichen Körperverletzung dar. Gott sei Dank hat diese Metropole eine hohe Fluktuation der Bevölkerung. So treffen die gleichen Würste immer wieder auf andere Menschen. Trotzdem planen wir hier einen grundsätzlichen Wandel. Wir haben auf Kosten der Stadt eine Modellküche errichtet, in der gesunde und bekömmliche Kost in Beispielen hergestellt wird. Wir versprechen uns hiervon eine zumindest moralische Auswirkung auf die Verbesserung des Niveaus der verkauften Lebensmittel. Selbstverständlich ist es uns mit den beschränkten Mitteln nicht möglich, gleich auf Anhieb den Standard der französischen Küche zu treffen.«

[Suggestion von oben; mimetische Betäubung] Fluß Main und Dampfer, nachts drei Uhr. Aus einem Leck fließt ein breiter Schwall Öl. In dem sich ausbreitenden Ölfilm spiegeln sich die Lichter des Hafens. Der Kapitän: »Leck dichten!« Mit Lappen und Holzwolle versuchen Mitarbeiter dieses formschönen Transporters, den Ölfluß einzudämmen. Der Kapitän: »Volle Fahrt voraus!« Er versucht, eine Ölspur hinter sich herziehend, den Dampfer bis zum Morgengrauen zu einem Punkt 60 km flußaufwärts zu bringen, in der Hoffnung, so einer Strafverfolgung zu entgehen.
Die Beamtin der Umweltkontrolle, Frau Dagmar Holtzmann, 8 Uhr früh, springt in ein Polizeimotorboot und verfolgt die Ölspur. Die Morgensonne veredelt das Sprühwasser der Bugwelle sowie das Kielwasser zu einem Klarwassereffekt; an sich handelt es sich um eine bräunlich-sandige Brühe. Als Frau Holtzmann zwischen Stadtprozelten und Wertheim vom Motorboot auf den gestoppt daliegenden Dampfer übersteigt, das Leck ist inzwischen dicht, bietet ihr der Kapitän, Kavalier alter Schule, Tee mit Rum an. Der Inhaber der Dampferlinie erscheint, begleitet von einem Anwalt. Beide Herren tragen dunkle Anzüge mit Nadelstreifen. Philosophisches Geplauder über Flüsse. Frau Holtzmann sagt nichts von Strafe, antwortet in der Art, wie diese Herren sie anreden. Momentan ist sie rechtsblind. »Man müßte dieser Charaktermaske von Kapitän den Bart abreißen, ihn, den Chef und den Anwalt in Häftlingskleidung stecken, das Geplauder durch einen Kanonen-

schuß unterbrechen, um der nächtlichen Straftat ganz sicher zu sein.« Es wird ihr als Falschheit ausgelegt, daß sie, in ihre Kanzlei zurückgekehrt, doch Strafanzeige erstattet: Fahrerflucht mit Dampfer.

[Staatsanwalt Berg gegen eine Übermacht] Der junge Staatsanwalt Dr. Berg, wenig Amtserfahrung, hat vom Beobachtungspunkt der Wasserschutzpolizei aus im Strom eine deutlich erkennbare Abwässerfahne von rötlich-grüner Farbe, etwa 12 bis 20 Meter breit, festgestellt. Er besteigt, begleitet von einer Schreibkraft, den Polizeihubschrauber und verfolgt die Spur flußaufwärts bis zu einem Industriekomplex, aus dessen Abwässerleitungen diese Fahne in die Strömung des Flusses eingeführt wird. Er landet auf Werksgelände, füllt an diesem Ursprungsort Proben der aus 2–3 m dicken Röhren in den Fluß geleiteten Flüssigkeit in Reagenzgläser; der Tatort wird mit Polaroidkamera fotografiert. Beauftragte des Werkschutzes versuchen vergebens, den Start des Hubschraubers zu verhindern. So, jetzt hat der junge Staatsanwalt Berg Beweismaterial in den Justizpalast heimgebracht. Die Geschäftsleitung des betroffenen Industrieunternehmens setzt 6 Volljuristen der Rechtsabteilung sowie 8 Mitarbeiter der Abteilung Werbung und Öffentlichkeitsarbeit auf seine Spur. Staatsanwalt Dr. Berg hat übersehen, daß er rechtswidrig den Grund und Boden eines »eingerichteten und ausgeübten Gewerbebetriebs« betreten hat. Er hat die Proben an einer Stelle entnommen, an der die Mischung aus Zink, Blei, Farbstoffen, die er als Fahne klassifizierte, noch Eigentum des Unternehmens ist. Erst 30 m flußabwärts gehen diese Substanzen in den öffentlichen Flußbereich über. Die Beauftragten des Werkschutzes, 7 Zeugen, haben den Rechtsbrecher Dr. Berg auf frischer Tat gefaßt, auch wenn sie ihn momentan nicht halten konnten.

[Privataufzeichnungen des Steuerfahnders Muschmann] In dem Betonneubau der Oberfinanzdirektion hat Steuerfahnder Muschmann sich mit ein paar Kissen, Andenken, einem Plaid ein nettes Stübchen eingerichtet. Er sammelt außerdienstlich Informationen »für wen es angeht«. Irgendwann einmal wird jemand kommen, der sich für diese Aufzeichnungen interessiert. Hätte die linke Mehrheit im Unterbezirksvorstand der SPD Muschmanns Vertrauen, so würde er diese Aufzeichnungen zur Verfügung stellen. Ein multinationaler Konzern hat Waren, im Einzugsgebiet der Stadt produziert, zu einem Spottpreis an eine Filiale desselben Konzerns nach Übersee geliefert und somit einen Bilanzverlust ausgewiesen. Dies verursacht der Finanzverwaltung einen Steuerverlust von 7 Milliarden DM in fünf Jahren. Eine namhafte Bankgesellschaft hat einen internationalen Rentenfonds errichtet, dessen Papiere nicht zu einem Endfälligkeitstermin zurückzuzahlen sind. Die Papiere sind zu 100 Prozent begeben, haben jetzt einen Marktwert von 62 Prozent. Die Bankgesellschaft löst die Papiere zu 62 Prozent ein. Sie hat ein zinsloses Darlehen von einigen Milliarden DM zwangsweise auf die Kunden umverteilt. In fünf Jahren 35 Prozent Zinsen auf die Gesamtsumme stehen gegenüber 38 Prozent Kursgewinn. Hierzu rechnet Muschmann den Inflationsgewinn von rund 35 Prozent, da die Bank mit entwertetem Geld zurückkauft. Die Kunden haben also der Bank Zinsen gezahlt. Diese Berechnungen betreibt Muschmann als Hobby. Die Kenntnisse, insbesondere die Tatsache, daß niemand weiß, daß er diese Kenntnisse besitzt, machen Muschmann potentiell aufsässig. Irgendwann will Muschmann, wenn er dafür Partner findet, das »Wirtschaftsverbrechen mit der eisernen Ferse« ankratzen. Er sammelt, sammelt.

[Stadtentwicklung drückt auf die Lebenszone des Verbrechens] Die Grundstückspreise im Bankenviertel und im Zentrum sind so hoch, daß die Filialen großer Verkaufsapparate zur Kaiserstraße hin ausweichen. Weserstraße, rechte Seite Kaiserstraße (vom Hauptbahnhof gesehen) schiebt sich eine tote Zone solcher Filialen vor: Koffer-Sachs, Foto-Hahn, Nürnberger Haus (Versicherungsgesellschaften), Uhren-Hermann, Fluggesellschaften (Iberia, Bulgaro-Flug, Aeroflot, Saudiarabian, Portugiesische Luftfahrtgesellschaft usf.). Auf der gegenüberliegenden Straßenseite: Rohneubau der Kaufhalle, glatter Beton. Früher existierten hier Kleinhandel, Cafés, Tanzhallen, Treffpunkte, Fortbildungsinstitute, Mietobjekte. Das Verbrechen bedarf einer solchen Zone von Wuselleben, menschlichem Massenumsatz. Freitag, 17 Uhr, strömen hier Menschenmassen zum Bahnhof; Kleinhandel, Vergnügungs-

stätten, Pornokinos, Abendschulen versuchen, einen Teil dieser Menschen abzufangen.
Vor den Filialen großer Verkaufsapparate muß das Verbrechen zurückweichen. Verbrechensorganisator Guthermut: »Wir bedauern dies, können jedoch weder durch Schlägertrupps noch durch Mietpreisangebote diese Stadtentwicklung aufhalten.« Das Verbrechen arbeitet individualistisch, es entfaltet seine Macht durch die Köpfe wirklicher Menschen; gegen Apparate, die von Köpfen geleitet werden, die sich in auswärtigen Zentralen befinden, ist es relativ machtlos. Guthermut: »Ich bedauere diesen Kulturverfall der Stadtlandschaft, der nicht einmal dem organisierten Verbrechen eine Lebenszone beläßt. Ich sehe den Tag unseres Umzugs aus der Region Kaiserstraße kommen.«

[Baade kommt an] Der Kriminalbeamte Baade aus Oberhessen ist zur verstärkten Bekämpfung der Kriminalität in die Metropole versetzt worden. Er möchte vom Hauptbahnhof zum etwa 800 m entfernten Polizeipräsidium gelangen und nimmt hierzu ein Taxi. Die Fahrt geht über Umleitungen, Einbahnstraßen etwa 8 km weit, kostet 14,80 DM; und dann muß Baade nach Hinweis des Taxifahrers noch 400 m laufen, da man direkt zum Polizeipräsidium auf diesem Straßensystem nicht gelangen kann. Baade klettert über verschiedene Baustellen zum Haupteingang.
Auf die Verkehrsplanung während des Umbaus dieser Stadt hat ein Taxifahrerkonzern Einfluß genommen. Schon viele Reisende haben sich über die Länge und Kreisförmigkeit der Strecken gewundert. Kriminalkommissar Baade muß in einem Aktenvermerk begründen, wieso er für die kurze Strecke vom Hauptbahnhof zum Polizeipräsidium 14,80 DM ausgeben mußte. Die Vorgesetzten unterstellen ihm eine Privatfahrt.

[Einheit der pluralistischen Gesellschaft] Vom selben Regen eingedeckt, vom selben Fernsehprogramm berieselt, im Umkreis von 1500 m in derselben Stadt tätig, Bekenner ein und derselben verfassungsmäßigen Grundordnung – anderes als dies verbindet sie nicht:
G. Guthermut, ein Verbrecher, der mit Gewalt umgehen kann, der ein langfristiges Konzept sucht –

F. Hacke, Polizeichef, der die Wahrheit ergründen will – Jeschke, Fellermeier und F. Dose, ein junges Wissenschaftlerteam, das die Wahrheit besitzt, aber nicht mit Gewalt umgehen kann –

Guthermuts Apparat

[Nichtorganisation als Herrschaftsform] Der Verbrecher G. Guthermut, Brillenträger aus Nordhessen[1], verwaltet eine Gesellschaft in der Gesellschaft: Kaiserstraße, Moselstraße, Elbestraße, Weserstraße, Teile der Münchner Straße usf. Er versorgt die ihm Anvertrauten nicht mit materiellen Mitteln, sondern mit der Mangelware Frieden. Die von ihm aufgebaute Organisation heißt »Das Syndikat«. Da das Verbrechen alles, was es berührt, gewaltsam aneignet, kann eine äußerlich faßbare Organisation kein Sicherheitssystem darstellen. Das Syndikat ist deshalb eine Nichtorganisation, d. h. unter Einsatz unmittelbarer, langjähriger Gewalt hat Guthermut die **Idee** des Rechtsfriedens zwischen den ihm anvertrauten Gesellschaftsmitgliedern mit einer materiellen Realität auszustatten versucht. Das Materielle daran ist nicht zu greifen.

[Lernen von der Wissenschaft] Das Verbrechen kann heute nicht mehr kunsthandwerklich und individualistisch betrieben werden. Wie jede Disziplin braucht es eine wissenschaftliche Grundlage. Der Verbrechensorganisator G. Guthermut sandte Mitarbeiter in Seminare der Universität, die ihm in stark gekürzter Zusammenfassung den Stand von Forschung und Lehre vorlegten. Was sie brachten, erschien Guthermut oft wenig praxisnah.

1 Falls einer den Verbrechensorganisator Guthermut unmaskiert sieht: ein kleiner Mann mit Bauch, die Jacke spannt über dem übermäßig dicken Po. Flinke, natürliche Bewegungen, trägt Lackschuhe, Wildlederanzug. Wer ihm so begegnet, sagt: »Der ist mies.« Ißt seine Haarschuppen. Maskiert wirkt er dagegen eher hochgewachsen, schlank. Guthermuts Vorfahren: schlaue Bauern (Nordhessen). Er ist ein verkappter Charakter: »Charaktere werden gebrochen, Charaktere machen dumm.« Guthermut verbirgt seinen Charakter, so gut er kann.

Guthermut: Was soll da hier z. B. heißen: »Wenn sich die bürgerliche Gesellschaft mit aller Glieder Einstimmung auflösete (z. B. das eine Insel bewohnende Volk beschlösse, auseinanderzugehen und sich in alle Welt zu zerstreuen), müßte der letzte im Gefängnis befindliche Mörder vorher hingerichtet werden, damit jedem widerfahre, was seine Taten wert sind«, usf., usf. Das soll ein Honorar-Professor Oberlandesgerichtspräsident Staff geäußert haben?

1. Assistent Guthermuts, Herr Knoll: Darüber wurde mehrere Stunden gesprochen. Es handelt sich offenbar um einen Kernpunkt. Ich habe das gekürzt wiedergegeben. Ich dachte, wir sollten das mal prüfen.

Guthermut: Wir würden selbstverständlich diesem Mörder, wenn er unserer Organisation angehört, erstklassige Anwälte besorgen. Das würde schwierig, ihn, insbesondere in einem solch unpraktischen Fall, noch kurz vorher zu erledigen.

Knoll: Das hier scheint sich auf einen Spezialfall zu beziehen, daß ein »auf einer Insel wohnendes Volk beschlösse, auseinanderzugehen.« Dieser Fall ist ja recht wenig wahrscheinlich.

Guthermut: Würde ich auch sagen. Welche Insel meinen die? Die Seychellen?

Knoll: Das wurde nicht vorgetragen.

Guthermut: Und sie müßten ihn haben!

Knoll: Das wird ja vorausgesetzt. »Der letzte im Gefängnis befindliche Mörder.«

Guthermut: Nehmen wir das mal praktisch. Das ist vor allem eine Zweckmäßigkeitsfrage. Mord ist tatsächlich das Lähmendste, er zerstört die Arbeitsgrundlage der Organisation. Deshalb würde ich das anders formulieren: Wenn »das eine Insel bewohnende Volk«, also z. B. unsere Truppe Kaiser-/Elbestraße usf., »sich auflösete«, weil wir z. B. an eine fremde Organisation verkaufen, dann muß der letzte Mörder, falls er nicht absolut als Schweiger gilt, noch beseitigt werden.

Knoll: Die haben im Seminar nicht so den praktischen Fall ins Auge gefaßt.

Guthermut: Lassen Sie das mal. Wir können ja von hier aus bei der Auswertung der wissenschaftlichen Ergebnisse die praktische Schlußfolgerung einbringen. Verwirren Sie das nicht. Das ist alles subtil. Es bringt aber auf Gedanken. Ich stimme da vom praktischen Standpunkt mit diesen Kernsätzen völlig überein. So ein Mord durchschlägt die ganze Arbeitsbasis. Da sind wir strikt dagegen.

Knoll: Ich weise darauf hin, wie sich z. B. Die-Tote-von-Darmstadt-Levi mit Zeugenerpressung und Anwaltstricks in seinem Strafverfahren aufführt. Das schädigt außerordentlich. Es entsteht für den Leser der Eindruck, daß hier in der Stadt ein organisiertes Verbrechen existiert.

Guthermut: Sehen Sie, wie man aus wissenschaftlichen Grundlagen praktische Ergebnisse ziehen kann. Diesen Levi muß man beseitigen, unauffällig. Der Kernsatz hier in Ihrem Skript heißt im Klartext: Mörder, die sich noch zuletzt, also bei Auflösung der Organisation, aber meines Erachtens schon vorher, als komplette Individualisten entpuppen, müssen selbstverständlich außer Aktion gesetzt werden, nicht damit »sie erhalten, was ihre Taten wert sind«, sondern weil ihre Taten grundsätzlich überhaupt nichts wert sind. Ich denke da ganz im Sinn der traditionellen Wissenschaft. Dieser Levi ist unauffällig zu beseitigen.

Knoll: Durch Mord?

Guthermut: Das ist in der Untersuchungshaft nicht einfach. Nicht durch Mord. Ich möchte dieses dreckige Wort überhaupt ausschließen. Aber im Ergebnis, ja: man muß ihn auslöschen.

Knoll: Also tot schon, aber nicht als Mord dargestellt?

Guthermut: Genau. Das muß begrifflich anders gefaßt werden. Der erlebt zuletzt noch einen Unglücksfall. Organisieren Sie das mal.

Knoll: Wenn nun aber die Öffentlichkeit das als Mord bezeichnet?

Guthermut: Sie meinen die Polizei?

Knoll: Oder einzelne erpresserische Teilorganisationen, die

zuviel wissen, Konkurrenzorganisationen, die Presse, die Anstaltsleitung usf.

Guthermut: Deshalb sage ich ja: machen Sie das, aber es darf kein Mord sein.

Knoll: Und wie soll ich das machen?

Guthermut: Deshalb schicke ich Sie ja auf die Universität zum Mitschreiben, daß Sie auf wissenschaftlicher Grundlage völlig neue Lösungen entwickeln.

Knoll: Aber ich weiß keine.

Guthermut: Davon will ich nichts hören. Machen Sie ein Geschehnis, das nicht Mord ist, nach dem Levi aber nicht mehr existiert.

Knoll: Ein Unglücksfall ...

Guthermut: Ich sage einfach: ein organisiertes Geschehnis. Das Wort Mord ist aus meinem Gedächtnis gestrichen. Es läßt sich mit der Menschenwürde nicht vereinbaren. Sie ist Selbstzweck, wie ich hier lese.

Knoll: Verstanden. Es geht ja auch gerade darum, von der Organisation her einem Mörder wie Levi das Handwerk zu legen. Man könnte von einer Antimordaktion sprechen.

Guthermut: Das ist mir einen Versuch wert. Wir stehen hier Seite an Seite mit der Polizei. Da ich grundsätzlich gegen Morde bin, ordne ich diese Maßnahme ja an. Doch nicht aus Mordfreundlichkeit.

Knoll: Ich lege Ihnen morgen Abend einen Plan vor.

Guthermut: Gut. Wir dürfen nie aufhören zu lernen. Gute Nacht, Knoll.

[Veräußerung einer Nichtorganisation] Von Genf herüber kam ein unscheinbarer Buchprüfer, der Vollmacht vorwies, im Namen einer Organisation im Westen der USA die Zentrale der Frankfurter Verbrechensorganisation aufzukaufen. Vertrauensleute Guthermuts holten ihn vom Rhein-Main-Flughafen zum Versteck; eine ehemalige Kegelbahn, Holzvertäfelung, darin eingebaut mehrere Uhren. Das Geschäft zerschlug sich.

Guthermut: Es ist vollständig irrsinnig, das Syndikat selber kaufen zu wollen. Sie können die einzelnen Gruppen kaufen.

Fremder Verbrecher mit dem Aussehen eines Buchprüfers: Es ist die zentrale Organisation – meine Auftraggeber wollen die haben.

Guthermut: Es ist eine Friedensorganisation. Die Arbeit selber wird, streng professionalisiert, von Unterorganisationen und Spezialisten geleistet. Die müssen Sie kaufen.

Fremder Verbrecher: Meine Auftraggeber wollen nicht einzelnes Kroppzeug kaufen, sondern das Ganze.

Guthermut: Wenn Sie doch einmal verstehen würden: das Ganze gibt es nicht.

Fremder Verbrecher: Sie wollen damit doch wohl nicht sagen, daß das Frankfurter Verbrechen, das immerhin einen Ruf hat, nicht existiert? Ich kann daraus nur schließen, daß Sie sich weigern, zu verkaufen. Sie möchten die Sache verwirren. Dann ist Ihre Person ein Hemmschuh für die klaren Absichten unserer Organisation. Prüfen Sie diese Perspektive einmal sorgfältig: ein Einzelner, der sich den erklärten Zielen einer Organisation entgegenstellt.

Guthermut hatte anfangs diesen Buchhaltertyp unterschätzt. Er hielt ihn für einen Boten, einen Rechnungsprüfer. Dahin deutete auch, daß dieser Rechnungsprüfer, der sich Wilke nannte, darauf bestand, die Verhandlungen um 6 Uhr pünktlich zu beginnen und bis 17 Uhr durchzuhalten. Dies war jedoch nur seine Außenseite: Fleiß, Zeitausnutzung, Zähigkeit. Guthermut, der gegen 12 Uhr hungrig und durstig wurde, erkannte die Verhandlungsstrategie dieses Aufkäufers: der fremde Verbrecher war gewohnt, seine Verhandlungspartner auszusitzen. Guthermut behalf sich mit Keksen, stellte sich, jetzt nachträglich, auf diesen Gegner ein, der sich zunächst als Bevollmächtigter ausgab, sich dann aber als Organisator eines weltweiten Netzes erwies.

Guthermut: Die Organisationsmuster in den EWG-Ländern

sind völlig andere als in den USA. Damit müssen Sie sich abfinden.

Fremder Verbrecher: Wir wissen, wie Verbrechen organisiert werden. Brauchen Ihre Belehrungen nicht.

Guthermut: Ihre Kapazität zu lernen, ist äußerst begrenzt. Sie gehen von einem vorgefaßten Bild von Verbrechen und Organisation aus. Das Verbrechen bildet keine Einheit. Es besteht aus Einzelnen und kleinen Organisationen. Das Syndikat garantiert dieses Nebeneinander.

Fremder Verbrecher: Und woher sollen die Befehle kommen?

Guthermut: Mit Ihren Organisationsmethoden zerstören Sie das Verbrechen. Das ist doch nicht mit Befehlen zu machen. Jede einzelne Organisation und jeder Spezialist weiß selber, was er zu tun hat. Würde das Syndikat auf der Ebene dieser wirklichen Arbeit der Einzelnen organisiert, so würde der eine oder andere oder einige Gruppen versuchen, sich dieses Syndikat anzueignen. Hiervor schützt das Syndikat seine Nichtsubstanz.

Fremder Verbrecher: Und sein internationaler Ruf?

Guthermut: Eben nur ein Ruf.

Fremder Verbrecher: Sie wollen also nicht verkaufen?

Guthermut: Ich wüßte nicht, was ich Ihnen für den Kaufpreis liefern sollte. Sie können meinetwegen dieses Nichtvorhandene kaufen. Ich nehme jede Summe entgegen.

Fremder Verbrecher: Wir wollen von Ihnen wissen, was zum Syndikat gehört, wie die Befehlswege laufen, wie es organisiert ist.

Guthermut: Denken Sie denn, da sitzt eine Sekretärin und ein Apparat?

Fremder Verbrecher: Ich denke überhaupt nichts. Ich will diese Organisation kaufen, denn ich kenne ihren Ruf.

Guthermut: Dann würden Sie diesen Ruf kaufen?

Fremder Verbrecher: Nein, die Organisation mit allem, was dazugehört.

Guthermut: Das habe ich Ihnen doch gerade erklärt – es existiert in dem Sinne keine Organisation.

Fremder Verbrecher: Was ich verstehe, ist dies: Sie wollen nicht. Diese Weigerung ist für Sie äußerst gefährlich.

Guthermut erschien diese Situation riskant. Es gelang ihm nicht, diesen Buchprüfertyp zu einer differenzierten Betrachtungsweise zu bewegen; der fremde Verbrecher übertrug Organisationsverfahren aus den USA auf die Bundesrepbulik. Er hätte das organisierte Terrain: Moselstraße, Elbestraße, Gruppen von Spezialisten, zusätzlich: Banken und Baugeschäfte in der Stadt, Schlägertrupps, die Grundstücksverkäufe erzwangen, Systeme der Unterbringung von heißer Ware, Depots, eine Erpresserorganisation usf. usf., erwerben können; statt dessen interessierte ihn nur »das Ganze«.
Es blieb nur übrig, diesen »Organisations-Fetischisten« auf der Rückfahrt zum Flughafen in einen Verkehrsunfall zu verwikkeln. Tödlich verletzt wurde der fremde Verbrecher in eine Privatklinik eingeliefert, die unter Guthermuts Einfluß stand. Guthermut fusionierte die wichtigsten seiner Teilgruppen mit einer Pariser Organisation, Tochterorganisation eines New Yorker Verbandes, der in der Lage war, die kaufwillige Organisation im Westen der USA auszuräumen. Jede Halbheit wäre hier gefährlich gewesen.
Die New Yorker Organisation suchte eine Zeit lang, den Wert der Fusion für sich zu realisieren. Sie ließ (nach Untertauchen Guthermuts) einen Frankfurter Verbrecher, den sie für Gutermuth hielt, liquidieren, suchte eine Zeit lang auch die zentrale Stelle, von der aus sie das Guthermutsche Syndikat übernehmen wollte. Die Zusammenarbeit mit einzelnen Gruppen und einzelnen Tätern war für die nach hochindustrialisierter Norm arbeitende Organisation uninteressant. Als sie kein faßbares Syndikat fand, kam es zum Interessenwegfall, wie Guthermut vorausgesehen hatte.

F. Hackes Präsidium

Nur wenn jeder Gauner, sagte Kriminalrat Glöde, gewärtig sein muß, daß sein Tischnachbar ein Kriminaler sein könnte, ist es möglich, Unruhe in Verbrecherkreisen hervorzurufen.
Oft können wir, sagte Kobras, den Geschädigten morgens mitteilen, daß und was gestohlen wurde. Die sind dann meist ganz überrascht. Durch Nachschau erfahren wir fast nichts. Unsere Erkenntnisse beruhen auf Aussagen von Informanten, die freiwillig ins Präsidium kommen und uns diese Erkenntnisse – wir prüfen nicht, aus welchen Gründen[2] – eröffnen. So haben wir vor den Geschädigten oft einen überraschenden Vorsprung an Information.
Der Streifenleiter überreicht auf dem Bahnsteigvorgelände ein Druckblatt mit italienischer Aufschrift »Wenn Sie weder eine Fahrkarte noch die Absicht zu verreisen haben, so verlassen Sie bitte den Bahnhof.« Einige Gruppen von Gastarbeitern befolgen den Hinweis. Auf diese Weise soll das Bahnhofsgelände als Stätte kriminellen Verkehrs »gesäubert« werden.
Herr Dohme, ältester Beamter der Frankfurter Kriminalpolizei, im Augenblick beteiligt an einem Streitgespräch, ob die Nachtschicht der Kriminaldauerwache um 19 Uhr beginnt oder auf 21 Uhr umverlegt werden kann; im letzteren Fall könnten die Beamten noch einen Teil des Fernsehabendprogramms ansehen. Dohme: »Wir müssen schließlich doch machen, was die Leitung bestimmt.« Eine Inflation von Kommissarstellen. Alle Jungen sind schon Bezirkskommissare. Dohme ist immer noch Hauptmeister.
Eine amerikanische MP-Patrouille soll seit Vormittag einen Negersoldaten aus dem Polizeigefängnis abholen. Sie findet

2 Der Geldschränker Goldschmidt erhält z. B. für 32 Einbrüche – 8 Verfahren werden eingestellt – in Frankfurt eine Gesamtstrafe von 5 Jahren; hätte er sich in Aschaffenburg (Bayern), dem Verhaftungsort, für 1 ihm nachgewiesenen Einbruch verurteilen lassen, hätte er 15 Jahre erhalten. Es war für ihn richtig, während eines Transports durch Frankfurt, Kommissar Rudolph gegenüber eine Lebensbeichte (alle 32 Einbrüche) abzugeben; Rudolph zog so die Strafsache an diesen »Ort der Selbstoffenbarung«. Der Verbrecher Dörrlamm, mit einem Drittel an einem Pelzeinbruchsprojekt in der Kaiserstraße beteiligt, verrät das Ganze gegen 10% Belohnung, die die Versicherung ausgesetzt hat. Gewinn: 8050,– DM.

die richtige Stelle nicht. Die deutschen Kriminalisten verfolgen über Funk die vergebliche Suche. Mittags waren sie beim 17. Revier, gegen 15 Uhr beim 2. Revier, auch im Rathaus haben sie vorgesprochen. Die Beamten empfinden die Mißerfolge dieser Konkurrenten als eigenes Erfolgserlebnis.

[Planstellen des Kriminaldienstes:]

Kriminalmeister bezahlt nach Besoldungsordnung A 7

Kriminalobermeister, Kriminalhauptmeister bezahlt nach Besoldungsordnung A 8

Kommissar bezahlt nach Besoldungsordnung A 9

Oberkommissar bezahlt nach Besoldungsordnung A 10

Hauptkommissar bezahlt nach Besoldungsordnung A 11

Bezirkskommissar bezahlt nach Besoldungsordnung A 12

Bezirkskommissar mit Zulage bezahlt nach Besoldungsordnung A 13

Kriminalrat bezahlt nach Besoldungsordnung A 13

Oberrat bezahlt nach Besoldungsordnung A 14

Kriminaldirektor bezahlt nach Besoldungsordnung A 15

Leitender Kriminaldirektor bezahlt nach Besoldungsordnung A 16

[Der Polizeiapparat lernt, indem er seinen Planstellenkegel ändert][3]
Beamter des Landesrechnungshofs: Ich sehe hier einen ganzen Haufen Planstellenanhebungen. Statt die Mittel zur Fortbildung Ihrer Beamten voll auszuschöpfen, haben Sie diese Planstellen hier angehoben. Ich gebe Ihnen zu, daß wir früher diese Bildungsausgaben regelmäßig gekürzt haben, jetzt vertreten wir aber den Standpunkt, daß es wirtschaftlicher ist, in den Faktor Fortbildung zu investieren.

3 So Jungwissenschaftler Jeschke. Magistratsdirektor Meyer: »Falsch! Die Beamten lernen, indem sie Fortbildungs- und Abendkurse sowie die nächsthöhere Polizeischule besuchen.«

F. Hacke, Polizeipräsident: Wir machen das einfacher durch Versetzung oder durch Anhebung der Planstellen.

Beamter: Das ist aber auch teurer.

F. Hacke: Es ist wirksamer. Wenn ich einen Beamten in ein Sonderkommando versetze oder einige Obermeister auf Kommissarstellen anhebe, erreiche ich nicht nur eine oft hundertprozentige Erhöhung der Arbeitsleistung, sondern die Herren entfalten auch ganz andere Erkenntnisfähigkeiten.

Beamter: Das ist aber haushaltsmäßig nicht tragbar.

F. Hacke: Es kommt uns auf das Ergebnis an. Bei der historischen Planstellengliederung der Polizei: 1 Hauptmann, 3 Offiziere, 100 Mann können wir nicht funktionell-horizontale Arbeitsergebnisse erwarten. Ein Beamter hat Einfälle, hört etwas, verfolgt, wird angeschossen, flüchtet usf., zunächst völlig unabhängig von seiner Stellung im Planstellenkegel. Dieser Arbeitsweise im Kriminaldienst würden Planstellen auf gleicher Ebene entsprechen. Wir haben das wirtschaftlichste Arbeitsergebnis, wenn wir die Hierarchie in eine solche Symmetrie gleicher Planstellen auflösen.

Beamter: Das ist überhaupt nicht zu bezahlen. Ich schlage vor, bei dem alten Planstellenkegel zu bleiben und durch zusätzliche Fortbildungskurse abzuhelfen.

F. Hacke: Das Resultat kann ich Ihnen ausmalen.

[Die Festrede] 125 Jahre Polizei. Der Festredner, Abgeordneter Kellermann, sortiert seine Notizen für die Festrede: Vor 1848 Konstabler, Stadtbüttel, dann plötzlich ein organisatorischer Fortschritt: Stadtpolizei, seit 1849 (heißt das im Sinn der Konterrevolution?). Notizen von Kellermanns Landtagsassistenten: für Kaiserreich: Einsätze gegen Streiks; Weimarer Republik: Einsätze gegen Nationalsozialisten und revoltierende Arbeiter. Der Parteitag der KPD 1924 in Frankfurt. Von der Polizei unbemerkt. Der Beamte **Zimmermann,** der einem Nationalsozialisten auf dem Pflaster den Schädel zertrümmert und jetzt 1933 die Bestrafung erhält. Der Beamte **Lobkowitz,** der März 1933 den Sozialdemokraten Otto tödlich verletzte und jetzt vor der Spruchkammer 1948 diesen Vorfall erklären soll. Der Beamte **Möllemann**, der im Dienst der Alliierten sich 1947 unbestechlich verhielt, 1952 aus dem Polizeidienst entlassen. So, dies muß jetzt in die Form einer Festrede gegossen werden (humorvoll, etwas aussichtsreich . . .). Das unangenehme Referat hält schon der Vertreter der Gewerkschaft der Polizei. Notiz des Polizeiredakteurs: »Eindeutiges Rückgrat der Festveranstaltung immer wieder die Polizeimotorradstaffel und die Polizeireitertruppe. Daneben Polizeimusikkorps – Hundestaffel, die ein Handballspiel der Hunde (Schnauzball) ausführte.«

F. Hacke: Wären die polizeilichen Aufgaben mit den Mitteln der Musik, der Hunde-, Reiter- und Motorradstaffel zu bewältigen, hätten wir keine Krise.

Ministerpräsident (beeindruckt von der Veranstaltung): Warum kann die Polizei nicht so bleiben, wie sie ist? Das ist doch ganz schön.

F. Hacke: Weil der Gegner seine Mittel wechselt.

Ministerpräsident: Immer diese Sprüche. Wenn ich meine hessische Polizei wieder einmal so sehe, diesen hervorragenden Kopfstand auf fahrendem Motorrad, die große Zahl der Funkwagen, die hier Kunstfiguren gefahren haben, auch neulich diese Geländeübung bei Weilburg, dann habe ich einen Augenschein. Sie dagegen können mir überhaupt nicht angeben, was Sie unter »gewandelter Situation« und »veränderter Gesellschaft des 20. Jahrhunderts« sich vorstellen.

Persönlicher Referent des Ministerpräsidenten: Sie meinen, Frankfurt steht immer noch am alten Platz und rückt da auch nicht weg.

Ministerpräsident: Genau. Man muß die Einzelheiten weglassen und sieht das dann im großen.

[Sofort-Umschalter Loeser] Kriminalobermeister Loeser: Charakter ist nicht Natur, sondern Ergebnis eines Lernprozesses zwischen den Fronten. Zwischen diesen Fronten Verbrechen – Rechtsstaat läßt sich Loeser nicht zerstückeln. Von oben wird der entschlossene Beamte, der im ersten Angriff einen Täter anfaßt, falls es zu körperlichen Schädigungen oder Todesfällen kommt, nicht gedeckt. Gegenüber den Tätern oder Tätergruppen andererseits, die ihn anzugreifen versuchen, wird der Beamte ebenfalls nicht geschützt. Einige Kollegen haben wichtige Körperteile oder ihr Gesicht verloren, mußten den Rückzug antreten. Kümmelmann wurde nach Schußverletzung der Oberschenkel amputiert. Loeser hat aus seinem Charakterbild die Varianten »zahm, vernünftig« ausgegliedert. »Seinen Kopf im rechten Moment verlieren, um die Glieder zu retten.« So hat er sich den Ruf eines Schnellschießers erworben. Dieser Ruf verhindert Loesers Aufstieg in eine Kommissarplanstelle, aber er sichert ihn auch gegen Tatendrang der Täter. Sie überlegen sich zweimal, soweit sie ihn kennen, ob sie ihn angreifen, wenn keine Zeugen da sind. Loeser hofft nur, daß keine Irren oder völlig Uninformierten auf ihn stoßen.

In einem Hinterhof der Moselstraße hat eine Tätergruppe die Ausweiskontrolle verweigert und umdrängt Loeser sowie dessen Kollegen Smetana. Mit vier gezielten Schüssen gewinnt Loeser Freiraum. Smetana und Loeser begeben sich sofort zum Clubstudio Luxemburg, Münchner Straße; der Gechäftsführer stellt die Lokaluhr auf Anforderung Loesers eine Viertelstunde zurück; sie zeigt jetzt 8 Minuten vor der Tatzeit. Loeser und Smetana verhalten sich »auffällig«. Dies ist ein hervorragendes Alibi. Die Schüsse sind aus einer nicht registrierten Privatwaffe Loesers abgeschossen. Auf Smetana kann er sich verlassen. Der wirkliche Sachverhalt (1 Toter, 3 Verletzte bei vier Notwehrschüssen) könnte auf dem amtsjuristischen Weg im Polizeipräsidium zu Loesers Ungunsten ausgelegt werden. Die konstruierte Geschichte, von Loeser, Smetana, Geschäftsführer und Gästen des Studios bezeugt, ist hieb- und stichfest.

Am folgenden Tag Katastrophenstimmung in Presse und Polizeipräsidium. »Einer der verletzten Täter ist im Krankenhaus gestorben«, also 2 Tote. Wer schoß, bleibt unklar; vermutlich das organisierte Verbrechen: Loeser, der unterhalb der Katastrophe weggetauchte Beamte (nichts ist so überlebensfähig wie das Konstruierte).

[Wer ist der Gegner?] Kommissar Mielke führt eine Gruppe jüngerer Beamter an den Kiosk Moselstraße; an sich hat er mehr Angst vor diesen jüngeren Kollegen, die auf Schwächen ihres Vorgesetzten lauern, seine Planstelle zu ergattern suchen, als vor gewissen Verbrechern, die ein natürliches Interesse haben, Mielke, wenn er wie ein »Chefarzt mit Begleitung« Nachschau hält, aus dem Wege zu gehen.

[**Der dezisionistische Peters**] »Daß man einen dezisionistischen Anfang macht, in der Hoffnung, daß sich nach gelungener Tat für die entstandenen Kosten retrospektiv Rechtfertigungen schon finden werden.« Kriminalkommissar Peters hat z. B. am Vorabend entschieden, daß der in Bahnhofsnähe aufgegriffene Täter, der sich als Hilfsarbeiter Munke aus Melsungen ausgibt, der gesuchte Waffenhehler Schubert ist. Mit den Kollegen Sommer und Fritze, denen Peters vertrauen kann, hat er den Täter in einem Kellerraum des Mietshauses, in das seine Aufklärungsgruppe eingemietet ist, in weiche nasse Lappen gewickelt und auf diese Weise – ohne Wunden zu verursachen – die Wahrheit herausgeschlagen. Daß dieser angebliche Hilfsarbeiter nicht nach einem Anwalt verlangt, was an sich sein Recht wäre, scheint Peters eine Zeit lang eine Bestätigung seines Verdachts: denn dann wäre es Schubert, da ein Hilfsarbeiter nicht auf den Gedanken kommt, einen Anwalt zu rufen (typischer Mangel an Vertrauen in die Rechtsverfolgung); um sich nicht als Schubert zu verraten, der selbstverständlich einen Anwalt verlangen würde, verlangt also dieser Schubert nicht nach einem Anwalt. Das ist schlau, aber zu schlau, um Peters zu täuschen.
Nach 48 Stunden wird der Hilfsarbeiter dem Untersuchungsrichter vorgeführt. Er kommt (weil er zwar an sein Recht im allgemeinen, nicht aber an dessen Verwirklichung durch den Untersuchungsrichter glaubt) gar nicht auf die Idee, die Quälereien zu erwähnen. Die Untersuchungshaft wird aufrechterhalten. Wenig später melden sich Angehörige des Hilfsarbeiters, die ihn identifizieren. Für Peters ein Fehlschlag, der die Gefahr, in die er sich bringt, wenn er unzulässige Verhörmethoden anwendet, nicht aufwiegt. Zusätzliche Kosten: die Mühe und Nervenkraft, ein solches Verhör 6 bis 8 Stunden durchzuhalten und dabei immer logisch zu bleiben. In anderen Fällen hatte Peters mit den gleichen Methoden Erfolge.

[**Nadelöhr-Nölte**] Kriminalrat Nölte, aus Angst, als altes Eisen zu gelten, hielt in seiner Abteilung straffste Disziplin. Keine Ermittlungshandlung, kein Schreiben nach außen erfolgt ohne seine Genehmigung. Diese gibt er am liebsten schriftlich, da sich mündliche Genehmigungen durch Auslegung erweitern lassen. Die Antworten auf die Schreiben und jedes Ermitt-

lungsergebnis ist wiederum ihm vorzutragen. Für eine Erhöhung der Arbeitsleistung der Abteilung sorgt er durch strenge Kontrollen: die letzte halbe Stunde vor Dienstschluß und die erste halbe Stunde des Dienstantritts finden ihn auf den Fluren, an die die Diensträume seiner Untergebenen angrenzen, auf Spürgang. Er erteilt strenge Verweise, fordert zu erhöhter Arbeitsleistung auf, droht wiederholt mit Nichtaufstieg oder Entlassung aus dem Polizeidienst. Die notwendige Zeit für einen so scharfen Kontrollstil hat Nölte an sich nicht. Oft leidet er unter Bronchialkatarrh, Lungenentzündungen, muß das Bett hüten. Nur wenige Stunden vermag der schwächliche Körper eine konzentrierte Arbeitszeit auszufüllen. Nölte ist oft abwesend, Tagungen; er fürchtet, daß Kollegen anderer Präsidien auf überregionaler Basis ihm den Rang ablaufen, eine völlig neue Richtung der Kriminalistik könnte entstehen, zu der Nölte den Anschluß verliert. So staut sich die von Nölte streng geforderte Arbeitsmasse seiner personell überbesetzten Abteilung vor seinem Dienstraum in den wenigen Stunden, in denen er in seinem Dienstzimmer sitzt (abzüglich der Stunden, in denen er sich nicht arbeitsfähig fühlt). Durch dieses Nadelöhr muß der Arbeitsfluß hindurch; die Überlastung schwächt Nölte, verengt dieses Nadelöhr zusätzlich.
Die jungen Mitarbeiter fühlen sich in diesem Desorganisationsnetz wie Strafgefangene. Magenschmerzen, Zweifel am Beruf. Nöltes Antwort auf Klagen: »Wenn ihr affig werdet, reiße ich euch die Köpfe ab.« Ein wegen dieser Äußerung angestrengtes Disziplinarverfahren gegen Nölte wird eingestellt: der Disziplinarkammervorsitzende: »Der Ausdruck ist ungewöhnlich, aber nicht beleidigend.«
Die Kriminalmeister Tigges und Ortlieb verhören eine Beischlafdiebin, die aus dem Lungenheilzentrum Marburg entwichen ist; ein Fall akuter Bronchitis, verursacht durch offenbar bereits penicillinresistente Pneumokokken. **Pflichtgemäß** führen sie die Beschuldigte dem lungenempfindlichen Nölte zu. Der gründliche Nölte verhört 4 Stunden lang die Halbtote. Nölte hat sich angesteckt. Er verstirbt 2 Wochen später in der Universitätsklinik.

[Mangelkrankheit Menschenmangel] Aus vorangegangenem Tun leidet Kriminalobermeister Bingel an Kontaktmangel, (hat sich durch Ausbildung und Blitzkarriere ausgepowert); so ist der Aufenthalt im Massagesalon Elly für ihn etwas Sensationelles, Lebensnotwendiges. Er erhält hier eine Tasse Kaffee, darf so lange sitzenbleiben, wie er will. Der Betrieb, die vielen hin- und herrennenden Menschen. Hier vertrödelt er seine Dienststunden. Als die Bande, zu deren Einzugsbereich dieses Etablissement gehört, ihn dann erpreßte, überließ er sich diesem »Bund«. Mit der Treue, der er sich früher in seinem grenzenlosen Kriminalberuf überließ, recherchierte er jetzt im Präsidium für die Gruppe, die ihn emotional versorgte. Er gefährdet so die (in aussichtsloser Ferne liegende) Pension. Aber er erhält Zufuhr in der Jetztzeit. Insofern riskiert er in Wirklichkeit nichts. Geht die Pension verloren, so trifft ihn kein wirklicher Schaden, da er, selbstmordgefährdet, im Kriminaldienst das Pensionsalter ohnehin nicht heil erreicht hätte[4].

[Treue um Treue] »Der starke Onkel«, Nuttenvater Kommissar Pfuller, nahm regelmäßige Zahlungen vom Syndikat entgegen. Als der »fesche Hilpert«, ein besonders ehrgeiziger jüngerer Kommissar, den Salon Tilda mit angeschlossenem Vermittlungsnetz aufdeckte – die Beamten zerdepperten die gesamte Einrichtung –, kam es zum Bruch. Hilpert verdächtigte Pfuller, der den ihm schutzbefohlenen Salon keineswegs im Stich lassen wollte, des Zusammenspiels mit der Organisation. Er hatte von einzelnen Individuen Tips hierüber erhalten. Pfuller konnte hier nicht nachgeben. Es wäre durch ein gentlemen agreement mit Guthermut möglich gewesen, Pfuller aus dieser Sache herauszuhalten, denn das Syndikat hatte durchaus ein Eigeninteresse, Pfuller in seiner Dienststellung zu erhalten. Aber der Salon Tilda, die Freunde, hätten gefährdet werden müssen. Pfullers Loyalität war gemeint. Es lief darauf hinaus, daß Polizeipräsident F. Hackes Nachfolger die Streithähne Pfuller und Hilpert gleichmäßig zwangspensionieren mußte. Der Fall ließ sich nur noch vertuschen, nicht lösen.

4 Ganz anders reagiert Obermeister Hitzer, den eine hübsche Beauftragte des Syndikats, die sich als Literatur-Studentin ausgab, zu einem Geheimnisverrat veranlaßt hat. Hitzer: »Ich habe mich an den Teufel verkauft, es lohnt nicht, weiterzuleben.« Da die Todesstrafe für den Verrat von Dienstgeheimnissen ungesetzlich war, nahm er Gift. So sehr hing er an der Pensionssicherung, daß er diese Sicherheit, die jetzt durch Verrat hinfällig wurde, nicht aufgeben konnte; er wollte diesen Gedanken gar nicht erst fassen.

Die Jungwissenschaftler Jeschke, Fellermeier und F. Dose

Aus einem Sonderfonds der Landesregierung bezahlt, in einer Mietwohnung Savignystraße 46 untergebracht, haben die Jungwissenschaftler Jeschke, Fellermeier und F. Dose eine Schnellstudie zusammengestellt: »Kriminaldienst und Verbrechen« (640 Seiten). Wesentliches Ergebnis:

[Vier Gruppen im Kriminaldienst:]
1. Gruppe: **Operateure, Dezisionisten**[5]. »Schnell-Entscheider, die, wegen erheblicher Zweifel am polizeilichen Endsieg, rasche, technisch einwandfreie Teilaktionen realisieren, mit der Fähigkeit, sich aus einer eventuellen Katastrophe jederzeit auszugliedern« (Jeschke).
2. Gruppe: **Rechts- und Wahrheitssucher.** »Diese Gruppe will den Sinn ihrer beruflichen Arbeit gewaltsam sicherstellen.« Hiervon abgespaltene Untergruppe: Schule der Skeptiker, mit

5 F. Dose: Ist die Wortwahl »Dezisionist«, an ästhetischen Kriterien gemessen, denen auch unsere wissenschaftliche Arbeit unterliegt, nicht etwas ungelungen? Jeschke: Ich würde sie gerade poetisch für treffend halten. Fellermeier: Ich stimme zu. Nehmen Sie z. B. Adalbert Stifter, Nachkommenschaften, Berlin 1947, S. 7: »Am Rande des Waldes dann, vor den Trümmern eines alten Ritterschlosses, vor getürmten Felsen, vor gedehnten Ebenen, am Gestade des Meeres, in Grotten und grünblauen Eishöhlen der Gletscher, vor einzelnen Bäumen, Ruinen, Wässerlein, Waldpflanzen sind solche, welche sich bestreben, die Dinge, die sie da sehen, mit Farben auf ihre Leinwanden zu bekommen.« Man könnte noch Blumen hinzufügen, z. B. eine Rose. Dies alles existiert nicht in der Metropole. Vor unserem Blick erscheint Asphalt (obwohl auch das schon eine Phrase ist, eher: Baustellen, eine Stahlbrücke usf.), Verwaltungs- und Bankgebäude, zum Abriß fertiggestellte, mit Sackplanen verhängte ehemalige Villen, zum Einsatz bereitgestellte Polizeikraftfahrzeuge, die beruhigende Kette der jährlichen Haushaltsfortschreibungen nach einzelnen Kostenstellen, eine nette, handliche Kasse mit Briefmarken, Kleingeld, Abrechnungsunterlagen nebst der mit Haushaltsmitteln vermischten schwarzen Kasse, das Dienstzimmer, hier auch wieder die eine oder andere Topfpflanze – und in diesem Zusammenhang: Dezisionisten. F. Dose: Und Sie würden darin nicht eine poetische Verarmung sehen? Jeschke: Auf keinen Fall. Die Wortauswahl steigt rein quantitativ und damit auch qualitativ. Sie steigt einfach mit der Konzentration und Masse der Gegenstände. Sie wollen doch nicht behaupten, daß in der Metropole weniger Gegenstände herumstehen als in einer landwirtschaftlichen Gegend oder einer Kleinstadt? F. Dose: Sie wissen genau, daß ich so etwas Unsinniges nicht behaupten würde.

Nullperspektvie, stellt den Apparat über die nach ihrer Ansicht unmögliche Realisierung von Sinn, »der Sinn ist der Apparat«. Aus dieser Gruppe rekrutiert sich der Nachwuchs für die Führungsstellen (Fellermeier).
3. Gruppe: **Verletzer der Nebentätigkeitsverordnung:** Wegen Sinnmangel, Unterbezahlung weder zu Gruppe 1 noch zu Gruppe 2 zählend. Polizeiliche Intelligenz, die Teile ihrer Arbeitskraft in Form von Nebentätigkeiten zu verwerten sucht. Als Abnehmer dieser Freistunden kommt auch das organisierte Verbrechen in Frage. »So begegneten wir denselben Beamten, die im Präsidium das Verbrechen bekämpfen, als Berater verschiedener Organisationen.« (F. Dose)
4. Gruppe: **Blindschleichen:** Die Masse der Beamten, außerhalb der Elitekommandos, unentschieden zwischen den Fronten der Gruppen 1 bis 3. »Zwischen Angriffslust und Furcht fällt der Soldat in Schlaf.« (Fellermeier) Zusatz F. Dose: Stark leidend, eigentliche Erscheinung des Polizeipräsidiums, »als ungeheure Sammlung einer Nicht-Ware«, d. h. von Konfliktstoff.

[Verbrechen und Polizei sind »optimierend verzahnt«]

F. Hacke (auf Kurzbesuch bei den Jungwissenschaftlern): Das ist ja ein ganz schönes dickes Werk geworden.

F. Dose: Wir haben uns viel Mühe gegeben.

F. Hacke: Und was soll das hier heißen: »Verbrechen und Polizei sind optimierend verzahnt«?

F. Dose: Sie sind Gegensätze.

F. Hacke: Aber wieso verzahnt?

F. Dose: Die ziehen sich als Gegensätze an.

F. Hacke: Das ist doch wohl ein Witz.

Fellermeier: Sehen Sie, Herr Präsident, das Verbrechen ist in seinen Zielen verfassungskonform, es hat keine anderen Ziele als diejenigen, die die Gesellschaft insgesamt bestimmen.

F. Hacke: Das würde ich als alter Polizeipraktiker glatt abstreiten.

F. Dose: Das Verbrechen ist zielmäßig gesellschaftskonform,

da es wie jeder andere Betrieb die Aneignung von Werten ins Auge faßt, nur eben mit **Methoden**, die von den Normen der Gesellschaft abweichen.

F. Hacke: Aha.

Fellermeier: Die Polizei dagegen hat Ziele, die nicht gesellschaftskonform sind.

F. Dose (rasch): Dafür ist sie aber in ihren Methoden verfassungskonform; ich verweise auf den Grundsatz der »Verhältnismäßigkeit der Mittel«. Sie strebt verfassungsfeindliche Ziele mit gebremsten Mitteln an, dadurch kann sie sich halten.

F. Hacke: Nun machen Sie aber einen Punkt. Das ist *Ihre* Theorie.

F. Dose: Nein, das ist herrschende Lehre. Würde die Polizei ihre Ziele durchsetzen, z. B. gesellschaftliche Ansprüche auf Recht, Wahrheit, sinnvolles Verhalten aller Einzelnen verwirklichen, so würde sie in einer Gesellschaft, deren Verfassung durch die Durchsetzung unverbundener Interessen bestimmt ist, als Fremdkörper erkannt.

F. Hacke: Das wird ja immer schöner. Das haben Sie mit Hilfe von Steuermitteln eruiert?

Fellermeier: Glauben Sie uns, es ist wirklich so. Wir sprechen hier vom Ernstfall. Wäre die Polizei in der Lage, ihre Ziele zu verwirklichen, so müßte das Verbrechen nur auf seine **Methoden** verzichten. Es wandelt sich dann zurück in einen »eingerichteten und ausgeübten Gewerbebetrieb« und bietet so für den Polizeiapparat kein Feindbild. Umgekehrt: wenn das gesellschaftliche Interesse an der Aneignung von Werten seine Ziele rücksichtslos verwirklicht, müßte der Polizeiapparat als Störer verschwinden. Im Ernstfall ist deshalb nicht das Verbrechen, sondern die Polizei der Gejagte.

Jeschke: Wir wissen selbstverständlich, daß die Polizei ihre Ziele mit gebremsten, verfassungskonformen Methoden gar nicht durchsetzen kann. Deshalb kommt es auch nicht zu diesem Ernstfall. Sie könnte ihre Ziele nur durchsetzen, wenn sie Mittel gebrauchte, die nicht gesellschaftskonform sind. Die Polizei wird »verbrecherisch« in dem Maße, in dem sie das Verbrechen tatsächlich in die Legalität zurückdrückt. Dann ist die Polizei aber nicht nur in ihren Methoden, sondern auch in ihren Zielen als Feind der gesellschaftlichen Verfassung identifiziert.

F. Dose: Was wir damit sagen wollen: die Polizei kann in dieser Sache nicht gewinnen.

F. Hacke: Und das steht hier alles auf diesen 640 Seiten?

Jeschke, Fellermeier, F. Dose: Ausführlich begründet.

Diese Sachdarstellung der Jungwissenschaftler wird selbstverständlich von der Polizeiführung nicht geteilt. Amtsjurist Meyer: »Abwegig.«
Nach Abfassung der Schnellstudie verfügten die Jungwissenschaftler Jeschke, Fellermeier und F. Dose noch über wesentliche Teile des ihnen zugeteilten Sonderfonds.

F. Dose: Was machen wir jetzt?

Jeschke: Das frage ich Sie.

Fellermeier: Wir organisieren 150 Journalisten und verschaffen unserer Studie einen Öffentlichkeitsdurchbruch.

F. Dose: Von den 1,2 Millionen DM, die wir noch an Haushaltsmitteln zur Verfügung haben, könnten wir uns einige Jahre ruhig ernähren, wenn wir so tun, als müßten wir noch weiterforschen.

Fellermeier: Aber für unsere Selbstachtung ist es besser, wenn wir damit den Durchbruch finanzieren. Wir hängen nicht an unseren Planstellen.

F. Dose: Nein, bestimmt nicht. Wir bekommen andere.

Diese Pressearbeit änderte sowohl die bisherige Beurteilung der Jungwissenschaftler durch den Verbrechensorganisator Guthermut wie durch den Polizeipräsidenten. F. Hacke: »Bis dahin war ich davon ausgegangen, daß man eine solche Studie von 640 Seiten (kein Laie hat die Ausdauer, diesen Band gründlich durchzulesen) in ihrer Auswirkung nicht überschätzen darf. Jetzt lesen wir das anders.«

Guthermut: »Das Mietshaus, in dem diese grauen Mäuse eine

Wohnung benutzen, haben wir aufgekauft. Ich sehe es als eine Wettbewerbsverzerrung an, wenn diese einseitigen Sachdarstellungen auch noch aus öffentlichen Mitteln subventioniert werden. Jetzt müssen die erst einmal eine neue Unterkunft suchen, das beschäftigt sie für ein bis zwei Wochen. Anläßlich des Umzuges organisieren Sie, Herr Wülke, mit Ihrer Schlägertruppe einen Denkzettel; außerdem könnte man die gesamten Unterlagen, Bücher, Recherchen, Ergebnisse usf., vernichten.«

F. Hacke, Polizeipräsident: »Gegen eine ordnungsgemäße Kündigung können diese Mitarbeiter, die ja unserem Haus nicht direkt unterstehen, nichts unternehmen. Eine Ersatzwohnung haben wir nicht. Auf ihre körperliche Integrität pausenlos aufzupassen, ist sicher eine Überforderung unserer Behörde. Persönlich hat mich diese Pressekampagne (unter Einschluß von Flugblättern, Zettelverteilen unter den Kollegen usf.) begeistert. Aber als Leiter dieses Polizeiapparats kann ich die damit verbundene Zersetzung nicht fördern. Wahre Tatsachen sind: »der **Mörtel** eines noch werdenden Baus, der **Kitt**, der die auseinanderstrebenden Teile künstlich klebt, der **Sprengstoff**, der dieses Ganze beim ersten Funken zerreißt.« Sie sehen, lieber Meyer, daß ich mein radikales Pensum durchaus noch beherrsche. Unter diesem ein- und denselben Wahren kann ich jedoch in meiner Stellung im Apparat nur den einen Aspekt: den Kitt, abnehmen – immer gesprochen als Leiter dieser Behörde. Das Verfahren ist technisch ganz einfach: die Gruppe hat Haushaltsmittel zweckentfremdet. Ich werde mit dem Haushaltssachbearbeiter reden und eine rasche Prüfung durch den Landesrechnungshof veranlassen.«

F. Dose, Jeschke, Fellermeier, nach längerem Klinikaufenthalt (Schürfwunden, Glieder gebrochen, sie haben versäumt, sich aus den Etatmitteln eine Leibwache zu halten), werden auf Rückerstattung der unter Verstoß gegen die Zweckbindung sowie gegen das Gebot wirtschaftlicher Verwaltung verausgabten Mittel (sie haben versäumt, sich aus den Etatmitteln einen Anwalt sowie einen rechnungsprüfungserfahrenen Sachbearbeiter zu finanzieren) verklagt. Ratenzahlung steht ihnen offen.

[Die Kriminalkommissare Loebe, Pfaul und Dickerchen Baade, programmiert auf den Ernstfall] Diese befreundeten Kommissare nehmen den **Treuetausch im Beamtenverhältnis** ernst. Sichert sie dieses Verhältnis bis ans Lebensende, so kennen sie auch ihrerseits keine Kompromisse.
F. Hacke: »Mein Polizeiapparat produziert eine unverkäufliche Ware. Loebe, Pfaul und Baade produzieren jedoch Ergebnisse, ohne Rücksicht auf die begrenzte Absetzbarkeit dieser Produkte.«
Als sich herausstellt, daß Kriminalrat Palm einige Blätter aus der Disziplinarakte des Kollegen Fröge entfernt hat, bestehen Pfaul und Baade auf der Entlassung dieses Vorgesetzten. Daß Hauptmeister Funger mit einem Polizeiknüppel im Rachen eines aussageunwilligen »Politischen« herumstocherte, um den Verunsicherten (er meinte zu ersticken) zu einer Aussage zu bewegen, ermittelten Loebe und Baade, ohne einen Auftrag hierzu zu haben. F. Hacke: »Insofern liegt in ihrem Verhalten immer eine Nötigung, ja eine versuchte Erpressung gegen den Apparat. Die übertriebene Rechts- und Wahrheitsliebe meiner Beamten ist nur eine andere Form von Gewalttätigkeit. Die machen es sich mit ihrer Ernsthaftigkeit bequem. Statt sich mit einer gewissen Sinnlosigkeit ihres Tuns abzufinden, versuchen sie, Sinn herauszupressen. Dies ist die Haltung von Steinzeitmenschen.«
Tatsächlich waren Loebe, Pfaul und Baade auf dem Wege, ihrem Beruf einen Sinn zu verschaffen: »Wenn man den Menschen ganz vernichten, erdrücken wollte, ihm eine Strafe auferlegen, vor der auch der fürchterlichste Mörder von vornherein erschaudern würde, brauchte man nur der Arbeit den Charakter der völligen, absoluten Nutzlosigkeit und Sinnlosigkeit zu geben.«

[Tugend-Bund Müller, strafversetzt zur politischen Polizei] Es ist notwendig, sagt Kriminalpolizist Müller, sich in diesen Gegner hineinzuversetzen, andernfalls verstehen wir ihn nicht und haben dann auch keine Ermittlungserfolge. Dieses Sichhineinversetzen, Müller liest auch in seinen freien Stunden gründlich die Traktate, Standard-Bücher, Schriften der verschiedenen Gruppen, die zur Verfolgung anstehen, hat ihn zu einer eigenartigen Überzeugung gebracht: daß die politischen

Verbrechen nur bekämpft werden können durch die aktive Entwicklung einer Politik, die Müller als »Volks-Politik« bezeichnet. Dies fordert einen Staatsstreich, ja, die radikale Veränderung der Gesellschaftsverfassung. Müller weiß, daß die von ihm vertretene Ansicht, die im gesamten Polizeiapparat zunächst nur von ihm, d. h. von einer einzelnen Planstelle, ausgeht, ihn sogleich zum Gegenstand der Verfolgung durch alle übrigen Beamten seines Ressorts machen müßte. Nur als Feind dieses Referats sieht er sich in der Lage, die Aufgaben dieses Referats »mit Sinn« zu verwirklichen. Dazu muß er seine Absicht vor allem **tarnen.**

[Aus Skepsis sich selbst gegenüber hat er Selbstmord bisher vermieden] F. Hacke, Polizeipräsident, bog den Zeigefinger, daß es ein wenig schmerzte, aber nicht so sehr schmerzte, daß es vielleicht schädlich gewesen wäre, dann sah er mit seinen schmal geformten blauen Augen in das krasse Fensterlicht, bis sich Wasser in den Augen sammelte, aber ebenfalls so, daß sich keine Augenschäden ergeben konnten. Deshalb sah er auch wieder auf die Farbwände des Raumes; so überbrückte er die besonders langweiligen Vorträge des Schulungsvormittags, dem er als Amtschef präsidierte. Er erfährt: »... wohlmeinende, ethisch hochgreifende, aber juristisch belanglose Begriffe, an denen es im Grundrechtsteil des Grundgesetzes nicht fehlt, erweitern den Grundrechtsschutz nicht nur nicht, sondern sind ihm abträglich, weil sie verbauen.« In dieser Art ging es schon den ganzen Vormittag. »Leitbilder, wie die Unantastbarkeit der Menschenwürde oder die zwar ›gemeinschaftsgebundene‹, aber sich dennoch ›frei‹, ›eigenverantwortlich‹ und ›autonom‹ ›entfaltete Persönlichkeit‹, sind, abgesehen vielleicht von dem äußersten Grenzbereich brutaler physischer Vergewaltigung und Existenzvernichtung (Folter, Gaskammer), keine Leitbilder im Sinne zuverlässiger, eindeutiger Handlungsanleitung. Sie sind Leerformeln.« Der Polizeipräsident hungerte nach sinnlicher Wahrnehmung. F. Hacke ist Wahrheitssucher.[6] Seine Wahrheitssuche reduziert sich heute zuständigkeitshalber auf die Frage, ob im Keller der Bockenheimer Landstraße 113 Tippelbrüder und Hascher lagern. Er

6 »Das Leitbild des Aufklärers im Sinne des 18. Jahrhunderts ist der Detektiv.«

wandte sich an den neben ihm sitzenden Ersten Pressesprecher der Polizei: »Ist die Stafette mit dem neuesten Flugblatt des Häuserrats schon da?« Erster Pressesprecher: »Nein, noch nicht.« Eine Woche später hatte F. Hacke sein Amt verloren. Er führte seinen Nachfolger kurz ein.
F. Hacke: »Ich übergebe Ihnen die Frankfurter Polizei. Wenn dieses empfindliche Instrument eingesetzt wird, zerbricht es. Mit Sicherheit bei bürgerkriegsähnlichem Zustand; ebenfalls bei einem vollen Eigentumsschutz, der mit unseren Mitteln nicht durchsetzbar wäre. Besitzen wir Erkenntnisse, so müssen wir nach dem Legalitätsprinzip auch praktisch vorgehen. Deshalb ist es oft besser, wenn Erkenntnisse in den Apparat gar nicht erst eindringen. Etwas nicht erfahren, ist für den Apparat günstiger als zuviel erfahren. Sie müssen hier einen Abwehrmechanismus beachten. Ebenfalls riskant ist ein offensives Vorgehen gegen das organisierte Verbrechen. Wir haben dafür nicht den erforderlichen Planstellenkegel. Schlagen Sie aber in unvollständiger Weise zu, so haben Sie nicht mehr ein organisiertes Verbrechen vor sich, sondern ein atomisiertes. Damit können Sie nicht mehr umgehen. Es ist mir rätselhaft, wie Sie vorgehen wollen. Wenn Sie forsch vorgehen, zerstören Sie das Instrument, das ich Ihnen hiermit übergebe.«
Sechs Jahre später:

Der gejagte Kriminalkommissar

I

In der Stadt hat das organisierte Verbrechen die Herrschaft ergriffen. Jeder höhere Polizeibeamte hatte in den vergangenen zehn Jahren irgendwann eine schwache Stunde, die ihn der Erpressung öffnet. Gangster, ohne Vorstrafen, mit juristischer Vorbildung sind in den Polizeiapparat eingesickert. Sie koordinieren die Parallelarbeit zwischen Polizei und Gangstersyndikat, die darauf beruht, daß die beiderseitigen Ordnungskräfte einander sorgfältig aus dem Wege gehen.

Auch zahlreiche kleinere Beamte sind empört über ihre mageren Gehälter, die zwischen A 9 und A 13 liegen, 30 DM Spesenersatz **im Monat**. Diese geringe Ausstattung macht sie empfänglich für kleine Gastgeschenke.

Auch die freie Wirtschaft braucht das Verbrechen. Bewaffnete Fachintelligenz, wie sie heute nur in Verbrecherkreisen ausgebildet wird, schützt vor Industriespionage sowie vor Übergriffen der Werktätigen.

In dieser von Verbrechen korrumpierten Stadtlandschaft existiert auch die Gegenbewegung: der reine Idealismus. Die Kriminalkommissare Pfaul, Loebe und Baade haben sich miteinander verbündet. Sie glauben an den Sieg des Rechts.

Nach mißlungener Aufklärung zweier Morde gelingt ihnen die Verhaftung von Syndikatsmitgliedern anläßlich der Beschlagnahme von 5 Hektolitern Rauschgiftsoße. Sie werden in der Besoldungsskala heraufgestuft, in der Presse herausgestellt. Als Stars der Polizei stehen sie nunmehr unter Leistungsdruck. Ihnen aber geht es ausschließlich um den Dienst an der Bevölkerung, an der Aufrechterhaltung ihrer Ideale.

Wie wird man so idealistisch? Loebes, Pfauls und Baades Sehnsucht konzentriert sich in der Berufsperspektive. Sie haben einen langen, entbehrungsreichen Ausbildungsgang absolviert, sie sind hart geschliffen worden, haben nicht gelebt. Alles dies wäre nachträglich sinnlos, wenn die Berufsperspektive ihren Sinn verlöre. (»Auch die an der Ostfront gefallenen Kameraden von den Polizeieinheiten leben davon, daß dieser Kampf letztendlich einen Sinn hatte.«)

Was heißt Kampf ums Recht? »Gerecht ist, was dem Recht gemäß ist. Gerecht ist insbesondere, was der Idee des Rechts entspricht. ... Hier tun sich abgrundtiefe Fragen auf« (Schmelzeisen, Recht und Rechtsdenken, Bern 1968, S. 27). Baade fügt hinzu: »Wir müssen das Recht, für das wir kämpfen, negativ bestimmen. Das, was wir nicht mehr auf irgendwelche Verrätereien zurückführen können, hat den Anschein des Rechts für sich. Wenn einer z. B. eine Hose kauft und will sie nicht bezahlen, ist das Unrecht. Wenn einer einen anderen zwingt, eine Hose zu tragen, und ihm keine gibt, kann man das auch als Unrecht auffassen.« Loebe fügt hinzu: »Mit der Idee des Rechts kann man überhaupt nur in radikalster Form umgehen. Jede Milderung macht daraus Unrecht.« Pfaul ergänzt:

»Letztlich geht es nicht um Rechtsbeziehungen, sondern um die Frage, wohin wir gehören. Es muß uns erlaubt sein, Farbe zu bekennen.«

II

Nach einem Mordfall, an dessen vollständiger Aufklärung sie von höherer Stelle gehindert werden, geraten Loebe, Pfaul und Baade mit der Syndikatsorganisation in Berührung. Seit sechs Jahren wird die Zentralorganisation des Syndikats vom Verbrecher Templer, Rechtsnachfolger Guthermuts, regiert, der durch seine Kenntnisse alle in Schach hält, durch seine besondere Brutalität sich Geltung verschafft hat, dessen Autorität Bedingung des Rechtsfriedens innerhalb des Gangstersyndikats ist. Sein Stellvertreter ist vor kurzem gestorben. Niemand wagt, einen neuen Boß oder einen neuen Stellvertreter zu wählen. Die Struktur des Syndikats ist radikal-pluralistisch; sie zerbricht, wenn die Führergestalt, auf die sich alle geeinigt haben, fortfällt.
Die drei verbündeten Kriminalbeamten wissen, daß sie die Krise im eigenen Hause, die, bei weiterer Entfaltung, die Zerstörung ihrer Ideale beinhaltet, nur beseitigen können, wenn sie das Syndikat vernichtend treffen. In einer verzweifelt durcharbeiteten Nacht finden sie Gründe, den Gangsterchef Templer zu einer Vernehmung vorzuladen. Dies geschieht entgegen der ausdrücklichen Anordnung der Vorgesetzten. Während der Vernehmung erleidet Templer einen Herzanfall und stirbt. Die drei Beamten befürchten, 1. daß man ihnen Foltereingriffe unterstellen wird, deren Folge der Tod Templers sei; 2. daß nach Templers Wegfall die Ordnung des Syndikats zerbricht und in der dann möglichen anarchistischen Form das Verbrechen erst wirklich universell wird; 3. daß der bereits zersetzte Polizeiapparat diese Zerreißprobe nicht übersteht. Andererseits zeigt sich eine einmalige Gelegenheit: Kommissar Baade, der äußerlich Templer ähnlich sieht, wird durch kosmetische Operation in die Lage versetzt, Templers Rolle zu übernehmen. Am anderen Tag wird der zu Dickerchen Baade chirurgisch umgearbeitete Templer als ein während einer Vernehmung erschossener Polizeibeamter beerdigt. Der falsche Temp-

ler hat ein volles Geständnis abgelegt. Er wird durch einen korrupten Untersuchungsrichter freigelassen.
Aber alle List ist vergebens. Als Baade (in der Rolle Templers) nach drei Tagen Untersuchungshaft entlassen wird, ist die Situation grundlegend verwandelt. Baades Mitkämpfer, Loebe und Pfaul, sind erschossen worden. Dies erfährt Baade, als er von den Syndikatsmitarbeitern in die Zentrale des Syndikats gebracht wird. Die Nachricht vom Tode seiner Freunde trifft ihn in einem Moment, in dem er Maske wahren muß.
Auch alle Selbstbeherrschung nutzt nichts. Die engsten Vertrauten Templers haben Baades Rolle längst durchschaut. Sie wissen, daß es sich nicht um Templer handelt. Sie sind jedoch darauf angewiesen, an dieser Fiktion festzuhalten. Templers Autorität muß leben, weil andernfalls ein Kampf aller gegen alle um die Macht im Syndikat ausbräche. Sie zeigen Baade als Templer im Hauptquartier vor. Sie können ihm jedoch nie trauen, da er selber keineswegs kriminell ist.
Absicht der Sekretäre des Syndikats ist es, Baade zu isolieren, ihn zu beseitigen und durch einen Statisten zu ersetzen. Dieser Ersatzmann wird in den Kellern des Syndikats bereits präpariert.
Baade, der weiß, daß er beseitigt werden soll, den aber niemand hindern kann, Befehle zu erteilen, entnimmt einem Panzerschrank im Hauptquartier die Mitgliederlisten des Syndikats. Er ist so lange sicher, als andere um ihn herum sind, als er »vorgezeigt« werden soll.
Er befiehlt Bereitstellung einer kugelsicheren Limousine. Es gelingt ihm, dieses Fahrzeug zu erreichen. Templers Vertraute im Syndikat können die Fiktion »Templer lebt« nur dadurch aufrechterhalten, daß sie auf Verfolgung verzichten.

III

Baade, der auf einer Bahnhofstoilette sein Aussehen verändert hat, ruft von einem Lokal aus seinen Dienstvorgesetzten an, den Leitenden Kriminaldirektor Kobras. Er will Anzeige erstatten, die Mitgliederliste des Syndikats überreichen. Dann beobachtet er das Lokal, in dem er sich mit dem Dienstvorgesetzten verabredet hat, von einem benachbarten Café aus. Wenig später erscheinen schwerbewaffnete Syndikatsangehörige. Der Dienstvorgesetzte ist ein Verräter.

Baade beschließt, den Polizeipräsidenten in seiner Privatvilla nachts aufzusuchen. Während er mit ihm spricht, hört er im Nebenzimmer Telefontätigkeit. Er reißt die Tür auf und sieht die Tochter des Präsidenten, die mit dem Syndikat telefoniert. Er fesselt den Polizeichef, nimmt die Tochter als Geisel.

Die erschossenen Kriminalisten Pfaul und Loebe, die ihre Ermordung voraussahen, hatten in einem nur ihnen und Baade bekannten Versteck eine Nachricht hinterlassen. Sie haben noch vor ihrer Ermordung, auch Baades Gefährdung berechnend, eine Wohnung bereitgestellt, Geld und Waffen deponiert. Dorthin bringt Baade die Tochter des Polizeipräsidenten, die er gründlich fesselt.

Baade kann in kein fremdes Land flüchten, weil der Kampf um das Recht im eigenen Land entschieden werden muß. Baade hat nur die eine Möglichkeit: selber so viele Verbrechen aufzuhäufen, daß er als Mitschuldiger das Vertrauen der Gangster verdient.

Baade dankt seiner Eingebung, daß er aus dem Hauptquartier des Syndikats die Listen der unteren Syndikatsmitarbeiter mitgenommen hat. Er ruft eine Auswahl dieser Mitarbeiter im Hinterzimmer eines Lokals zusammen. Er trägt vor: »Ihr kennt mich. Ich bin Templer. Ich kontrolliere meinen Apparat zur Zeit von unten, aus eurer Perspektive. Ich weiß, daß in der Spitze Verräter sind. Wer nicht schweigt, ist Diener dieser verräterischen Sekretäre, denen ich mein Vertrauen zu entziehen gedenke. Wer schweigt und mir hilft, wird Sekretär oder erhält eine entsprechende andere Stellung.« Die kleineren Kriminellen sind von der Aufstiegschance begeistert.

Mit diesen Mitarbeitern führt Baade Raubüberfälle, Bankeinbrüche aus. Nach den ersten Unternehmungen kann Baade seine Maske fallen lassen. Die ihm dienenden ehemaligen Syndikatsmitarbeiter müssen ihm zwangsläufig helfen, um selber zu überleben, da sie die Syndikatsgesetze schon dadurch übertreten haben, daß sie ihm als dem falschen Templer folgten.

Die Syndikatsspitze hat nach dem falschen Templer gefahndet. Die Polizei (unterwandert vom Syndikat) hat Steckbriefe erlassen, die aber innerhalb der Syndikatsorganisation wirkungslos bleiben, da ja Templer nach wie vor deren oberste Autori-

tät ist. Der Polizeipräsident weist seine Beamten an, bei Verfolgung Templers (bzw. Baades) auf keinen Fall von der Schußwaffe Gebrauch zu machen, da hierdurch seine Tochter gefährdet würde. An dieser Stelle findet seine Loyalität gegenüber dem Syndikat ihre Grenze. Diese Disziplinlosigkeit ist für das Syndikat unerträglich, der Präsident wird durch einen Schuß beseitigt.
Inzwischen wird die Tochter des Polizeipräsidenten, die gefesselt ist, von einem treuen Mitarbeiter Baades ernährt. Nach einigen Tagen: Verdacht einer Blinddarmentzündung. Baade, der wieder in seine Wohnung zurückgekehrt ist, zögert. Die Stadt ist voller Beobachter. Das Mädchen hat heftiges Fieber. Jetzt muß Baade handeln. Sie bringen das Mädchen zu einem Arzt, zwingen diesen zur Operation, zu der dieser sich fachlich nicht in der Lage fühlt. Sie bringen die Operierte anschließend wieder in die Wohnung. Auf dem Fernsehschirm spricht der Bundeskanzler. Der getreue Mitarbeiter Baades lernt das genesende Mädchen lieben. Sie kommen einander näher.

IV

Baade steht bis zum Hals in Straftaten verwickelt. Ihm geht es jedoch nur um die **neue Chance, das Recht zu verwirklichen.** Er plant, sich für das Syndikat vertrauenswürdig zu machen, dort als Templer die Führung zu ergreifen und die Syndikatsorganisation selbst in den Dienst des öffentlichen Rechts zu stellen.
Vergebens. Die Situation hat sich grundlegend gewandelt. Es geht gar nicht mehr um Baades Anpassung an das Syndikat, es geht nicht mehr um das auf die Stadt begrenzte Verbrechen.

Sie führte ein Leben voller Berechnung

Von unbezwinglicher Sehnsucht diktiert. Dann saß sie plötzlich in der Falle

Rote Haar und Sommersprossen
sind des Teufels Volksgenossen

Die Glaubes haben grün-braune Augen, die Triebius' blaßblaue. Wenn Ernst Glaube eine grüne Jägerjacke anzieht, leuchten seine Augen grün, daher trägt er braune Anzüge, die ihn braunäugig erscheinen lassen, grün gilt als hexenhaft, wird leicht verdächtigt. Von den Glaube-Giersleben stammen die Zweige Gütersloh-Wolmirstedt, Glaube-Wehrstedt, Hahn-Dedeleben und Triebius. Die einzelnen Zweige dieser Familien sehen sich aber als sehr verschieden voneinander an, jedes Individuum der einzelnen Familien sieht sich als unterschieden von den anderen und sucht dem Familienverband nach Möglichkeit zu entkommen. Sein Glück auf eigene Faust machen.

Die kluge Martha führte ein Leben voller Berechnung. Nach Abschluß eines Kindererzieherinnenseminars war sie berechtigt, Kinder privat bis zum zwölften Lebensjahr im Hause von deren Eltern zu unterrichten. Sie nahm nur Stellungen an in reichen oder adligen Häusern. Die Kinder, Unterpfand einer vorgestellten Karriere, zog sie als ihre persönlichen Vertrauten heran. Sie war eifersüchtig auf die Eltern, wenn diese den Kindern neben ihr noch etwas galten. So blieb sie in keiner Stellung länger als vier Monate. Ihren Haaren gab sie eine schwarze Färbung, weil das jünger macht, »traulicher«. Etwas Puder verdeckte die gelbe Blässe des Gesichts, die auch als »korsisch« angesehen werden kann, ein Strich über die Augenbrauen, die gerupft sind.

Von Wehrstedt, ihrem Geburtsort, 1906 nach Nürnberg, wo sie eine Stellung bei Frau von Kugath, der Besitzerin des Nürnberger Grand Hotels antritt. Diese Witwe hatte ihren Oberkellner geheiratet. Martha Glaube erzog die zwei Kinder aus dieser Ehe. Sie war eifersüchtig wegen Einmischung der Eltern. Nach drei Wochen wurde eine Säuglingsschwester zusätzlich eingestellt, die sich bis zur Geburt eines erwarteten

dritten Kindes eingewöhnen sollte. Martha Glaube, »von Ehrgeiz gehetzt«, kündigte.
Danach war sie Kindererzieherin bei einem Witwer, der eine Zehnzimmerwohnung besaß. Es handelte sich um einen Nürnberger Fabrikanten. Eine Cousine Marthas aus Stuttgart – sie heißt Marthchen, das heißt: die kleine Martha – kommt zu Besuch: sie muß Marthas neue Stellung anerkennen. »Wir hatten gerade so viel Zeit, um einen Kaffee zu trinken und einen schäbigen Kuchen zu essen und dann das Geld zu zählen – es reichte noch für ein Eis und für die Rückfahrt. Abends gab es in der hochherrschaftlichen Küche noch belegte Brötchen und eine Fleischsoße. Ich (sagt die Cousine) kann bei Fremden Sachen essen, z. B. angegangene Sahnetorte, die ich bei mir zu Hause nie anrühren würde.«
Martha Glaube und die Kinder mußten im Jagdhaus des Fabrikanten in der Fränkischen Schweiz untergebracht werden, wenn dieser seine Freundin in die Zehnzimmerwohnung einladen wollte. Martha mußte dann nach der Rückkehr aufräumen und bemerkte selbstverständlich »die Spuren«. Sie kündigte, da sie hier keine Aufstiegschancen sah, und wurde Sprechstundenhilfe für zwölf Wochen bei einem Zahnarzt. Sie mußte ihre Kiste, die sie stets mitführte, vor ihre Schlafzimmertür schieben, weil der Zahnarzt, in dessen Wohnung sie untergebracht war, bei ihr einzudringen versuchte.
Sie lernte damals einen Regierungsrat Meier kennen in Nürnberg, einen verheirateten Mann. Damit es nicht »auffällt«, wechselte sie ihre Stellung und ging von Nürnberg nach Stuttgart. »Über das Wochenende oder abends hinüberfahren auf einige Stunden des Glücks.« Meier plante, seine neue Freundin, Martha, seiner Frau vorzustellen, die Diane hieß. Sie sollten sich duzen und wechselseitig beim Vornamen nennen. Marthas Eifersucht schwoll.
Sie war jetzt bei von Kapps in Stuttgart in Stellung. Ihre einzige Rettung in diesen unglücklichen Momenten: die zu erziehenden Kinder, ihre Schutztruppe für eine glücklichere Zukunft. Sie war auf die Eltern, Herrn und Frau von Kapp, eifersüchtig. »Sei doch nicht so verrückt, du mußt die Kinder ja doch wieder hergeben!« sagte ihre Cousine. Die von Kapps waren jung verheiratet, zwei Kinder, namhafte Fabrikanten, Verbindung zu Offizierskreisen. Da kommt Martha nach Hau-

se. Sie wohnt bei ihrer verheirateten Cousine, Frau eines Textilkaufmanns. Gleich hinter der Glastür, die die Wohnung abschließt: Martha, heulend. Sie fand zu ihrer Kiste – sie reist mit einer Tragekiste aus Holz (mit zwei Griffen), in der sie alles verstaut hat, was sie besitzt, und auf der sie sitzen kann; in jeder Wohnung stellt sie zuerst diese Kiste auf – und heulte sich aus. Dann kam sie mit einer Wurstscheibe aus der Speisekammer. Sie war auch immer scharf darauf, die Zuckerdose rauszutragen. Wieso, fragen wir uns (sagt die Cousine), will sie die freiwillig raustragen? Also zähle ich die Zuckerstücke. Ich folge ihr und sehe, wie Martha in der Küche Stücke entnimmt und zwischen ihren Zähnen knackt. Von da an haben wir nur noch losen Zucker hereingenommen.
Die kluge Martha weint also auf ihrer Kiste. »Jetzt hat man noch nicht einmal so viel Geld, daß man sich ein Zöpfchen Stickgarn kaufen kann.« Warum heulst du nun schon wieder? Das war unvernünftig, denn so viel Geld, wie für ein bißchen Stickgarn erforderlich ist, befand sich immer unter einer Tasse im Küchenschrank deponiert, Spargeld. Martha ging also Stickgarn kaufen und kehrte nach einer Stunde mit dem gekauften Stickgarn und einem Pfund Kümmel zurück. In einer Zeit, in der es überhaupt nichts gibt, bringt die ein Pfund Kümmel an! Was sollten wir mit dem Kümmel? Das war Unfug, das war die Kehrseite ihrer Sparsamkeit (denn sie aß zum Beispiel vom Spargel nie den unteren Stengel und wies Fleisch – außer in Restaurants – häufig zurück).
In Stuttgart kaufte Martha ihren Wintermantel, den sie danach 15 Jahre lang trug. »So! Jetzt bin ich für den Winter *gerüstet*!« Da war sie so pfiffig und kaufte einen relativ billigen Wintermantel, ging zu einer Putzmacherin und ließ ihn abschneiden, innen rot ausfüttern, ein Pariser Firmenschild einnähen. Hemden kaufte sie aus Minder-Linnen, aber so bearbeitet wie Spitze. Dann hat sie sich einen braunen Rock gekauft, und da waren schottische Enden dran.
1924 hat sie eine Pause gemacht. Sie wollte sich in ihrem Heimatort Wehrstedt bei den Eltern, der Vater war pensionierter Rechnungsrat, ausruhen. Hedwig, Marthas Mutter, weil damals herauskam, daß Martha mit dem verheirateten Meier in Nürnberg . . .: »Ach, du Dirne! Du Hure!« Also reiste Martha mit ihrer Holzkiste, es mußten bei Ab- und Zufahrt je zwei

Personen tragen, wieder ab. »Nachts durchgefahren, zerschlagen kamen wir in Stuttgart an.« »Warum seid ihr nicht Schlafwagen gefahren?« »Nie würde ich Geld ausgeben, das ich nicht habe.«

Das lag tiefer, als Marthas Scherz ahnen läßt: »Das schreckliche Gefühl, einem Ober ausgeliefert zu sein, bei dem ich etwas bestellt habe, was ich nicht zahlen kann.« Das kann zum Beispiel durch einen Irrtum beim Lesen der Speisekarte in einem teuren Lokal vorkommen. »Herr Ober, ich habe das falsch gelesen.« »Gnädige Frau, aber zahlen müssen Sie es jetzt, denn es war gut.« »Nein«, sagte sie trocken, »das war nicht gut. Dafür zahle ich auch nicht.« Was geschieht jetzt Schreckliches? Ihr ganzes Leben über tat die kluge Martha alles, um diese Situation zu vermeiden. Sie hätte sich »impotent« gefühlt, wenn sie zu einer Zahlungsaufforderung hätte »Nein« sagen müssen, denn sie hoffte bis zuletzt, selber die Position der Geldinhaber zu erobern: **wie hätte sie dann die verfolgt, die nicht gezahlt hätten oder sogar nicht hätten zahlen können!** Im Grunde gehörte sie zu denen, die gar nicht zahlen müssen, sondern deren Freundschaft oder Gewogenheit schon einen so hohen Vorteil bedeutet, daß ihnen bargeldlos das gebracht wird, dessen sie bedürfen: so feines Fleisch (gelagert, frisch, durchgeklopft) gibt es überhaupt nicht, womit sie sich nährt. **Sie wollte um ihrer selbst willen ernährt werden.** Alle Umwege, um zu diesem Endzustand zu kommen, wollte sie bereitwillig auf sich nehmen; also nicht dadurch »marschunfähig« werden, daß sie einem Oberkellner gegenüber praktisch den Offenbarungseid leisten muß.

Daraufhin ging sie als Kindererzieherin zu Direktor Heilner, dem Leiter der Deutschen Linoleumwerke, Stuttgart, einem Witwer. Sie hoffte hier zu der von ihr erstrebten Gesellschaftsklasse durchzustoßen. Die Kinder hatte sie nach vierzehn Tagen völlig für sich gewonnen. Heilner selbst leistete Widerstand. Die von ihm bewohnte Villa, in der Martha das »Fremdenzimmer« bewohnte, bestand aus 15 Zimmern nebst großem Garten.

Heilner suchte das Gespräch mit der neuen Kindererzieherin, schon weil er sich für die Erziehung seiner Kinder interessierte. Martha verstand gut zu plaudern. Sie wies, als sie hörte, daß ihre Haarfrisur ihn an russische Haarfrisuren erinnere, auf

Stammeltern im »weißrussischen Bereich« hin, auch »rassisch« kam sie ihm in jeder Hinsicht entgegen. Heilner ließ sich bei einer Flasche Bocksbeutel »Franzchen« nennen. Aber Martha brachte ein Du oder eine Nennung mit Vornamen nicht über sich, da sie weniger als die volle Einsetzung in die Rechte einer Ehefrau des Millionärs nicht annehmen konnte. Es hatte den Anschein, als läge Heilner an einem Schäferstündchen. Sie irrte sich aber über den Umfang seines Interesses. Da sie es nicht sogleich weiter weckte, entstand es erst gar nicht. So stießen ihre nächsten »Fühler« (der neue schottische Rock, eine Eifersuchtsszene wegen der Kinder, die ihm beweisen sollte, daß ihr an den Kindern lag) ins Leere. Martha war übelnehmerisch. Sie fand keine wirksame Möglichkeit, den desinteressierten und reichen Heilner ihre Rachsucht kosten zu lassen. Die Kinder besaßen braunfleckige junge Katzen. Eine von den jungen Katzen hatte Unrat auf Heilners Bettvorlage hinterlassen. Er behauptet, Martha hätte die Katzen extra zu ihm hereingelassen. *Da kündigt Martha, nachdem sie den Unrat entfernt hat.* Sie sieht in ihrem Zorn nicht einmal die Möglichkeit gegeben, um ein Dienstzeugnis zu bitten.

Nach dieser letzten Enttäuschung fand sie Aufnahme bei dem verwitweten Oberbahnrat Knoch, der einen halberwachsenen Sohn hatte. Den Oberbahnrat Knoch in Gotha, einen anspruchsvollen Esser, heiratete sie nach einem Jahr. Aber ihre Stellung war nie die einer vollwertigen Ehefrau, da sie aus der Stellung einer »Hausdame« entwickelt war und Martha nur schwer Liebe heucheln konnte. Statt dessen kochte sie exquisit und »sorgte« und machte sich unentbehrlich für die Erziehung des Sohnes, den sie sich völlig zu eigen machte. Als er 1937 mit den Fahrradreifen in eine Straßenbahnrille geriet und eine Gehirnerschütterung davontrug, demonstrierte sie drei Tage und Nächte neben dem bewußtlos im Krankenhaus Eingelieferten »Sorge«.

Sie nutzte die Zeit dieser Ehe (insbesondere die Kriegszeit), um zu sparen. Ziel war der Erwerb von Grundstücken.

Wie sie war, so wollte Martha nicht sein. So wie sie dann wurde, konnte sie es manchmal kaum aushalten. Aber sie richtete sich ein, da sie Charakter beweisen mußte. Sie nahm kaum Platz ein in der ehelichen Dienstwohnung von sechs Zimmern.

Wohin ist es gekommen mit den ehrgeizigen Plänen der jungen Martha?

Helene Glaube in Wippra war so »geizig«, daß sie das Bett ihres verstorbenen Mannes nicht den Armen geschenkt, sondern lieber in die Wipper geschmissen hat. Als Hedwig Glaube, Helenes Tochter, zu Besuch kam – sie brachte Kirschkuchen mit und Kaffee, den man nur noch aufbrühen mußte –, entstanden keine Kosten. Das aber konnte Helene nicht annehmen. Sie mußte jetzt ihrerseits etwas anbieten, so gab sie Milchsahne und Pralinés hinzu. Mehr, sagte sie, kann ich nur geben, wenn ich meine Sterbekasse angreife. Ihre Haltung beruhte auf einem lebenslangen Lernprozeß. Beispielgebend waren die Töchter Rusche, die fünfzig Jahre nach dem Tod ihrer Eltern, des Pfarrerehepaars Rusche, ohne Versorgungsmittel leben mußten. Diese Helene Glaube mit ihren Lernerfahrungen, die sich auf eine gesellschaftliche Situation bezogen, die es schon für Martha nicht mehr gab, war wiederum Lernobjekt für Martha. Was Martha vor allem an ihr lernte: sich um jeden Preis von den Familienmitgliedern, die Elend repräsentieren, abzusetzen.

Zu der zauberhaften **Fritzi Gütersloh geborene Glaube,** Marthas jüngerer Schwester, kamen die Schwiegereltern, die Fabriken im Südharz besaßen, zur Besichtigung. Walter Gütersloh hatte seine Frau gegen den Rat der Eltern geheiratet. »Zeige doch mal deinen Wäscheschrank!« Aber sie mußten staunen. Alle Glaubes hatten für Fritzi zusammengelegt und zu Fabrikpreisen eine große Menge »Minder-Linnen«, Decken und verschiedene Wäschearten zusammengekauft. Da waren die Schwiegereltern verblüfft.
Fritzi und Walter hatten drei Kinder. In den dreißiger Jahren kamen die Unglücksfälle. Sie wohnten damals in Wolmirstedt. Abends haben sie noch eine Wurst gegessen. Auch die Kinder haben je eine Wurst bekommen, die war schlecht. Sie haben dann noch nachts ein Kind von Wolmirstedt nach Magdeburg gebracht. Dort haben die Ärzte den Tod festgestellt. Die Eltern fuhren gleich in der Nacht von Wolmirstedt zum Kreiskrankenhaus zurück und holten das Kind aus dem Kreiskrankenhaus heraus, sie brachen den Aufbewahrungsort mit Gewalt

auf. Sie haben es nach Wolmirstedt gebracht und mit Ärzten aus dem weiteren Familienzusammenhang Nachttelefonate geführt. Das nutzte nichts. 1944 der Tod von Hertha, der ältesten Tochter, zusammen mit ihrem Mann, dem Herausgeber der Darmstädter Nachrichten und ihren zwei Kindern, Fritzis Enkelkindern. Beim Luftangriff auf Darmstadt traf eine Luftmine, die Lungen platzten. Das hat die auf sich allein gestellte Magdeburger Familie Gütersloh nicht mehr verwunden. Die früher immer fröhliche Fritzi ist nicht mehr so fröhlich wie früher.
Fritzi: Glück durch Unterwerfung, durch Anschmiegsamkeit ans *Glück* (das heißt an Walter Gütersloh).
Martha: Glück durch einen glückhaften Streich. Die kluge Martha hätte sich nicht darüber täuschen lassen, wenn sie im Besitz von Reichtümern gewesen wäre, daß sie sich damit nicht das hätte kaufen können, was sie kaufen wollte, nämlich mindestens Adel.

»Der Verstand von Cousine Marthchen ist in die Zunge abgewandert.« Dazu muß man die Grundsätze der Cousine Marthchen kennen. »Wer fein sein will in der Küche, kann nicht fein sein an der Tafel.« Jedesmal, wenn ich Hackbraten mache, denke ich an den Hackbraten von Hannchen Geerds. Bei ihr stand der Forstreferendar von Rosenbaum in der Küche, wollte zugucken. Sie traute sich nicht, den Hackbraten mit den Händen zu machen, sondern machte ihn mit dem Löffel. Ich werde diesen »Hackbraten« nie vergessen.
Eine wunderbare Hartwurst gab es in Ulm. War's Pferdewurst? Nein! Nachher sagt der Gastgeber: Es war doch Pferdewurst, und die war wun-der-bar! Wenn ich Spargel kaufe, sagt die Cousine, dann will ich den guten. Den andern brauche ich nicht.
Es wird bei Marthchen angeboten: Kuchen, Kaffee, Brandy, Cognac, Curaçao. Sie sagt: »Die Flasche raus!« Sie meint, eine halbvolle Flasche soll von ihrem Bruder, der bei ihr aushilft, in die Küche gebracht werden. Es entspricht nicht ihren Ansprüchen an die eigene Gastlichkeit, daß halbleere Flaschen serviert werden. Es wird eine volle Flasche geöffnet. Das Abtrocknen des Geschirrs will sie morgen selber besorgen. Sie will die Verwandtschaft nicht in der Küche und in der Nähe der

Speisekammer haben. In der Speisekammer befinden sich erlesene Delikatessen. Feiner eingelegter Spargel, Saucen, zwei Schinken, an Suppen: Wildentencreme, Parfait aus Langustencreme, Fasanenessenz.

Tante Grete Glaube hat sich für ihre Schwestern aufgeopfert, da ja eine der Schwestern den »Rückzug der übrigen aus der Familie« decken mußte. Sie blieb zur Pflege von Julius Glaube zurück, der Zucker naschte. Grete Glaube war auf keiner Schule, weil sie »sorgen« mußte, konnte aber vom Vater Julius her Latein. Das hätte niemand als »Bildung« anerkannt, denn außer ihr sprach ja wohl kein »Gebildeter« fließend Latein. Sie schälte, wenn Besuch kam (zum Beispiel für 20 Personen), zwei Eimer Kartoffeln. Sie besaß einen Klapptisch, in dem ein Waschbecken eingebaut war; der Tisch wurde aufgeklappt, dort wusch sie sich mehrfach am Tag. Das war ihre kleine Freude mehrmals täglich, wenn sie das Tischchen aufklappte (etwa in der Größe eines Nähtischchens und konnte überallhin mitgenommen werden).

Die Sprengkraft einer kleinbürgerlichen Familie, die sich in der weiteren Umgebung von Eisleben **seit dem 15. Jahrhundert** in mehreren Zweigen entwickelt, streut die Mitglieder der Familie etwa seit 1900 in alle Winde auseinander. Pfarrer und Lehrer dieser Familie sind Zeugen oder Teilnehmer an den Bauernkriegen. Tief sitzt der Schrecken in ihren Knochen. Sie sind zufrieden, wenn die wiederhergestellte Obrigkeit sie ernährt und nicht rädert. Sie hoffen aber doch noch auf anderen Wegen (denn sie haben noch nicht gesehen, daß ein Mitglied der Obrigkeit, solange es zur Obrigkeit gehört, gefoltert worden wäre) an das Licht zu kommen. **Um derweil das Leben zu fristen, strengen sie die Köpfe an, um Bildung und Religion, die von ihnen verwalteten Fächer, so schwierig zu machen, daß sie ihr lebenslängliches Auskommen daran haben.**

Martha Glaube, geboren 22. Februar 1886, verheiratet ab 1931, gestorben 1968, kaufte am Tage des Bankkrachs der Dresdner Bank 1928 drei Pfund Pralinés, man konnte kein Geld mehr abheben. Sie nahm aber nur die allerbesten und teu-

ersten. Instinktiv: jetzt kann man das Geld wegschmeißen. Gleich darauf stabilisierte sich die Geldwirtschaft wieder. Da tat ihr das Rausschmeißen des Geldes leid. Es waren ein paar schöne Tage. Sie vergißt nicht: daß es ohne Geld auch geht, daß man sich dann sogar rascher entschließt.
Wenn man eingeladen wird zum Abendbrot und ißt nur ein trockenes Brötchen, dann ist das ungezogen. Es bedeutet: Sie besitzen nichts, was mich reizen könnte. Ein Teil der Glaubes (auf Grund ihres Schicks, dessentwegen sie meinen, sie wären eigentlich Hugenottenabkömmlinge, »sprachen gewissermaßen im Mutterleib noch französisch«) meinte: selbstverständlich sind wir den Hahns, Wiedmanns, Triebius' überlegen (diese Familien antworten: »Ja, wenn man den geheimen Ehrgeiz hinzuzählt«). Gleichzeitig aber kam es darauf an, zumindest die einfachsten Normen der Tauschgesellschaft einzuhalten: »Nehmen, zum Zeichen, daß man bereit wäre, zu geben.« Ein gefährliches Monstrum ist der, der nichts nimmt, weil er nichts braucht. Er scheidet aus dem Handel aus. Der harmlose Knoch (Martha muß lachen), der wegen seiner Bescheidenheit, seiner **Eßunlust,** die nur außer Haus gilt, als ein solches Gefahrenobjekt galt. Marthas Versuche, Knoch Zivilisation beizubringen, schlugen in dieser Hinsicht fehl. Sie spottete in einem Restaurant, um ihm »die Speisen zu entwerten«, als er einmal mit Appetit aß: »Du weißt doch gar nicht, ob das sauber gekocht ist! Heinz, du kannst gar nicht wissen, was da alles drin ist.«
Knoch aß in Restaurants grundsätzlich alles, wofür bezahlt war. Zu Hause aß er nur Erlesenes, bei Verwandten oder zu Besuch gar nichts.
Die aufklärerische Martha machte sich über diese Marotte gern lustig. Ob er die »Atmosphäre des Restaurants« auch mitißt? Während er aß: in eine Suppe im Adlon hätten – sie arbeitete damals bei Schliephake, der es wissen mußte – die Küchenjungen hineingepinkelt, »wenn menschlicher Kot in die Blutbahn gerät, muß das Bein abgenommen werden.«
Sie säte Zweifel, daß das Geschirr in diesem Restaurant überhaupt abgewaschen wird. »Ich habe das doch selbst gesehen. Das gröbste Fett wird abgeschabt. Über Nacht bleibt das stehen und trocknet, dann wird das Essen draufgeklatscht.«
Mit Appetit spülte Knoch sein Glas Pilsner hinunter. In einem

Restaurant, in dem er mit Gegenwert zahlte, fürchtete er für seine Gesundheit nichts. Sie konnte erzählen, was sie wollte.

Die besonders selbstbeherrschte Cousine Katrin hat sich 1944 in das kalkulierte Risiko einer Ehe mit einem 25 Jahre älteren Oberstleutnant Gr. eingelassen. Nach dem Zusammenbruch des Dritten Reiches zeigte sich die so ausgesuchte Basis als unnütz. Mit ihrem Mann, der sich jetzt als Ballast erwies, fand sie unter dem Regiment der Zone den Absprung nicht. Ihre Vernunft hielt sie bei den verbliebenen Vermögenswerten fest, die doch allmählich schwanden. Nach dem 13. August 1961 wurde ihr erst richtig bewußt, daß sie – gemessen an ihren Lebensplänen und -idealen – in der Falle saß. Sie opferte Restteile des erheirateten Vermögens, um – unter Zurücklassung ihres alten Mannes – noch einen Ausweg zu finden: zu der Welt, in der allein ihre Wertvorstellungen einen Wert besaßen. Sie kam bis Bulgarien, in der Hoffnung, dort zur Türkei hin einen Ausweg zu finden. Als Touristin reiste sie an der jugoslawischen Grenze entlang auf der Suche nach einer Lücke. In Budapest lernte sie auf einer erneuten Reise einen Eisenbahner der Reichsbahn kennen, der sich auf Urlaub befand. Er versprach gegen Zahlung einer beträchtlichen Summe, sie über ein Reichsbahngelände nach Westberlin zu bringen. Später erwies sich, daß diese Abrede auf Tonband aufgenommen war und zur Erpressung benutzt werden sollte. Die verzweifelte, auch körperlich kaum mehr bewegungsfähige Katrin saß damit endgültig in ihrem mitteldeutschen Kurstädtchen fest, hatte jetzt auch nicht mehr die materiellen Mittel zur Flucht. Vernunft hatte sie in diese Gefangenschaft gebracht. Die gesamte unvernünftige Verwandtschaft ihres Familienzweigs saß in Unterpfaffenhofen im Westen.

Martha hat gerlernt, wie man umlernt. **Sie sieht die Schranken, die in der DDR ihren früheren Lebensplänen entgegenstehen.** Sie sieht das Beispiel Katrins. Deshalb: ruhig Blut. Martha schreibt die Investitionen der früheren Jahre ab. Sie sucht Ruhe. Sie will andererseits »Umbruch«. Aber die Hoffnungen sind angelernt, ihr schnelles Hirn läuft zu den Lebensvorstellungen hin, die sie früher schon erfüllt haben und die heute in ihrer Umgebung in Bad Blankenburg, Thüringen,

auf dem Staatsgebiet der DDR, nur noch schattenhafte Bedeutung haben. Sie pflegt ihre Haarlocke, die ihr in die Stirn fällt. Die Stirn soll nicht »hoch« und nicht groß wirken. Martha will eher wie ein bestimmtes drolliges Mädchen aussehen, das sie einmal in Paris gesehen hat.
»Für das Leben, das ich führe, könnte ich auch eine Dumme sein.«
Eine andere Linie, andere Stimmung: »Ich hätte Schuldirektorin werden können, dann Regierungsrätin, dem Knoch auf den Kopf spucken, wenn er als Oberbahnrat ankommt! Später: sich als erster weiblicher Kulturattaché an die Rumänische Gesandtschaft versetzen lassen?« In Sizilien lebt eine – auch in Rumänien verzweigte – Adelsfamilie, die ihre Abstammung auf die Kaiser von Byzanz zurückführen kann. »Wir sind so adlig«, sagt die Principessa V., »daß wir, egal wen wir heiraten, immer eine Mesalliance eingehen.« Das ist aber mit keiner tatsächlichen Macht mehr verbunden. Martha lehnt das, auch als Staatsbürgerin der DDR, als »falschen Adel« ab.
Vor Advent 1968 verstaucht sie sich den Fuß. Sie hat Wasser im Bein. Sie läßt es behandeln. Als sie die Treppe ihres Hauses Bahnhofstraße 29 heruntersteigen will, fällt sie. Oberschenkelhalsbruch. Sie liegt im Hausflur mit üblen Schmerzen (sagt: »Übel! Übel! Das ist übel!«, weil sie auch nicht weiß, wie schlimm es ist). Als sie draußen auf der Straße Fußgänger hört, ruft sie laut. Sie wird ins Krankenhaus gebracht. Sie gibt aber keine Auskunft über ihren Namen, weil sie keine Benachrichtigung der Verwandtschaft will. Keine Verwandtenschnüffelei in diesem Schwächemoment. Der Knochen will nicht heilen. Sie schlummert, weil die Ärzte ihr Morphium geben. »Herr Doktor, ich will bis Heilig Abend zu Hause sein.« Sie will nicht im Krankenhaus »zur Last fallen«. Das Schrecklichste: sie kann keinen Stuhlgang ermöglichen, da dies ihr Geheimnis war. Sie hat nur Stuhlgang, wenn sie es zu Hause freiwillig machen kann. Hier muß sie es vorankündigen, hat Zeugen. Nach vier Tagen will sie auch nicht mehr »hiermit fertig werden« bis Weihnachten. Zum Fest stellt sich eine Blutvergiftung ein. Zwei Tage nach Weihnachten stirbt sie. Jetzt findet sich ein kleiner Zettel, auf den sie ihren Namen geschrieben hat, die Adresse der Magdeburger Verwandtschaft, ihrer Schwester. Fünf Tage nach Marthas Tod treffen sie ein. Martha ist bereits

»verscharrt«. Es sind die Gütersloh, Glaubes: alle! Ins Unrecht gesetzt, weil sie ohne sie gestorben ist.
In ihrem Haus Bahnhofstraße 29 finden sich Vorräte. Einige Schinken, Kompott. Sie hätte hiermit zwei Winter überstehen können. Das Haus selbst ist nichts mehr wert, da Hypotheken es belasten. Einige Gerätschaften, 1 Silberkanne, ihre Reisekiste, die Bücher – es sind die falschen, sie haben ihr nichts genutzt. Sieben Sprachen beherrschte sie.

Ein Bolschewist des Kapitals

I

»In der Steppe, Wüste und Antarktis, vielleicht in der Tundra schon, wohnt die Freiheit des Denkens.« Hier aber, im Kompaktbau des Verwaltungsturms, in einem 2-achsigen Büro-Zimmerchen, sitzt Werkschutz-Chef Ferdy Rieche in der Unfreiheit, eingeengt durch Rücksicht auf die Belegschaft, öffentliche Meinung, Grundgesetz, Vorstand.
Die kleine Sonne drückt unheilvoll auf die Dunstschicht, die die 24 km am warmen Fluß sich hinziehende Industrielandschaft nach oben abdeckt. Es ist zweifelhaft, ob die Sonne überhaupt bereit ist, sich auf menschliche Maße einzustellen.
Ferdy Rieche ist Spezialist für die Unterdrückung von Aufständen. Aber der eigene Vorstand, das organisierte Kapitalinteresse (Arbeitgeber-Verband, Industrie- und Handelskammer, BDI) sind *lax*. Es ist absurd, daß Milliarden Menschen diese Gesellschaft tragen, aber nur Ferdy Rieche denkt über die radikalen Mittel nach, die letztlich für ihre Aufrechterhaltung erforderlich sind.

[Leistungstest] Die »Mutter«-Gesellschaft, ein multinationaler Konzern in Brüssel und New York, hält das Management der nationalen Betriebe in sicherer Kontrolle. *Ein* Mittel dieser Kontrolle ist die ½jährliche vorbeugende Gesundheitsuntersuchung im Diagnostik-Center, dessen Personal der Konzernspitze direkt untersteht. Direktor Grün, 20 kg zuviel, ist älter, anfällig geworden. In einer Spitzenstellung nicht tragbar. Der Manager Kuhn ersetzt ihn. Heute morgen sind 9 Manager der oberen Werksleitung an Radtrainern, Trockenrudergeräten, Elektro-Kardiogrammzeichnern angeschlossen, zur Messung der Ausdauer. Sie müssen Gummiballons aufblasen; Atemreserven, als Indiz für Reserve überhaupt.[1]

1 Die Tests sind immer mehr objektiviert worden. Die Auswertung erfolgt über *Computer*, die die Informationen über den körperlichen und geistigen Besitzstand der Manager chiffriert messen, nicht durch die Köpfe evtl. doch

Rieche, der gut bläst, intakte Beine hat, schneidet bei den Geräteübungen gut ab. Auf dem bloßen Körper trägt er, verdeckt durch Hemd und Weste, einen flach anliegenden Plastikbehälter mit 1 Liter Urin. Er hat diesen Urin von einer kerngesunden Freundin, 23 Jahre alt, erbeten. Der Arzt gibt ihm ein Reagenzglas. Rieche soll es im Toilettenkabinett füllen. Rieche füllt, nachdem er sich überzeugt hat, daß auf dieser Toilette keine verborgenen Kameras vorhanden sind, das Reagenzglas mit Urin aus der mitgeführten Plastiktüte. Der leitende Arzt teilt Rieche das Untersuchungsergebnis mit: Urin von eigenartiger Hormonzusammensetzung, glänzend in Ordnung.
Arzt: Ich gratuliere.
Rieche: Das will ich meinen.
Anschließend läßt Rieche das Diagnostik-Center durch Werkschutzbeauftragte hermetisch abriegeln. Die an diesem Tag noch zur Untersuchung anstehenden sechs Manager der mittleren Betriebsleitung werden während des gesamten Untersuchungsvorgangs beobachtet. Zwei dieser Manager, bei Mogelversuchen überrascht, werden der Konzernleitung gemeldet. Rieche kann so Teilaspekte seiner Qualifikation in Brüssel und New York zur Kenntnis bringen.

[Die wirklichen Leistungen sieht man nicht] In einem Zulieferwerk bei Celle wird von der Industriegewerkschaft Chemie ein Schwerpunktstreik angesetzt. In Nachtfahrt eilt Rieche dorthin; wie ein Einbrecher dringt er, begleitet von zwei Gehilfen, in das seiner Überwachung unterstellte Objekt ein. Einige Fässer, gefüllt mit leicht entzündlichen Chemikalien, setzt er in Brand. Das Feuer, das Teile des Betriebs zerstört, ist noch nicht gelöscht, als Rieche, zurückgekehrt in sein Büro, routinemäßig anruft. Ein hervorragendes Alibi. Es hat den *Anschein,* daß der von der Streikleitung organisierte Notdienst komplett versagt hat. Vielleicht haben Streikende hier ihre Haßgefühle durch Brandstiftung abreagiert? Die Geschäftsleitung hätte die Chance, die sie später nicht nutzt, die Gewerkschaft und die Streikleitung des Betriebs, als persönlich haftende Einzelschädiger, mit erheblichen Schadensersatzforderungen zu

befangener Ärzte. Hochspezialisierter Arzt: »Wir haben hier Beraterfunktion, genau gesagt, wir lesen Geräte ab. Soweit die Informationen unchiffriert sind, verstehen wir sie.«

bedrohen. Rieche darf diese *nützliche Tat* nicht einmal dem eigenen Vorstand gegenüber offenbaren.

[Das gesellschaftliche Umfeld: durchsichtig wie ein Goldfischbassin] »An sich wäre die das Werksgelände umgebende Stadt mit Schmutzwasser zu vergleichen, in dem sich gegnerische Kräfte wie Fische tummeln.« Rieche hat Dossiers gesammelt, Lagekarten gezeichnet, auf denen das Stadtbild durchleuchtet erscheint. Linke Gruppen samt Adressenmaterial; Schulen, geordnet nach gesellschaftpolitischer Einstellung der Lehrkräfte; die Abteilungen der Stadtverwaltung, der Polizei; die Garnison; die Nahtstelle zu den Streitkräften und Sicherheitsorganen der ehemaligen Besatzungsmacht. Hätte Rieche einen Partner, dem er vertrauen könnte, so würde er mit ihm, auf der Grundlage dieser Informationen, Planspiele ersinnen.

[Im Außendienst] »Ein Fall von Kameradendiebstahl«; ein gewerkschaftlich organisiertes Belegschaftsmitglied hat wirklich oder angeblich das Spind eines Arbeitskollegen ausgeräubert. Rieche nimmt die Gelegenheit wahr, im Hochhaus der Industriegewerkschaft Metall vorzusprechen. Er studiert die Eingangshalle, in die alle Fahrstühle münden: Pförtner, Glashalle, die Verbindung zu den oberen Stockwerken anscheinend nur über Aufzüge möglich. »Im Ernstfall würde ich diese Aufzüge sperren und hätte die gesamte Führung gefangen.« Man muß eine Abwehrgruppe mit Maschinengewehren in Richtung Gutleutstraße, eine zweite in Richtung Bahnhof und Stadt sowie eine dritte Gruppe zur Sperrung der Friedensbrücke aufstellen. Nennenswerte Verstärkungen könnten überhaupt nur aus Richtung der Griesheimer Industrie herbeieilen. Also hier die Abwehrgruppe verstärken und zusätzlich eine Reserve einplanen! Mit diesen Maßnahmen wäre die Gewerkschaftsspitze abgeschnürt. »Ich würde, wenn ich auf der Gegenseite führen müßte, meinen Stab niemals in einem solchen Hochhaus unterbringen, sondern in eine Baracke verfrachten, möglichst dicht neben einer arbeiterreichen Industrieanlage, aus der im Ernstfall sofort eine Schutztruppe ausrückt.«
Rieche ist in diesem Hause nicht gern gesehen. Der Gewerkschafter, den er aufsucht, möchte ihn möglichst rasch wieder

loswerden, aber er muß ihn zunächst mit einem Kognak bewirten, den er einem in der Holzvertäfelung des Dienstzimmers eingebauten Kühlfach entnimmt. »Diese Holzvertäfelung ist als Schutz- und Abwehrmittel im Ernstfall selbstverständlich völlig nutzlos.« (Rieche)

[Sich vom Gegner nähren] Aus den Richtlinien, die er vom eigenen Vorstand erhält, oder der Fachpresse der Werksicherheitsdienste lernt Rieche überhaupt nichts. »Wie ich den Betrieb absichere, lerne ich durch Gruppen oder einzelne Unbefugte, die in den Betrieb einzudringen versuchen.« Rieche studiert insbesondere das Schriftgut der Linken, das ihm Rückschlüsse auf die gesellschaftspolitische Situation, den Ernstfall, erlaubt. Wenn er nur einen der Gegner engagieren könnte! Oft prüft er, ob man gewisse Gegner fangen, in ein Kellergelaß sperren und grundlegend ausforschen könnte.

Der Gegner: DKP, verschiedenste Agenten der aggressiven Marktforschung (Wirtschaftsspionage), Sowjetunion, linke Gruppen, Amateure, die als Unbefugte aus irgendwelchen Gründen in den Betrieb zu gelangen versuchen, Meinungsführer der Belegschaft, Klauer, die nachts eindringen und Werkseigentum nach draußen bringen wollen, Werkmeister, die private Vorratslager an Werkzeugteilen und Material anlegen, Jugendvertreter, Planstelleninhaber des eigenen Werksicherheitsdienstes, die nach seiner Stellung trachten.

[Bei richtiger Betrachtung schließt sich der Gegner zu einem Gesamtbild zusammen] Selbstverständlich hat Rieche keine Vorurteile, wie sie z. B. der Annahme einer jüdischen Welt-Verschwörung zugrunde liegen. Als Gegner stehen ihm gegenüber: *verschiedenartige*, exakt analysierbare Gruppen. Auch die Seite der »Freiheit«, die Rieche verteidigt, ist nicht *zentral* organisiert. »Wäre sie es doch!« Für »affenartige Hingabe« erhält Rieche nur Strafen, Schwierigkeiten, Desinteresse.

Rieche muß einen Kunstgriff anwenden, um den *Gegner* zu einem *Gesamtbild* zusammenzuschließen: Wenn Rieche den Satz: »Verhalte dich so, daß dein Verhalten Maxime einer allgemeinen Gesetzgebung der Freiheit sein könnte«, konkret anwendet, so heißt das Schutz der »Freiheit«, d. h. des zu schützenden Betriebs, *mit den radikalsten Mitteln.* Der Einsatz radikaler Mittel durch Rieche schließt den Gegner auch dann zu einem Gesamtbild zusammen, wenn die einzelnen gegnerischen Gruppen *dies gar nicht wollen.* Sie würden durch Rieches Aktionen im Ernstfall *kurzgeschlossen.*

[Rieche: »Ich bin kein Spinner.«] Er, der in den Dimensionen des Ernstfalls denkt, in einer Umgebung, die fest an einen imaginären Normalfall glaubt, muß sich immer wieder vorsagen, so stark ist der Druck der Umgebung, der auf sein »Denken« einwirkt: »Nicht *ich* spinne!«
Fritzi Grünert[2] hat ihm bestätigt: »Du bist kein Spinner. Mit einem Spinner würde ich nicht schlafen.« Rieche bleibt mißtrauisch. Er hat in einem psychologischen Lehrgang gehört, daß der, der überhaupt an seiner Normalität zweifelt, nicht verrückt sein kann. Der *Zweifel selber* ist das Zeichen seines Nicht-Spinnens. Jetzt hat Rieche durch Aufrechterhaltung seiner Zweifel gezeigt, daß er nicht spinnt. »Sobald ich nicht mehr zweifeln könnte«, das verspricht sich Rieche, »würde ich mich selbst als Sicherheitsrisiko aus meiner Planstelle entfernen. Erst dann wäre erwiesen, daß ich spinne.«
Rieche liegt träge, mit sich allein, auf seiner Liege. Im Teich, 10 m von ihm entfernt, plätschert es. Er puhlt den Grind aus der Nase, aber ohne daß es blutet; das ist Präzisionsarbeit eines Uhrmachers.

[Sein »geistiges« Auge] Über dünn dahinziehenden Sommerwolken ist die Sonne zu sehen. Rieche blinzelt. Wenn er die Augen nur einen Spalt öffnet, erscheint diese Sonne als handlicher kühler Mond, während sie das geöffnete Auge als überheller Sonnenkörper schädigt. Er wiederholt stundenlang diese Versuche, die eine gewisse Exaktheit erreichen: blinzeln, die Sonne zu einem »handlichen«, d. h. augenballfreundlichen, Bällchen reduzieren. Dasselbe mit seiner Freundin Fritzi Grünert, die im Garten Unkraut jätet. Schließt er die Augen zu einem Spalt, verschwindet sie, verwandelt sich nach Wunsch in die korpulentere Daisy, die ihm entlaufen ist.[3] Öffnet er die

2 S. unten S. 168
3 Siehe unten S. 162.

Augen, so ist es wieder die mehr durch Knochen gekennzeichnete Fritzi. Er kann das nach Wunsch bestimmen. Eine Vielfalt entsteht vor seinem »geistigen« Auge. Das Geistige daran ist, daß er die Schließmuskeln der Lider experimentell beherrscht.

[Sein bester Freund] Den USA-Agenten N., mit Sitz in einer Bürobaracke im Umfeld des Flugplatzes Hahn/Hunsrück, hat Rieche auf einer geheimen Schulungstagung bei Ulm, an der ausgewählte höhere Kriminalbeamte, Werkschutzbeauftragte und Experten verschiedener Dienste teilnahmen, schätzen gelernt. N. hat schon im Libanon, in Guatemala, im Iran gedient und betreibt aggressive Aufklärung im westeuropäischen Bereich. Sein Büro ist sachlich mit eisernen, braungrüngestrichenen Militärmöbeln bestückt. Rieche durfte ihn in seinem »Heim« bei Kaiserslautern besuchen: Tigerfelle, indianische Trommeln, internationale Erinnerungen, Mikrofone, Abhörwanzen, Funkgeräte, Waffensammlung, in Blechschränken untergebracht, die durch Vorhänge abgedeckt sind. Mit speziellen Gummihaftschalen versuchte N. an der Wand hochzuklettern. Das gelang ihm nur teilweise, da die Wandfläche der Neubauwohnung für diese Übung einen zu beschränkten Platz bot. Er entfernt die Gummihaftschalen von den Händen, entfernt die Augenhaftschalen aus den Augen und blickt, fast blind, umher. Rieche hätte ihn jetzt überwältigen können.
N. entnimmt dem Gesicht ein Gebiß, steht zahnlos da. Mampft einen Moment mit den Lippen, fügt das Gebiß wieder ein, knackt zu: blendende Zähne. Sein steifer Arm (er hat ihn in Honduras eingebüßt) läßt sich abhängen. Er zeigt ihn Rieche, hängt ihn wieder ein. Auf Knopfdruck läßt sich der mechanische Arm um 20 cm verlängern. Auf die Hand, die aus Metall ist, durfte Rieche mit einem Hammer hauen, ohne sie beschädigen zu können. Vom Nabel abwärts ist N. vollständig in Ordnung.
Als Rieche N. eine Abhörwanze stahl, um das Betriebsratsmitglied Werth abzuhören, die Wanze ließ sich ohne jedes Geräusch an beliebige Leitungen anschließen, hörte diese »Freundschaft« auf. N. hält die von ihm originell zusammengesuchten Geheimdiensttips und -mittel straff unter seiner Kontrolle. »Ich werde den Teufel tun, einen Konkurrenten wie Rieche damit freiwillig oder unfreiwillig auszustatten, *und*

wäre er mein bester Freund.« Von da an fanden keine Begegnungen zwischen Rieche und N. mehr statt.
Rieche ist eine »einsame Pappel«. Menschen, von denen er nichts lernen kann, interessieren ihn nicht. Diejenigen, denen er seine Freundschaft schenken würde, weil er von ihnen lernen könnte, sind durch das Konkurrenzverhältnis von ihm abgetrennt.

[Vorstellungen des Vorstandsmitglieds Wilucki] Wir brauchen für den Werksicherheitsdienst *angeknackte* Typen, damit sie nicht übermächtig werden. Außerdem sollen die Arbeiter sie für ungefährlich halten.

[Wilucki läßt sich Möglichkeiten vortragen, die Rieches Planstelle überflüssig machen] Im Büro des Vorstandsmitglieds Falk Wilucki sitzt der Vertreter einer Leasingfirma, die Sicherheits-, Werkschutz- und Antispionagekräfte vermittelt.
Vertreter (während er ein Werbealbum seiner Firma vorweist): Unser Werkssicherungsunternehmen GmbH hat eine Marktlücke geschlossen: es bietet Ihnen die Lösung des Sicherheitsproblems. Sie sehen hier Aufnahmen unserer Mitarbeiter. Hier, die Bilder, die selbstverständlich nicht das wirkliche Aussehen dieser Personen wiedergeben, da deren Aussehen ja gerade geheim bleibt. (Großaufnahmen von Bizeps, Rückenpartien, neutralen Gesichtern.) Hier sehen Sie die Referenzen, die naturgemäß verschlüsselt sind: Wir haben hier eine Reihe zuverlässiger Pförtner; ab hier Agenten; sonstiges Personal. Sehen Sie hier: drahtig. Kontrolle und Besoldung einschließlich Sozialversicherung und Lohnsteuer werden von uns übernommen. Sie erhalten Rechnungsstellung.
Der Vertreter hat einen AV-Projektor aufgebaut und zeigt einen Dreiminutenspot: »700 m unter dem Meeresspiegel einer südlichen See liegt die Tiefentauchkuppel TTS 12, in der wertvolle Mikrobenkulturen unter Tiefseebedingungen getestet werden. Die Bewacherboote.«
AV-Film: »Sicherheitsbeauftragte unserer Firma nähern sich der Unterwasserkuppel. Sie überwältigen das Personal. Sie sehen die Griffe. Das Opfer wird den Fluten übergeben. Jetzt drehen wir den Film um, und auf der anderen Spur sehen Sie den umgekehrten Fall, daß unsere Firma den Schutz dieser

Tiefseetauchkuppel übernimmt. Hier werden die Japaner, die an die Mikrobenkulturen heran wollen, gestellt und unschädlich gemacht.«

Vertreter: Ich komme zurück auf unser Album.

Vorstandsmitglied Wilucki, allein: »Ich neige persönlich wenig zu diesen professionalisierten Sicherheitsmethoden. Ich habe hier eine Reihe Volljuristen, die als Volontäre wesentlich unauffälliger Sicherheitsaufgaben wahrnehmen. Sehen Sie, wenn so ein Volontär im Innenbetrieb der Firma herumstreicht, so bleibt das eine zivile Sache. Meine Absicht ist es, auf lange Sicht das System der angestellten oder vermittelten Sicherheitskräfte völlig durch solche Volontäre zu überlagern.«[4]

[Rieches Planstelle ist dem Grunde nach bereits überflüssig]

Wilucki: »Früher galt es als schädlich, wenn z. B. die leitenden Ingenieure Betriebsgeheimnisse an einen Konkurrenzkonzern ausgeliefert hätten. Das sieht für mich als Vertreter der jüngeren Vorstandsgeneration anders aus. Unsere Betriebsgeheimnisse werden wie Kuckuckseier in den fremden Konzern getragen, dort weiterentwickelt und als fertige Produktentwürfe wieder hereingeholt.«

»Ich habe die Verluste an entwendetem und unterschlagenem Material sowie durch das Eindringen betriebsfremder Personen in den Betrieb ausrechnen lassen und mit unseren Betriebsausgaben für Werkschutz verglichen. Es ist billiger, wenn man den Werkschutz *einspart* und die Verluste durch *Versicherung* abdeckt. Die Versicherungsprämie verringert sich allerdings, wenn das Werk über einen intakten Werkschutz verfügt. Dies ist der Grund, warum ich den Werkschutz zur Zeit nicht auflöse. Diese Perspektive habe ich mit Rieche bisher noch nicht besprochen. Er meint, die Sicherheit des Werkes zu verteidigen. Statt dessen verteidigt er die günstigere Versicherungsprämie.«

4 »Wir müssen ins Auge fassen, daß Kräfte existieren, die die Veränderung der Gesellschaft beabsichtigen. Schon 1917 und 1918 war hierauf die Antwort: die Aufstellung von Offiziersregimentern. Ich habe das in zeitgenössischen Filmen genau verfolgt.

Wir müssen aus unseren eigenen Reihen die Sicherheitsregimenter aufstellen. Volljuristen können nichts Spezielles. Sie haben keine Möglichkeit, sich gegen die *Legalität*, von der sie schließlich leben, zu wenden.«

[Was fürchtet Rieche am meisten?]

1. Am wenigsten die radikalen politischen Gruppen.
2. Etwas mehr die Gewerkschaften.
3. Die Journalisten.
4. Die Produktion, die sich ständig verändert und schwierige Anpassung des Sicherheitsdienstes nötig macht.
5. Noch mehr seinen Nachfolger, vermutlich will Rieches Stellvertreter Nachfolger werden. Es gilt, aufzupassen.
6. Die Frauen als Falle.
7. Den Vorstand. Er ist die einzige Instanz, die ihm die Planstelle wegnehmen kann.

Eine Industrie ist auf Einzelne nicht angewiesen. Deshalb will Rieche auf keine Fall zur Gruppe dieser Einzelnen zählen. Er will zur Gruppe derjenigen zählen, die für die Verteidigung dieser Gesellschaft objektiv unentbehrlich sind (auch wenn der Vorstand diesen Wert nicht begreift und auch andere Firmen und Organisationen Rieche nicht einstellen wollen, internationale Geheimdienste nehmen ihn nicht, weil er Deutscher ist, Geheimdienste der Bundesrepublik zahlen schlecht).

[Mangelware: lösbare Aufgaben] In der Nähe der Ginnheimer Kirche bricht aus dem Schatten eine Gruppe von Kaufhausdetektiven hervor und verprügelt dort herumstehende Gastarbeiter.[5] Die Detektive besitzen Pistolen, verhindern so, daß die Arbeiter, die in der Mehrzahl sind, sich wehren. Es handelt sich um Gastarbeiter, die in dem Betrieb tätig sind, der Rieches Fürsorge untersteht. Rieche disponiert eine Gruppe Mitarbeiter in Lauerstellung an die Ginnheimer Kirche. Als die miteinander verabredeten Kaufhausdetektive am folgenden Abend erneut angreifen, werden sie von Rieches Gruppe zerschlagen.

5 Diese Detektive sind im Umkreis des Kaufhauses gehindert, ihr Können direkt einzusetzen. An sich wären sie in der Lage, die gesamte Kaufhalle binnen fünf Minuten auszuräumen bzw., wenn sie ihrem instinktiven Blick folgen dürften, physiognomisch die verdächtigen Kunden herauszugreifen und einer Körperabtastung zuzuführen. Wenn man sie machen ließe, wären nichtgeständige Täter oft geständig; Waffen dürfen sie überhaupt nicht einsetzen. Auf die Strafaktion bei der Ginnheimer Kirche sind sie verfallen, weil sich hier aus Schatten und Mauerecken heraus eine taktisch günstige Gelegenheit ergab.

Rieche: »Am liebsten habe ich Leute, die mir schwierige Aufgaben zuweisen. Ich könnte meine Gastarbeiter geradezu liebgewinnen.«

II

[Die Sehnsucht, die Wirklichkeit, der Gegner, die Bitterkeit] Rieche, in einem französischen Bett, Zimmer eines erstklassigen Hotels in Cannes, aus der Küche, deren Fenster zum Hof hin liegen, Radiomusik: Mylord. Rieche verfolgt einen geflüchteten Buchhalter; er muß vier Stunden hier in seinem Hotelzimmer warten. **Sehnsucht** füllt diese Zeitlücke, ein hohles Gefühl, sobald die Aktion aussetzt. Mag sein, daß die **Wirklichkeit** eine große Wüste ist, aber sie gibt Übersicht, läßt die hohle Sehnsucht verblassen. Es genügt ein **Gegner**, dessen Aktionen Rieches Kräfte anspannen; dies hält ihn lebendig, auch ohne daß er unmittelbar auf seine Gefühle zurückgreifen muß. Dieses Ganze ist **bitter**, versorgt Rieche mit Leiden. Ohne Leiden gibt es überhaupt keine Kraft. Das Küchenradio spielt: »Nothing upsets me«, »Sun 's shining brightly«, »Love of a lifetime«, »Dawn clouds came changing the weather«.
Rieche, noch weitere drei Stunden zur Untätigkeit verurteilt, ehe er die Gelegenheit ergreift, den Buchhalter in einer Bar in Hafennähe zu fassen, träumt, daß ein Generalmajor Eaker ihn in seinen Dienstlimousine mitnimmt. Er sieht die Lichtpunkte der Städte und Ortschaften während dieser Nachtfahrt durch Europa, über das er in diesem Wagen, der kaum Motorengeräusch macht, geradezu dahinfliegt: ein riesenhafter Gesamtbetrieb, der seinem und Eakers Schutz anvertraut ist.

[Rieches Traum] »Als verschüttetes gottverlassenes Kind. Im Krieg verschüttet. Vor der Verschüttung ein Mathematik- und Schachwunder, nach der Verschüttung nie wieder, was ich einmal war. Ein Sitzenbleiber.« Rieche, der schwitzend erwacht, blickt zur Uhr: noch immer 1 Stunde und 40 Minuten, ehe er den geflüchteten Buchhalter greifen darf. »Ich war nie

Sitzenbleiber und nie Schachwunder.« Aber der Traum läßt sich durch Logik allein nicht abstreifen.

Gruppenaufnahme. Rieche (Pfeil) als Kind. Links seine Mutter.
Um diese Zufriedenheit wieder zu erreichen, würde Rieche *alles* opfern. »Ich dien'.«

[**Rieches Vater**] Berthold Rieche. Aus der Vorgeschichte dieser Familie drückt das Elend der Vorväter. Rieches Vater hat sich hochgearbeitet. 1924 Lebensmitteleinzelhändler, 1929 Offenbarungseid, 1934 Geschäftsneueröffnung, 1944 ausgebombt, er spielt Geige. Nach dem Krieg war Rieches Vater zu alt. 1952 Geschäftsaufgabe, 1953 Eröffnung eines Cafés, Offenbarungseid 1956.
Ferdy Rieche, 1944 buntmetallsammelnder Schüler, 1945 Flakhelfer. Bis zum Hals Idealist. Am 6. Mai 1945 vergräbt er seine Dienstpistole, in Ölpapier gewickelt, »für spätere Tage«, hat sie dann nie ausgegraben. 1952 Aufnahme in den hessischen Polizeidienst.
Gemeinsam mit seiner Cousine Petra, einer materialistisch eingestellten Natur (während Ferdy 1944 im Opernführer schwe-

re Opern liest, lutscht sie Kaubonbon!), aufgezogen.[6] Beide wollen um jeden Preis die Verbindung zur Familie, die sie mit Lebensvorschriften überhäuft, aber nur Unglück garantiert, *kappen.* Heute verfügt Rieche, im Windschatten seines Großbetriebs, über die Sicherheit (auch im selbstbewußten Auftreten), die sein Vater immer vergebens suchte. Rieche: »Weil er nur ein Einzelkämpfer war«.

[Ein Erlebnis von bleibendem Wert] 16 Uhr. Rieche verläßt das Hotel, durcheilt die Gassen, die von seinem billigen Quartier zur See hinführen. Rue d'Antibes, Croisette, Hafen. Von der See her ein kräftiger Wind, der den Wellen Schaumkronen aufsetzt. »Wie kleine wimpelführende Angriffsspitzen von Panzern, die Wimpel sind die vom Wind quer zur Laufrichtung gerissenen Spritzwasser.« (Rieche) Draußen auf der Reede ein Flugzeugträger und zwei Kreuzer der 6. US-Flotte. Rieche spürt die starke Nachmittagssonne auf seiner rechten Backe. Wenn sie ihn zwischen Ohr und Wange besengt, empfindet er das als »Tiefenbestrahlung«. Es ist leicht, *frontal* auf Nase, Stirn und Wangen Bräune zu erhalten. Dagegen ist es ein Luxus, sich nur aus der *Flanke* bestrahlen zu lassen. Rieche atmet »bewußt«. Er hat den Ein-

6 Petra Rieche, 6 Jahre älter als Ferdy. 1944 heiratet sie einen 20 Jahre älteren Fabrikanten, dessen Tod sie in den Besitz eines Vermögens bringt. 1945, als Anhängsel der erheirateten Vermögenswerte, findet sie sich wieder auf dem Staatsgebiet der späteren DDR. Sie kauft Grundstücke von Leuten, die nach dem Westen gehn.
Cousine Petra muß in die ihr gehörenden 12 Häuser an Grundsteuern und Reparaturen mehr investieren, als sie an Miete zurückerhält. Ihr Schönheitssinn zwingt sie, diese Grundstücke in bestem Zustand zu erhalten. Die Grundstücke werden bewohnt von Kinderhorden, Arbeitern, Funktionären. Neuerdings hat Petra in zwei Häusern eine Sauna für die Mieter eingebaut. Sie kann ohnehin das aus den Häusern fließende Geld nur wieder in diese Häuser investieren. Die materialistische Petra ist mit dem Zustand ihrer Häuser *wirklich zufrieden.* Sie erhielt eine Urkunde im Wettbewerb »Unsere Städte und Gemeinden verschönern«.
Ferdinand bezeichnet diese Cousine als eine Idiotin.
Petra: Wer hier der Idiot ist, das beurteile ich anders.
Trotz des Konfliktes wäre Petra bereit, bei einem endgültigen Scheitern Ferdinands im Westen, ihn als Verwalter einiger ihrer Häuser in der DDR aufzunehmen. Ferdinand wiederum rechnet damit, daß Petra, sobald sie 60 Jahre alt ist, in den Westen kommt.
Petra: Und was soll ich da, ohne meine Grundstücke?

druck, daß er mit dieser Seeluft eine Spur des Warenangebots der teuren Läden der Croisette und der Rue d'Antibes inhaliert. Es ist ein wertvoller Moment, den er diesem Buchhalter, seinem Opfer, *verdankt*.
Statt der schmalhüftigen Helfershelferin, Eva (die Rieche gegen das Versprechen, sie aus der Sache herauszuhalten, diesen Treff verraten hat), erscheint in dunkelblauem Anzug mit Weste in der Bar »Lepanto« Rieche.
Rieche: Entschuldigen Sie, Herr Martens.
Martens: Was wollen Sie hier?
Rieche: Ich bin Ferdy Rieche, Werkschutzdirektor, usf.
Die zwei Männer beäugen sich wie zwei fremde Hunde. Das Haar des Flüchtlings vom Baden und Bürsten knusprig frisch. Ein grauer Tropenanzug, der die schlanke Figur des Buchhalters heraushebt.

[Jeder hat ihn gern, doch nur Rieche hat ihn lieb] Am Abend sind die Männer einander nähergekommen. Sie haben Kleidungsstücke getauscht, d. h. Rieche trägt eine Sporthose und eine blaue Klubjacke aus dem Koffer des Buchhalters. Im Westteil von Cannes gibt es ein Haus, wo sie Mädchen finden. Martens: »Jetzt sind wir Lochschweine, könnten uns an sich duzen.« Rieche, außer Häuschen: »Eine hinreißende Nachtluft hier.«

[Ein Platz für Rieche zum Großreinemachen] Spielkasino, einige Drinks in der Bar des Hotels Miramar. Diese *Großwelt* enthält, nach Rieches Eindruck, einen beachtlichen Anteil an Waffenschmugglern, Wirtschaftsverbrechern. Wenn er Vollmacht hätte, könnte er hier einige Leute *abführen*. Martens: »Sie könnten einen dieser großen Fische fangen und mich laufen lassen!« Rieche lacht, lehnt ab. Als er einmal auf die Toilette verschwindet (er nimmt Martens nicht mit, um nicht als Homoerot dazustehen), hat sich sein Gefangener entfernt. Rieche holt ihn zwei Straßen entfernt ein. Sie begießen den »Vertrauensbruch«. Einen Adjutanten hat sich Rieche immer schon gewünscht. Martens singt, Rieche summt:

»Jeder hat mich gern,
doch nur einer hat mich lieb . . .«

Am anderen Morgen, Rieche hat sich in Martens' Zimmer im Martinez eingenistet: die US-Schiffe sind vom Horizont verschwunden, ein violettblauer Himmel. Die Freunde baden. Mittags durchqueren sie schon, in einem von Martens gezahlten Mietwagen, die Seealpen. In einer Ortschaft im Elsaß ist um die Kirche herum ein Jahrmarkt aufgebaut. Rieche und Martens schießen Blumen, benutzen die Schiffsschaukel. 30 km weiter drängt ein offenbar Hirngeschädigter ihr Fahrzeug auf die Rabatten. Kurz zuvor ein Abgrund. Martens hat vielleicht Rieches Leben gerettet, sie trinken einen Kaffee. Martens entfernt, als Rieche in einer Boulangerie Hörnchen einkauft, den Verteilerkopf des Wagens. Martens: »Wir können nicht weiterfahren. Rieche, lassen Sie mich doch laufen!« Rieche entleiht ein Fahrrad, holt in 6 km Entfernung aus einer Reparaturwerkstätte einen neuen Verteilerkopf. Es folgt noch eine sehr schöne Nachtfahrt. Das Auto ist mit Radio ausgestattet. Ein Schwebezustand, »innere Solidarität«. Rieche: »Wenn Schweine Flügel hätten!«
»Zu Hause«, d. h. im Verwaltungsturm des Betriebs angekommen, sperrt Rieche den Freund in eine Kammer, übergibt ihn am nächsten Morgen der Strafverfolgung. Die unterschlagenen Beträge sind sichergestellt. Rieche erhält eine Belobigung. Unerklärlich: der Gesichtsausdruck Martens' im Moment der »Übergabe«. Eine gewisse Unzufriedenheit in seinem Gesicht, obwohl die ganze Fahrt doch für beide harmonisch war.

[Beischlafdiebin Daisy] Sie strich »in rührender Weise« den Brustkorb, die Rippen, den Bauch des Eingeschlafenen, der grunzte. Dann – in der gleichen Empfindungsstärke – entnimmt sie seiner Jacke die Brieftasche und verläßt das Zimmer: 1280 DM Beute. Personalausweis und Führerschein verkauft sie für weitere 40 DM.
Rieche spürte »dieses Miststück«, das den Leiter der Werbeabteilung, Breuer, in dieser Form ausgenommen hatte, im Hotel Royal auf. Er nahm die *Streunerin,* Daisy hieß sie, in seine Wohnung auf. Er findet alle Verstecke, in die sie das Wenige bringt, das sie ihm stiehlt. Sie ist ihren Eltern in Ulm entlaufen. Eine blasse, gelbliche Haut ohne jeden Hautfehler, darunter das für Rieche richtige Maß an Weichheit und Knochen. Sie klagt über Schmerzen in ihrem Geschlechtsteil. Auch

Rieche fühlt ein Brennen. Er läßt das behandeln. Das Mädchen wird von ihm in die Privatstation von Professor F. eingeliefert: Eierstockentzündung infolge einer Mischinfektion. Wie ein gründlich werkstattüberholtes Fahrzeug kehrt sie nach vier Wochen in seine Wohnung zurück. Ausgehungert, zuwendungsbedürftig, sie hat sich während der Liegezeit in der Klinik gelangweilt; als sie ihn heftig an sich drückt, meint Rieche, hier einen Menschen fürs Leben gefunden zu haben. Ob sie überhaupt Daisy hieß, ließ sich nicht ermitteln. Bei den Eltern der Sechzehnjährigen wollte Rieche nicht nachfragen. Seine Inanspruchnahme im Betrieb war so groß, daß die alleingelassene Daisy die Zeit nicht zu überbrücken verstand. Obwohl er sie tagsüber in der Wohnung einschloß, gelang ihr die Flucht: Er schickt sie Zigaretten holen, sie kehrt nicht zurück. Er sucht sechs, acht Wochen. Aber so gut mochte das intelligente Wesen ihn erkannt haben, daß es sich weit genug absetzte. Rieche nahm einen französischen Spitz zu sich, 50 cm hoch, einen Mischling, an den er eine Zeit lang sein Herz hängte, bis ihm das »unwürdig« schien. Letztlich gehört seine Zuneigung ausschließlich der Arbeit.

III

[Rieche, ein Arbeiter der Kontrolle, von der Gewerkschaft, obwohl lohnabhängig, nicht anerkannt]

»Glück ist die Erfüllung eines Kinderwunsches.« Arbeit ist das, was den Zustand des Kinderwunsches wiederherstellt. Das bleibt so lange undurchblickt, als diese »Arbeit« gar nicht wirklich existiert. Rieche fühlt sich »entfremdet«, weil der Ernstfall, aus dessen Aspekten er tatsächlich arbeitet, offiziell nicht anerkannt wird. Rieches Glück beschränkt sich so auf »Augenblicke mit Depot-Wirkung« (vgl. z. B. die »Heimführung« von Buchhalter Martens). »In dieser Form wird Glück eingedickt zur Idee des Glücks«, zur bloßen Möglichkeit.

Rieche hat sich um den Eintritt in die Gewerkschaft bemüht. Es geht um die Garantie eines Zustands, der Glück, d. h. Arbeit, nicht überhaupt ausschließt. Dieses Provisorium zu ga-

rantieren, ist die Gewerkschaft da. Aber es wird dort abgestritten, daß Rieches leitende Kontrolltätigkeit Arbeit sei; Rieches Untergebene gehören der Gewerkschaft an, ihn als Leiter nimmt die Gewerkschaft nicht.
Rieche büffelt Bilanzen. Er bietet einem Gewerkschafter, nur weil dieser von ihm ein Bier angenommen hat, intimes Material über Fusionspläne des Vorstands an. Der Gewerkschafter: eisig. Rieche hat danach nie wieder versucht, sich nach Mitte-Links zu öffnen.

[**Die Allianz der »Überflüssigen« – weltweit**] Rieche: 42 Jahre, 1 Niere, kreislaufgeschwächt, magenempfindlich, leichtes Übergewicht. Im Winter läßt er sich durch Handlanger ein Loch in den zugefrorenen Fluß hacken. Krebsrot entsteigt er dem eigentlich verjauchten Wasser.

Ein an sich unentbehrlicher Leister, der fürchtet, als Wegschmeißware zu gelten.

Eine Organisation seines Interesses erwartet Rieche nur auf überregionaler Basis, in Form einer Allianz derer, die nach Gebrauch nicht weggeschmissen sein wollen. Das Praktischste wäre eine Art Zentralkomitee, das Anweisungen gibt; auf regionaler Basis würden dem Konzept freikorpsähnliche Truppen entsprechen. In Nürnberg fanden im Vorjahr Gespräche hierüber mit niederbayrischen Interessenten statt, die aber nicht zahlen konnten.
Eine geheime, überregionale Schulungstagung, in Schussenried, an der Leiter von 40 Werksicherungsdiensten, die zusammen Belegschaften von 6,5 Millionen Arbeitern »repräsentieren«, war kein Ersatz für die hier gestellte Organisationsfrage. Referate: Katastrophenschutz; Übergangserscheinungen zwischen Streik und bürgerkriegsähnlicher Situation; Zusammenwirken und Distanz von staatlichen Ordnungskräften und Werksicherungsdiensten. Das Wichtige waren die Gespräche in den Pausen. Eine stark defaitistische Stimmung unter den Teilnehmern: was tut man, wenn eine solche Sache, wie sie in den Planspielen der Tagung durchgeführt wurde, schiefgeht? Ein Vorschlag: Sportflugzeug bereitstellen, um nach Spitzbergen zu

entkommen. Dort soll es unbewohnte Inseln geben, auf denen Blockhäuser leerstehen.
Eine ganz andere Stimmung bei dem Essen, das Oberstleutnant Wilkens anläßlich seiner Versetzung nach Thailand einer engeren Gruppe von Sicherheitsdienstlern, Kriminalbeamten und deutschen Verbindungsleuten gab. Aber diesem Essen folgte die Abreise Wilkens', d. h. der Kontakt zerfällt in dem Moment, in dem er entstand.

[Ehrlichkeit als Hobby] Aus reinem Überschuß an Fähigkeiten: mit zwei Gehilfen, die auf Zeit bezahlt werden, fünf ständigen Mitarbeitern, die er zu qualifizieren wünscht, übersteigt Rieche die Umzäunung eines Lagers der Firma Blaupunkt in Neu-Isenburg, überwindet die Schließvorrichtungen und transportiert zwischen 1 und 5 Uhr nachts 60 Fernsehgeräte sowie 300 Transistorenradios aus diesem Lager in ein Waldstück bei Heppenheim, in dem er einen einsamen Holzschuppen gemietet hat. Die Wachen des Lagers sind in dieser Zeit von Stechuhr zu Stechuhr geschritten; Rieche, der zuvor sorgfältig beobachtet hat, hat ihre Bewegungen fast zeitgleich vorherberechnet. Die Garantiescheine für die Fernsehgeräte liegen ab Werk bei. Rieche könnte diesen Schatz »abkühlen« lassen und auf eigene Rechnung verkaufen.
Die Aktion ist jedoch nur als Manöver gedacht. In dieser wie in ähnlichen Übungen, die Rieche bei fremden Firmen durchführt (z. B. überprüft er regelmäßig Konstruktionsunterlagen in Tresoren von Konkurrenzkonzernen), soll exemplarisch die Angriffsmöglichkeit eines Gegners dargestellt werden. In der übernächsten Nacht trägt Rieche die Ware an den Ursprungsort zurück. Den Kollegen der Firma Blaupunkt lädt er zu einem Bier ein, belehrt ihn über die Sicherheitslücke. Er verschafft sich hier einen Feind, der ihm Dank zusagt.[7]
Zu der hier und in ähnlichen Fällen bewiesenen Ehrlichkeit könnte den praktisch allmächtigen Rieche niemand zwingen. An einem Wochenende durchstreift er mehrere industrielle Zonen: die hier gehorteten Reichtümer gehören tendenziell ihm. Er müßte nur wollen. Ein Organisationsmuster, wie er diese

7 Dieser Kollege sendet Rieche als »Dank« eine Pralinésschachtel. Rieche, mißtrauisch, läßt die Pralinés chemisch untersuchen. Die zermatschte Masse, die er vom Labor zurückerhält, will er nicht essen, aber sie ist giftfrei.

Schätze in 20 Jahresspannen aus der Illegalität langsam in den legalen Warenverkehr wieder einschleusen würde, hat er bereits entworfen. Was ihn hindert, Ernst zu machen, ist die feste Erwartung, daß es irgendwo in diesen Konzernen einen Kollegen gibt, der ihm ebenbürtig ist. Selbstverständlich würde ein solcher Kollege – also Rieche als sein eigener Gegner – ihm das Handwerk legen. Er müßte diese Hoffnung auf gleichwertigen, d. h. »menschlichen«[8] Kontakt, wichtiger als jeder denkbare Schatz, aufgeben, ehe er Ernst machen könnte. Das will er nicht.

[Treue als provisorischer Zustand] »Es war ein krasser Denkfehler, bei Mitte-links Kontakt zu suchen, d. h. bei Menschen, die in einem Apparat tätig sind, der nicht zum Produktionssektor gehört.« Eine Gewerkschaft hat selbst keinen Produktionsbetrieb; sie hat mit Sozial- und Rechtsansprüchen, d. h. mit Ideen zu tun. »Die daraus folgende Schwäche macht die in diesem Apparat Tätigen notwendig instinktunsicher.« (Rieche)[9] Käme eines Tages ein Gegner, der Rieche ein Angebot machte – nicht Geld, sondern Erfüllung von Rieches Sehnsüchten –, so kann Rieche nur vermuten, was er dann täte. Es müßte aber ein radikaler Wechsel sein. Entweder ist Rieche sein Gegner oder ganz Gegner dieses Gegners. Ein solches Angebot ist aber nirgends zu sehen. Die Chinesen zahlen nicht, die Sowjetunion ist für Rieche Balkan, linke Gruppen haben nicht die Macht, Angebote zu garantieren, nehmen ihn vermutlich

8 Im strengen Sinne menschlich findet Rieche nur sich selbst.

9 Rieche hat dies in den sechs Jahren erlebt, in denen er im hessischen Kriminaldienst tätig war. Dieser stellt keine Wirtschaftsmacht dar. Als Rieche den Arzt Dr. Gerling wegen Rauschgiftvergehens verhaftete und sich so den Haß von dessen Sprechstundenhilfe, Dagmar Hilferding, zuzog, die in seiner Wohnung Rauschmittel hinterlegte und ihn in Verdacht brachte, wurde Rieche von seinen Vorgesetzten nicht geschützt. Um seine Personalakte sauber zu halten, mußte er auf das Angebot seines Vorgesetzten, selber um seinen Abschied zu bitten, eingehen. Danach bewarb sich Rieche um die Stellung im Werksicherungsdienst, da er annahm, daß im Produktionsbereich Mächtige sitzen, die ihn in einem ähnlichen Fall schützen würden, weil Macht instinktsicher macht. Inzwischen hat Rieche gelernt, daß dies keineswegs zutrifft. Wie er in den Schriften der Linken recherchiert hat, »durchdringen sich Distributions- und Produktionsbereich« auf unübersichtliche Weise; daß der »Produktionsbereich das Übergreifende« ist, wirkt sich nach Rieches Feststellung auf der Ebene des Werkschutzchefs nur unmerklich aus.

auch nicht. Auf Abwerbungsversuche fremder Konzerne läßt sich Rieche nicht ein, da er eine Falle befürchtet. Er jedenfalls hat einem Kollegen vor Jahresfrist eine solche Falle gestellt. So hat er den fähigen Konkurrenten abgesägt.[10]

[Der Zusammenbruch des Frontschweins] Dr. Sobel, Leiter einer Forschungsgruppe des Pentagon, hat die Dynamik militärischer und sicherheitsdienstlicher Zusammenbrüche untersucht. Der Gegner muß, schreibt Sobel, fünf psychische Schwellen gleichzeitig zerschlagen, um eine katastrophenartige Fluchtbewegung auszulösen – und zwar flüchtet dann der bewährte Fronttyp als erster (»War er vorher tapfer nach vorn, so ist er es jetzt nach rückwärts.«) Zerschlagen werden
1. die abstrakten Ideale
2. die kurzfristigen strategischen (sicherheitsdienstlichen) Ziele
3. Furcht vor dem Feind
4. die Selbstachtung
5. die Gruppenloyalität.

Rieche liegt sonnabends auf seiner Gartenliege, 6 m entfernt sein Steingarten, den er mit Tannen und Moosen, die er aus Bergwäldern zusammengeschleppt hat, bepflanzt. Fritzi Grünert massiert seinen Nacken. Er liest Dr. Sobels Schrift.
»Das kann mich nicht betreffen.«
1. Abstrakte Ideale habe ich nicht.
2. An kurzfristige sicherheitsdienstliche Ziele glaube ich nicht.
3. Ich kenne keinen Feind, der ich nicht auch selber sein könnte. Ginge es um den Feind, hätte ich überhaupt keine Furcht.
4. Selbstachtung ist nicht vorrätig.
5. Für Gruppenloyalität fehlt mir schon jetzt die Gruppe.

»Insofern müßte ich mich eigentlich, nach Dr. Strobel, bereits in voller Flucht befinden.«

10 Allerdings lernt Rieche seit kurzem Portugiesisch. Vielleicht, daß er in Brasilien eine Stellung im Sicherheitsdienst ergattert.

[Rieches Geruchssinn] Er kriecht an einer »Spur« entlang, die er buchstäblich riecht. Er ist gefährlich. So ist er Fritzi Grünert auf die Spur gekommen, die in der Personalabteilung des Werkes die Einstellung von Gastarbeitern bearbeitete. Sie nahm hierfür Provisionen in Höhe von 600 DM. Jetzt muß sie ihm gefügig sein. Rieche bildet sich ein, daß er sie durch seine Persönlichkeit »erotisch hörig« gemacht hat. Sie gehorcht ihm aber, weil sie gar keine andere Chance hat. Zeigt Rieche sie an, hat sie mit 18 Monaten Gefängnis zu rechnen. So unerträglich, daß sie dafür 18 Monate einsitzt, ist Rieche nicht.

[Glückliche Reise] Rieche hat sich sechs Monate lang auf diesen Urlaub mit Fritzi Grünert gefreut. Er hat einen Wohnwagen gekauft. Er will zelten. Die Freundin schläft im Wohnwagen, in der Erwartung, südlich des Brenners aufzuwachen (Berge, die von schwachen Wolkenfetzen umhangen in der Sonne liegen). Sie fahren bis Autobahnausfahrt Bad Mergentheim. Rieche hat Bedenken. Er kehrt um. Die Freundin, die ohne Urlaubserlebnis wieder aussteigen soll, mault. Resolut sucht sie ihr Gepäck zusammen. Rieches Instinkt wird bestätigt. Sein Stellvertreter, der Werkschutzbeauftragte Gellert, hat seinen Schreibtisch erbrochen, sucht nach Informationen, die Rieche die Planstelle kosten können.

[Rieches pädagogisches Talent] Kameradschaftliches Verhalten ist nur gegenüber Männern, nicht gegenüber Frauen möglich. Rieche, krank durch Kontaktmangel, wird überfallartig von pädagogischer Leidenschaft erfaßt.

Er zeichnet eine Gruppe seiner Mitarbeiter dadurch aus, daß sie unter Verzicht auf ihren Jahresurlaub an einem überregionalen Lehrgang teilnehmen. Unterbringung in einer Polizeischule im bayrischen Vorgebirge. Tannen, eine Quelle, Marschstrecken, Felsengelände. Hier werden die Kameraden für Anforderungen geschliffen, die praktisch nirgendwo existieren. Zum Abschluß führt Rieche die Gruppe in eine Aufführung der *Lustigen Witwe* im Theater am Gärtnerplatz, München.

Paradoxie: Rieche kann es nicht unterlassen, diese jungen Leute in dieser Form zu qualifizieren, andererseits ist er zu klug, diesem Eros blind zu folgen. »Ich bin nicht der Typ des Triebtäters.« Wenn er sie nach seinem Bilde formt (oder sogar darüber hinausgehend nach dem Bild, wie er sich wünschte, daß er wäre), so vergißt er doch nie, daß er hier Brutusse heranzieht. Dieser Zwiespalt hält das Unterrichtsprogramm eigentümlich unpraktisch.

Rieche besitzt keine Technik, Frauen, die er in seinen Bannkreis gezogen hat, daraus wieder zu entlassen. Er hat Angst, daß ihm dies später leid tut. Dagegen verfügt er über eine sichere Technik, den Stellvertreter Gellert in einer Falle zu fangen. Zunächst verzeiht Rieche, »in kameradschaftlicher Weise«, für die Gellert dankbar ist. Rieche gibt Gellert eine Bewährungschance. Er soll die junge Witwe Mily Prasche, die auf einen Nebenverdienst angewiesen ist, an den ostspionageverdächtigen Ingenieur Bertram »heranspielen«. Der von Rieche informierte Vorstand entläßt Gellert fristlos. »Es ist völlig undenkbar, daß wir hier anfangen, die eigenen Ingenieure mit geheimdienstlichen Methoden zu bespitzeln. Wir sind schließlich nicht in Afghanistan.«[11]

[»Eine ›Liebende‹ ist im Zusammenhang des Sicherheitsgefüges eines modernen Betriebs wie eine Geisteskranke zu sehen«] Nach Gellerts Abgang wird Ingenieur Bertram auf Grund »neuer Hinweise«, die Rieche präpariert hat, doch noch entlassen. Er tritt eine neue Stelle an in E., 520 km entfernt. Für Mily Prasche, die um ihr Verhältnis mit Bertram kämpfen will, bedeutet das Reisetätigkeit.

11 Gellert: Herr Wilucki, ich möchte doch darauf hinweisen, daß ich den Auftrag hierzu von Herrn Rieche hatte. Wilucki: Und weshalb soll ich Ihnen das glauben? Gellert: Sie müssen mir das glauben. Es ist wahr. Wilucki: Wahr ist für mich, daß Sie hier Bespitzelung eingeführt haben. Herr Rieche hat mir persönlich bestätigt, daß er solche Schweinereien im Betrieb nicht dulden kann, und deshalb auch völlig konsequent seine Meldung erstattet. Gellert: Herr Rieche lügt. Wilucki: Nehmen Sie Ihre Zunge in acht. Der Vorstand hat gegenüber Herrn Rieche die Fürsorgepflicht des Arbeitgebers zu erfüllen. Ich kann nicht dulden, daß hier Verleumdungen aufgestellt werden.
Gellert könnte jetzt darauf hinweisen, daß Rieche einen Grund hatte, ihn zu stürzen, da er Rieches Schreibtisch zu öffnen versuchte. Dieser Hinweis würde jedoch den einen Entlassungsgrund nur durch einen anderen ersetzen.

Die Werkskantine, an deren Lattenwand Kletterpflanzen befestigt sind, ihr Schlafzimmer, das Café »Sielaff«, das einen verschlampten Wiener Stil andeutet, alle die vertrauten Orte, an denen Mily Prasche mit Erwin Bertram gesessen oder gelegen hat, läßt sie hinter sich, fährt 520 km nordwärts, es ist Freitagabend. Eben angekommen, wird Mily von dem unter der Woche ausgehungerten Bertram in ihre Bestandteile zerlegt. Dieser Augenblick ist zu teuer bezahlt, da Bertram jetzt verausgabt daliegt. Sie quälen sich in der durch Bettstelle, Plattenspieler, Schreibtischlampe, zwei Stühle notdürftig dekorierten Einzimmerwohnung durch den Sonnabend. Sonntag morgen scheint zwar Sonne, aber sie wollen die Zeit nicht durch Spaziergänge verschwenden, bleiben im Zimmer, das keine Erinnerungen an frühere, glücklich verbrachte Zeiten enthält.

Bertram: »Das ist ein Organisationsproblem. Man kann nicht das ›Zusammensein von ein bis zwei Wochen‹ auf ein paar Stunden konzentrieren. Zeitdruck ist wie eingedickter Orangensaft, der den Magen durchhaut, wenn man ihn roh trinkt.«

Montag früh begibt sich Mily in das Büro von Vorstandsmitglied Wilucki: Bertram soll wieder eingestellt werden. Wiluckis Assistent Palischke nimmt ihre Angaben zur Kenntnis, befragt Rieche. Jetzt muß Rieche, um recht zu behalten, nachträglich Dokumente fälschen.

Mily will gegen Rieches Beweisunterlagen klagen. »Die sind gefälscht«. In einem Prozeß muß Rieche, um seine Beweise zu schützen, jetzt womöglich einen Meineid leisten. Er hat diese »Liebende« unterschätzt. Man müßte an Material herankommen, das ausreicht, um Mily für geschäftsunfähig zu erklären. In strömendem Regen läuft Mily, während Rieche überlegt, zum Büro des ihr schon vertrauten Gewerkschaftssekretärs, der eine Feststellungsklage gegen Rieches Vorstand in Gang bringt.

[»Rieche, Sie müssen stärker durchgreifen«; »Um Gottes willen, Sie stören die Produktion, Rieche, wenn Sie in dieser Form durchgreifen«] Der Assistent des Vorstands, Palischke, hat Rieche gemahnt: Das geht so nicht weiter. Sie müssen die Leute schärfer anfassen.

Die einzelnen Komplexe des Betriebs sind historisch nach Bedarf entstanden. Von der Werksicherheitskontrolle her gesehen sind sie nicht funktionell. Versteckte Höfe, Mauerecken an den Nahtstellen zwischen den Werkshallen.

Ein Denunziant meldet, daß in den Lagerräumen bei Werkshalle 12, die für weibliches Werkpersonal (Putzdienst) ebenso wie für Arbeiter erreichbar sind, »sexuelle Exzesse« stattfinden.

Rieche: Und Sie können das beeiden?

Denunziant: Selbstverständlich.

Rieche: Und Sie haben es selber gesehen?

Denunziant: Was ich berichtet habe, habe ich gesehen.

Rieche hat fristlose Entlassungen vorgeschlagen. Er will weisungsgemäß scharf durchgreifen. Zwei Tage später betritt Vorstandsassistent Palischke sein Büro.

Palischke: Ihre Razziamethoden in Werkshalle 12 einschließlich Zwischengelände sind nach Ansicht des Vorstands ein Mißgriff. Der Vorstand ist nicht prüde. Von Ihren 16 Vorkommnissen, die Sie berichten, ist nur erwiesen, daß zwei Putzfrauen den Arbeiter Eilers mit offenem Hosenstall gesehen haben. Wir können nicht Ihretwegen den Betrieb von Arbeitskräften räumen lassen.

Rieche: Ich möchte mich dagegen verwahren, daß ich prüde wäre.

[Ein Abgeordneter wird »gelegt«] Rieche hat von Assistenten des Vorstandsvorsitzers v. Herdorfer gehört, daß der Bundestagsabgeordnete M. in einen internationalen Ausschuß berufen wird, der die Steuerhinterziehungspraktiken multinationaler Konzerne untersucht. »Wenn man diesen Abgeordneten in den Griff bekäme.« Rieche recherchiert. Es ist vollkommen unmöglich, diesen Abgeordneten in den Griff zu bekommen. Aber Rieche hat einen anderen Abgeordneten ermittelt, B. Schmöller, der zwar für nichts zuständig ist, was den Konzern interessiert, aber übungshalber will Rieche einen Versuch wagen.

In einer Koblenzer Bar. Mit einer »blitzschnellen« Bewegung zieht der Abgeordnete die Hand des Mädchens in Hodennähe, für Sekunden liegt sie dort auf seiner Hose; das Mädchen schaltet, sie reißt ihre Hand zurück, von der »heftigen« Bewegung drehen sich die drehbaren Barhockerstühle, auf denen der Abgeordnete und die Blondine einander frontal gegenübersitzen. Die Beine der Blondine, eingeklemmt zwischen den kräftigen Beinen des Abgeordneten. Sie hält seine Hände, die in ihrer Oberschenkelhöhe tatenlos ruhen. Hier kennt ihn niemand. Ein glücklicher Fall. Die Stadt ist groß, so daß nicht zu erwarten ist, daß ihn jemand hier entdecken könnte. Auf der Toilette stellt er fest: Smegma-Absonderung, das ist unerfreulich. Das sind ergebnislose, undifferenzierte Spiele. So zahlt er bald und besteigt seinen Wagen. Die Szene wäre rasch vergessen, wäre sie nicht anfangs »vielversprechend« gewesen. Rieche hat einige der Bewegungen fotografisch festgehalten. Im Wahlkreis verteilt, müßten sie vernichtend wirken. Er schreibt den Abgeordneten anonym an. Dieser schlaue Abgeordnete besitzt Helfer. Rieche wird gestellt, als er »übungshalber« dem Abgeordneten Handlungsanweisung erteilt. Der Abgeordnete schreibt einen Protestbrief an den Vorstand Rieches. In der Posteingangshalle sitzt eine Vertraute Rieches, die er früher vor einem Verfahren wegen Unterschlagung bewahrt hat. Sie händigt ihm den Brief aus. Der Abgeordnete, der zwei Monate lang keine Antwort erhält, schreibt erneut. Rieche entwirft eine Antwort, die Unterschrift des Vorstands fälscht er. Er hat sich – entgegen sonstiger Vorsicht – verwickelt. Arbeitet auf Zeitgewinn.

[Zwischenfall, für den Rieche schuldlos haftet] Toni Siegusch, Werkschutz, mittlere Ebene, hat sich hinter dem Fenstervorhang eines Büros versteckt und filmt von dort aus eine Arbeitergruppe, die auf dem gepflasterten Zwischenhof miteinander redet. Das Betriebsratsmitglied Schwietzke hat ihn beobachtet. Schwietzke betritt den Büroraum, aus dem heraus Siegusch filmt.
Schwietzke: »Die Kamera geben Sie mal her.«
Die heraufgerufenen Arbeiter tasten Siegusch ab. Sie finden eine Pistole. Es geht nicht ohne Prügel ab.
In Rieches Büro: Mitarbeiter Siegusch mit zerschlagenem Gesicht, Kleider zerrissen; Schwietzke hat sich gegenüber Rieches Schreibtisch einen Stuhl genommen. Ein Arbeiter hat die Pistole sowie die stark beschädigte Kamera auf dessen Schreibtisch gelegt, den in der Kamera enthaltenen Film hat Schwietzke entrollt, so daß er jetzt belichtet ist. Rieche empfindet für Mitarbeiter, die Schwäche gezeigt haben und entlarvt dastehen, äußerste Kälte.

Schwietzke: Das bringt hier ziemlich Ärger. Sie halten Ihre Leute nicht zusammen, Herr Rieche.
Rieche: Ich bin Ihnen für Ihr rasches Eingreifen durchaus dankbar.
Schwietzke: Das genügt uns nicht. Wir machen da eine große Sache draus.

[**Ein Fall von aggressiver Marktforschung**] In einem Labor auf der Westseite des Industriegeländes hat Rieche seit 4 Nächten gelauert. Als Ingenieur Gerlinde Haferkamp, die Rieche als Industriespionin ermittelt hat[12], die von ihr fotografierten Unterlagen in den Panzerschrank geschlossen hat, springt er aus dem Schatten hinzu und wirft die junge Frau gegen eine Glastür, die zersplittert. Beide fallen, ringend, in ein Nachbarabteil des Labors. Das Gesicht der Spionin ist zerschnitten. In diesem Fall wird die Spur, die Rieche verfolgt, durch Strafanzeige nur verwischt; daß die Spionin wegen Einbruchs sowie wegen Ausspähung von Industriegeheimnissen zwischen 1–2 Jahren Gefängnis erhält, ist für das Werk von geringem materiellen Interesse. Rieche sperrt die junge Frau in ein Kellergelaß eines z. Zt. nicht benutzten Lagerschuppens. Dieser relativ enge, schlauchartige Raum ist mit Säcken und Styroporplatten schalldicht ausgekleidet. Hier beabsichtigt Rieche die Spionin »sensorisch zu deprivieren«. Wird die Isolierte von sinnlichen Wahrnehmungen vollständig abgeschnitten, so wird sie im Verhör (»ihrer Sinne nicht mehr mächtig«) ihm keinen Widerstand leisten. Ein Aufklärungserfolg zeichnet sich ab.
Nach einigen Tagen sucht der Kriminalbeamte Welp Rieche in seiner Privatwohnung auf.

Welp: Sie halten eine junge Frau versteckt.

Rieche: Ich verwahre mich gegen die Unterstellung.

Welp: Wir können ja gemeinsam nachsehen.

12 *Technischer Fortschritt als subversive Tätigkeit.* Ingenieur Haferkamp war an sich keine Verräterin. Sie erforscht Teilfragen der Laser-Technik. Einiges hierüber weiß sie, anderes weiß Ingenieur Professor Mudermann, der für einen Konzern in M. arbeitet. Sie tauschte Geheimergebnisse ihrer Abteilung gegen Ergebnisse seiner Abteilung, um so, quer zu den Konzerngrenzen, zu einer Kooperation zu kommen, wie sie einer hochindustrialisierten Produktionsstufe entspricht. An dieser Stelle greift Rieche ein.

Rieche: Sie haben keinen Haussuchungsbefehl.

Welp: Aber Sie bezweifeln sicher nicht, daß ich einen Haussuchungsbefehl bekomme, wenn ich einigermaßen zutreffende Angaben mache.

Rieche: Und woher wollen Sie diese zutreffenden Angaben nehmen?

Welp: Nehmen Sie einmal an, daß ich als Nebentätigkeit die Fachberatung für ein Industrieunternehmen übernommen habe, das sich für Informationen aus Ihrem Werkbereich interessiert. Zugeben werde ich das selbstverständlich nicht, und beweisen können Sie das ebenfalls nicht.

Rieche: Als Denkspiel wollen wir einmal davon ausgehen.

Welp: Dann können Sie auch unterstellen, daß wir inzwischen ermittelt haben, wo Frau Ingenieur Gerlinde Haferkamp z. Zt. sich aufhält. Ich spreche jetzt als Kriminalbeamter.

Rieche: Ich bezweifle, daß Sie das wissen.

Welp: Wir könnten das feststellen, wenn wir nur aufwendig genug suchen. Es wäre interessant, wenn wir 10 Beamte hoch im Werksgelände erscheinen.

Rieche: Ich sehe Sie und Ihre Begleitmannschaft schon wieder mit enttäuschten Gesichtern abziehen.

Welp: Sie geben also zu, sie besonders gut versteckt zu haben?

Rieche: Ich gebe überhaupt nichts zu.

Welp: Nehmen Sie Vernunft an. Was ich Ihnen hier sage, ist die Auffassung eines Kriminalbeamten. Sie können hier nicht Ihre Privat-Justiz aufmachen. Rechnen Sie fest mit einem Ermittlungsverfahren wegen Freiheitsberaubung. Wir haben Ihr Verhältnis zur Geschäftsleitung analysiert. Selbst wenn wir auf Anhieb nichts finden, würden Sie auffallen, wenn wir Ihnen ein Ermittlungsverfahren anhängen.

Rieche: Einmal unterstellt, ich habe eine Industriespionin gestellt und in Verwahrung genommen, dann können Sie mir ein Verfahren auch dann anhängen, wenn ich sie jetzt freilasse.

Rieche hat dieses Gespräch mitgeschnitten. Aber er kann das Tonband nicht verwenden, da der Vorstand nach Frau Haferkamp fragen würde (angeblich ist sie in Urlaub). Rieche ist unruhig.

[Engpaß] »Man müßte sich einen Fehler leisten können.« Rieche könnte dies, wenn der Vorstand ihn für unentbehrlich hielte. Das ist bei der Mentalität des Vorstandsmitglieds Wilucki nicht zu erwarten.

Rieche hat Angst. »Ich ziehe meine Seele wie einen dicken Bernhardinerhund hinter mir her.«

[Die beste Methode, sich unentbehrlich zu machen, ist die Erpressung] Rieche läßt seinen Feind Wilucki beschatten. Erwin Drescher, Aufklärungsgruppe des Sicherungsdienstes, erhält die Aufgabe, eine immerhin denkbare Entführung dieses Vorstandsmitglieds zu verhindern; hierzu ist erforderlich, daß Drescher ein exaktes Protokoll aller Besuche und Bewegungen Wiluckis außerhalb des Werkes führt.[13] Den Rest erfährt Rieche durch Einbruch in die Tresore des Konzerns M. Jetzt hat er den Beweis, daß Wilucki diesem Konkurrenzkonzern interne Informationen zuleitet und gegen Sicherung seiner Stellung eine Auslieferung des Werks an diesen Konkurrenten im Wege der Fusionierung betreibt. Eine Bezahlung Wiluckis weit über seinem Wert ist für den Konzern M. immer noch preiswerter als eine Bezahlung des reellen Werts der Werksanlage. Rieche mietet zwei Vorbestrafte an und setzt Wilucki in dessen Privatvilla fest, verhört ihn.

Wilucki: Sie sind wohl verrückt, wenn Sie sich am eigenen Vorstand vergreifen.

Rieche: Ich habe hier Beweise.

13 Freitag, 17 Uhr, quer über verstopfte Stadtzentren fliegt Wilucki in Richtung Luxemburg, Brüssel. Hier, zur See und zu den Häfen hin, verdichtet sich die industrielle Landschaft. Dazwischen Mühlen und Altschlösser, innen modern ausgebaut, für Treffs »in Einsamkeit und Freiheit«. Wilucki landet auf einer Waldwiese, verhandelt und speist auf einem dieser Landsitze. Rückkehr 22 Uhr. Der Hubschrauberpilot, der von Wilucki ein Trinkgeld von 50 DM annimmt, hat bereits vorher die Adressen und Zeitpunkte dieses Tageslaufs für 300 DM an Rieches Beauftragte verkauft. Die Belege liegen ca. 1 m voneinander entfernt in der Registratur des Werkes.

Wilucki: Das verstehen Sie doch alles überhaupt nicht. Ziehen Sie sofort Ihre Männer zurück.

Rieche: Was ich verstehe, überlassen Sie mir.

An sich will Rieche das Vorstandsmitglied Wilucki nur »in den Griff bekommen«. Er möchte für Wilucki unentbehrlich sein, einen fähigen Feind in einen fähigen Freund seiner Planstelle verwandeln. Die Wut macht es Wilucki unmöglich, diese Absicht zu durchschauen. Der verzweifelte Rieche: »Vielleicht erkennt der Rumpfvorstand in dieser Sache meine Unentbehrlichkeit.«

[Vorstandsvorsitzer v. Herdorfer, ein Schnell-Schalter]
v. Herdorfer: Ich setze zunächst einmal voraus, daß von diesem Dokument hier niemand erfährt.
Rieche (hoffnungsvoll): Auch nicht die Konzernspitze in Brüssel und New York?
v. Herdorfer: Ich tausche mit Ihnen keine Vertraulichkeiten aus. Ich überlasse es Ihnen, was Sie tun.
Rieche: Die Konzernspitze von M. wäre durchaus ebenbürtig.
v. Herdorfer: Lassen Sie Ihre Spekulationen.
Rieche: Selbstverständlich. Ich habe nur pflichtgemäß gehandelt.
v. Herdorfer: Was Sie melden, ist so weitreichend, daß ich das zunächst überhaupt nicht zur Kenntnis nehme.

[Rieche hat das Vorstandsmitglied Wilucki abserviert] Gespräch zwischen Wilucki und v. Herdorfer.
v. Herdorfer: Da mußt du leider deinen Rücktritt einreichen.
Wilucki: Und das nennst du Freundschaft.
v. Herdorfer: Das einzige, was ich für dich tun kann, ist, daß ich diesen Rieche ebenfalls zum Weggehen bewege. Falls dich das befriedigt.
Wilucki: Und du übernimmst meinen Posten?
v. Herdorfer: In Personalunion.

[Der Konzern M. hat die Mehrheitsansteile des Mutterkonzerns in Brüssel und New York aufgekauft. Wilucki Vorstandsvorsitzer] Rieche, in Abwehrhaltung, vor dem Schreibtisch Wiluckis.

Wilucki: Wir lassen uns nicht von Angestellten erpressen.
Rieche: Ich wehre mich nur gegen den Vorwurf, »versagt zu haben«.
Wilucki: Wo kommen wir da hin, wenn wir uns erpressen lassen?
Rieche: Ich bestehe ja nur darauf, daß es nicht Unfähigkeit war.
Wilucki: Aber Sie verstehen, daß Sie fristlos entlassen sind.
Rieche: Das verstehe ich. Ich bitte aber anzuerkennen, daß eine gewisse reale Chance bestand.
Wilucki: Das gestehe ich Ihnen gern zu. Für unfähig halte ich Sie nicht.
Rieche: Das genügt mir.

[Volksdiener Rieche] Ein langer Anmarschweg das Nerotal hinauf, an Villen der Jahrhundertwende vorbei, vergangene Welt, aber unvergessen, so gelangt Rieche, der grundsätzlich nicht schwitzt[14], weißes Hemd, Weste, dunkelblauer Anzug, im Schulterhalfter eine getreue Nachahmung der künftigen Dienstpistole, zum Bundeskriminalamt. Hier ist ihm eine Stelle als kriminalistischer Hilfsarbeiter zugesagt worden. Rieche wird sie ausbauen.

Er wird auf das Grundgesetz vereidigt. Dieses Grundgesetz soll er in Zukunft schützen.

Dienstvorgesetzter: Wählen Sie die weltliche oder die religiöse Eidesformel?

Rieche: Die religiöse.

14 Der normalerweise auf 2500 km begrenzte Hitzegürtel um den Äquator ist in diesem Jahr aus Gründen, die den Meteorologen rätselhaft sind, auf 5000 km erweitert. Eine Heißlufttasche wird aus Südosten, Saudiarabien, Kleinasien in die Gegend von Wiesbaden geweht.

Projekt: Groß-Weißafrika

> »Es geht in diesem Schlußkampf um die Ideale Altafrikas, ich möchte sagen um die Menschenwürde im alteuropäischen Sinn.«
>
> *Premierminister der Südafrikanischen Union*

> »Die drei Jahrtausende des Individuums sind um.«
>
> *Antonio de Spinola, Portugiesischer General*

> »Die Fremden sind wie Fische in einer Bratpfanne.«
>
> *Partisanenspruch aus der Gegend von Zimbué*

I

Insel Inaccessible, Südatlantik, 1. 7.:
Hubschrauber, voll von Haushaltsgegenständen, trafen ununterbrochen ein. Dazwischen drängten sich Schwärme von Mitarbeitern. In den Gebäuden, die die relativ kleine Grasfläche des Flugfeldes begrenzten, sowie in den Baracken neben der zerschossenen Funkstation ein organisatorisches Durcheinander. »Der Strom derer, die versuchten, hereinzukommen, drängte sich denen entgegen, die wieder hinaus wollten, um weiteres Eigentum zu holen.« Die einzelnen Gebäude waren den verschiedenen Nationen zugewiesen worden. Hier war das rhodesische Gebäude und dort das südafrikanische, während eine Baracke den Resten eines portugiesischen Stabs überlassen war. Die Pavillons an der Vorderseite wurden allmählich mit dem verschiedenartigen Gepäck gefüllt, vor allem mit Kisten voll Nahrungsmitteln und Wein. Hier war auch das Hauptquartier der Union Minière sowie der Eisenbahnverwaltung Kapstadt-Beira. Das Stallgebäude war den Söldnergruppen vorbehalten. Der hinterste Pavillon wurde reserviert gehalten und in verschiedene Bezirke aufgeteilt. In einer Ecke repräsentierten zwei Leute den Rest der Johannesburger Bankkonsortien, in einer anderen hatten, so gut es ging, einige Offiziere ihr Hauptquartier. Auf wenige Quadratmeter beschränkt, gleich neben den Offizieren, waren die Chefverwaltungen oder Oppositionsführungen großer afrikanischer Landstriche lokalisiert, die hier Herrschaftsansprüche über mehrere

Tausend Quadratkilometer, die noch vor einigen Monaten realen Herrschaftsbereichen entsprachen, in dieser Form »ausübten«. Der Times-Korrespondent besaß eine Matratze auf dem Ziegelboden des Flurs, neben ihm waren seine Bücher aufgestapelt, die er glücklicherweise hatte retten können. »Das alles«, schreibt der Söldnerführer Wieslaff, »erinnerte lebhaft an das Deck eines Ozeandampfers, der soeben ausläuft, nur eben in einem größeren Maßstab; Ordnung in das Chaos zu bringen, war allerdings nicht einigen gut ausgebildeten Seeleuten überlassen, die genau wußten, wohin jedes Ding gehört, sondern nach dem Grundsatz ›Jeder für sich selbst‹ den Passagieren selber.«

Cheftheoretiker, General und Diplomat A. de Spinola, der von jeher eine »politische Lösung« dem militärischen Coup vorzog (»Nur die Anpassung an den Geschmack der afrikanischen Rebellen in Form einer radikalen Revolution der Sozialverhältnisse in Gesamtafrika – und dies kostet etwas – kann diesen Kontinent für uns erhalten«), war während des Projekts Groß-Weißafrika kaltgestellt; jetzt, nach der Katastrophe, war er in die Staatsführung berufen worden. Nun fehlten allerdings alle Voraussetzungen für Sanierungspläne in seinem Sinne, er war Skeptiker.

Nachmittags versuchte der Times-Korrespondent, den Cheftheoretiker dieser gescheiterten »Allianz«, General de Spinola, der jetzt als »Regierungssprecher« fungierte, zu interviewen. Einen gefüllten Teekessel und zwei Tassen als Mitbringsel in der Hand, suchte der Korrespondent einen Weg in dieser Baracke, ohne den Besitzstand mehrerer souveräner Staaten zu verletzen; die Mitte des Raumes, die günstigste »freie« Verbindung zu der mit Decken verhängten Ecke des Generals, hielten das Südafrikanische Diamantenmonopol und zwei Agrarbanken besetzt. Der Korrespondent ließ sich auf einem Hocker neben de Spinola nieder, bewirtete den General mit Tee.

Times-Korrespondent: General, Sie sehen krank aus.

General de Spinola: Ich verwahre mich gegen diese Unterstellung.

Times: Nachträglich betrachtet, war dieses ganze Abenteuer für Sie eine Bestätigung, für Ihre Regierung eine ungeheure Niederlage.

de Spinola: Als Sprecher dieser Regierung verwahre ich mich gegen die Bezeichnung Abenteuer.

Times: Aber eine Niederlage war es doch.

de Spinola: Wir konnten nicht anders.

Times: Wer war eigentlich bei dieser Allianz alles mit von der Partie?

de Spinola: Das ist nach wie vor geheim.

Times: Sehe ich das richtig, daß der Grundplan der war, Lybien, die ägyptischen Basen und einzelne Punkte in Guinea, Uganda usf. blitzartig auszuschalten, um dann in Ihrer eigenartigen Koalition das übrige Afrika zu besetzen?

de Spinola: Alles Ihre Spekulation. Da es sich um Geheimsachen handelt, können Sie das alles nicht wissen. Ich gebe Ihnen zu, daß wir zunächst diesen lybischen Streitkräften einen Schlag versetzen mußten. Wir haben sie aber da nicht erwischt, wo wir sie suchten. Ich kann mir das nur durch Verrat erklären. An sich mußte unser Plan idiotensicher funktionieren.

Times: Woran liegt es dann aber, daß Sie jetzt hier auf dieser Steininsel tief im Süden sitzen? Ich glaube, es ist nicht sehr weit von hier bis zum antarktischen Festland. Hatte vielleicht der Generalstab, der dieses Projekt leitete – die Zusammensetzung dieses Stabes ist ja leider ebenfalls geheim –, die Kräfteverhältnisse nicht richtig berechnet?

de Spinola: Dieser Generalstab hat die Kräfte sogar höchst richtig berechnet.

Times: Aber die Sache ging doch schief.

de Spinola: Die Sache ging schief, weil dritte Nationen eingriffen. In dieser Hinsicht konnten wir in den letzten Stunden der Katastrophe eine Reihe beachtenswerter Feststellungen machen.

Times: Und damit hatte niemand gerechnet?

de Spinola: Selbstverständlich wurde damit gerechnet.

Times: Und warum haben Sie trotzdem den Angriff gestartet?

de Spinola: Wir konnten nicht anders. Die Situation wäre in einem Jahr nur noch schlimmer gewesen. Es war die letzte Chance für einen Schlag.

Times: Warum wurde das Projekt nicht mit den USA abgestimmt?

de Spinola: Woher wollen Sie wissen, daß wir das nicht abgestimmt haben?

Times: Wir schließen das daraus, daß die Regierung der USA vier Tage brauchte, um sich auf die Situation einzustellen.

de Spinola: Zugegeben. Wir fürchteten, daß die Experten in Washington uns diesen Plan eines exzentrischen Durchstoßes nach Norden, mit allen beweglichen Kräften ausgeführt, als zu riskant ausreden würden. Dieser im Grunde immer noch grandiose Plan hat in der Militärgeschichte kaum Vorbilder, allenfalls ähnelt ihm Conrad von Hötzendorffs genialer Vormarsch mit der gesamten österreichisch-ungarischen Streitkraft strahlenförmig über Lemberg hinaus nach Südpolen, August 1914.

Times: Mißlang das nicht auch?

de Spinola: Es mißlang, aber es war ein glänzender Plan.

Times: Und um diese Idee nicht zu gefährden, haben Sie Nachrichtensperre gegenüber Ihrem wichtigsten potentiellen Helfer, den USA, gewahrt?

de Spinola: Wir hatten Kontakte informeller Art mit einzelnen Gruppen in den Apparaten in Washington. Leider mußten die im entscheidenden Moment in Deckung bleiben, da sich die Sache nicht gleich so entwickelte, wie wir dachten. Hätten wir einen Erfolg gehabt, dann hätten diese Gruppen die mit uns getroffenen Absprachen aufdecken können. Alles, was wir brauchten, wäre ein US-Luftschirm für 24 bis 26 Stunden gewesen, der Gesamtafrika gegenüber Drittschlägen zuverlässig absichert.

Times: Und danach wollten Sie das Ganze in Planquadrate einteilen und unterdrücken?

de Spinola: Ich verwahre mich gegen den Ausdruck »unterdrücken«.

Times: Sie mußten doch mit riesigen Partisanenarmeen rechnen, die sich sofort in den Busch schlagen.

de Spinola: Da lagen Pläne vor.

Times: Was hätten Sie denn mit der Bevölkerung gemacht?

de Spinola: Wir hätten die Gebiete in Bezirke eingeteilt, die Verbindungen zwischen diesen Bezirken abgeblockt und dann Stück für Stück befriedet.

Times: Dann hätten Sie die Bevölkerung praktisch beseitigen müssen?

de Spinola: Das sehen Sie alles etwas laienhaft. Es ist ja auch nicht meine Planung gewesen. Natürlich hätte es Verluste in der Bevölkerung gegeben.

Times: Sie hätten sie praktisch ausrotten müssen.

de Spinola: Gegen diese Bezeichnung muß ich mich verwahren. Aber ist an sich diese Bevölkerung unersetzlich? Dieses schöne, riesige Land hätten wir notfalls auch mit importierten Arbeitskräften aus Portugal, Süditalien usf. erschließen können. Sehen Sie es doch einmal positiv, von der Erschließung des Landes her.

Times: Nicht Ihnen persönlich, aber den Planern dieser Katastrophe wird vorgeworfen, sie hätten kein Gewissen.

de Spinola: Selbstverständlich haben die ein Gewissen. Ich würde aber nicht so sehr von Gewissen sprechen, sondern mehr von »Wesen-Wissen«; es geht um das Beurteilungsvermögen für das, was wesentlich ist.

Times: Wesentlich scheint mir, daß von Ihrem ganzen Traum diese Insel übriggeblieben ist, ein paar Zivilisten, ein bis zwei Flugzeuge, wenige Panzer, zwei Bataillone Marineinfanterie, drei bis vier beschädigte Schiffe, eine von Ihnen selbst zerschossene Funkstation, als Sie diese Insel hier illegal besetzten.

de Spinola: Ja, die Funkstation muß wieder in Gang gebracht werden. Das ist für uns das Allerwichtigste, daß wir wieder eine Verbindung zur Welt erhalten.

Times: Aber Sie werden doch sofort ausgeräumt, wenn bekannt wird, daß Sie hier sind.

de Spinola: Es kommt darauf an, daß wir die Funkstation wieder in Gang bringen, weil wir unsere Forderungen nach fairen Friedensgesprächen nur so in die Weltöffentlichkeit einbringen können.

Times: Und Sie meinen, daß Ihre Friedensvorschläge dort als Sensation empfunden werden? Täuschen Sie sich da nicht?

de Spinola: Das ist jetzt auch schon egal, ob ich mich da täusche. Vor allem muß man auf uns hören. Wir haben noch an versteckten Stellen in Afrika einige kämpfende Gruppen, da im Norden, da im östlichen Hochland, im Okawango-Bassin (zeigt auf der Karte) – das ist natürlich vertraulich, was ich hier sage –, die halten da die Stellung. Vielleicht ist das ein Faustpfand. Wir haben jedenfalls nicht mehr als diese Friedensvorschläge mitzuteilen.

Times: Und daß Sie einfach aufgeben?

de Spinola: Das ist für uns, unserer ganzen Einstellung und Vorbildung nach, ausgeschlossen.

[In den ersten Stunden sieht das Projekt »lohnend« aus, Presseoffizier Oberst Behrens, vom Generalstab in Kapstadt, 26.6.:] »Die sind hier nach Norden durch. Hier nordwestlich ist eine unübersichtliche Lage entstanden. Wenn Sie, bitte, hierher sehen: der Stoß führt aus der zentralafrikanischen Region nach Osten und soll offenbar das hier abschneiden. Das hier ist alles verwüstet. Wir haben jetzt genaue Nachrichten.«
Der Generalstab der Südafrikanischen Union ist zu dieser Stunde selbstverständlich nicht der wirkliche Leiter des Geschehens; die Union gilt offiziell als neutral.[1]

[Die Fluglotsen von Nairobi, 26. 6., 12 Uhr] Vor einer Stunde haben die Fluglotsen den Kontrollturm verlassen. Die in den Gängen des Flughafens wartenden Passagiere werden mit Verpflegungspäckchen und Milchtüten versorgt. Eine Stunde später landen große Mengen lybischer Kampfflugzeuge. Transportmaschinen laden Panzertruppen aus. Die halbe lybische Armee scheint hier konzentriert zu werden. Am Rande des Flugplatzes haben sich die Lotsen versteckt. Sie registrieren von hier aus Zahl, Typ und vermutete Kurse der Maschinen, zählen die Truppenstärke. Zur Kontrolle des Luftraums können sie von hier, aus dem Buschgelände spähend, getrennt von den elektronischen Hilfsmitteln, die im Kontrollturm verblieben sind, nur durch grobe Schätzungen beitragen.

[Beobachtungen einer Tierfängerexpedition westlich von Malagarasi] Eine Tierfängerexpedition, teils in Jeeps, teils in Hubschraubern, ist am 27. 6. mittags an einem Punkt 56 km westlich Malagarasi. Der Funkkontakt zur Tierfängerstation

1 Irgendwo im gesamtafrikanischen Raum ist in höhlenartigen Laufgängen ein »interalliierter« Generalstab gebildet, der den Durchbruch nach Norden leitet. Die Mächte, zum Teil auch Söldnertruppen, die mehr oder minder einträchtig an diesem Projekt teilnehmen, sind im technischen Sinne nicht Alliierte. Sie haben sich jedoch zu diesem Schlag zusammengeschlossen und werden hier und im folgenden, trotz völlig gegensätzlicher Auffassungen untereinander, als »Alliierte« bezeichnet.

ist seit zwei Stunden abgerissen. Im Funkäther Störungen, einander überlappende codierte Funkmeldungen. Jetzt sehen die Tierfänger in den Hubschraubern eine endlose Masse von Panzern, eskortiert von Luftstreitkräften, Richtung Kigoma – Moraza. Seitlich liegen die Nikongasümpfe.

Lagebild am 27. 6. abends.
Vorstoß der »alliierten« Streitkräfte nach Norden, wo sie 200 bis 600 km nördlich dieses Kartenausschnittes in einen Kessel geraten. Der Süden ist somit entblößt.

[Oberst Behrens, 27. 6., 2 Uhr früh, provisorischer Gefechtsstand der Nordgruppe zwischen Malakal und Abwong:] »Die sind in zwei konzentrischen Zügen hier und da durch. Das ist entsetzlich. Hiervon westlich ist eine gewisse *Sauerei* entstanden, die wir noch nicht beurteilen können. Das hier ist abgeschnitten. Ich weiß nicht, was ich noch melden soll. Wir haben uns das alles ganz anders gedacht.«
Anschließend fliegt Behrens befehlsgemäß aus dem Kessel heraus. Er beabsichtigt, den erkrankten Regierungschef auf einer Insel im Südatlantik zwecks Berichterstattung zu treffen.
Der Kommandeur der Avantgarde, die in der Gegend von El Fasher steckengeblieben ist, ein Söldneroberst: »C'est le massacre final, qui se prépare.« Er wird sofort abgesetzt und wegen Defaitismus erschossen.

[Meisterleistungen hoher Beweglichkeit innerhalb des sich bildenden Einschließungsrings im Norden] Major Canicado berichtet: Unsere Gesamtstreitkräfte sind im großen und ganzen abgeschnitten. Aber wir können die Kesselränder des Einschließungsrings von hier aus nicht sehen. Insofern sind wir auch wiederum höchst beweglich. Es gibt keine Chance außer der, um jeden Preis in Bewegung zu bleiben. »Auf eine solche Einsicht muß man sofort handeln, oder sie ist für ewig dahin.«

[Hptm. Bertram, Stabsoffizier, »alliierte« Streitkräfte, Nordkessel, Tagesbericht 27. 6.]. »Wir beschränkten uns darauf, aus den Fahrzeugen herauszuholen, was herauszuholen war. Als wir immer weiter nach Norden kamen und keine Flugzeuge sahen, die uns unterstützt und Zigaretten abgeworfen hätten, kam eine ziemlich melancholische Stimmung auf, die Major Kaper, sobald er sie bemerkt hatte, zu unterdrücken versuchte. Die Mannschaft machte Geschäfte mit den letzten Zigaretten. Einer der Soldaten vertauschte seine erstklassigen Kriegsauszeichnungen an einen Kameraden, der Vorstrafen hatte, und mußte sie auf Befehl von Kaper wieder zurücknehmen. Später wurde entdeckt, daß einer der Panzerabwehr-Kanoniere seine im Stützpunkt im Süden zurückgebliebene Freundin für Tabakwaren vertauscht hatte, es waren aber nicht mehr genug Zigaretten in einer Hand, so daß er an drei Mann verkaufen mußte, von denen einer ihn verriet. Major Kaper sah hier von Bestrafung ab, da die Disziplin eine weitere Anspannung jetzt nicht vertragen hätte. Er saß im vordersten Jeep und versuchte, wenigstens die Geschwindigkeit zu halten. Er hatte überhaupt keine Lust mehr zu der Verfolgungsjagd, aber wir waren jetzt so weit von unseren Versorgungsbasen in Zentralafrika entfernt, daß wir ganz nach Norden zur Küste durchstoßen mußten, da wir mit Flugzeugen, die Nachschub abwarfen, hier nicht mehr rechnen konnten. In dieser Verfassung wurden wir von den Rebellen aus dem Hinterhalt überrascht, die uns, ohne daß viel geschossen wurde, gefangennahmen. Die Gefangenen wurden einem Unteroffizier der Rebelleneinheit zugeteilt, der sie irgendwohin als Geiseln in ein Lager bringen sollte. Vielleicht dachte man daran, Aussagen gegen Larraby oder gegen den General der 3. Region des 1. Ostbezirks, Generalmajor Manfred Joler, von ihnen zu erpressen. Wir verloren zwei Jeeps an die Aufständischen, die in hohem Tempo ihre Fahrt fortsetzten. Die Gefangenen wurden in den restlichen Jeeps, die vollkommen überladen waren und sich nur noch im Schrittempo bewegten, fortgeführt. Wir mißtrauten dem Unteroffizier, der die wasserlose Marschroute nach Norden, die durch Steppen- und Wüstengebiete führte, kaum zu kennen schien. Wir glaubten nicht an seine Kenntnisse, versuchten, ihn zu beraten, und schlugen ihn, als er unbelehrbar blieb, nieder. Als unsere befreite Einheit Funkverbindung zu den Panzern des Generals Larraby bekam und die Entfernung sich verringerte und zuletzt die ersten Staubwolken und Panzerwagen am Horizont auftauchten, war das ein großer Augenblick, der uns wieder fester mit der Armee und der Legalität verknüpfte. Larraby saß gleich im ersten Panzer, und die ganze Truppe schwelgte in einem Hochgefühl für den General Larraby und den Oberbefehlshaber, Generaloberst Agoustini, der unten in Rhodesien gerade irgend etwas Großartiges gemacht hatte.

Die Einheit des Majors Kaper wurde nach kurzer Auffrischung nach Dakar verlegt, da sich dort Unruhen unter den Einwohnern ergeben hatten, die aber von Major Kaper nach seiner

Ankunft lokalisiert und behoben wurden. Die Truppe bezog das Opernhaus als Quartier und richtete sich in den Logen ein, in die Telefonleitungen verlegt wurden. Die Offiziere und Unteroffiziere schliefen auf den kleinen roten Plüschbänken, die den Hintergrund der Logen bildeten. Die Vernehmungen wurden im Foyer abgehalten, wo auch die Sekretärinnen arbeiteten. Außerdem stand der Keller zur Verfügung, wo die schärferen Verhöre hinkamen, bis alles aufgeklärt war. Die Leute konnten sich von Loge zu Loge persönlich verständigen, und es war eine blendende Zusammenarbeit mit diesem herrlichen Major Kaper, der hier wieder ganz andere Eigenschaften entwickelte als auf der Verfolgungsjagd. Später trafen sich die Offiziere des Nordens vom Captain aufwärts in einem Ort zweihundert Kilometer im Innern, wohin auch Major Kaper mit dem Flugzeug gebracht wurde. Viele Offiziere, die anderen Militärbezirken angehörten, trafen hier geheime Verabredungen gegen ihre zuständigen Militärbefehlshaber und bekannten sich zu dem herrlichen General Lemanczik, der zu diesem Zeitpunkt die meisten jüngeren Offiziere in ganz Afrika für sich zu gewinnen wußte. Von dieser Fronde der Offiziere wußte aber außer einem ganz engen Kreis um Lemanczik niemand, man wollte auch nicht sofort losschlagen. Die Offiziersgruppe, der Kaper angehörte, schien ›etwas liberaler‹ zu sein als die anderen.

Danach wurde Major Kapers Truppe in Dakar durch Einheiten, die die Stadt hermetisch abriegelten, was aber inzwischen überflüssig geworden war und schnell aufgeklärt wurde, abgelöst. Sie stießen wieder zu General Larraby, der innerhalb des hoffnungslosen Gesamtkessels die Rebellen nach Kenya zurückgetrieben hatte und dabei war, sie langsam abzudrosseln. Die Rebellen vermieden das Gebiet des Victoriasees, so daß man sie nicht ins Wasser treiben konnte, wie es dem General vorschwebte. Die Rebellen experimentierten an einem Durchbruch durch diesen Einschließungsring (nicht zu verwechseln mit dem großen Einschließungsring, der uns selbst, die wir diese Teilgruppe einkesselten, umfaßt hielt), so daß jede Stunde, die man sie probieren ließ, die ganze Einkesselung in Frage stellte. Die Einheit des Major Kaper ging auftragsgemäß innerhalb des Kessels, den Larraby persönlich aufgebaut hatte, vor, und versuchte hier, den Standort der Rebellen ausfindig zu machen und diese Zentrale zu erledigen. Sie hatten Raketensätze auf die Jeeps montiert und brauchten deshalb vor den Rebellen keinen Respekt zu haben. Als sie den Rebellenführer, der jetzt nervös war, beinahe hatten, hörten sie, daß General Lemanczik auf Vorschlag des Konteradmirals und des Generals Larraby in den zentralen Generalstab berufen worden sei und in unbekannter Richtung aus dem Kessel ausgeflogen werden sollte. Gleich darauf kam durch, daß Lemanczik den eigenen Stab in Oran ausgehoben und den Oberbefehl über den Norden an seinen neuen Freund Larraby übertragen habe. Major Kaper und die von ihm befehligten Soldaten wußten, daß damit die Teilnehmer der Fronde, d. h. auch sie selbst, so gut wie tot waren. Sie fanden trotz der Jagdmaschinen, die sie seit einigen Stunden zu beschatten versuchten, aber zu schnell waren, um auf der Spur zu bleiben, aus dem Kessel Larrabys heraus und blieben so lange wie möglich in der Nähe des Urwaldgürtels, in dem sie, wenn Flugzeuge kamen, untertauchen konnten. Sie wechselten in Stundenabstand den Standort, und Major Kaper hielt sich für blitzschnelle Reaktionen bereit.«

[Der Richter von Nairobi 27. 6.]

Ein trüber Tag, auch ziemlich kalt. Sobald wir etwas Höhe erreicht hatten, zogen wir die Mäntel über. Als Assistent des Chefgenerals wurde ich in Afrika wie ein rohes Ei behandelt, und wenn ich auch keinen Inspektionsauftrag hatte, so erschien doch der Zivilgouverneur selbst im Gefängnis, als wir den Verurteilten aus seiner Zelle herausholten. Die Gefängnisverwaltung war mit mehreren Beamten erschienen, damit niemand von den Gefangenen mich anzusprechen wagte oder mir vielleicht Eingaben zustecken konnte. Ich hatte keinen Dienstauftrag und wollte mir das hier lediglich einmal ansehen. Deshalb begleitete ich auch jetzt das Exekutionskommando auf seiner Fahrt, die auf das Plateau hinaufführte. Auf der Fahrt in dem überheizten Wagen, in dem dicken Militärmantel wurde ich bald ziemlich schläfrig, ich versuchte in der Akte zu lesen, aber es war bei dem ständigen Schuckeln des Fahrzeugs nicht möglich, lange zu lesen. Ich fand das Todesurteil absurd, je länger ich las, aber vielleicht war es auch nur die Müdigkeit, die den im Urteil niedergelegten Argumenten ihren Reiz nahm. Ich setzte meinen Wagen vor den des Richters, der einen Stahlhelm aufhatte, wahrscheinlich weil ich dabei war und er es in Anwesenheit eines hohen Offiziers offizieller machen wollte, denn ich konnte mir nicht denken, daß er für jede Hinrichtung den richterlichen Stahlhelm benutzte. Da er sonst in den Graben gefahren wäre, ließ der Richter seinen Wagen anhalten, und ich setzte mich in sein Fahrzeug zu ihm, während mein Fahrer meinen Wagen wieder in die Kolonne eingliederte. Ich versuchte, den Richter zu einem Gnadenakt zu überreden, aber der Richter war dafür nicht in Stimmung.

Am Exekutionsplatz waren einige Abordnungen Schwarze aufgebaut, die die Vollstreckung zur Abschreckung mitansehen sollten. Es war kalt, und ich hatte keine richtige Aufgabe hier. Die Mäntel noch heiß vom überheizten Auto und in diesem Zustand, der dem der Schlafwärme ähnelt, der Kälte ausgesetzt. Ich bemerkte, daß ich zitterte, und ging zwischen den diensttuenden Parteien umher, ziemliche Langeweile, wie gewöhnlich bei Tatortbesichtigungen. Die Phantasie verarmt am Tatort, das ist es, was die Tatortbilder so kalt macht. Außer bei Sittlichkeitsdelikten ohne Todesfolge, mit denen man sich noch am ehesten identifizieren kann. Mein Glied wollte sich aufstellen, eine späte Folge der Rüttelei in den überheizten Wagen, und ich bekam keinen Sinn in die ganze Sache, fror und war doch in ekelhaft warmes Zeug eingepackt.

Ich versuchte noch eine Intervention, weil mir diese Vollstrekkung nicht gefiel, scheiterte aber an meiner mangelnden Vollmacht, obwohl ich im Range höher stand als alle hier auf dem Platz zusammengenommen. Ich war ziemlich verärgert und ließ sie das auch spüren. Gleich darauf wurde der Gefangene erschossen, und wir bestiegen die Fahrzeuge.

IV

[Erfassung der Krise durch Anwendung der Spieltheorie, Starnberg, 26. 6. vormittags] Es war die Stunde der Spieltheoretiker. Mürrmann: »Wir sind in der Lage, nach der Methodik 2-Personen-O-Summen-Spiel jede vorhochkulturelle Krise nicht nur zu simulieren, sondern auch ihren Ausgang vorherzubestimmen. Vorhochkulturell, das sind z. B. Buschneger, Steinzeit, nicht dagegen Indianer oder Kreuzritter. Hier müßten wir Modelle anwenden, die noch im Experimentierstadium sind.« Utz-Peter Reich: »Sie unterschätzen unsere Kapazität. Wir sind in der Lage, jede Krise bis etwa zu der des II. Weltkriegs, planspielmäßig zu verarbeiten[2]. Ich möchte behaupten, daß wir ohne weiteres den Kriegsausbruch von 1914 oder den von 1939 planspielmäßig gewinnen.«[3]

[Tagungshotel Spitzingsee, 26. 6., 16 Uhr] Die Nachricht von der Krise[4] überrascht 62 Friedensforscher, Abrüstungsex-

2 Vergleiche: C. F. Hermann, M. G. Hermann, An Attempt to Simulate the Outbreak of World War I, in: The Am. Pol. Scie. Rev. 61 (1967), S. 400-416, (Ähnlichkeit in »Makroereignissen«, Ähnlichkeit in »Mikroereignissen«).
Nach der sozialen Situation, in der das Spiel stattfindet, unterscheidet man zwei Modi zu spielen, kooperativ und nicht-kooperativ. Der nicht-kooperative Modus wird dadurch beschrieben, daß gilt:

$$x\,(s_1, s_2, \ldots s_n) = y_1\,(s_1) \cdot y_2\,(s_2) \ldots y_n\,(s1),$$
$$x\,(s_1, s_2, \ldots s_n) = y_1\,(s_1) \cdot y_2\,(s_2) \ldots y1\,(s_n),$$
$$0 < y_1\,(s_1) < 1, \quad s_1 = 1 \ldots m_1$$
$$0 < y_2\,(s_2) < 1, \quad s_2 = 1 \ldots m_2$$
$$\vdots$$
$$0 < y_n\,(s_n) < 1, \quad s1 = 1 \ldots m1$$
$$0 < y1\,(s1) < 1, \quad s_n = 1 \ldots m_n$$
$$\sum_{s_1 = 1}^{m_1} y_1\,(s_1) = \sum_{s_2 = 1}^{m_2} y_2\,(s_2) = \ldots = \sum_{s_n = 1}^{m_n} y_n\,(s_n) = 1.$$

Die Wahrscheinlichkeit einer Gesamt-Aktion $x(s_1, s_2, \ldots s_n)$ kann bei nicht-kooperativem Modus nur gleich dem Produkt aus den Wahrscheinlichkeiten aller Einzelaktionen $y_j(s_j)$ sein.

3 »Es ist unter Spieltheoretikern Gewohnheit geworden, sich über die Skrupel, die ›gemischte‹ Strategien erzeugen, hinwegzusetzen. Das Kopf-Wappen-Spiel ist wohl ein plausibles Beispiel dafür, daß eine optimale Strategie darin bestehen kann, zu würfeln; genau betrachtet zeigt die spieltheoretische Analyse hier aber nur, daß die Entscheidungssituation für jeden Spieler nicht anders ist, als wenn er um den Gewinn würfelt. Wenn es um Spielgewinn geht, mag man daraus die Vorschrift ableiten, der Spieler solle seine Strategie erwürfeln, man stelle sich aber vor, es gehe um Tod oder Leben, so dürfte die Schlußfolgerung, die ein Spieler aus der Analyse dieser Situation zieht, wohl anders ausfallen.«

4 Die Nachrichten sind verstümmelt. Telex- und Telefonverbindungen nach Afrika sind unterbrochen. Die Rundfunkstationen haben sich auf die neue Lage noch nicht einstellen können. Sie leiden unter einer Doppelaufgabe:

perten, Steuerungstheoretiker, Geographen, Philosophen, Soziologen, Ethnographen usf., die in Spitzingsee eine internationale Konferenz abhalten. Tagungsthema: »Science in Change: Krise der Lebensbedingungen in der technisch-wissenschaftlichen Welt als Herausforderung an die Wissenschaft«.
»Organisationsprinzipien begrenzen die Kapazität einer Gesellschaft, zu lernen.« Der Theoretiker H. hat das vormittags behauptet, die Mehrzahl der Teilnehmer will das nicht glauben. Die einzelnen Arbeitsgruppen sitzen in Schulungsräumen mit Ausblick auf Teile des Sees, Felsengelände, Regengüsse. Vor sich haben sie kleine Pulte, wie Abgeordnete im Plenarsaal, auf den Pulten stehen Karaffen mit saurem Orangensaft, Arbeitsunterlagen. Außerdem gibt es den Großen Saal sowie die mit Klubsesseln und »Bauernecken« eingerichtete Hotelhalle. Die Tagungsleitung will zunächst kühl reagieren und trotz der Weltsituation die Referate vortragen lassen.

[Begriffsimperialisten in ihrer schwächsten Stunde, a.a.O., 17 Uhr] Die Experten haben sich unter dem Eindruck der Krise aus Tagungsteilnehmern, die noch gestern eine arbeitsfähige wissenschaftliche Öffentlichkeit bildeten, rückverwandelt in die einzelnen Projektleiter, Lehrstuhlinhaber, Fachgebietsbesitzer, d. h. die wissenschaftlichen Individualisten, als die sie zur Tagung angereist sind. In einer der Bauernecken der Halle sind Vertreter des Londoner Instituts für Strategische Studien stationiert, Telefon, ein Rauchtischchen, eine Hotel-

das laufende Programm (Wetter; Zuspruch am Morgen; Mit Musik in den Tag; Ratgeber des Frauenfunks; Werbefunk; Für Haus und Garten; Passiert – notiert; Wirtschaftsberichte; Der Musikladen; Opernkonzert; Ein Walzer für dich und mich, Franz Grothe zum 65. Geburtstag; Aktuelles: betrifft heute Reisernte in Indien; Lokalnachrichten usf.) – in diese fast ganz ausgefüllte Sendezeit müssen sie jetzt drittklassige Meldungen über die afrikanischen Ereignisse, meist Stellungnahmen von Regierungen und Dementis, einfädeln. Physiker Deuerlein, der sich auf Nachrichtenmittel spezialisiert hat, ist zur Auffassung gelangt, daß auf hoher See vor dem afrikanischen Kontinent Schiffe unbekannter Nationalität einen elektronischen Stör-Schirm gelegt haben, der nachrichtenundurchlässig ist. »Wenn sich Nationen nicht zu den von ihnen ausgeführten Kriegshandlungen bekennen, muß man sich das nicht so vorstellen, daß sie die Gesichter der Soldaten schwarz anmalen oder die Kennzeichen ihrer Fahrzeuge übertünchen, sondern sie verleugnen die nationale Zugehörigkeit ihrer Truppen durch Funküberwachung und Nachrichtenfälschung. Nichts, was uns erreicht, ist wahr.«

Schreibmaschine; seitlich davon versucht der Statistiker Berthold, eine Hochrechnung der Toten auf dem afrikanischen Kriegsschauplatz aufzustellen auf Grund einer Nachricht, die vor Errichtung des elektronischen Stör-Schirms aus der Provinz Kordofan durchgedrungen ist; ein US-Institutsleiter hat eine Telefonverbindung nach Massachusetts zustande gebracht und diktiert seiner dortigen Sekretärin die Umbenennung von Haushaltstiteln des Institutshaushalts, die bisher auf lateinamerikanische Projekte lauteten und jetzt auf afrikanische Fragen umgestellt werden. Traurig schluckt Matthias Möller aus Hilter am Teutoburger Wald seinen Gin fizz. 1936 war er noch Schlachtschiffzähler. Vom Fach Kriegsstärkenkunde wechselte er 1945 auf Bildungstheorie in Bonn. Von dem großen Lehrstuhlinhaber Theodor Litt in seiner Ausdehnungsmöglichkeit stark beengt, wird er Begründer der Medientheorie. Jetzt erweist sich – gemessen an dem, was er für die gegenwärtige Krise wissen müßte, daß er 1936 richtiger lag als heute. Für Medienfragen interessiert sich hier keiner.[5]

Die Zone zwischen Rezeption und Bar ist von Soziologie, Sozialpsychologie, Friedensforschung okkupiert. Ein Teil des Großen Saals ist mit an Stühlen befestigten Bindfäden für eine Gruppe Statistiker abgeteilt, rechts davon die Naturwissenschaft; mit dem Gesicht zu einer unbenutzten Filmleinwand eine Philosophengruppe usf.

Die Afrikakenner Siegmann, Freitag und von Löwe sehen ihre Arbeitsgebiete durch die Ereignisse aufgewertet. War das Spezialgebiet des Geopolitikers Gerson bisher auf den Ausschnitt »Bevölkerungsstruktur des Jebel Abyad-Plateaus« begrenzt, so wird er es jetzt auf die gesamte Ostseite des Kontinents erstrecken. Bildungsökonom MacPhearson sucht noch den Einstieg. Er hat im internationalen Vergleich der Volksschulklassenstärken unglücklicherweise gerade Afrika ausgelassen. Die Asienstatistiker Burns, Casalla und Franz Hafner verfügen

5 Isoliert mit seiner Auffassung ist auch der Biologe Campbell: »Kriege können nie länger als sieben Jahre dauern.« Die biologische Grundlage des menschlichen Hirns verbietet das. Die limbischen Lustareale oberhalb des Striatums, d. h. etwa in der Gegend des Mittelhirns, rebellieren nach spätestens 7 Jahren gegen die Versorgungsmängel an Lust, die der Krieg mit sich bringt. Das hat die Geschichte erwiesen! Der sog. Dreißigjährige und der sog. Hundertjährige Krieg dürfen darüber nicht hinwegtäuschen. Es handelt sich hier jeweils um mehrere Kriege!

über einen Zugang zu den jetzt aktuell gewordenen Fragen dadurch, daß sie auch die indischen Bevölkerungsanteile Ost- und Südafrikas in ihre Forschungen immer schon einbezogen haben. Nun nehmen sie alles hinzu, was Suaheli spricht. Debbes Habilitationsschrift betrifft Grenzziehungsprobleme in Schwarzafrika 1903 bis 1912; er entschließt sich zur zeitlichen Ausweitung seines Fachgebietes bis 1953. Wenn er das alles bearbeitet hat, ist er siebzig. Man müßte 2, 3 Leben haben, um 2, 3 Lehrstühle ausfüllen zu können, die sich auf Grund der veränderten Aktualitätslage jetzt ergattern ließen. Dem Anthropologen Meermann sind seinerzeit Keulenfunde in Sambia (Frühsteinzeit) gelungen. Das ist jetzt äußerst aktuell, genau am Ort des Geschehens. (Es hat übrigens den Anschein, daß die Truppen unbekannter Nationalität, die in Afrika von Süd nach Nord vorrücken, »keulenförmig« vorgehen.) Für die Methodologen David, Mérimée und Dörflein geht es um keine bloß **örtliche** oder **zeitliche** Ausdehnung ihrer Untersuchungsgebiete. Sie schlagen ihrem Interessenkreis alle Gebiete zu, die sie **methodologisch** berühren.[6] Übergreifend hierzu verhält sich der Anspruch der **Steuerungstheoretiker.** Als Vertreter eines **»ethischen Imperialismus«** stellt sich Außenpolitikexperte Jappmann noch über den methodologischen und steuerungstheoretischen Ansatz. Wäre er so unhöflich, offen zu sagen, was er denkt, würde er sagen: »Es kommt auf eine **Gesamtansicht** an, die ja gerade das ethische Moment nicht auslassen darf!« Relativ still, ihre Zurückhaltung ist die Spitze des Hochmuts, verhalten sich Merton und Sachs-Villatte jr., die noch vor dem Besuch dieser Tagung das Manuskript zu »Définition de la suggestion collective de l'idée de mort« abgeschlossen haben. Ihnen genügt es, selber einzuschätzen, wie sehr dieser Ansatz auf das gegenwärtige Krisenmoment der Welt paßt.[7] Der Atomphysiker und Mathematiker Philipps hat einen noch höher stehenden Blickpunkt bezogen. **Er**

6 Künnecke und René Husard, Strukturalisten, beanspruchen eine *Gesamtsicht* der Welt aus der magischen Perspektive als ihr Fachgebiet. Ihre »Revision de la théorie générale de la Magie« werden sie, unter dem Eindruck der Krise, von zwei Bänden auf sechs Bände bringen. Sie machen geltend: »Wir sind nicht nur Ethnographen, Philosophen, Soziologen, sondern als Experten der von uns angewandten Methode zuständig für das Gesamtgebiet des Planeten, soweit dort Menschen wohnen, also z. B. Antarktis nur begrenzt.«

durchschaut den Ernst der Situation. Er hat sich in einen Nebenraum zurückgezogen, in dem die Hotelleitung ein Klavier abgestellt hat, und spielt einer Bedienung Schubertlieder vor. Die Bedienung summt mit, tut so, als ob sie diese Lieder schon kennt. Die *vielleicht letzten Stunden vor einem Weltende* will Philipps mit einem menschlichen, d. h. musikalischen Interesse verbringen.

Tagungsleiter Bartels (zu dem Steuerungstheoretiker L.): Irgendwie müssen wir die Sache mit Afrika auf den Begriff bringen.

L.: Ich wüßte schon, wie.

Bartels: Aber ich sehe nicht, wie wir diese zerfaserten Leute hier zum Arbeiten bringen sollen.

L.: Sie meinen, weil die jetzt ihre Laufbahninteressen erst einmal koordinieren? Sie müssen das nüchtern betrachten. Zusammengenommen, entwickelt sich das zu einem ganz brauchbaren System.

Bartels: Aber wie soll ich die zum Zusammewirken bringen?

L.: Warten Sie das mal ab. Das ist meine Spezialität. Ich werde Ihnen bis 24 Uhr dieses Ganze in ein steuerbares System bringen.

Bartels: Wetten, daß nicht?

L.: Um eine Flasche französischen Champagner.

Bartels: Hoffentlich haben wir noch die Zeit, diese Flasche auszutrinken.

[Das Schwächemoment der Konferenz muß geheim bleiben.]

Bartels (zu dem Zeitungswissenschaftler Mangold): Wie kann man diese Journalistin, Frau Jeremias, die Sie schließlich hier-

7 Moll und Bullmann, ursprünglich Biologen, jetzt Rüstungsexperten, sowie ein Vertreter des schwedischen Instituts für Abrüstungsfragen hätten wichtige Beiträge einzubringen, die die Nachrichten vom afrikanischen Kontinent aufschlüsseln könnten. Sie müssen aber erst für die Kollegen eine Verständnisgrundlage herstellen, die Fachausdrücke erklären; für sie besteht der Nachmittag in Erwachsenenbildung.

her eingeladen haben, daran hindern, später – falls das alles noch einmal gut abgeht – über diese Konfusion hier zu schreiben?

Mangold: Ich wüßte nicht, wie man sie hindern kann.

Bartels: Ich hoffe ja immer noch, daß dies in Afrika nur eine Art Vorkrise ist. Vielleicht käme dann gar nicht heraus, daß die Konferenz derart versagt hat – wenn nicht diese Frau Jeremias darüber schreibt.

Mangold: Man müßte eine Nachrichtensperre verhängen.

Bartels: Wie stellen Sie sich das vor? Könnten wir sie am Telefonieren hindern?

Mangold: Machen Sie das doch.

Bartels: Und nachher, wenn sie abreist?

Mangold: Denken Sie denn – immer unterstellt, daß das alles noch einmal gut geht –, daß diese Afrikasache länger als ein bis zwei Wochen aktuell bleibt?

Bartels: Da haben Sie recht. Den Artikel nimmt dann keiner mehr.

[Die Welt erwartet von der Wissenschaft eine Antwort auf die verfahrene Weltlage bis 21 Uhr]

Fredersdorf, Physiker, Nobelpreisträger, Platokenner (zu dem auf ihn einredenden L.): Sie reden immer davon, daß die »unermeßliche Weltkomplexität« durch Komplexreduktion auf ein System zurückgeführt werden muß, das Entscheidungen und Handlungsanweisungen, auch in dieser verfransten Lage, möglich macht. Aber wir wissen doch über die Afrikakrise überhaupt nichts. Uns erreichen ein paar Radionachrichten. Die sind schließlich nicht komplex. Eher würde ich sagen: sie sind übersehbar.
L.: Das ist richtig. Aber die Interessen der Tagungsteilnehmer sind ziemlich komplex. Die Komplexität ist diesmal nicht draußen, sondern hier bei uns drinnen.

In geduldiger Reduktionsarbeit hat L. gegen 24 Uhr ein Einteilungsschema für die in Fach-, Projekt- und Lehrstuhlbereiche zerfallende innere Welt dieser Tagung gefunden. Die Komplexitäten Afrika, Lateinamerika, Welt sind nach den Systembegriffen: Ort, Zeit, Macht, Geld, Waffenpotential, Vertrauen, Meinung, Einfluß, Wahrheit, Richtigkeit und Angemessenheit, unter Abbau systemhemmender Hierarchien, **sämtlich auf einer Ebene** nebeneinandergestellt. In einem Querraster ist die Vorgeschichte der Menschengattung geordnet:

Gesellschaftsformationen

vorhochkulturell hochkulturell traditional modern kapitalistisch (Liberalkapitalismus organis. Kapitalismus) postkapitalistisch postmodern	Klassengesellschaften

Die Reduktion beinhaltet Arbeitsgebiete samt Erweiterungsansprüchen für 62 Experten bis zum Pensionsdienstalter.

L.: »Diese Antwort der Wissenschaft auf die krisenartige Weltsituation konnte immerhin mit nur drei Stunden Verspätung formuliert werden.«

[Das Unrealistische, das den Standpunkt der Minorität dieser Tagung kennzeichnet, Spitzingsee, 27. 9., 1 Uhr nachts]
Zwölf jüngere Tagungsteilnehmer sagen: »So geht es nicht. Die Afrikakrise draußen ist eine Herausforderung an die Wissenschaft, die durch eine systematische Zusammenfassung der unzulänglichen vorhandenen Kräfte nicht beantwortet wird.« Sie verlangen einen anderen Verlauf der Diskussion.

Fredersdorf (von dieser Minorität um Intervention bei der Tagungsleitung gebeten[8], zu Bartels): Sie müssen einfach zugeben, daß da etwas dran ist.

8 Gehen sie zu Bartels, schickt er sie unter Hinweis darauf, daß sie eine Minderheit sind, wieder weg. Das kann er mit Fredersdorf nicht machen.

Bartels: Mein lieber Fredersdorf, Sie können doch nicht verlangen, daß wir die Wissenschaft, nur weil sie nach Ansicht einer kleinen Minderheit hier versagt – ich möchte mich gegen eine solche scharfe Formulierung durchaus verwahren –, jetzt heute nacht umkrempeln. Selbst wenn ich das für richtig hielte, wir würden das schon zeitlich gar nicht schaffen.

Fredersdorf: Ich rede ja auch nicht für mich. Aber könnten Sie sich nicht einmal auf den Standpunkt stellen, daß an dieser Kritik etwas Berechtigtes ist. Es ist eine Frage der Gewissenhaftigkeit.

Bartels: In dieser Gewissenhaftigkeit steckt aber auch ein gutes Stück handwerklichen Hochmuts!

Fredersdorf: Zugegeben. Aber man kann sie auch nicht einfach wegwischen.

Bartels: Sehen Sie, keiner gibt mehr, als er hat. Wenn wir hier in einer Nachtdebatte, die Teilnehmer sind ja jetzt allmählich auch müde, den ganzen Aufbau der Wissenschaft aufrollen (und das müssen wir ja wohl, wenn sie andere Antworten geben soll), dann müßten wir in der Kinderzeit der Kollegen, mit ihrem ganzen Triebunterbau, anfangen.

Fredersdorf: Nicht zu vergessen die Gattungsgeschichte der Erkenntnis.

Bartels: Richtig. Bei Adam und Eva. Einerseits von Stammhirn bis Großhirn, andererseits von Abélard über Reformation, Aufklärung bis zur Kritischen Theorie den Wissenschaftsaufbau umbauen. Sie glauben doch wohl nicht, daß wir das bis heute früh schaffen? Und wenn es länger dauert, ist es wiederum unsinnig, weil wir in dieser Krisenlage überhaupt nicht wissen können, ob wir noch so lange leben.

Fredersdorf: Bartels, das ist doch ein alter Trick. Sie weiten die Kritik derart aus, daß sie unsinnig wird.

Bartels: Aber Sie müssen doch umgekehrt zugeben, daß der Wunsch dieser Minderheit, die jetzt plötzlich eine neue Wissenschaft erzwingen will, indem sie die Diskussion darüber erzwingt, etwas Unrealistisches hat.

Fredersdorf: Das gebe ich Ihnen zu. Aber nehmen Sie einmal so einen typisch unrealistischen Satz von Kant: »Der Friede«, sagt er, »wäre nicht nur bewirkt, sondern für alle Zukunft gesichert, wenn das Gebot ›Du sollst nicht lügen‹ Grundsatz werden würde.« Das wäre z. B. zwar unrealistisch, aber doch nicht von der Hand zu weisen.

Bartels: Meinetwegen. Wir können ja ab morgen früh mal damit anfangen. Wir können es auch als Motto für die Tagung nehmen. Ich wehre mich ja bloß gegen die Nachtdiskussion, weil sie die Teilnehmer überfordert. Für Frieden sind wir ja doch wohl alle, nicht wahr?

[Kellerraum des Hotels Spitzingsee, 27. 6., gegen 2 Uhr]
Der letzte Vertreter der Kritischen Theorie, H., ein empfindlicher Seismograph[9], hat sich in einen Kellerraum des Hotels zurückgezogen. Hier, blind, da man das Blicken auf geweißte Kellerwände nicht als »Sehen« bezeichnen kann, versucht er, sich einen Überblick zu verschaffen. Den Nachmittag über hat er die *begriffsimperialistischen* Schwächen einer rein steuerungssystematischen Begriffsbildung (»Den Fuß beschneiden, damit der Stiefel paßt«) nachgewiesen. Aber die Mehrheitler auf dieser Tagung folgen ihm nicht. Er hat die verzweifelte Weltsituation dieses Tages, die für Steuerungstheoretiker neu sein mag, schon viel früher tief empfunden. Neu ist ihm die eigene Reaktion auf die Lage. Diese Reaktion verletzt ihn. »Gleichzeitig erwachte, mir selbst zum Entsetzen, ein ganz neuer Sinn, eine Art von kalter Neugier.«
Rasch fährt sein Stift über den Notizzettel. Falls es noch zur Veröffentlichung eines Bändchens kommen wird, wird es folgende Notiz enthalten: Wir können seit mehr als hundert Jahren den Zynismus eines sich selbst gleichsam dementierenden

9 H. war so sensibel, vermochte so »mit den Köpfen anderer zu denken (und in seinem Kopf dachten andere)«, daß er, wenn jemand den Mund öffnete, vorher wußte, was der sagen wird. Solche Sensibilität verurteilt denjenigen, der sie hat, in einer Krisensituation wie der vom 26./27. 6. zur Bewegungslosigkeit. Er kann in dieser Verfassung einen zur Tür Hereintretenden (als unerträglichen Zusatz äußerer Realität zur überflutenden inneren) *so entsetzt* anblicken, daß dieser sich sagt: »Ich will das nie wieder tun, ich will das nie wieder tun!« Dabei wollte H. keineswegs schrecken oder strafen.

bürgerlichen Bewußtseins beobachten: in der Philosophie, in einem durch Kulturpessimismus bestimmten Zeitbewußtsein und in der politischen Theorie. Nietzsche radikalisierte die Erfahrung, daß die Ideen, denen eine Wirklichkeit konfrontiert werden könnte, eingezogen werden: »Denn warum ist die Heraufkunft des Nihilismus notwendig? Weil unsere bisherigen Werte selbst es sind, die in ihm ihre letzte Folgerung ziehen; weil der Nihilismus die zu Ende gedachte Logik unserer großen Werte und Ideale ist – weil wir den Nihilismus erst erleben müssen, um dahinter zu kommen, was eigentlich der Wert dieser ›Werte‹ war.« (Nietzsche, Werke, ed. Schlechta, Bd. III, S. 635).

[Hotel Spitzingsee, 27. 6., früh. Jetzt hat sich in diesem Talkessel eine Wolkenwand gefangen.] Erinnernd an japanische Landschaften, ziehen Regenschleier durch die Berghänge, fegen über den See hin, ein Überhang an Gesamt-Natur, während die Tagungsteilnehmer, wäre nicht die Krise, an einer Teil-Natur interessiert wären: Sonne, nicht zu intensiv, aber hautbräunend.

Die Geschäftsleitung des Tagungshotels hat für hoffnungsfrohere Tage ein Mannequin aus Frankfurt engagiert, das einzelne oder mehrere Tagungsmitglieder »betreuen« kann, auch Verstärkung aus München heranführen könnte. Sie hat einen der trostlosen Spezialisten dieser Tagung beiseite geschafft und massiert ihn, dem schon alles gleichgültig geworden ist (sein Referat hat er infolge des Nichtzuhörenkönnens der Teilnehmer nicht halten dürfen), auf einer Couch, die sie an das geöffnete Fenster gerückt hat. »Eine Luftdusche«.

Jetzt hat sie ihn eingeölt, betastet.

»Ich will«, sagt sie, »in diesem Winter wieder nach Malindi fahren. Man fliegt über Zürich, Bengasi, Nairobi, Daressalam, von da mit der Küstenbahn, dann Omnibus ... Als ich letztes Mal in Kenya war, das ist kein Land zum Arbeiten, weil es zu heiß ist, obwohl an der Küste, da ist Wind, aber im Landesinnern habe ich eine Baumwollfabrik, wenig Fabriken dort, besichtigt. Es war unter diesem Blechdach nicht 5 Minuten auszuhalten, nicht einmal, wenn man sich nicht bewegt, was erst, wenn einer da arbeiten will, aber für die Touristen an der Küste: herrlich. Ich wollte gar nicht wieder weg. Man kann

dort, weil die Regierung so mißtrauisch ist, keine Grundstücke erwerben. Die machen das alles falsch. Die könnten so viel Geld ins Land ziehen, wie sie wollen, wenn man uns machen lassen würde; denn das ist das einzige Geld, was sie hereinbringen können. Ich jedenfalls fahre hin und würde auch dir raten, einen solchen Plan für den Winter vorzusehen. Da ist z. B. gleich an der Küste ein Naturschutzgebiet, da fahren wir mit dem Boot hin. Durch den Glasboden des Flachbootes siehst du, wenn der guide ein Stück Käse rauswirft, unzählige Fische in Farben, die hast du überhaupt noch nicht gesehen. Jagen darfst du sie allerdings nicht. Da kannst du schnorcheln. Da schmeiß ich doch dafür das Mittelmeer einfach weg. Mach doch den Plan für den Winter.«
»Wenn wir noch leben«, sagte der Wissenschaftler. Er fürchtete, daß sich auf der Tagung ein grippeerkrankter japanischer Theoretiker aufhielt, der den gesamten Teilnehmerkreis angesteckt haben konnte, gerade jetzt im Krisenzusammenhang, den es doch mit frischen Kräften zu studieren galt.

V

[Unverschlüsselter Funkspruch aus dem Raum Lusaka 27. 6.] »Achtung, 6. Kompanie auf Stellungen Muzabuke-Kafue zurückziehen.« Sämtliche Meldungen anderer afrikanischer Orte sind verschlüsselt.

[In der Gegend von Rakops, am Ufer der Botletlesümpfe, nordwestlich Lake Dow, 27. 6., 22.00 Uhr] Eine nicht identifizierte, nichtafrikanische Macht hat in diesem Niemandsland seit zwei Stunden Voraustruppen sowie Techniker gelandet, die den Wüstenboden mit einer Plastikschaumauflage überdekken. Hier entsteht in wenigen Minuten eine Landefläche, auf der im Lufttransport sechs Kampfdivisionen mit schweren Waffen, vielleicht verschiedener Nationalität, gelandet werden. Luftschirm über der Landestelle, der aus Richtung der Südafrikanischen Union von mehreren Jagdgeschwadern angegriffen wird. Diese Angriffe scheitern.

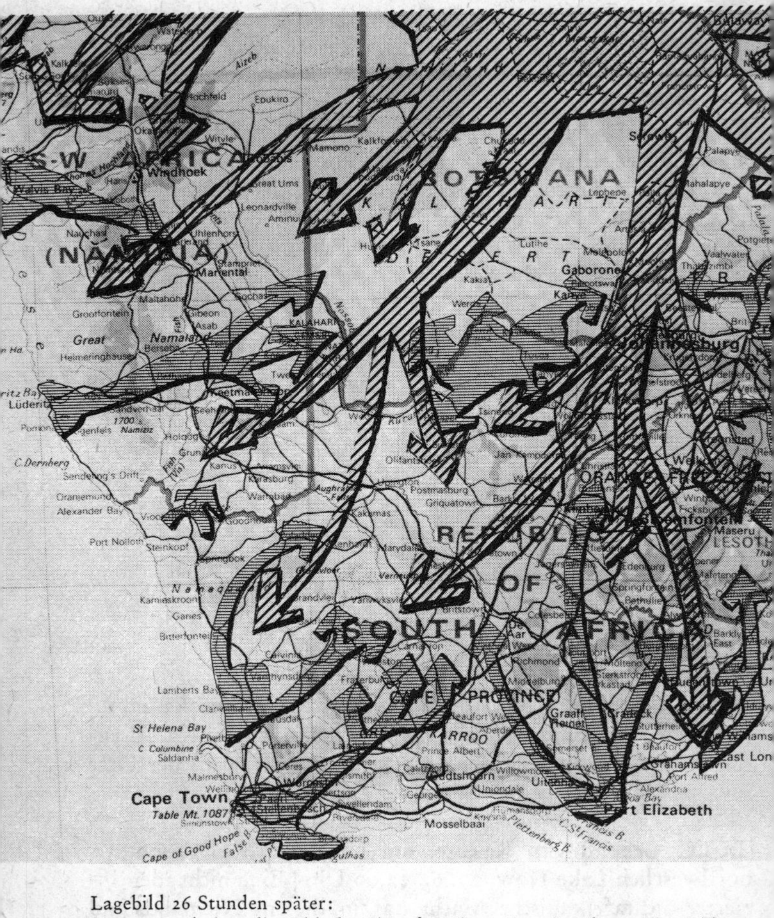

Lagebild 26 Stunden später:

Kartenausschnitt: die Schlacht Bitterfontain – East London – Cape Town, die für die »Alliierten« einen katastrophalen Ausgang nimmt. Nach Auffassung des Pressesprechers der Südafrikanischen Union verletzt sie dagegen die »Neutralität« dieser Union.

Der letzte Rektor der Freien Universität Kapstadt

Es blieb kein begründeter Zweifel, daß Kapstadt noch in dieser Nacht von den Schwarzen genommen würde, die in mehreren Marschsäulen von Betschuanaland, von Basutoland, von den Siedlungen Lauda, St. Kathrin, Bunnel herankamen. Die wilden Schießereien überall in der Stadt, die zahlreichen Geiselerschießungen und viele andere Maßnahmen vermochten an diesem Ergebnis wenig zu ändern. *Forschung und Lehre* sind in ihrer Masse auf Schiffe verlagert und in allgemeiner Richtung Südpol in Bewegung gesetzt. Es soll versucht werden, die Inselgruppe *Tristan da Cunha* zu erreichen, dort eine *Front* zu bilden. Die Lage war verzweifelt, und der Rektor rechnete fest mit seiner Verhaftung in wenigen Stunden, der er sich nicht entziehen wollte, weil er das nur durch Flucht hätte tun können. Außerdem war der Erfolg einer Flucht ungewiß, denn jedes Schiff, das jetzt noch Kapstadt verlassen konnte, war bedroht durch die Jagdflugzeuge, die die Schwarzen durch die Eroberung aller Flugplätze im Norden und Mittelteil des Landes zur Verfügung hatten. Er glaubte auch, daß es vielleicht doch noch, später einmal, auf das persönliche Vorbild ankäme, das er jetzt abgab. Das Ende seiner Zeit, seiner Generation, seines wissenschaftlichen Faches, seiner Rasse und seiner Wahlheimat (bis 1945 war er Gefängnisdirektor in Deutschland) schien ihm noch nicht gekommen. Etwas anderes anzunehmen, wäre der erste Schritt zur Selbstvernichtung gewesen. Bereits alleingelassen, die Schwarzen im Anmarsch, Aufruhr in der Stadt, er selbst waffenlos – wenn man die Waffen des Geistes einmal nicht rechnet –, blieb ihm kein Ausweg als der der *Hoffnung*, und an diesen Ausweg klammerte sich all seine Vernunft, die in dem hageren, noch keineswegs ganz alten Körper steckte.

In den Morgenstunden des folgenden Tages wurde der Rektor in seinen Amtsräumen von den schwarzen Offizieren, die durch Armbinden als Offiziere kenntlich gemacht waren, verhaftet; die bewaffneten Negertrupps hatten die Stadt fest in der Hand, und auf dem Weg zur Stadthalle passierte der kleine Gefangenentrupp, der von der Universität kam, zahlreiche Straßenposten und Barrikaden. In der Stadthalle wurde der Rektor mit einigen anderen prominenten Personen der Presse vorgestellt. Die Verhandlungsformen waren bis dahin höflich. Der

Rektor begann insofern zu hoffen, als er diese höflichen Umgangsformen als Schwäche ansah, beruhend auf dem alteingewurzelten Minderwertigkeitskomplex des schwarzen Mannes vor dem weißen Mann. Die Pressevertreter waren fast ausnahmslos schwarz oder asiatisch, wenige Südamerikaner, europäische Korrespondenten waren nicht erschienen. Die Versammlung mußte sich eine Weile gedulden, bis die schwarzen Vernehmungsoffiziere eintrafen, die die gefangene Prominenz öffentlich verhören sollten. Einige der Presseleute und Gefangenen vertrieben sich die Zeit mit Kartenspielen. Die Bewacher verhielten sich aufmerksam und ruhig. Der Rektor konnte nicht glauben, daß mit diesem Tag das Ende der Südafrikanischen Union gekommen sein sollte. Vor allem aber glaubte er nicht daran, daß seine Karriere als Wissenschaftler und als Chef der Akademischen Verwaltung von Kapstadt jetzt beendet wäre. Wie wollten diese Schwarzen denn eine Universität regieren? Woher sollten sie die Formen und Gepflogenheiten der akademischen Verwaltung, der tausendjährigen Universitätstradition – im Grunde seit Paris und Bologna im 12. Jahrhundert – kennen? Er war sicher, daß sich die neue Regierung früher oder später an ihn wenden müßte. Vom Hafen her waren Schüsse zu hören, eroberte Haubitzen feuerten auf sich entfernende Schiffe. Die Kartenspieler unterbrachen ihr Spiel einen Augenblick. Der Rektor fühlte Zähigkeit und Optimismus wiederkommen nach der aufgeregt durchwachten Nacht. Er hielt diese Veranstaltung hier für einen Bluff, um ihn und andere zu erschrecken und so die spätere Zusammenarbeit vorzubereiten

Später erschienen die Vernehmungsoffiziere. Die Magnifizenz, die für diese Notsituation, mit der sie gerechnet hatte, schon in der Nacht das Amtskleid angezogen und die Halskette der Kapstadter Rektoren umgelegt hatte, versuchte, dem verhörenden Schwarzen fest in die Augen zu sehen und ihn zu zwingen, wegzusehen und ihn so die Macht des Weißen noch einmal spüren zu lassen, denn die Schwarzen halten den Blick eines Weißen nicht lange aus; aber der vernehmende Offizier sah hierhin und dorthin, sah auf seine Papiere und redete mit dem Rektor, ließ sich indes von dem auf ihn gerichteten Blick nicht einfangen. Nach einem kurzen Verhör, das im wesentlichen zur Information der Presseberichterstatter über den Rang der Gefangenen diente, wurden die Gefangenen auf ehemalige Militär-Kamions verladen und ins Innere Afrikas transportiert.

VI

[NATO-Zentrale in der Nähe einer baumreichen Ortschaft in Belgien, 26. 6.] Man konnte vom Krieg an sich deshalb nicht sprechen, weil keine Nation sich für diese Geschehnisse, die blitzkriegartig in Afrika abrollten, verantwortlich erklärte. Die Durchbrüche, Einkesselungen erfolgten »nationslos«. Vizeadmiral Brieux – »Ich weiß, daß ich nichts weiß« –: »Ich möchte die Lage vor allem als unübersichtlich kennzeichnen.

[Höhle bei Bern, Schweizer Generalstab, Nahtstellenexperte Dr. Gmür, 26. 6.] Dr. Gmür, zuständig für die laufende Berechnung des Gleichgewichts der Abschreckung zwischen den internationalen Bündnissystemen, Chefrechner im Generalstab für Gefahren, die die Neutralität der Schweiz bedrohen:
»Angenommen, ein CEP von 1/4 nautischer Meile (ca. 460 m = 1400 Fuß) bei 5 Megatonnenkopf gegen ein 200 psi geschütztes Ziel. Das wäre 99%ige Zerstörung *im ersten Schlag*. Das vorausgesetzt, muß der Gegner annehmen, daß zwar nicht jede Abwehrraketenstellung *direkt* getroffen wird, aber der *Gegner* kann damit rechnen, daß der aufgeworfene *Kraterrand*, der sog. Maulwurfshügel, jede nicht getroffene Stellung zuschüttet; also entweder getroffen oder durch die aufgeworfene Erdmasse des Kraterrandes verschüttet. Wo ist dann die Abschreckung des zweiten Schlages, wenn die überhaupt nicht mehr zum Schießen kommen? Die können sich doch nicht durchwühlen wie die Maulwürfe, bzw. die Rückantwortgeschosse können dies nicht. Das ist das Ende der Abschreckung. Ich wage nicht zu sagen, was jetzt passiert!«
Chef des Nachschubwesens (trocken): »Und wen bezeichnen Sie hier als Gegner?« Das ist der Kernpunkt der konkreten Situation, da von der Schweiz aus zur Zeit gar nicht zu bestimmen ist, wer Gegner ist. Seit 5 Uhr früh steht fest, daß

die Allianzen nichts mehr taugen. Drittklassige Nationen haben Kernenergiewaffen eingesetzt, weigern sich aber, dies zuzugestehen. Es sind auf dem afrikanischen Schauplatz Gegenkräfte festzustellen, bei denen nicht ausgeschlossen werden kann, daß sich Großmächte oder Bündnissysteme engagiert haben.

[New York, UNO-Gebäude, Büro des 2. Assistenten des Generalsekretärs, 26. 6.] Der 2. Assistent des Generalsekretärs der UNO besitzt Mathematikkenntnisse. Er hat die Entscheidungschance im Sicherheitsrat der UNO (11 Mitglieder, davon 5 ständige; Mehrheitsbeschluß bei 7 Mitgliedern einschließlich der 5 ständigen) errechnet. L = Einflußchancen = 1,197 für jedes ständige Mitglied, 0,002 für jedes nichtständige Mitglied. »Es ist aber mit mathematischen Mitteln nicht festzustellen, ob der Sicherheitsrat in den nächsten Stunden noch entscheidungsfähig sein wird.«

[Bunkergelände in den Alleghanybergen, Planungs- und Pressestab des Pentagon, 26. 6.] Spiegelkorrespondent, der mit hierher transportiert ist, zu General Weathers:
»Ich verstehe immer noch nicht, wie Sie die Traute haben konnten, so eine Aktion loszulassen.«
Weathers: »Darf ich mit Admiral Seymour antworten: ›Ich konnte nie verstehen, warum alle Welt solche Scheu vor der Verantwortung hat, man tut einfach, was man für zweckmäßig hält. Und wenn es schlecht ausgeht, so ist die Natur daran schuld, die uns nicht klüger gemacht hat.‹«
Spiegel: »Diese Antwort wird unsere Leser nicht befriedigen.«
Weathers: »Sie haben ja auch keine Verbindung zu ihnen.«

[NATO-Zentrale, s. o., 26. 6., abends]
Vizeadmiral Brieux telefoniert in Paris mit lauter Nichtzuständigen. Die Zuständigkeiten für Krisenfälle wie diesen sind in den Händen des französischen Staatspräsidenten konzentriert. Dieser liegt mit Grippe zu Bett (in Wahrheit hat er Kehlkopfkrebs, der Unterleib durch Metastasen »verjaucht«). Der britische Premierminister zeigt durch »kühles Verhalten«, welchen Stellenwert er der Krise beizumessen wünscht. Er hat sich auf seinem Landsitz schlafen gelegt. Der Kanzler der Bundes-

republik hat den Chef der KPdSU aus einer Gremiensitzung ans Telefon gerufen. Der Präsident der USA, Abenteurer, erst zwei Monate im Amt, sitzt seit sieben Uhr früh am Telefon, »um auf irgendeine Weise mit dem Bösen zu paktieren, in der Hoffnung, daß er dadurch irgendeinem nützlich sein könnte«. Es ist schwer, das Interesse der Gesellschaften, die erst kürzlich seinen Wahlkampf finanziert haben, in dieser undurchsichtigen Situation zu ermitteln. Einen Moment sieht es wie eine *Weltkrise* aus. Das wird dann noch einmal bereinigt. »Eine Gesellschaft stürzt nicht nur und nicht immer dann in eine Krise, wenn ihre Mitglieder es sagen.«

[Tokyo, Regierungssitz, 26. 6. abends, die tödlich erschöpften Gesichter]

FAZ-Korrespondent: »Die tödliche Erschöpfung dieses Abends würde sich in dem Gesicht des vor meinen Augen konferierenden Ministerpräsidenten spiegeln, wenn nicht die charakteristische asiatische Maske die innere Verzweiflung dieses Gesichts nach außen abdecken würde. Schlaf will sich in dieser Nacht nicht einstellen. Eine altjapanische Faustregel für den Schlaf lautet: 1. kein Feind, keine Angst, ruhiger Ort in meinem ›Eigentum‹, 2. einschlafen, 3. befriedigt aufwachen. Alles andere ist für japanische Begriffe kein Schlaf. Es ist nicht zu erwarten, daß in den ein bis anderthalb Stunden für Beamte, Verbindungsoffiziere, Minister, die an diesen Telefonen auf eine Rückantwort auf ihre dringenden Fragen warten müssen, sich eine solche Gelegenheit zum Schlaf findet. Ich schreibe dies, obwohl es keine sichere Chance gibt, daß es die Leser noch rechtzeitig erreicht. Wir alle verhalten uns hier, ›als ob es einen Sinn hätte‹.«

[Zur Zeit noch Bonn, 26. 6. nachts]

Ein sympathischer Stabsoffizier hat sich mit dem Bundeskanzler in einer Sitzecke niedergelassen und erläutert Teile des Geschehens, soweit sie beurteilbar sind. Er hat eine Handskizze vor sich:

»Das hier ist von Norden abgeschnitten und wird morgen in einen Kessel geraten. Das verschlechtert die Lage, weil die eine Seite hier, sehen Sie, einen klaren Vorteil hat und hier, wenn Sie diesen Bogen sehen, vor klaren Verlusten steht. Das muß

man einzeln auseinanderfieseln, wenn man die zum Stehen bringen will.« Der Staatssekretär im Bundeskanzleramt eilt hinzu, fährt den Stabsoffizier an: »Belasten Sie den Kanzler nicht mit diesen Einzelheiten.« Der Kanzler: entweder befaßt er sich mit Einzelheiten, die sich greifen lassen, oder er sieht, mit einem Blick auf »das Ganze«, überhaupt nichts. Dem *im Moment Wichtigsten* ausgesetzt, hat er im Kopf einen Ohrwurm: »Kurze Nägel, lange Krallen an schöner Hand uns nicht gefallen.«
Ein Amtsbote bringt aus dem Archiv einen großen Packen Bände: D. G. Hoag, Impact of new technology in the arms race, Cambridge Mass. M.I.T. Press 1961; Richard Barnet, Der amerikanische Rüstungswahn oder »Die Ökonomie des Todes«, rororo; mehrere Sicherheits-Weißbücher; SIPRI, Yearbook, Almquist und Wiksell, Stockholm, usf. usf. Die bestellten Bände stehen jetzt griffbereit zur Verfügung; aber es ist keine Zeit, die Informationen in die beschäftigten Köpfe zu fädeln.

[»Das Motiv seiner Folgebereitschaft ist die Überzeugung, daß er sich im Zweifelsfall diskursiv überzeugen lassen kann.«] Dieser Hinweis in seiner Biographie würde im Fall der Katastrophe ihn überleben, falls es gelingt, ein Exemplar dieser Biographie aus einer der verbunkerten Höhlen im Moseltal auszugraben.

[Meisterstück eines westlichen Verteidigungsministers, Steinbrüche von Taverny bei Paris, 27. 6. früh]
Das Feldheer ist seit 5.30 Uhr früh in Bewegung gesetzt. Die Truppen verteilen sich auf Wälder, Schutzhöhlen, Berggelände. Gegen 11 Uhr sind die Truppen so untergebracht, daß kein möglicher Gegner sie sogleich findet. Es ist ein ganz anderer Offizierstyp, der in dieser Krise die nächsten Stunden managt: ein Offizierstyp, der Waldwege und Verstecke kennt. Verteidigungsminister: **»Ich habe erst einmal alles dezentralisiert und von den Grenzen weggezogen. Die Armee existiert so gut wie nicht. Nur die Flotte bringe ich nicht aus dem Wasser raus.«**

[Die blinde Elektronik] Rechenzentrum Trier, Dienststelle für maschinelles Berichtswesen der Bundeswehr, die Systeme DISTEL und NADGE, Bundeswehrsprachenamt Hürth, sämtlich Besitzer hochentwickelter Elektronik, werden erst in zwei Jahren miteinander durch Kabel verbunden; zur Zeit nehmen sie untereinander *Telefonkontakt* auf. Erfaßt wird ein Hörensagen, dessen Einspeisung in die hochwertige Elektronik nicht lohnt.

[Oslo, 1. Hilfsreferent des Königs, 27. 6. mittags] Der Referent versucht eine Rede des Königs zu entwerfen. »Das Furchtbare ist geschehen ...« – die Worte fassen die Situation nicht. Entweder die Krise wird noch einmal bereinigt, dann sind die Worte zu bedeutungsschwanger, oder sie wird nicht bereinigt, dann wirken sie – nachträglich betrachtet – mickrig.

[Die Nähe-Sinne sind gereizt, die Fernsinne unterentwickelt] Die Hoden des Abgeordneten unter der Hose befanden sich in Gesichtsnähe der Abgeordnetenkollegin (knapp 20 cm entfernt), die an ihrer Tasse Kaffee saugte. Die Hose dieses sehr aktiven Abgeordneten war zerknittert und umstand roh seine Beine; ein schwerer Mann, der auf die Dame einredete. Die Abgeordnete blieb eigensinnig bei ihrer Auffassung. Abgeordnete: »Es hat gar keinen Zweck, wenn Sie mich hier so belagern. Ich fahre nicht mit in eine solche Höhle an der Mosel.« Abgeordneter: »Aber evtl. fehlt uns dann Ihre Stimme. Wir sind immer noch der Souverän.« Abgeordnete (eigensinnig): »Das haben sich die Kollegen selber zuzuschreiben.«
Sie hätte normalerweise gern mit ihrer Faust gegen die zu dicht aufgefahrene Tuchhülle dieses aufdringlichen Abgeordneten gepufft, um diese Autoritätsperson, die die Fraktion mit Anweisungen eindeckte, in ihre Schranken zu weisen. So hätte sie die Hände, die die Kaffeetasse hielten, praktisch einsetzen können, an Befangenheit verloren. »Es glänzt der Mensch ja durch Gebrauch nur schöner gleich dem Erz.« Angesichts der Weltsituation hätte ihre Geste aber als unpassender Witz aufgefaßt werden können. Sie empfand, daß sie heute zu nichts zu gebrauchen war. Da sie sich weigerte, wie ein Neutrum zu reagieren, reagierte sie überhaupt nicht. Die 20 cm entfernte Hose versperrte den Blick auf Gesamt-Afrika. Sie trank wieder kleine Schlückchen vom Kaffee.

Sie war nicht umzustimmen. Durch das Fenster des Bundeshaus-Restaurants sah man auf den Rhein, einige Kähne, die noch bis zum Abend des nächsten Tages die Schweizer Grenze erreichen wollten. Wenn die Abgeordnete an »das Ganze der Gesellschaft« oder an »Weltkrise«, »Weltzusammenhang« dachte, sah sie seit Jahren immer dieses Stück Rhein, einige Wiesen, Bäume, etwas Unbestimmtes im Dunst der Ferne, das gleiche Bild, das sie von ihrem Abgeordnetenzimmerchen aus vor Augen hatte, wenn sie »Gesellschaft« oder »das Weltganze« dachte. Sie fühlte sich nicht »souverän«. Der aufdringliche Abgeordnete: »Wo kommen wir hin, wenn alle anderen Parlamentskollegen sich auf Ihren Standpunkt stellen?« Sie verhielt sich so, daß ihr Verhalten jederzeit Maxime eines allgemeinen Verhaltens sein konnte, d. h. *interessiert*, so wie ein Narr. Der Abgeordnete entfernte sich endlich von ihrem Tisch, an dem sie die Minuten genoß, vielleicht waren diese Minuten, wenn ein Ende kommt, zu zählen.[11]

VII

[Versteck in der Gegend Kuruman-Molopo, 10. 8., Stellvertretender Chef der Reservatsverwaltung Olifants-Hoek-Hotazel-Kuruman-Molopo, Inspektor Franz J.]

Zusammenfassende Übersicht. Denkschrift.

Ich kann nur für den örtlichen Zuständigkeitsbereich meiner Reservatsverwaltung sprechen. Wir verstanden zunächst nicht, was geschehen war, was sich ja tatsächlich nicht ohne weiteres beschreiben läßt. Auch beging man Fehler in der Lokalisierung der Katastrophe, da man sich von ihrem Ausmaß keine Vorstellungen machen konnte oder wollte, und hielt die Randgebiete, weil aus denen die meisten Nachrichten kamen, für das

11 Sie sieht in der Nähe von Mannheim eine kugelige Friedhofsweiheanlage. Hier wollte sie evtl. ein Grab haben oder jemanden, der ihr nahestand, begraben. Eine ähnliche Stelle in der Rheingegend bei Trautenau. Illusorisch, in dieser Lage dorthin gelangen zu wollen.

Zentrum. Die ersten Reaktionen der Zentrale, die zugleich ihre letzten blieben, weil sie wenig später zu bestehen aufhörte, waren demnach falsch angesetzt, und die Instrukteure, Planer und Arbeitstrupps, die die Zentrale uns zu Hilfe schickte, erschienen weitab vom Katastrophengebiet. Erst Tage später konnten diese Fehler berichtigt werden. Da außer mir keine Verwaltungsorgane die Katastrophe überstanden hatten, ergab es sich fast von selbst, daß die Instrukteure sich um mein Hauptquartier konzentrierten. Sie richteten sich in meinem Gebäude ein und mußten mich wohl oder übel bitten, mit ihnen zusammenzuarbeiten.

Nun muß ich erwähnen, daß diese Provinz nie viel Bevölkerung gehabt hat. Verseucht war sie offenkundig nicht, wie überhaupt nicht alle Teile des Landes gleichmäßig verseucht waren. Meine Provinz hatte im übrigen den Vorteil, daß sie von den eigentlichen Brennpunkten der Vernichtungsschläge weit entfernt war. Wenn ich sage, daß in meiner Provinz keine Bevölkerung mehr da war, so ist das natürlich auch wieder übertrieben und gibt nur den momentanen Eindruck wieder. Tatsächlich waren breite Schichten unserer Bevölkerung unter dem Eindruck des ersten Schlages nach Süden geflohen, wo sie wahrscheinlich in die von der Katastrophe ausgelösten Massenbewegungen hineingekommen sind. Ich kann Ihnen auch nicht erklären, wie es zu dieser Reaktion unserer Provinzeinwohner gekommen ist. Ich habe damals, unmittelbar nach der Katastrophe, keine Einzelheiten darüber feststellen können und müßte Ihnen schon die ganze Geschichte dieser Provinz und der Region aufrollen, um Ihnen eine plausible Erklärung zu geben, aber ich glaube, Sie sind hier weniger an einer Erklärung als an der Information interessiert. Es erwies sich, daß es keine Nachrichtenverbindungen mehr gab, weder zur Zentrale einerseits noch zu den Nachbarprovinzen andererseits. Unsere Aufklärungsabteilungen gerieten in Gefechte mit räuberischen Organisationen, aber auch mit bewaffneten Vertretern der empörten Bevölkerung, die sich an einigen Punkten der Region zusammenstaute. Die Situation war folgende: Massenbewegungen der Bevölkerung hatten während der Katastrophe in allen Südprovinzen stattgefunden, sie waren nach Abklingen der Schläge liegengeblieben, wo sie waren. Ich glaube, daß man die kritische Zeit der Katastrophe mit etwa zwei Tagen ansetzen kann, beginnend mit jener Morgendämmerung und endend mit dem Ausbrechen der ersten größeren Krankheitssymptome nach zwei Tagen, die der durch die unmittelbare Vernichtungskraft der Schläge ausgelösten Panik eine neue Richtung gaben, oft aber auch zu völliger Niedergeschlagenheit führten. Das Zentrum der Katastrophe lag zweifellos im äußersten Süden, was aber in den Stunden des Unglücks kaum jemandem klar gewesen sein dürfte, weil wohl jeder in den Südprovinzen Ansässige die von ihm erlebte Katastrophe als die zentrale erlebt hat. Die ersten Schläge haben bereits die größeren Ortschaften zerstört und die panikartige Flucht der Nordeinwohner in die östlichen Bergwälder ausgelöst. Die Südeinwohner wurden in offener Panik von den weiteren Katastrophenschlägen überrascht und dürften dabei im wesentlichen aufgerieben worden sein. Wir schätzten die Überlebenden auf 3 Millionen, später kam man auf die Schätzzahl von 1,5 Millionen. Natürlich überleben immer mehr, als man zunächst annimmt, und wir haben diese Erfahrungen bei unseren Schätzungen miteinbezogen; das ist der Grund, weshalb wir uns zunächst in positiver Hinsicht verschätzten. Ich möchte noch sagen, daß die Angaben der Regionen und Bevölkerungsteile, wie Nordeinwohner und Südeinwohner, für Sie vielleicht verwirrend erscheinen, weil sich hier die alten Bezeichnungen und die neuen naturgemäß überschneiden. Tatsächlich vernichtet wurden die Südeinwohner des Südens, verschollen sind die Nordeinwohner des Südens. Die Gebiete im Norden dieser Region, also die Gebiete, in die wir die Menschen jetzt geführt haben, waren immer im wesentlichen ohne Bevölkerung und sind auch niemals verseucht gewesen; ich sage das, um wiederauftauchenden Gerüchten ein für allemal entgegenzuwirken. Zusammengefaßt: es gab im Süden verschiedene verseuchte Zonen, verschiedene Bevölkerungsbewegungen, Bevölkerungspaniken, die einander teilweise überlagerten, und von denen die Flucht der Nordeinwohner in die Waldgebirge, wo sie ein primitives Bandenleben führen, die massenhafteste ist. Der Westen ist im wesentlichen nach Süden in die Katastrophe hineingerannt. Es kam auch zu Kämpfen mit den Südeinwohnern, die versuchten, auszubrechen, und sich durch die entgegenkommenden Flüchtlinge daran gehindert glaubten. Die Osteinwohner sind so gut wie verschwunden, wahrscheinlich sind sie

in den drei großen Fluchtströmen, die ich hier auf einer kleinen Skizze aufgezeichnet habe, mit aufgegangen. Ein vierter Zug, in Richtung auf die Höhlen, der einzige Zug, an dem Reservatsbeamte beteiligt gewesen sind, wurde kurz vor Erreichung seines Zieles abgeschreckt durch die Geigerzählerkommandos, die dort unten herumsuchten. Die Masse dieses Zuges hat sich dem Strom in den Südkessel angeschlossen, wo zur Zeit unserer ersten tastenden Untersuchungen Hysterien stattfanden. Es ist sogar so, daß unsere Beamten ihre Zugehörigkeit zur Verwaltung geheimhalten mußten, da sie damit rechneten, daß sie als Vertreter der Verwaltung von der erregten Bevölkerung liquidiert worden wären. Man kann insofern für diese Zeit von einer totalen Spaltung zwischen Regierung und Volk sprechen. Genauer gesagt: grauenvolle Stokkungen überall dort, wo die Fluchtströme einander überschneiden. Riesige verseuchte Gebiete, die aber nicht ohne weiteres zu erkennen sind, so daß immer neue Massenbewegungen hervorgerufen werden, wenn die Symptome bestimmter Krankheiten sich zeigen. Übrigens waren es gerade die noch funktionierenden Geigerzähler-Kommandos, die bei Annäherung an die Flüchtlingskolonnen die Paniken auslösten. Dabei bin ich ganz sicher, daß diese Kommandos von Hunger getrieben – und ohne daß ihre Nähe Gefahr bedeutete – sich den Menschen zu nähern versuchten, die aber sofort ihre Marschrichtung, wenn sie diese Kommandos sahen und es nicht zufällig einigen Beherzten gelang, die Geiger-Leute zu erschlagen, änderten. Inmitten der Verwirrung diese Bandenorganisationen, die sofort nach der Katastrophe, wie eine niedere Fauna, das Land überzogen.
Ich möchte in diesem Zusammenhang sagen, daß es – nachträglich wissen wir das – vernünftiger gewesen wäre, wenn die Leute, auch nach Einbruch der Vernichtungsschläge, an ihren Plätzen geblieben wären. Der Gegner, aber das wußte man damals natürlich nicht gleich, hat nur verhältnismäßig wenig Strahlungsschäden anrichten wollen und sich auf die Sprengkraft einerseits und die auf eine bestimmte Zeit eingestellten Bazillenkulturen andererseits verlassen. Er kalkulierte spätere Truppenbewegungen in unserem Bereich ein, zu denen es dann freilich nicht mehr gekommen ist, weil außerhalb unserer kleinen Region wohl die meisten Bewegungen sehr rasch erlahmt sind.

[Steinbrüche von Taverny bei Paris. 30. 6.] Vizeadmiral Brieux: »Ich würde die Krise als katalytischen Krieg bezeichnen. Es sind 4 Kriegstypen zu unterscheiden: 1. unbeabsichtigter Krieg, 2. Fehlkalkulation (»chicken«-Spiel[12], richtige Anwendung unvernünftiger Strategien), 3. Kriege durch Berechnung (vorweggenommene Vergeltung), 4. katalytischer Krieg (Kriegsauslösung durch verzweifelte dritte Nationen).« Amtschef: »Das ist eine ganz wichtige begriffliche Einteilung, die wir sofort telegrafisch oder über Fernschreiber irgendwohin durchgeben sollten.«

[Berkeley, California, 30. 6. mittags] Für das, was alle Menschen in diesen Tagen empfunden haben, fehlt nur noch der passende *Fachausdruck*. Es wird, falls diese Krise noch einmal beigelegt werden kann, nie mehr möglich sein, mit Hoffnung das Wort »Krisenmanagement« auszusprechen. Das Bedürfnis richtet sich auf eine ganz anders geartete Regierungs- und Wissenschaftsqualität, die nach O. Loss, Ph. D., mit *Anpassungsgüte* (»Goodness of Fit«) bezeichnet werden kann. Die Qualität liegt dabei darin, daß die Zeitstruktur, die die Krise selber aufweist, und die Zeitstruktur der administrativen Anpassungsbemühung an die Krise in eins gesetzt werden.

12 Vgl. das theoretische Beispiel von B. Russell: »Diesen Sport nennt man ›Chicken‹. Das Spiel besteht darin, daß man eine lange gerade Straße mit einer weißen Linie in der Mitte wählt. Dann fahren zwei sehr schnelle Wagen aufeinander zu. Jeder Wagen muß die Räder der einen Seite auf der weißen Linie halten. Wenn sie einander näher kommen, droht ihnen immer mehr die gegenseitige Zerstörung. Wenn der eine *vor* dem anderen von der weißen Linie abweicht, ruft der andere, während er vorbeifährt: ›Chicken.‹ Derjenige der ausgewichen ist, wird zum Gegenstand der Verachtung.« Oberst Gerlach: »Die strategischen Möglichkeiten reduzieren sich hier darauf, daß derjenige, der den Sieg wünscht, den Gegner von seiner Irrationalität überzeugt; er kann dies tun, indem er z. B. das Steuerad seines Wagens abschraubt und aus dem Fenster wirft.«

Wir sind immer noch die Alten
immerhin noch sehr lebendig
»und wir freuen uns unbändig
diese Kriegszeit durchzuhalten«.

Die Glocke der Zufriedenheit

I

Der Laufbursche von 1928 bis 1933 des vorletzten Reichskanzlers vor Hitler hieß Hans Peickert. Er brachte es später zum Hauptfeldwebel. Seine Eltern und Voreltern waren praktisch noch Leibeigene auf den westpreußischen Gütern von Pustertal-Schramm. Als Zwanzigjähriger kam Peickert nach Berlin, trat in die Dienste des Herrn v. P. (genannt Püppchen). Das Füllhorn der reichen Gaben, die Politik und neue Zeit bereithielten, schüttete sich damals über den Konservativen aus, die in unsicherer Zeit ausgehalten hatten. Als Laufbursche war Peickert Bote im vielgliedrigen Verbindungsnetz seines Herrn.

Die Herrschaftsmethoden der nationalen Rechten; das Prinzip »lebenslänglich«. Die deutsch-nationale Rechte sah nach Untergang der Monarchie das verbliebene Deutschland als eine Art großes Landgut, das zu verteilen war. Freunde und ernstzunehmende Gegner verbanden sich zu einer schlagkräftigen Rechten. Im Baltikum, in Berlin, im aufständischen Sachsen, in Bayern brachte diese Rechte *Widerspenstige* rasch zur Raison. In animalischer Unbeirrtheit errichtete die Rechte eine Attrappe von *Pflicht*. Unterhalb der Pflicht ging sie auf Menschenfang.
400 Jahre früher hätte ein adliger Räuber eine Straße, 3-4 Dörfer, einige Brücken als Ausbeutungsobjekt vor sich gesehen. Jetzt bildeten Banken, Industriezweige, preußische Regierung und Reichskabinett die *Scholle*. Diese Güter reichten für alle, sofern man den Kreis der Empfänger konsequent begrenzte. Empfangsberechtigte hatten eine bestimmte Gestalt: Tennispartner anderer Herren, Prinzen als Automobilisten, Portepeeträger, Herrenreiter, Chefs – eine Reihe von Bildern, die Peickert als »neue Zeit« summierte.

»Der Koch des großen Pompejus sah wie der große Pompejus selber aus.« Peickerts Lieblingsroman: Ein 1916 gefallener Offizier hinterläßt vier völlig verarmte, aber adlige Kinder. **Der seit 20 Jahren in der Familie dienende Koch, Herr Grimmshut, hat seinen Lohn seit 1903 gespart und stellt ihn jetzt zur Verfügung.** Hiervon kann er »seine« Kinder standesgemäß nähren und ausbilden lassen. Eine der adligen Töchter verliebt sich in den Koch. **Dieser verzichtet auf die unmögliche Romanze.** Ein Herrenreiter aus Hannover bittet um die Hand dieser Tochter: eine Hochzeit mit dem Glanz alter Tage.
Peickerts Gefühle bewegten sich im Umfeld dieses Romans. Seine Vernunft sagte ihm jedoch: so komme ich als Koch nicht auf meine Kosten. Peickert war entschlossen, aus diesem Zusammenhang auszubrechen.

Der von Geburt eingefangene Peickert. In Westpreußen hatte Peickert keine Chance gehabt, auszubrechen. Aber auch in den Diensten v. P's. war keine Chance enthalten. Als Empfänger von Anteilen an der politischen Ausbeute kam Peickert standesmäßig nicht in Betracht. Nahm die Lauftätigkeit für den Herrn alle Kräfte Peickerts in Anspruch, so war es schon wieder gleich, ob er für diesen einen Herrn oder in Westpreußen für viele Herren lief. Verfügen konnte er allenfalls über seine Freundin Magda S. 1932 versuchte er, sie für sich in der Augsburger Straße laufen zu lassen. Das führte zu einer Anzeige. v. P. verwarnte ihn. Wenig später trat v. P. in das Kabinett Hitlers ein. Sein Niedergang deutete sich an. Peickert glaubte, seinem Herrn bei dieser Gelegenheit entkommen zu können. Er bat, in der Reichswehr untergebracht zu werden.

Der Staatsmann wollte damals an seinen Sturz nicht glauben. v. P., soeben Vizekanzler Hitlers geworden, befahl Peickert zu bleiben. Nach seinem Sturz als Vizekanzler, 1934, versuchte er, wenigstens den Ersatzposten als deutscher Botschafter in Wien zu halten. Der Anschluß Österreichs beseitigte v. P.s Botschafterposten. Ein Mitarbeiter aus v. P.s unmittelbarer Umgebung wurde erschossen, so wie man sagt: Dem Feldherrn wurde ein Pferd unter dem Leib erschossen. Peickert erhielt Ende 1934 eine Planstelle als Rekrut in der Reichswehr.

II

Nach dem Ausscheiden aus v. P.s Dienst erhob sich für Peikkert eine neue Hoffnung. Der Abbau der alten Herren erschien Peickert nun als Versprechen der Ausweitung des Füllhorns auf alle Gutwilligen. Innerhalb der Reichswehr avancierte er 1934 vom einfachen Soldaten zum Gefreiten, 1938 vom Obergefreiten zum Unteroffizier. Im ersten Kriegsjahr folgte in Polen Einrücken in die Planstelle eines Hauptfeldwebels. Dieser langsame Aufstieg von einem, der gar nichts zu sagen hat und wenig Sold empfängt – nach Jahren eifriger Diensttätigkeit –, zu einem, der einiges mehr zu sagen hat und etwas mehr Sold erhält, war nicht das, was sich Peickert unter Erweiterung seines Lebensspielraums vorgestellt hatte. Er setzte nun seine Hoffnung auf den Krieg. Der Krieg sollte den Lebensraum des deutschen Volkes erweitern. Peickert stellte sich darunter Umfassendes vor.

Kriegführen nach den Regeln einer Gefängnisverwaltung. In Peickerts Leben hatte es bis dahin lediglich Enttäuschungen gegeben. Der Trieb, die Eltern nachzuahmen, dem Gutsherrn zu gehorchen, betrog ihn; niemand honorierte diese oder abgeleitete Gutartigkeit. Der Trieb, in der Schule zu gefallen, schadete ihm. Seine Hoffnung auf den großen Herrn in Berlin trog, da der Herr ihn lediglich ausnutzte. Seine Hoffnung auf die Nationalsozialisten trog ihn auch, denn das allmähliche Aufsteigen in der Wehrmacht, bessere Ausrüstung an Waffen, mehr lernen zu dürfen auf einer Kriegsschule, bot keine Aussicht auf eine radikale Änderung, wie sie Peickert anstrebte. Schließlich war auch der Krieg eine bittere Enttäuschung. Diszipliniert rückten die Truppen nach Polen ein. Plündernde Soldaten wurden oft füsiliert. Die Erschießung des einen oder anderen Feindes oder frech auftretenden Zivilisten erbrachte keine Änderung des Gesamtzustandes. In *Frankreich* veränderte sich das Bild *wenig*.

Goldene Worte, Ausrüstung an Kindheitserinnerungen.

Den Kopf dahin tragen, wo es ihm nutzt.
Im Busch sitzen und andauern.

Den Kopf im Finger haben.
Klick, macht der Verstand. Jaja, sagt die Geiß.
Betrogen, selber gelogen, klüger geworden.
Dem Judenjungen eins hinter die Schlappohren hauen.
Nicht fragen: Warum, sondern sagen: sorum.
Ab ins Hunde-kupee.
Ab nach Kassel.
Heute Herr, morgen 's G'scherr.

Erinnerung: Großer Festtag, als die Apotheke in S., die nachweislich unreinliche Arzneien enthielt, mit Genehmigung des Landrats gestürmt werden darf. Salbenfässer an den Wänden zertrümmert. Später entsteht ein Brand im sogenannten Labor.

Kindererinnerung an die geschwängerte Gutswirtschafterin: Der zuständige Landarzt hatte versucht, das im Leib der Schwangeren unrichtig liegende Kind zu drehen. Verletzungen waren entstanden. Ein Weihnachtsfest lang verblutete diese Frau auf einer Bahre in der Wäschekammer (die Geburt sollte geheimgehalten werden). Das auslaufende Blut macht die Frau müder und müder. Gähnen. Angstzustände.

Schlafliedchen: Riesel, riesel, tropfe-tropf.
Sieh den bösen Staub, o Graus.
Püppchen hat sich weh getan,
und das Sägemehl läuft aus.

Aussehen Peickerts, Kastenbrust, kurzer Hals: ein guter Resonanzboden für die Stimme. Der weitere Körper, massig nach unten geschneidert. Gesicht ohne besondere Kennzeichen: nervöse Flächen an den Schläfen; braune, farblose Haare, feste, hornige Lippen, eher: Schließapparate. Ohne feste Gewohnheiten: ähnlich wie viele Emigranten aus dem ehemaligen Mitteleuropa (Gegenteil von Bauern), nicht seßhaft – nicht faßbar, ein viel benutzbares Gehäuse: aber darin Expansionswille. Diese Figur war eingeschlossen in die schmucke Uniform eines Hauptfeldwebels mit Schießschnur. Die Dienstmütze war am Vorderrand rechts und links mit dem Finger eingeknifft und insgesamt zu klein, ein wenig schräg saß sie auf dem Kopf: Saustimme im Dienst, differenziertes Sendegerät in privater, d. h. in geschäftlicher Hinsicht.

Besondere Intelligenzform. Süchtig war er danach, in Oberleutnant Tackes Gesicht die Bewegung »ja« zu verzeichnen (Sensation; Zeichen; Aufflackern des alten Versprechens: *gut*). Peickerts Rede, d. h. sein ganzer Körper, war auf eine bestimmte Sendeart eingestellt, die Tackes Reaktion bewirkte. Ohne Rücksicht auf wahrheitsgemäße Aussage, auf Folgen oder Schäden, entnahm Peickert der Umwelt Materialien, die er ummünzte, ummunitionierte, eingoß in diesen *einen* Effekt: in Tackes Gesicht Verständnis hervorzurufen. Bankrott, in unhaltbare Aussagen und Versprechungen verstrickt, unruhevoll, verabschiedete sich Peickert von seinem Chef.

Kaufmännischer Bildungsgang. In der Schule tauschte Peickert gestohlene Lebensmittel gegen *Erlebnishefte* und *Kolonialhefte*. Seine Leistungsfähigkeit vertauschte er gegen die Gunst des Herrn v. P., die ihm nichts nutzte. Seine Freundin vertauschte er gegen die Zurücknahme einer Polizeianzeige wegen Zuhälterei. Seine Lebenszeit, im gewissen Sinn sogar sein Leben, tauschte er gegen die Aufstiegschance in der Wehrmacht. Wenn Peickert Kinder gehabt hätte, hätten sie vielleicht den Sprung zu größeren Tauschmöglichkeiten, zum Beispiel den Sprung zum Akademiker, geschafft. Herren hätten sie nie werden können. Peickert wollte keine Akademiker zu Kindern haben, er wollte nach Lage der Dinge zunächst überhaupt keine Kinder haben, sondern selbst leben.

Pflicht und Leben. Peickert lebte im Sommer 1940 in Frankreich. Sein Truppenteil wurde damals in Lille/Frankreich aufgefrischt. In Metz lernte Hans Peickert seine spätere Verlobte Angelique Danatier kennen. Sobald er genügend Verfügungsmacht über sie besaß, vermittelte er sie an Offiziere der Garnisonen Lille, Metz, Montmedie und Reims. Waffengeschäfte, Geschäfte mit englischen Zigaretten und Passierscheinen sowie mit vermischten Marketenderwaren traten hinzu. In seiner Dienstzeit bot Peickert das intakte Bild eines deutschen Hauptfeldwebels.

III

Die Garnisonsstadt Lille in Frankreich liegt in einer Talmulde. Hinter dem Bahngelände liegen die Kasernen. Zusätzlich waren in Lille jedoch Mietshäuser und Villen für Besatzungszwecke freigemacht worden. Eine dieser Villen, die Villa Hébért an der Ausfallsstraße nach Südosten, war Hauptfeldwebel Peickert und seinen Mitarbeitern zugeteilt. Das Nachbarhaus zur Rechten bewohnte der französische kommissarische Bürgermeister, das Nachbargrundstück zur Linken hielten Canaris-Leute besetzt. Die Villa Hébért war acht Kilometer vom Feldflughafen Lille und etwa zwei Kilometer von der Bahnstation entfernt.
Der Tag beginnt für Peickert um 6 Uhr früh mit der Besichtigung des Kompanieappells. Darauf folgt Flaggenhissung. Gegen 7 Uhr erscheint Peickert auf der Geschäftsstelle einer Flakbatterie, wo er einen Teil des Schriftverkehrs für alle seine Tätigkeiten erledigt. Um 9 Uhr meldet sich Peickert jeden vierten Tag bei dem Standortkommandanten, überschlägig jeden sechsten Tag bei den in Lille ansässigen Dienststellen der Abwehr (Nachbarhaus). Bei diesen Gelegenheiten wird die Zusammenarbeit besprochen. Von 11 bis 14 Uhr folgen Besichtigung der Ausbildungsarbeit und Mittagessen. Von 15 bis 18 Uhr Schriftverkehr, Telefonate. Nach 18 Uhr nimmt sich Peickert dienstfrei. Durch Vorausarbeit konnte der dem Schriftverkehr vorbehaltene Zeitraum von früh 7 bis 9 Uhr und 15 bis 18 Uhr nachmittags eingespart werden. Zur Flaggenhissung und zur Besichtigung des Appells in der Frühe genügte jeden zweiten und dritten Tag auch ein Feldwebel. Die Besuche bei dem Standortkommandanten und den Nachbareinheiten ließen sich auf einen Tag der Woche zusammenlegen.
Peickert unternahm in den Jahren 1940 und 1941 keine Reise, die ihn länger als zweieinhalb Tage vom Standort ferngehalten hätte. Ihm unterstanden 180 Mann und 12 Unterdienstgrade. Unmittelbar in der Villa Hébért unterstanden ihm die Unteroffiziere Vitzthum und Müller-Segeberg.

Geschäftsgang 1940 bis Winterkrise 1941/42. Unterhalb der streng erfüllten Pflicht ergaben die geschäftlichen Vorhaben Peickerts ab Juli 1940 folgendes Bild:

Juli	Ablieferung von Angelique	RM	120,–
	hinzuzurechnen Sold (ausbezahlt)	RM	138,–
		RM	258,–
August/	Ablieferung von Angelique	RM	300,–
September	Ablieferung von Marika G.	RM	280,–
ab Mitte	Erlös für Marketenderwaren,	RM	100,–
September	Speisen und Getränke		
	hinzuzurechnen Sold (ausbezahlt)	RM	276,–
	Manöverzulage	RM	32,–
		RM	988,–
Oktober	Waffengeschäfte	RM	4000,–
	englische Zigaretten	RM	300,–
	Ablieferung von Angelique und Marika	RM	800,–
	Vermittlung eines Posten Seidenstrümpfe an die Heimat, 10% Provision	RM	1200,–
	Marketenderwaren, Erlös	RM	600,–
	Verschiedenes	RM	300,–
	hinzuzurechnen Sold (ausbezahlt)	RM	138,–
		RM	7338,–

Im Januar kaufte Peickert ein Grundstück in Graudenz. Dieses Jahr brachte 43 000,– RM Bargeld, für 17 000,– RM Besitz. Die Winterkrise 1941 spürte Peickert voraus. Von November 1941 bis Februar 1942 verzichtete er auf Geschäfte, da er massierte Kontrollen und Bestandsuntersuchungen in der Heimat als Antwort auf die Winterkatastrophe im Osten erwartete.

Sprichwort: Lust zu leben. Ein bekannter Dichter der Rechten sagte: Es ist eine Lust zu leben! Dagegen heißt es im Lied: Wer Lust ersehnt, wer Lust erkürt, erkürt sich Leid, ersehnt sich Leid: wer nimmer Lust ersehnt, erkürt, erkürt, ersehnt sich nimmer Leid. Peickert erhoffte sich »nimmer Leid«. Deshalb steuerte er auch nicht im Direktgang Lust an. Vielmehr war es ein Zustand der Zufriedenheit, sich in diesem Kriegswinter 41/42 einzuigeln, d. h. hinreichend Substanz zur Verfügung zu haben, so daß Absicherungen möglich waren. Als Nebenprodukt entstand dabei auch Lust. Unvergeßlich die Schummerstimmung der ersten Bombenangriffe auf Berlin, verbracht im Zoobunker. Unvergeßlich ist auch die Spritztour vom 31. Dezember 1941 nach Wannsee. Am Vortag nach oben gegebene Aktenvermerke erweckten die Sicherheit, daß Peickert auch an diesem Tage in Lille seinen Dienst versah.

Leistungen der Reichsbahn. Bis in den Sommer 1942 hinein blieben die Fahrzeiten im ganzen Westen des Reichs sowie in Frankreich übersehbar. Zugverspätungen wurden bis zu 36 Stunden vorhergesagt und waren aus 600 bis 1000 Kilometer Entfernung noch telefonisch zu erfragen. Von der Zentrale in Lille konnten zum Beispiel die Unteroffiziere Vitzthum und Müller-Segeberg ihrem in Schlesien aufgehaltenen Chef ein Kraftfahrzeug von Schwiebus nach Glogau entgegendisponieren. Gelegentlich stellte die Flughafenverwaltung Peickert einen Platz in einem auf Spritztour befindlichen Kampfflugzeug zur Verfügung. Die Strecke zum Balkan war nur so zu bewältigen. In einem Fall tauschte Peickert einen durch Kontrollen und Schienenunterbrechung bedrohten Benzinzug, der aus dem Hydrier-Werk Stettin in Richtung Kielce rollte, gegen einen wesentlich kleineren Transport auf Privatbahngleisen in Mitteldeutschland.

Angstgefühl. Peickert führte, ob er reiste oder nicht, in zwei Brieftaschen Beträge zwischen 600,– und 800,– Reichsmark mit sich. Sank der Reservebetrag unter 600,– Reichsmark, so hatte er Angstgefühle. Die von unten (d. h. aus Westpreußen) nachdrückende Zeit der zu geringen Barmittel lähmte ihn dann, machte ihn entscheidungsunfähig.

IV

Peickerts Reisen erstreckten sich 1942 und 1943 nach Rumänien, zum Peloponnes, nach Italien, Dänemark, auf verschiedene Orte des Altreichs, des Generalgouvernements, in einem besonderen Fall auch Ostland und Memel. Weihnachten verlebte er in Tirol. In Italien erwarb er einen größeren Posten Tuche. In Dänemark handelte es sich um den Tausch von überzähligem Heeresgerät gegen Marketenderwaren. Als Hauptquelle erwies sich seit Frühjahr 1942 Benzinhandel sowie die Querverbindung Lille–Rumänien in allen Warengattungen.

Stalingrad. Im Gegensatz zu Hitler, der seine Kräfte seit Sommer 1942, ja seit Beginn des von ihm gefühlsmäßig nicht bewältigten Rußlandkrieges, verzettelte, sich auch persönlich in seinem winterlichen Befehlsbunker zugrunderichtete, konzentrierte Peickert in der Villa Hébért alle Kräfte auf den Ausbau seiner Schwerpunkte. Der Untergang der 6. Armee in der Adventszeit 1942 sowie der dunklen Januarzeit 1943 warf Ernst auf jede Tätigkeit, die im Großraum Deutschland damals stattfand. Sie gab auch der Tätigkeit Peickerts eine Weihe, die Atmosphäre naher Gefahr, die Peickert deshalb als angenehm empfand, weil sie die Proportionen der Angst, in der er sich befand, besser wiedergab, als es Sonntage, Strandleben, Sondermeldungen, Beförderung oder Festvorbereitungen getan hätten.

Ein guter Mensch: Armeerichter Döhmer. Peickert mißtraute einem Freund, der ihm nichts zu verdanken hatte: Armeerichter Döhmer von der 6. Armee auf der Krim, später in Rumänien. Da Peickert das Motiv für diese Freundschaft nicht sah, vermutete er eine Falle. Güte wendete Döhmer bei allen ihm erreichbaren Menschen an. Wie viele im Umgang mit schwindender Macht geschulte Herren besaß Döhmer die Geduld, durch Güte Menschen in seinem Netz zu versammeln, in der Annahme, daß sie ihm schon nutzen würden, wenn er sie erst hätte. So war diese Güte auch wieder nur Raublust in anderer Form. Vor Döhmers Güte hatte Peickert Angst, andererseits wollte er den mächtigen Mann nicht vor den Kopf stoßen. So waren sie also befreundet.

Flüchtiger Kontakt zu Resi Mückert. Nach einem ersten Besuch in Peickerts Berliner Wohnung in der Sächsischen Straße 68 (zwei Tage nach Kennenlernen im »Haus Vaterland«)

kam sie gleich wieder und richtete ein kleines Depot mit Verhütungsmitteln ein. Sie stellte sie hinter einige Bücher im *Salon* in Griffweite. Peickert kam später nie wieder in diese Wohnung in der Sächsischen Straße. Resi andererseits besaß keinen Schlüssel für die Wohnung. Irgendwann nach 1945 wurde die Wohnung dann von Fremden aufgebrochen.

Vermögensübersicht
Februar 1944:
4000 Liter Sonnenblumenöl im Lagerhaus Olteanu in Bukarest; eine Abteilung Landarbeiter in Podolien auf verschiedenen Gütern; ein Bordell in Lille mit Querverbindungen nach Posen und Kamenez-Podolsk; Depots von Barmitteln; Wertsachen in Mannheim, Berlin, Koblenz, Düsseldorf; zwei Weingüter in Südfrankreich, eingetauscht gegen drei Gefangene (Fabrikdirektoren); etwa 180 000 Liter Treibstoff, verteilt auf verschiedene Lager in Nordrumänien, Waldkarpaten, Tschechei; eine Waggonladung Hölzer auf Transport von den Karpaten nach Süddeutschland; sechs Ballen Stoff aus Italien; Schrebergarten in Hamburg-Blankenese; Grundstücke in Posen und Graudenz; Wohnsitz in Graudenz; Vorrat von achtzig Marschbefehlvordrucken, Stempel, Zubehör; Butterreserven, Reserven an Zigaretten; Teilhaberschaft in einem Leipziger Pelzgeschäft; ein Raupenkrad, ein verstecktes Kraftfahrzeug »Wanderer«; vollständige Armeeausrüstungen für acht Mann (einschließlich Maschinenpistolen und Schneehemden).

V

Im Februar 1944 erstattete in Lille ein Offizier gegen Peickert Strafanzeige wegen Zuhälterei. Zu dem Zeitpunkt verlebte Peickert seinen ersten Heimaturlaub im Stabsumkreis des Panzergenerals Famula bei Targulfrumos in Rumänien.

Bedrohung. Am 12. Februar 1944 griffen russische Panzerbrigaden sowie etwa dreißig Schützendivisionen den deutschen Frontabschnitt vor Targulfrumos an. Die Panzer des Generals Famula lagen, ohne Benzin, bewegungsunfähig.

Beziehungen zu General der Panzer Famula. Gesprochen hat Peickert mit diesem General nie. Wie eine ansteckende Krankheit grassierte die Bewunderung für diesen Panzerführer in den Stäben der 6. und 8. Armee. Der General, schon im Frieden ein hervorragender Teilnehmer an gewagten Reit- und Fahrturnieren, verfügte über die besten Panzer, die das deutsche Heer je besaß. Bei Targulfrumos brauchte seine Truppe für einen Angriff mindestens 240 000 Liter Benzin.

Benzinvorräte Peickerts in Reichweite der Panzergruppe Famula. Etwa 11 000 Liter südostwärts Jasny, 6000 Gallonen westlich Ileoai; Benzinzug mit 120 000 Liter in den Waldkarpaten. Weitere 60 000 Liter befanden sich in zwei Tagesreisen Entfernung. Zu diesem Grundstock waren 40 000 Liter hinzuzuzählen, die Peickert sich zu organisieren getraute.
Peickert sah zunächst keine Gefahr darin, Famula Benzin zur Verfügung zu stellen. Er bekam seinen Lieblingsgeneral, den er sich als eine Verbindung zwischen Tacke und dem in Westpreußen bekannten Turnierreiter Herrn v. Westrum vorstellte, auch jetzt nicht zu sehen, als er die Bereitstellung der benötigten Benzinmenge melden wollte. Seine Meldung nahm ein Adjutant entgegen.

Problem der Toiletten. Eisenblech besitzt einen spezifischen kühlen Geruch, der an zoologische Gärten (Raubtierhaus, Affenhaus) erinnert. Deshalb fiel bei der Frage der Toilettenausstattung des Stabsquartiers in Targulfrumos (das Quartier mußte völlig neu eingerichtet werden) die Wahl des Generals nicht auf Aluminiumkabinen und nicht auf Holzkabinen, sondern auf das dritte – auch etwas billigere – Angebot von eisenblechbeschlagenen Kabinen. Dies schien auch die am ehesten militärische Lösung.

Lehrsätze Famulas. »Bedenken stellen sich stets ein. Ihnen zum Trotz wird nur der zum Erfolg gelangen, der den Entschluß zu fassen vermag, ins Ungewisse hinein zu handeln.
Denn die Zukunft wird über den Handelnden milder urteilen als über den Untätigen.«

»Nach Prüfung von Gelände und Lage wird der kühne Entschluß meist der beste sein.«

»Der erfahrene Versorgungssachbearbeiter multipliziert den normalen Verbrauch mal drei.«

Die erste spontane Verfügung Peickerts über seinen erworbenen Reichtum; ihr Lohn. Von den Benzinabfüllplätzen fuhren Famulas Panzer zum Jypan-Abschnitt, durchbrachen die Front des Gegners, schossen 110 feindliche Panzer ab. Am Tage nach diesem *Sieg von Targulfrumos* beantragte der Panzerunterführer I, Oberst v. Posselt, im Einvernehmen mit dem General der Panzer Famula, für Peickert ein Ritterkreuz[1]. Peickert wäre ein Deutsches Kreuz in Gold lieber gewesen. Ein Deutsches Kreuz in Gold hätte jeder Korpsbefehlshaber verleihen können. Der Antrag auf Erteilung eines Ritterkreuzes für Peickert lief bei der zentralen Personalstelle des Heeres ein und führte dort zur Erfassung des wegen Zuhälterei angezeigten Peickert.
Peickert wurde dem Militärstrafgefängnis Graudenz zugeführt. Wäre es möglich gewesen, für *einen* Tag aus dem Festungsgefängnis Graudenz zu entkommen (zum Beispiel auf Ehrenwort), hätte Peickert die Gegend um Kowno oder die Waldkarpathen erreichen können. Dort kannte er ein Partisanenversteck.

General Famula greift ein. Zu seinem Adjutanten äußerte der General: Peickert holen wir raus. Im Stabsquartier befand sich der NSFO[2] Dr. Burdach. Der General sagte zu ihm: Peickert hat uns geholfen, wir helfen Peickert. Ein nach Berlin abreisender Oberstleutnant erhielt den Auftrag, für Peickert *sein Möglichstes* zu tun. Einige Tage später durchreiste ein Major v. Fietz Graudenz. Er gehörte zum Oberquartiermeisterstab der 6. Armee und richtete Grüße aus an Peickert. Die

1 Oberst Ritter v. Posselt, Ia der Panzergruppe, als der abgehetzte Peickert den Gefechtsstand Famula betritt: »Her mit Ihnen! Das ging ja wie am Schnürchen! Wir sind am Jypan-Abschnitt! Mensch!« Er riß sich das Ritterkreuz vom Hals und hängte es Peickert um die Schultern. Danach telefonierte er mit den vorgesetzten Stäben, holte die Genehmigung zu dieser Verleihung.
2 NSFO = Nationalsozialistischer Führungsoffizier.

Grüße gingen im Zivilgefängnis Graudenz-Nord ein. Sie wurden zwar an das im Festungsareal befindliche Militärgefängnis weitergeleitet, die Übermittlung verzögerte sich aber, so daß die Grüße erst nach Vollstreckung des Urteils, d. h. nach dem 16. Januar, eintrafen.
Am 6. Januar 1945 diktierte Oberst v. Posselt folgendes Schreiben an das Militärgerichts-Untersuchungsgefängnis Graudenz:

Nur durch Offizier!

Betrifft: Mil.-Strafgefangenen Hans Peickert
Bezug: Dortiges Urteil vom 3. August 1944
Ich erbitte Befürwortung des Gnadengesuchs für den oben Bezeichneten. Da der oben Bezeichnete im Verlauf der Ereignisse des vergangenen Jahres *Ausdauer*, *Ruhe*, *Auffassungsgabe*, *Entscheidungsfähigkeit* und *besondere Tapferkeit* bewiesen hat, erscheint mir eine Begnadigung erwägenswert. In Anbetracht der angespannten Personallage erscheint es fraglich, ob auf den oben Genannten von hier aus verzichtet werden kann.

Datum:
Unterschrift:

v. Posselt
(Oberst)

Eine sowjetische Armee schob sich in Richtung Westpreußen vor. Von der Weichsel kamen die schnellen russischen Truppen bis in die Nähe von Graudenz. Auf einen Kartengruß hin, der ihn aus dem Militärgefängnis Graudenz erreichte, richtete v. P. ein Telegramm über das Auswärtige Amt an das OKH, weiterzuleiten an den Wehrkreisbefehlshaber Westpreußen: Benötige Hauptfeldwebel Peickert als Kraftfahrer in Ankara.

Letzte Mahlzeit: Essen wollte Peickert nichts.

Die Nachkommen eines Herrenmenschen

I

Im damaligen Niederländisch-Indien lebte 1932 ein Gutsbesitzer, der früher einmal Studienrat gewesen war und Europa den Rücken gekehrt hatte. Eine Erbschaft setzte ihn instand, das Deutsche Reich zu verlassen und beachtliche Geländeteile auf Java zu erwerben. Nach dem komplizierten Kolonialstatus gehörte dieser Grundbesitz ihm einerseits, andererseits nicht; mußten die Einwohner ihm dienen, waren andererseits frei – in jedem Falle konnte er verfügen. Dieser Mann besaß eine einzige Tochter. Ihr Haar hat eine sonnengebleichte Oberschicht, darunter brünett. Scharfe schwarze Spitzen oder Punkte in den blauen Augen. »Auf schönem Fleisch die Engelhaftigkeit eines hübschen fetten Tiers.«
Dieses junge Mädchen war ihrem Vater in allen Dingen gehorsam. Ihre Mutter war in Amsterdam zurückgelassen worden, da der ehemalige Studienrat sich von aller Vergangenheit befreien, nur der Zukunft dienen wollte, die er durch Kreuzung von Pferde- und Rinderrassen sowie durch Ackerbau ihm unterworfener Javaner und Chinesenkulis vorbereiten half.

»Lieber noch will der Mensch das Nichts wollen als nicht wollen.«

II

Der Zukunft dienen – kein einfaches Vorhaben, wenn man ein Herrenmensch ist. Es ist eine Zeit der Berauschung und des tiefen Elends. Rassismus, Kolonialismus, europäischer Imperialismus, für Heise in Java in Praxisnähe zusammengerückt; in seinem Hirn erlebt als »Steigerung im Wesen des weißen Mannes«. Aber Heise hält die chinesischen Kulis und Javaner für unterschätzt; er bezweifelt, daß man ihrer auf die Dauer Herr bleiben wird. Er denkt an die Charaktere, die in der deutschen Provinzstadt zurückblieben, aus der er stammt; er vermag dort keine rassische Steigerung zu erkennen. Aber eine resignative

Betrachtungsweise lehnt er ab. Weltanschaulich neigt er zu einem »unbändigen Trotzdem«.
»Die Vergangenen zu erlösen und alles ›es war‹ umzuschaffen in ein ›so wollte ich es!‹ – das heißt mir erst Erlösung.«
Einige Kollegen Heises, noch in Deutschland, glaubten, man müsse die Erlösung durch ein paar Gewalttaten mit Panzerdivisionen und Luftwaffe erreichen. Sie wollten die südrussische Steppe erobern, von der die indogermanischen Völker einst ausgezogen waren, um von da aus die Weltgeschichte zu erneuern. Heise erwartete von einem solchen *Ortswechsel* keine Wende.
Wie er es seiner süßen, zärtlichen Tochter sagte: »Alles in uns drängt darauf, zu behalten, **was wir haben.** Außerdem gibt es etwas, das darauf drängt, **daß wir werden, was wir sind.** Den Widerspruch können wir nur durch **Überhöhung** lösen.«
Als Viehzüchter hatte Heise da einige Vorstellungen, die von den Rassevorurteilen im Deutschen Reich abwichen. Das Mädchen glaubte ihrem Vater grundsätzlich alles und bereitete sich auf die Geburt neuer Generationen im Sinne ihres Vaters vor.

III

Gunter Heise war in den Wintermonaten 1932 innerlich gespalten. Seine Tochter lebte in einem Hochschulinternat in Batavia, und er entbehrte sie. Sein Besitz arrondierte sich von selbst – ihm war lediglich verwehrt, den Abstand zu den ihm dienenden Javanern zu verringern. Unter den chinesischen Kulis befanden sich keine Frauen – aus der Ideologie heraus, daß diese dann nicht mehr genug arbeiteten, wenn Frauen oder überhaupt Leben in der Nähe wäre, und daß Frauen-Arbeiterinnen andererseits keine hinreichenden Kräfte besäßen. Obwohl Heise beides für einen Vorwand hielt, konnte er die durch die niederländisch-koloniale Gesetzgebung aufgerichtete Hürde nicht überwinden. Die Javanerinnen wiederum waren durch Landesgesetze von ihm ferngehalten. So entstand in ihm – unabhängig von dem körperlich schwer lokalisierbaren »Willen zur Zukunft« – ein Drang, seine Tochter wieder zu sich heranzuziehen (andererseits sein »soziologischer« Wunsch, sie in Batavia angemessen ausbilden zu lassen). Der »Wille zur

Zukunft« hing ihm tageweise schlapp am Körper herunter. Seine Befehle kamen matt und widersprüchlich. Er fuhr die 360 km bis Batavia, fand dort jedoch keine Ruhe, verurteilte die neutrale Atmosphäre »unter Gleichen«, wenn auch verziert durch seine Tochter, die doch als Gegenstand seines Dranges nicht in Frage kommt und insofern ihn nur zusätzlich verschlappte. Er besuchte in ihrer Begleitung eine Reihe von Freudenhäusern. Die Kolonialpolizei »stellte« ihn bei einer Razzia, denn die Freudenhäuser waren zwar für die Herrenklasse jederzeit zugänglich, von der Polizei jedoch nicht anerkannt. Es beschämte Heise, daß er nun in einer Liste des holländischen Generalgouvernements geführt wurde, auch konnte er die Anwesenheit seiner Tochter an diesem Ort nicht erklären, die ihre Bluse in einem der Badehäuser abgelegt hatte. Heise hatte Angst vor einem eventuellen Vorwurf des Polizeioffiziers. Er gefiel sich nicht, wie er Angst hatte.
Seither fuhr Heise nicht mehr zur Hauptstadt, sondern igelte sich notdürftig in seinem Herrenhaus ein. Seine Triebkräfte stießen zu den dunklen Bataillonen der »Zukunft«. Angst und Zärtlichkeiten brachte ihm seine Tochter in den Ferienmonaten. Frühmorgens ritt sie in zwei Stunden zur Felsküste und zurück, einen Pfad entlang, den er für sie hatte anfertigen lassen, vom Herrensitz durch Baumbestand zum Meer.

»Der du mit dem Flammenspeere
Meiner Seele Eis zerteilst,
Daß sie brausend hin zum Meere
Ihrer höchsten Hoffnung eilt.«

In einer ständigen Überspannung, zahlreiche Bücher verschlingend, Papiere mit Entwürfen bedeckend, die sich auf eine erneuerte, herrschfähige Menschheit bezogen (weiß oder farbig), verbrachte Heise die nächsten sechs Jahre bis 1938. Die Tochter blieb seit einiger Zeit ständig bei ihm, der gelegentlich auch krank war.
Heise schwankte in dieser Zeit zwischen zwei verschiedenen radikalen Haltungen:
1. die Unterworfenen, das heißt Javaner und Chinesenkulis, die die tatsächliche Arbeit leisteten, ernst zu nehmen und aufzunehmen in das Zukunftskonzept; das schloß Verbindungen zu Javanerinnen ein, war aber mit Heises gesellschaftlicher

Stellung als Besitzer des Zukunftsentwurfs und Gutsbesitzer schwer zu vereinbaren (würden sie noch tun, was er wollte, so heftig wollte!);
2. scharfe (die ganze Menschheit umarmende) Abgrenzung gegenüber den Heloten (Unterworfenen), aber auch Frontstellung gegen das Mittelmaß zahlreicher Europäer, völliger Rückgriff auf »Neugründung aus eigenem Blut!«.
Er war jetzt (relativ gesehen zu anderen Plantagenbesitzern dieser Gegend) freundlich zu seinen Kolonialarbeitern, sprach unverbindlich, und ohne sich zwischen den Alternativen 1 und 2 entschieden zu haben, von einer *Symbiose*, deckte auch lokale Sitten der Kolonialarbeiter gegen Kontrolle der Kolonialverwaltung. Die »Eingeborenen« schenkten ihm einen männlichen Orang-Utan, dreijährig, den er Satan taufte und in einem Gatterstall unterhalb des Herrenhauses hielt. Das Tier schien zahm.

IV

Im Juli 1938 verspürte Heise die Notwendigkeit, seine jetzt 28jährige, von ihm emotional völlig abhängige Tochter durch den Orang-Utan zu begatten. Er dichtete das Gatter, in dem der Affe saß, durch Zäune und Buschwerk gegen jede Sicht vom Lager der Kolonialarbeiter, Dorfbewohner oder des Dienstpersonals ab. Seine Tochter, Gertie, ließ sich von ihm überreden. Mehrere Nächte saßen Heise und Gertie im Stall des zunächst träge reagierenden großen Tieres. Hoch erregt, aber gleichzeitig in einer Atmosphäre der Sachlichkeit, bereitete der Vater seine Tochter und, abwechselnd, das Tier auf eine »Vereinigung« vor. Gemeinsam erzielten sie am dritten Tage eine Versteifung des Tiergliedes. Ehe Heise eine hinreichende geschlechtliche Erregung seiner Tochter »entwickeln« konnte (ohne daß deren behandeltes und unbedecktes Geschlechtsteil ihm Angst eingejagt hätte, da sie ja beide gemeinsam ein notwendiges Ziel verfolgten), war das Glied des Affen aber wieder zusammengesackt, so daß in dieser gegen Sicht von außen strikt abgeschlossenen Höhle eine Stimmung aufkam, die man als »Humor« bezeichnen kann.
In der folgenden Nacht (den Tag über trieb die unausgeschla-

fene Tochter Sport und ritt zum Meer, um sich für ihre Aufgabe zu ertüchtigen) verwandte der Vater alle Intensität darauf, eine emotionale Verbindung zwischen dem Tier und Gertie herzustellen, auch Umarmungen und »Spiele« zustande zu bringen.[1] »Eine nur mechanische Verbindung wird keinen Erfolg haben.« Es entstand tatsächlich eine Zuneigung zwischen den beiden. Heise ließ diesmal seine Tochter in dem Gelaß zurück, als ihm die Zeit zum Abbruch des bis dahin ergebnislosen Versuchs gekommen schien. Er legte sich im Herrenhaus nieder und schlief traumlos.

Das Gelaß wurde erweitert und bequemer eingerichtet. Das Dienstpersonal nahm an, daß dort irgendwelche Forschungsarbeiten geleistet würden, soweit es sich überhaupt Gedanken machte. Dies beruhte auf einer erstklassigen Selbstbeherrschung von Heise und Gertie, die ihren gesamten Lebensäußerungen im Alltag des Herrenhauses den Ausdruck vollkommener Sachlichkeit gaben. Auch aus kleinen Abweichungen von diesem Verhalten hätte das Dienstpersonal Rückschlüsse gezogen.

Gertie übernahm jetzt auch die Ernährung des Affen, dessen Anpassung an die Frau hierdurch gefördert wurde.

Nach einem Monat konnte die Tochter ihrem Vater berichten, daß sie schwanger sei. Sie kehrte in wechselnden Abständen auch später noch in das Gelaß zurück. Heise befürchtete jedoch Unfälle. Der Orang-Utan wurde von ihm vergiftet. Die Tochter Gertie gebar Juni 1939 ein neunpfündiges Kind, weiblich, das normal aussah.

V

Das Kind wuchs bis 1945 auf dem Sitz Heises in voller Isolierung auf. Seit 1940 hatte Gertie ein Medizinstudium in Batavia aufgenommen. Sie hatte acht Monate das Kind selbst gestillt, danach Flaschenkost verordnet. Zweck ihres Studiums

1 »Es gibt zwei Formen des Stoffwechsels mit der Natur in der Geschichte: die einfache Aneignung, die die Natur benutzt, so wie sie sie trifft, das von der Natur benutzt, was Wert hat, und das, was unnütz ist, wegwirft, und andererseits die vollkommen andere Haltung zur Natur: ihr zu geben, was der Natur ist, damit sie dem Menschen gibt, was des Menschen ist.« (Dr. Heise).

war es, unabhängig von Ärzten zu sein, wenn für das Kind ein Notfall einträte. Die Heises hatten Angst, daß an dem Kind Anzeichen seiner Herkunft bei einer gründlichen ärztlichen Untersuchung festgestellt werden könnten. Das Kind hatte zwar eine von der Norm abweichende Behaarung, jedoch allem Anschein nach menschlichen Körperbau und nahm die Gewohnheiten der Mutter an. Dieses Bild konnte immer noch bei einer Untersuchung innerer Organe anders aussehen. Das Kind hieß Kitti.

Heise war durch die politische Entwicklung ab Winter 1941 *ernüchtert*. Japanische Truppen besetzten Niederländisch-Indien. Die niederländische Kolonialverwaltung war in wenigen Tagen hinweggefegt, Plantagenbesitzer und Beamte wurden in Lagern zusammengetrieben. Dr. Heise selbst war als Angehöriger des verbündeten Deutschen Reichs vorläufig ungefährdet. Er sah aber sehr wohl, daß die Selbstbestimmung der Javaner, die von den Japanern geduldet wurde, langfristig auch seinen Besitz in Frage stellen mußte. Seine »wesenhafte Zukunft« und die seiner »Familie« schien auf diesem Hintergrund zu einem Hirngespinst zu werden. Die Tötung des Affen Satan hatte ihm eine Haßreaktion seiner Tochter zugezogen. Sie begann, ihm zu mißtrauen. Das wollte er auf keinen Fall wuchern lassen. Im Frühjahr 1944 verteilte die japanische Armee Waffen an die Inselbewohner Javas. Japan rüstete sich für den Endkampf. Heise wurde über das deutsche Generalkonsulat zur Kriegsmarine eingezogen und fuhr auf einem Erkundungskutter in der Straße von Borneo. Später wurde er auf einen Hilfskreuzer kommandiert, der im Südatlantik unterging. Gertie hörte nie wieder von ihrem Vater.

Die japanischen Besatzungstruppen kapitulierten 1946 mit ihren Streitkräften. Holländische Truppen versuchten, in verschiedenen Vernichtungsfeldzügen den Zustand aus der Zeit vor 1940 wiederherzustellen. Das mißlang. Gerties »Herrensitz« wurde während dieser Kampfhandlungen verbrannt. Sie rettete Devisen sowie ihr Kind Kitti in einem Jeep nach Djakarta und ließ sich übersetzen nach Singapur. Sie war jetzt ausgebildete Ärztin und daher in der Lage, für alles zu sorgen, was ihr Kind brauchen konnte, unabhängig von der Gesellschaftsform, in der sie sich und ihr Kind unterbrachte. In Singapur schien ihr der Aufenthalt riskant, da sie für das Kind keinen Vater angeben konnte und die Gefahr bestand – so meinte sie –, man könne sie des Inzests mit ihrem Vater beschuldigen. So beantragte sie Einreise auf die damals im Aufstand befindlichen Philippinen. Hier bestand eine so unordentliche Behördenorganisation, daß Gertie nichts befürchtete und ab 1948 eine Arztpraxis in der Nähe der Hauptstadt betrieb.

VI

»Wo mein Schatz ist, da ist auch mein Herz.« Von den vom Vater aufgehäuften Schätzen blieb Gertie Heise lediglich Kitti – und dieses Kind konnte nicht als vom Vater hinterlassener Wert gelten, da dieser den Affen Satan, ohne Gertie zu benachrichtigen, getötet hatte. Mit den hingeschwundenen Schätzen, einschließlich des väterlichen Rückzuges vom gemeinsam verantworteten Versuch, war ein Teil der Schuldgefühle, die Gertie genußreich mit ihrem Vater geteilt hatte, verschwunden. Sie interessierte sich nicht mehr für diese Fragen, soweit sie nicht (von außen kommend) aktuelle gesellschaftliche Kontrollen fürchtete.
Der Haarwuchsanomalien Kittis wurde Gertie durch häufiges Scheren und durch chemische Mittel Herr. Sie hat ihre Arztpraxis in einem wenig kontrollierten Slumviertel eingerichtet. Sie unterhält Verbindung zu einer Gruppe im Felsengelände versteckter Plantagenarbeiter, die den Unterdrückungsmaßnahmen nach dem fehlgeschlagenen Aufstand von 1949 entgangen waren. Sie überbrachte dieser Gruppe Medikamente und Geldbeträge. Sie fürchtete von dieser Seite lediglich Erpressung infolge von Fehleinschätzung ihrer Liefermöglichkeiten. Andererseits sah sie hier Fluchtwege im Gefahrenfall für sich und ihr Kind. Sie war immer weniger bereit, ihr Kind lediglich durch Tarnung, Haarbehandlung an die menschliche Normalität anzupassen, und immer mehr darauf bedacht, ihm sein Recht auf eigene, abweichende Körperfunktion zuzusprechen, so wie dieses Kind auch willig Rhythmus und Funktion seiner Mutter übernahm.
Im Juni 1970 ist Kitti 31 Jahre alt geworden. Bisher hat Gertie

ihr Kind sexuell hingehalten und die offenkundigen Ansprüche ihrer Tochter zum Teil selbst befriedigt. Sie ist jedoch zu dem Ergebnis gekommen, daß diese Verleugnung der wirklichen Rechte des zärtlichen Wesens nicht länger möglich ist, auf die Gefahr hin, daß Nachkommen Kittis nach den Mendelschen Gesetzen eine volle physiologische Abweichung vom Menschen zeigen.

Nach Vater Heises Vorstellung sollten seine Nachkommen Geschöpfe der Kühnheit sein. Tatsächlich saß ihnen die Angst im Nacken. Solange aber Gertie keinem ihrer Enkel den Kopf abschlagen muß (»Satan«!), um die übrigen kleinen Puppen vor der Verfolgung durch die Rassengesellschaft zu bewahren, will sie den Kampf wagen. Gertie, die Großmutter, hofft.

Ein Lernprozeß mit tödlichem Ausgang für Otto Laube und Fritz Brink

I

In den Kleinstädten Groeningen und Egeln, in der Nähe von Halberstadt, lebten 1938 Fritz Brink, früher Journalist in Magdeburg, Sohn eines Majors, der am Ersten Weltkrieg teilnahm, und Otto Laube, Gärtnereibesitzer. Laube war als Reiter auf verschiedenen Reit- und Fahrturnieren in Halberstadt aufgefallen. Als Soldaten der Revolution marschierten sie an der Spitze ihrer SA-Stürme seit 1931. Ihre Ehefrauen Rose Laube und Dagmar Brink waren miteinander befreundet. Die gemeinsame Arbeit für die politische Umwälzung trieb die Männer zusammen. »Und frische Nahrung, neues Blut saug ich aus freier Welt.«
Nach gelungener Revolution, März 1933, übernahm Brink den Posten eines Ortsgruppenleiters in Groeningen, Otto Laube war Ortsgruppenleiter in Egeln. Es ging hier nicht um einen bloßen Regierungswechsel. Diese Revolution war total in dem Sinne, daß sie den »ganzen Menschen« umfaßte. Umwälzung des Bildungswesens, Überwindung der schrecklichen Feigheit, Aufhebung der Eigentumsschranken, wenigstens insoweit, als Laube und Brink gewisse Grundstücke und Mittel (Getreidefirma Tacke, jüdischer Besitz, Münemann und Gresinsky usf.), die sich in ihrem Einflußbereich befanden, an sich nahmen und umverteilten.

»Einsam hinterm letzten Haus
geht die rote Sonne schlafen
und in ernsten Schlußoktaven
klingt des Tages Jubel aus.«

Sie meinten, jetzt ist Revolution, und dann wälzen sich alle Dinge um, auch unsere privaten ...

An einer Magdeburger Tageszeitung arbeitete ein älterer Journalist, W. Jattmann. Er besuchte im Januar 1938 Egeln.
Seit 1934 hatten die befreundeten Brink und Laube **öfter ihre Ehefrauen Rosi und Dagmar ausgetauscht.** Häufige gemeinsame »Feiern«. Hiervon hörte Jattmann. Ohne daß sein Motiv näher bekannt ist, erstattete Jattmann gegen Brink und Laube Anzeige bei der Gauleitung.

II

[Laube Otto war sein Motto] Laube nahm in der ersten Panik – auf die Nachricht von der Denunziation hin – einen Kognak, sodann Tabletten, die er im Badezimmer seiner Frau, die Villa verfügte über drei Badezimmer, fand. So legte er sich zusammengekrümmt zu Bett. Die Decke zog er über den Kopf. So fand ihn das Dienstmädchen, das aufräumen wollte. Das Dienstmädchen lief in der Abenddämmerung des Apriltages zu der Egelner Ärztin Dr. Gerti W.: »Frau Doktor, kommen Sie bitte schnell, Herr Laube liegt da, und wir können es uns nicht erklären.«
Die Ärztin folgte dem Mädchen. Es war in Egeln bekannt, daß die Ärztin während ihrer Universitätszeit von 1926 bis 1928 mit Laube verlobt war. Sie fand Laube in gekrümmter Haltung in seinem Bett, eine Haltung, die bei Blinddarmentzündung gern eingenommen wird. Laube redete undeutlich. Die Ärztin schickte das Mädchen hinaus. »Wo ist Frau Laube?« »Sie ist nicht anwesend.« »Gerti«, stammelte Laube, »die Herrlichkeit ist zu Ende.« Die erfahrene Ärztin nahm an: Alkoholvergiftung oder Tablettengenuß. Sie drückte auf den Magen. Sie verließ Laubes Haus, um einige Geräte aus ihrer Praxis zu holen. Sie wollte eine Magenauspumpung versuchen.
Das Dienstmädchen holte sie mit dem Fahrrad auf halbem Wege ein: »Frau Doktor, Sie müssen sofort zu Herrn Laube, er hat sich erschossen.« Die Ärztin stellte einen Steckschuß im Hirn sowie einen Bauchschuß fest. Sie verstand erst jetzt, daß Laube hier, teilweise in ihrer Gegenwart, einen Selbstmordversuch unternahm. Der Patient war ohne Besinnung, er pustete schwach.

Sie befühlte die Einschußkanäle. »Mein Ottokar, das ist nicht wahr.« Sie gab ihm eine knappe Chance, gleichzeitig fiel ihr ein: Womöglich will er gar nicht gerettet werden. Sie versuchte ihm die Uniform, die neben dem Bett abgelegt war, anzuziehen. Sie wollte seinem Gedanken folgen: »Ein Tod, der Laubes Gesamtbild im Leben entspricht.« Dem Uniformhemd fehlte jedoch der zweite Einschußkanal, in Bauchhöhe, vermutlich war Brustschuß angestrebt. Die Verkleidung wieder wegmachen. Sie wechselte ihren Entschluß: Sie wollte von Laube retten, was zu retten ist. »Hoffentlich ist Otto nicht schwachsinnig.« Sie sagte sich: »Auf das in den Kopf gedrungene Geschoß wirkt die Schwerkraft, so daß es allmählich sinkt und weitere Hirnteile in Mitleidenschaft ziehen kann. Dieser Prozeß erfolgt sehr langsam. Jede Bewegung des Kopfes ist daher äußerst gefährlich.«
Sie überlegte, daß eine Einweisung in das Kreiskrankenhaus Egeln eventuell nicht in Otto Laubes Interesse lag. Sie versuchte, Frau Laube, ihre Nachfolgerin bei Otto Laube, im Ort suchen zu lassen. Gegen 21 Uhr erreichte sie Fritz Brink, den Ortsgruppenleiter von Groeningen, der die Weisung erteilte: »Warten, bis ich komme.« Die Ärztin untersuchte »Ocka« Laubes Atemtätigkeit, die Augenreaktionen. Sie schickte das Dienstmädchen zu Bett und richtete sich selbst in einem der Schlafzimmer für die Nacht ein.

III

Der von Groeningen sich nähernde Sportwagen von Fritz Brink wurde am Ortseingang von Egeln von Beamten der Kriminalpolizei Halberstadt angehalten. »Herr Ortsgruppenleiter, wir haben von Ihrem Adjutanten erfahren, daß Sie hierher unterwegs sind, und sind Ihnen entgegengefahren, um jedes Aufsehen zu vermeiden.« Fritz Brink folgte dem Beamten zum Amtsgerichtsgefängnis. Andere Kriminalbeamte erschienen in Laubes Villa. Die Ärztin ordnete daraufhin, da nun alles bekannt schien, die Überführung Laubes in das Kreiskrankenhaus an. Rosi Laube, die gegen 23 Uhr von einem Ausflug

in den Harz zurückkehrte, wurde von den Beamten in Haft genommen. Gegen 1 Uhr rief eine der Ärztin unbekannte Stimme an: »Schönen Gruß von Dagmar Brink. Grüne Minna war da, auf keinen Fall irgend etwas zugeben!« Die Ärztin konnte diese Nachricht nicht weiterleiten, da Frau Laube bereits verhaftet war; der bewußtlose Otto Laube wurde mit Vorsicht abtransportiert.
Ein schön gewachsener Offizierstyp. Fahren wir zur Okertalsperre? Wir haben vier Bleche Pflaumenkuchen geladen. Wir fahren bei Pfeifert vorbei und laden Getränke ein. Los, es ist Dienstag vormittag. Von Island sind lauter kleine Tiefs gemeldet, hier aber im Harz nichts als Sonne!
Fritz Brink sagte zu dem Gefängnisbeamten, den er kannte und der eine Flasche Likör brachte: Wenn Ocka Laube dran glauben muß, dann übernehme ich ab jetzt die Vorsorge für unsere beiden Frauen. Keiner gibt irgend etwas zu. Es steht noch nicht fest, ob die Verhaftung wegen einer Mehlbeschlagnahme bei der Firma Tacke & Co. vorgenommen wurde.

IV

Frau Brink klingelte um 4 Uhr nachts bei ihrem Anwalt, Herrn von Schwertner. Schwertner telefonierte mit Freunden in Magdeburg und entnahm diesen Gesprächen, daß es um eine **Sittenverfehlung** ging. Er ließ sich den Sachverhalt von Frau Brink erläutern.
Frau Brink: »Wenn wir nun sagen, Frau Laube und ich wären lesbisch, und auch das wären wir nicht wirklich, sondern wir hätten nur die beiden Männer etwas anheizen wollen – das wäre nicht strafbar, sagt der Adjutant meines Mannes.« Schwertner: »Sie, liebe Dagmar, können machen, was Sie wollen. Nur die Männer dürfen sich nicht angefaßt haben.« Dagmar Brink: »Aber sie haben doch!« Schwertner: »Das müssen wir rasch vergessen.«
Zu der Beratungsrunde war der Leiter des Egelner Amtsgerichts hinzugestoßen. Er sagt: »Die waren alle total besoffen, und was die Kameraden in besoffenem Zustand gemacht ha-

ben, ist nicht rekonstruierbar. Der Fehler liegt darin, daß überhaupt etwas herausgekommen ist.«

V

[Tausch und absolute Werte.] Der Großlebensraum Deutschland (zunächst in den Grenzen des Altreichs, aber gefühlsmäßig ein Großlebensraum) ist gefüllt mit **Tauschmöglichkeiten.** Wie verminte Gelände dazwischen: **Absolute Werte** (Strafgesetz, Sittenordnung). Werte wie: »Ein Amtsträger tauscht nicht seine Ehefrau« bringen dem Wertbrecher den Tod. Hier enden die Tauschmöglichkeiten.[1]

1. Absolute Werte, gemeinverständlich: § 181 I Satz 2 StGB: Schwere Kuppelei, wenn der Schuldige zu der verkuppelten Person in dem Verhältnis des Ehemannes zur Ehefrau steht, a) gegen deren unzüchtiges Treiben hat er einzuschreiten RGE 58, 97. Vergleiche dazu § 180 StGB A 2: Durch Unterlassung kann das Delikt ebenfalls begangen werden, falls nämlich eine Pflicht zur Verhinderung der Unzucht besteht, es sei, daß Vorschubleisten entfällt, das ist aber praktisch nicht der Fall. RGE 58, 98 StRSpr.[2]

2. Absolute Werte, schwerverständlich (Hegel): »Die Ehe, und wesentlich die Monogamie, ist eines der absoluten Prinzipien, worauf die Sittlichkeit eines Gemeinwesens beruht.«

»Weil die Ehe das Moment der Empfindung enthält, ist sie nicht absolut, sondern schwankend und hat die Möglichkeit der Auflösung in sich. Aber die Gesetzgebungen müssen diese Möglichkeit aufs höchste erschweren.«

»In den modernen Dramen und anderen Kunstdarstellungen aber, wo die Geschlechterliebe das Grundinteresse ausmacht, wird das Element von durchdringender Frostigkeit, das darin getroffen wird, in die Hitze der dargestellten Leidenschaft durch die damit verknüpfte gänzliche **Zufälligkeit,** dadurch

1 Gaurechtsführer Jordan: »Unser Sieg ist die schärfste und gleichzeitigste Durchsetzung absoluter Werte (so bei Blut, Reinheit der Familie, Erbe) – notfalls unter brutalstem Bruch aller Werte.«

2 Ständige Rechtsprechung des Reichsgerichts in Strafsachen Band 58, S. 98.

nämlich gebracht, daß das ganze Interesse als nur auf **diesen** beruhend vorgestellt wird, was wohl für **diese** von unendlicher Wichtigkeit sein kann, aber es **an sich** nicht ist.«

»Die Liebe ist daher der ungeheuerste Widerspruch, den der Verstand nicht lösen kann, in dem es nichts Härteres gibt, als diese Punktualität des Selbstbewußtseins, die negiert wird, und die ich doch als Affirmativ haben soll.«

3. Weitere Werte (Stand 1929 ff.): Schlagkraft; Sensibilität für Mein und Dein; sich aufopfern; Zähigkeit, Härte; Sauberkeit; anständig sein; sich durch Wissen ausweisen; wie man dasitzt; handwerkliche Qualität; Neugierde; Güte; Ataraxie (unerschütterliche Ruhe); Sinnesfreuden, besser: eine gewisse Sinnlichkeit und Fantasie, Skepsis, Lockerlassen, locker führen, Beherrschung der Freß- und Sprechwerkzeuge; Unterscheidungsvermögen, Wertverständnis; Weltverständnis, Mobilität, Familiensinn, Liebe, Normalität, maßvolle Wärme; Reaktionsvermögen, Heimweh, Verwurzelung, Natur- und Nationalbewußtsein, Verstandeschärfe, Gemüt, Gemütlichkeit, Eleganz; Polyvalenz, Wirklichkeitsnähe, Wahrheitssuche; Recht, Kultur, militärisches Ehrgefühl (Disziplin), Pflicht. Im Kern geht es um eins: **Durchhaltewillen.**

Volksführer der Provinz wie Otto Laube und Fritz Brink, auf der gefühlsmäßigen Grundlage von Millionen »Gleichgesinnter« (gleichsinnig im Sinn ihrer zerrissenen Gefühle, die »Verschiedenartiges«, »Vielfältiges« wollen), glaubten 1929–1938 im Sinn einer »revolutionären Wende« zugreifen zu können. Laube kannte einen Schlenker aus der Oper »Die weiße Dame« auswendig, den sang er, wenn er blau war. Der Jude Gottschalk aß immer Kaviar mit Kartoffeln. Er hat Brink, der ebenfalls in der »Sauren Schnauze« saß, einen Teller davon rübergeschickt. Brink aß das, tat so, als ob das nicht vom Juden käme, steckte dafür Gottschalk, den er dann zwei Jahre später doch nicht retten konnte, einen Limburger in die Seitentasche. Wenn Laube aus der »Sauren Schnauze« trat, sagte er: »Ich fahr nicht die Schmiedestraße runter, sondern die Stufen Martini Plan«, fuhr seinen Opel über die fast senkrechten Treppenstufen aus dem 12. Jahrhundert. »Die Frauen sind meine schwache Seite, sie sind die Stelle, wo ich sterblich bin. Küß ich die erste, denk ich an die zweite und schau verstohlen schon zu einer dritten hin.« Brink hatte damals einen »fetten Husten«.

Die Truppe fährt motorisiert von Egeln nach Halberstadt, ein Flachpflaumenkuchen und zwei Kasten Bier auf den Rücksitzen: »Ich reiß mir eine Wimper aus und stech dich damit tot, dann nehm ich meinen Lippenstift und mach dich damit rot, und wenn du dann noch böse bist, weiß ich mir keinen Rat, bestell ich mir ein Spiegelei und bespritz dich mit Spinat.« Ein Ziegeleibesitzer »wollte sich in Laubes Herz einbohren«. Dieser reiche Mann kam aus Brasilien und »hat dort die Schlitze in die Kaffeebohnen gemacht«. Auf einem Gartenfest in Egeln mit dem Motto »Ein Abend am Hofe Maria Theresias« waren »so viele Lauben gebaut, wie Paare gar nicht da waren«. Laube und Brink müssen zum Einsatz nach Halle. Es wird zu einer Straßenschlacht kommen. Brink: »Entweder komme ich wieder oder ich komme in eine kleine Tüte.« Er meinte damit, daß er im Todesfall verbrannt werden wollte, keinesfalls wollte er zu den Würmern auf den Egelner Friedhof, »zu fetter Boden«. Auf dieser Gefühlsgrundlage: der energische Wille, keinen Stellungskrieg aufkommen zu lassen, die Front »überlebter Werte« zu durchbrechen.

VI

Verhör von Fritz Brink vor dem Untersuchungsführer der Partei, Kameraden Pg. Amtsgerichtsrat Paul aus Halle. Ein Kognak wird gereicht. Es geht darum, ob man den Parteigenossen Brink aus dem Gefängnis holt, ob die Partei ihn maßregelt oder wegen parteiwidrigen Verhaltens ausschließt.

Dr. Paul: Parteigenosse Brink, Sie sind seit 1932 mit Otto Laube befreundet?

Brink: Schon länger.

Dr. Paul: Frau Laube kennen Sie jedenfalls so lange?

Brink: Nein.

Dr. Paul: Wenn Sie genauer antworten ...

Brink: Die Laubes sind erst vier Jahre verheiratet.

Dr. Paul: Ihre Frau ist mit Frau Laube ebenfalls befreundet?

Brink: Ja.

Es ist nicht zu leugnen: die Ortsgruppenleiter Laube und Brink haben zeitweise ihre Frauen ausgetauscht. Den Frauen war das ungewohnt. Sie reagierten albern. »Also machten wir etwa vier Stunden lang Witze. Allmählich kam eine gewisse Stimmung auf. Wir kannten uns ja alle gut.«

Dies sind Nebenumstände, sagte Parteigenosse Amtsgerichtsrat Dr. Paul, ich muß mir jedoch ein genaues Bild machen, und insofern sind auch diese Nebenumstände für das Gesamtbild wichtig, um den Tattyp festzuhalten.

Brink: So gab ein Wort das andere.

Dr. Paul: Was heißt das?

Brink: Ich befühlte Rosi Laube, um zunächst festzustellen, wo sie empfindlich war. Ich lehne ein rücksichtsloses Vorgehen ab.

Die Frauen, sagte der Untersuchungsführer, hatten doch vor der Ehe mit Ihnen bzw. Laube keine »Erlebnisse«?

Brink: Nein.

Dr. Paul: Also waren sie an Sie als ihre ersten Männer in besonderem Maße gewöhnt, in gewisser Weise sogar abhängig.

Brink: Wir hatten ja auch mit ihnen vorher gesprochen und die Sache abgestimmt.

Dr. Paul: Ergaben sich Schwierigkeiten?

Brink: Ich mußte dazwischengehen, als ich sah, daß Laube meine Frau völlig falsch behandelte. Eine Frau ist ein sehr wertvolles Instrument, ebenso wie man auch über ein Pferd nicht irgendwie herfällt. Nach meiner Auffassung verschlechtert Mehrverkehr eine Frau, wenn der betreffende andere Mann Fehler macht. Das gilt im allgemeinen nicht für Otto Laube. Am ersten Abend mußte ich ihn jedoch anhalten. Das schuf eine Verstimmung.

Dr. Paul: Was bewirkte diese Verstimmung?

Brink: Nichts. Wir brauchten zwei Stunden, um darüber hinwegzukommen, denn ich konnte natürlich nicht mit Rosi Laube fortsetzen, wenn ich andererseits zugunsten meiner Frau bei Otto dazwischenging. Wir köpften einige Flaschen, nachher war die Stimmung wieder gut.

Dr. Paul: Und sie verkehrten miteinander?

Brink: An diesem Abend nicht. Weil die Blase zu voll war.

Dr. Paul: Sie sind seit 1932 in der Partei. Sie machen der Partei mit dieser Sache Schwierigkeiten. Die Sache ist in Egeln und in Magdeburg bekannt geworden. Ich habe Sie damals gesehen, als Sie 1934 in Magdeburg-Buckau Ihre Kolonnen aufmarschieren ließen. Das sah gut aus.

Jetzt Vernehmung Laubes am Krankenhausbett.

Dr. Paul: Sie heißen Otto Laube und sind Ortsgruppenleiter?

Laube: Ja.

Dr. Paul: Parteigenosse seit 1932?

Laube: Ja, seit 1928.

Dr. Paul: Reiterführer?

Schwaches Kopfnicken.

Dr. Paul: Sie werden »Ocka« genannt und sind Adressat dieser Postkarte, geschrieben von Dagmar Brink, Ehefrau des Ortsgruppenleiters Brink. »Lieber Ocka, ich sehne mich nach Euch Dreien und umarme Euch gemeinsam. Dagmar.«
Warum mußte sie das auf offener Postkarte schreiben?

Der Adjutant Laubes, der an dessen Bett saß, redete für Laube: Wegen des Postgeheimnisses habe man keine Weiterungen erwartet.

Dr. Paul: Jetzt ist die Postkarte in meinen Händen.

Der Adjutant: Ob man denn aus der Karte soviel schließen könne, im übertragenen Sinn ...?

Na hören Sie mal, sagte der Untersuchungsführer.

Es ist unbestritten, sagte Dr. Paul, daß Laube und Brink auf Grund der Nationalsozialistischen Revolution die Grenzen der Sittengesetze für verschoben hielten.

Den Untersuchungsführer interessierte, ob bei den »Sitzungen« zu dritt oder zu viert Onanie oder Päderastie vorgekommen war. Der Adjutant Laubes bestätigte: Außer schwerer Kuppelei kam nichts vor.

Brinks Adjutant: Ein abendländisches, christliches Verbotsgesetz.

Dr. Paul: Sehen Sie, Herr Kamerad, ich habe neulich meine Frau während ihrer Tage aufgesucht. Es gibt da ein altes jüdisches Verbot. Gerade das wollte ich nicht einhalten. Aber ich spürte nachher ein Brennen und hatte das Gefühl: es ist doch etwas dran an dem Verbot. Es ist einfach nicht gesund.

Der Untersuchungsführer Dr. Paul empfahl einen zeitweisen Parteiausschluß gegen Brink, Verlust der Parteiämter, später Versetzung der beiden Führer und ihrer Frauen an weit auseinanderliegende Orte.

Der Adjutant Laubes und der Untersuchungsführer fuhren nach Halberstadt und gingen ins »Hacker«. Laubes Adjutant fiel später bei Kiew.

VII

[»Gestern in den Schoß gerissen, heute von der Brust geschmissen«] Der Oberstaatsanwalt in Magdeburg faßte den Beschluß des Untersuchungsführers der Partei falsch auf. Er sah vor allem die Tatsache der Ablösung von Brink und Laube als Ortsgruppenleiter, hierin erkannte er eine »Kaltstellung« durch die Partei. Er erhob Anklage wegen eines Verbrechens der schweren Kuppelei. Die Anklageschrift lautete: Brink habe mit Frau Rosi Laube in fortgesetzter Handlung sowie in mehreren Einzelhandlungen oral sowie auf widernatürliche Weise den Geschlechtsverkehr vollzogen sowie in 17 Fällen dem Geschlechtsverkehr gleichgestellte Zärtlichkeiten ausgetauscht unter gleichzeitiger Aufrechterhaltung der vollen ehelichen geschlechtlichen Beziehungen; gleichzeitig habe Otto Laube das gleiche getan gegenüber Frau Dagmar Brink, an verschiedenen Orten (Okertalsperre, Gegenden des Harzes, Villa Laubes

und Wohnung Brinks); folgen die Beweismittel. Die vier Angeklagten wurden wegen Verbrechens der schweren Kuppelei vom Landgericht Magdeburg zu je fünf Jahren Zuchthaus und Aberkennung der bürgerlichen Ehrenrechte verurteilt. Nach Bekanntwerden des Urteils schaltete sich eine höhere Parteiinstanz ein. Über das Reichsjustizministerium wurde Kassation des Urteils veranlaßt. Das neue Urteil sah Todesstrafe für die an der Tat beteiligten Männer vor, dagegen Freispruch für die verführten Frauen.
Otto Laube befand sich im Kreiskrankenhaus Egeln in einem Dämmerzustand. Er konnte seine Hände bewegen, jedoch nicht sprechen. Es wurde geprüft, ob man vor Vollstreckung des Urteils ihn gesundpflegen bzw. in einen halbwegs bewußten Zustand bringen sollte. Der Sühnegedanke forderte, daß der Verurteilte auch etwas spüren mußte. Ein weiterer Grundsatz besagte, daß Justizhandlungen nur gegenüber einem Geschäftsfähigen vorgenommen werden dürften. Laube war jedoch in diesem Zustand nur beschränkt geschäftsfähig. Aber bei richtiger Anwendung dieser Grundsätze hätte er gar nicht verurteilt werden dürfen. Die Staatsanwaltschaft kam zu einem Kompromiß: vorübergehende Aufputschung und Vollstreckung in einem »möglichst bewußtseinsnahen Moment«.
Die Angehörigen des Egelner SA-Sturms, aktiviert von den verzweifelten Frauen Dagmar Brink und Rosi Laube, wollten unter ihrem neuen Ortsgruppenleiter SA-Reiterführer Pfeffer zum Kriminalgefängnis Magdeburg marschieren und dort eindringen, zugunsten von Brink. In Heudeber-Dannstedt wurde die Kolonne von einem höheren SA-Führer zurückgehalten. »Kameraden, machen Sie hier keine Schweinerei. Diesen beiden ehemaligen Kameraden können wir nicht mehr helfen. Bringen Sie sich nicht in eine verteufelte Lage!« In dem Vorort von Magdeburg war Militär bereitgestellt, für den Fall, daß die Kolonne hierhin vorgedrungen wäre. So kehrte der Sturm wieder um. »Vor dem Krankenhausfenster von Laube, der nichts wahrnahm, sangen wir ein Kampflied.«
Die beiden Ehefrauen wurden nach Vollstreckung der Urteile an Brink und Laube an getrennten Orten des Reiches in Arbeitsverhältnissen untergebracht. Auch ohne Trennungsgebot – sie waren viel zu sehr erschreckt, um noch miteinander zu tun haben zu wollen.

Lernprozesse mit tödlichem Ausgang

Unbezwingliche Sehnsucht
– dumpfes Begleitgefühl . . .

Der Verlust des Planeten

Ein 1. Mai in der Zukunft

Gründerjahre im Westen der Galaxie

La fuite du temps (Zeitentzug)

Vorwort

»Wie kann der Schwarze Krieg vier Jahre dauern, wenn doch gleich am ersten Tag die Erde völlig zerstört wurde?« Diese Frage des Rechtstheoretikers Ferdi Schein im Frühjahr 2102 (Besitzer von zwei Zwergsonnen) zeigte den Experten Dorfmann, Zwicki, von Ungern-Sternberg, Boltzmann, daß dieser junge Mann unaufgeklärt war. Sie wollten ihn auf die geplante Fahrt, die ihre letzte sein sollte, nicht mitnehmen. Auch kam es auf das historische Ballastwissen, mit dem diese Frage leicht zu beantworten war, nicht an – es genügte, daß sein Nicht-Wissen ihnen zeigte, daß er nicht ihresgleichen war.[1]

Vielmehr kam es jetzt, 2102, **mehr den je** darauf an, **entgegengesetzt zur Richtung der geschichtlichen Bewegung,** zu überleben.[2]

1 Zwicki: Man hätte diesen Krieg, der nur 1 Tag dauerte, nicht mit einem Tag Dauer charakterisieren können, da die Folgen dieses Krieges damit nicht angemessen bezeichnet gewesen wären. An sich wurde dieser Krieg nie beendet. »Deshalb bezeichnen diese vier Jahre eine Mindestzahl.« Dorfmann: Man steht bei der Schilderung aller dieser Vorgänge vor einem Ausdrucksproblem.

2 Zum Stichwort *Unbezwingliche Sehnsucht*. Der spätere Raumpionier Franz Zwicki im Februar 1972, Geheimdienstbaracke, Bunkergelände von Idaho: »Das Begreifen der Wirklichkeit und der Ausdruck des Lebens unserer Herrenklasse mag auf tausenderlei Selbsttäuschungen, Täuschungen anderer und aus Lügen bestehen, sie ruht doch auf einer *unbezwinglichen Sehnsucht*, die wir alle seit Aufstieg unserer Klasse (18. Jahrhundert) haben. Diese Sehnsucht hat zweierlei Folgen: erstens den Willen, um jeden Preis zu überleben, zweitens den Willen, zu verschwinden – aufzugehen in anderen Klassen, in der Natur, im Weltall. Diese Sehnsucht, mag sie auch nur in verdrehter Form vorkommen, ist die Hauptwaffe unserer Klasse, die sie zum ewigen Leben befähigt, und ihre Ausrüstung für die Eroberung des Weltalls.« Ihm antwortete der Gelehrte Eilers: »Sie irren sich gewaltig: keine Klasse lebt ewig. Im Gegenteil!« Franz Zwicki antwortete dem Freund (früherer Klassenkamerad von ihm): »Trotzdem rate ich dem Gegner unserer Klasse, sich nicht nur mit sich selbst, sondern auch mit uns zu befassen. Erkenntnistheoretisch sind wir null, aber körperlich leben wir noch. Als *Materialist* weise ich darauf hin, daß die unbezwingliche Sehnsucht, von der ich vorhin sprach, in unseren Körpern versteckt ist, sich also einer rein wissenschaftlichen Widerlegung entzieht.« Dorfmann

Ein halbes Jahr später, in die Umlaufbahn einer unerforschten roten Sonne des Sektors Morgenröte eingeschossen, ohne Chance einer Rückkehr zu den übrigen Menschen und ohne hinreichenden Grund, noch weiter vorzustoßen – siehe dazu Kapitel 4, unten S. 364 ff. –, waren sie selber vor die Situation gestellt, sich mit ihrer Geschichte auseinanderzusetzen. Einen anderen Gegenstand der Aneignung hatten sie nun nicht mehr. Wie durch ein Zauberwort schienen Zukunft, Gegenwart wie weggeblasen.

Als Bericht von Experten, die alles das selbst miterlebt haben, ist diese Nacherzählung des Erlebten naturgemäß lückenhaft. Wir schreiben das Jahr 2103.

(zu Eilers): »Können Sie damit konform gehen?« Eilers schied später durch Autounfall aus dem Freundeskreis aus.

Zum Stichwort *Dumpfes Begleitgefühl.* A. Dorfmann, in nachträglicher Betrachtung, eingekästelt in eine als Schreibabteil eingerichtete Eisenkoje der Raumplattform, *Blickwinkel des Jahres 2103:* »Der Mensch ist deshalb auch ein weitaus interessierterer Metaphysiker, als er gemeinhin heute zugibt. *Ein dumpfes Begleitgefühl* seiner sonderbaren kosmischen Situation verläßt ihn selten. Der Tod, die Winzigkeit der ganzen Erde, das Fragliche der Ichillusion, die mit den Jahren aufdringlicher werdende Sinnlosigkeit des Daseins . . .«

Usw., usw., sagte Zwicki. Das habe ich schon mehrfach gehört. Dorfmann: Das Begleitgefühl ist aber nur dann dumpf, wenn wir zuviel Scharfsinn anwenden. Zwicki: Den müssen wir ganz weglassen.

Kapitel 1
Der Verlust des Planeten

Kriegsfolgen und Kriegsverhütung, herausgegeben von C. F. von Weizsäcker, München 1970, Seite 19: »Die Theoretiker der Abschreckungs- und Eskalationsstrategie müssen davon ausgehen, daß beide Seiten sich hinreichend ›rational‹ verhalten. Rational in diesem Sinne ist es, das kleinere Gut dem größeren Gut oder der Vermeidung des größeren Übels zu opfern. In extremen Situationen treten aber seelische Kräfte auf den Plan, die die Ordnung der Güter verändern. Das gesamte Phänomen des Krieges, das die Menschheitsgeschichte seit undenklichen Zeiten durchzieht, wäre unmöglich ohne die in jedem Menschen angelegte Umschaltung von der Selbsterhaltung zu der Einstellung ›das Leben ist der Güter Höchstes nicht‹. Wer, um noch ein anderes Zitat zu gebrauchen, sich dazu bringen kann, ›lieber tot als Sklav‹ zu sein, der handelt im Sinne seiner neuen Werte rational, wenn er das vom Standpunkt der Abschreckungsstrategie aus Irrationale tut. Und die Erfahrung lehrt dann zudem, daß oft eben diese scheinbare Irrationalität sich bezahlt macht. Vermutlich verdankt die Schweiz ihre Bewahrung im zweiten Weltkrieg ihrer manifesten Bereitschaft, notfalls kämpferisch unterzugehen (und den Gotthard-Tunnel in den Untergang mitzunehmen); das Scheitern der Eskalationsstrategie gegen Nordvietnam ist ein aktuelles Beispiel. ... Amerika mag, wenn der Friede bewahrt bleibt, noch lange die erste unter den Weltmächten sein; es kann nicht ohne Atomkrieg der den ›Frieden‹ garantierende Führer der Welt werden.«

Der Ausbruch des Schwarzen Krieges (1981-1985). Wenige Stunden nach Kriegsausbruch *war die gesamte Erde ein Krater- und Flammenmeer.* Über dem Atlantik, der auf der Höhe der Bermudas zu kochen begann, lag eine Flammschicht von 800 m Höhe. Eine Flutwelle, die durch Bewegungen im Gesteinsmantel der Erde im Südpazifik sich bildete (ausgelöst durch mehrere der Trichterbomben), überschwemmte Inseln und Festlandteile von Asien. »In diesen Stunden ging das, was von China übrig war, unter.« In den Apenninen trat Magma in Kontakt mit Waffenwirkung von außen, eine zwölf Kilometer hohe glühende Gesteins- und Stichflamme!
Der amerikanische Präsident war nach seiner dritten Wiederwahl nicht mehr in der Öffentlichkeit erschienen. Es kann sein, daß er versuchte, sich in den Krieg hinüberzuretten. Er soll dann mit seinen Stab in Madagaskar umgekommen sein.

General Ozil berichtet. In meiner militärischen Karriere (Weltkrieg II, Indien, Schwarzafrika) – ich bin jetzt 61 Jahre alt – war ich leider Zeuge vieler Paniken. Bedauerlicherweise übertraf diese alle vorangegangenen. Das waren keine Soldaten mehr, sondern *arme Wesen, die plötzlich verrückt geworden waren.* Sie unternahmen, als sie mich erkannten, einen gegen mich gerichteten Mordversuch. Die ausgetrocknete Themse, an deren Ufern sich einige der halb Wahnsinnigen disziplinlos aufführten, Schreie nach Wasser usf.
Auf der Insel Wight traf ich die 18. Brigade, die »Weißen Lanzen«, hervorgegangen aus dem 1. Lanzenreiterregiment. Die Nähe des Golfstroms (sofern man die dortige Wasserschlucht noch so nennen kann) hatte hier *günstige Winde* hervorgebracht, die die Verseuchung der Insel auf ein Mindestmaß beschränkten. Die Verzweiflung beruhte auf dem Fehlen jeder

Verbindung zu anderen Truppenteilen, so daß sich die Leute plötzlich fragten, wozu sie hier allein überhaupt noch weiterleben sollten. Sieht man die Dinge im Zusammenhang, so müssen wir einräumen, daß wir militärisch – wie übrigens auch in jeder anderen Hinsicht – *auf einen derartigen Fall nicht vorbereitet waren.* So konnten wir auch die Bunker im Norden Schottlands nicht erreichen, wo noch lebende Mitglieder des Generalstabs sein sollten, von denen wir Befehle hätten einholen können. In Lancaster hatten die *Schweren Reiter* in improvisierten Fahrzeugen ihre Bunker verlassen, aber schon der Lewellyn-Fluß, der in seinen Größenmaßen *alle Vorstellungen des Natürlichen* überschritten hatte, machte ihrem Ausbruchsversuch ein Ende.

Das tragische Ende des britischen Premierministers. Durch eine **Indiskretion** war in der Flotte von der Katastrophe etwas verlautet, und in einer **unerklärlichen** Reaktion hatten die Kriegsschiffbesatzungen die Flottenchefs getötet. Später stellte sich heraus, daß der Massenmord an der Führungsschicht auch auf das Festland übergegriffen hatte. Der Premierminister war dem Massaker entgangen, da er sich nicht mehr in seinem Amtssitz befand. Er wartete auf das Eintreffen seiner engeren Mitarbeiter. Er saß in dieser unterirdischen Offiziershalle mit den Leuchtzeichen an den vier Wänden – die Augen, müde in ihren Halteseilen, kaum noch Kraft in den Schultern, das Nervensystem total überanstrengt.

Später wurde seine Frau hereingebracht. Ein Beauftragter der Abteilung für Öffentlichkeitsarbeit hatte sich »noch zuletzt« ausgedacht, die Eheleute zusammenzubringen. Sie hatte noch *Unternehmertugend,* brachte Bewegung in die müde Gruppe. Sie sah sich die Bunker an und bestand darauf, wahrscheinlich in falscher Einschätzung der Gefahr, ihren Mann hier herauszuholen, wo er offenbar verkümmerte. Sie blieb unbelehrbar. Sie hatte einen Wortwechsel mit dem noch jugendlichen Oberbefehlshaber, der ihr zu widersprechen versuchte, und sorgte dann für die Überführung ihres Mannes auf einen Landsitz. Sie liebte diesen Mann, obwohl er keine der Eigenschaften besaß, die sie sich gewünscht hätte. Sie führte ihn, auf dem Landsitz angekommen, zunächst einmal an die frische Luft. Während dieses Spaziergangs erblickte der Premierminister die langgezogene violette Verfärbung der Wolken im Süden. Anschließend wollte die Frau ihn waschen und zu Bett bringen, aber der Premierminister bestand darauf, daß sie im Garten blieben **und die Katastrophe mitansähen.** Sie wollte seinem Willen nicht entgegenstehen und blieb bei ihm, massierte nur einmal leicht seine Stirn am Haaransatz, hielt sich sonst völlig zurück. Einige Leute, die den Premierminister, der den Arm seiner Frau genommen hatte, einige Offiziere etwas weiter zurück, sehen wollten, sahen das Ereignis zuerst. Sie waren starr vor Überraschung und Neugier. Eine dichte tiefhängende braungrüne Wolke, deren oberer Rand, der die Sonnenstrahlen widerspiegelte, gelblich aussah.

Dorfmann, im Jahr 2103: **Indiskretion**, wenn ein Teil des Atlantik bereits vor ihren Augen verschwindet? Auch die Gewässer, in denen sich die britische Flotte bewegte, flossen nach Westen ab, tendierten zum Schwundloch, nicht wahr? Zwicki: Lassen Sie uns doch erst einmal berichten. Boltzmann: Das sahen die Seeleute selbstverständlich. Aber es war nicht offiziell. Das spielte sich alles in wenigen Stunden ab. Die begannen an der Nachrichtengebung zu zweifeln, der wahre Sachverhalt war aber noch geheim. Dann sickerte plötzlich vertraulich etwas durch. Dorfmann: Und es ist nie ermittelt worden, wie diese Indiskretion passieren konnte?

Abb.: »Dichte, tiefhängende, braungrüne Wolke, mit gelbem Oberrand.«

Das Schiff aus der verlorenen Heimat. Am 16. Januar 1981 erschien **westlich des Mars** ein halbzerstörtes Raumschiff der Erdstreitkräfte. Die Insassen waren zerschossen.

Forschungsgeräte, die von den Marsstationen aus die Erde abtasteten, gaben folgendes Bild: der Planet von einem *Kernbrandprozeß* überzogen. Das *Erdinnere tritt nach außen.* Teile des Atlantikwassers verschwinden in einem *Schlund.* Wenige Stunden später zerbricht die Erde in mehrere zerklüftete Teile, von der gemeinsamen Schwerkraft zusammengehalten. »Das war kein Ball mehr, das waren zwei längliche Trümmerklumpen.« Die obere Atmosphäre des östlichen Teils besteht aus Stein- und Eisenstücken, die in 2000 m Höhe um die »Erde« einen rasch rotierenden Gürtel bilden. Eine Forschungssonde wird, ferngelenkt vom Mars-Institut für extragalaktische Forschung, hinabgelassen. Nach Eindringen in den **Trümmerring** gibt sie keine Signale mehr.

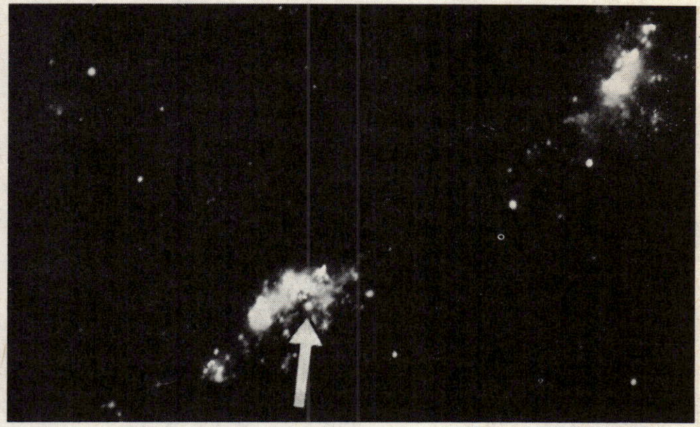

Aufnahme des Trümmer-Rings nach dem NGC 4762-Verfahren.

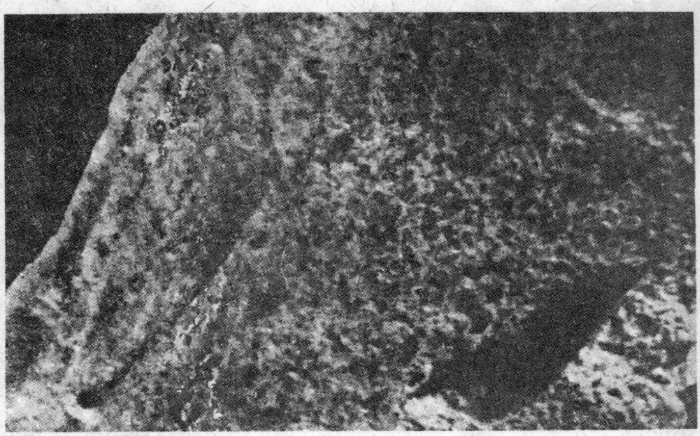

Teil der verformten Erdkruste, westlich von Havanna. Aufnahme aus 2200 km Höhe.

Dorfmann: Da muß doch noch ein Trümmerring sein. Zwicki: Vielleicht gehört Havanna nicht zum östlichen Teilstück, sondern zum westlichen, das keinen Trümmerring hatte? Dorfmann: Liegt da nicht ein Widerspruch, da der Trümmerring um einen »länglichen Klumpen« gar nicht rotieren konnte? Der Klumpen war doch nicht rund. Zwicki: Auch ich halte es für unwahrscheinlich, daß der Trümmerring Ecken gebildet haben soll. Boltzmann: Richtig. Der Trümmerring müßte irgendwo auf den Materiekörper stoßen. Zwicki: Ich habe das selbst nicht gesehen. Aber die Trümmer können ja um die Längsachse dieses vielleicht eher stabförmigen Gebildes rotiert sein. – Boltzmann: Man müßte noch erwähnen, daß die Berichte zwar sämtlich auf exakten Beobachtungen beruhen, daß aber vielleicht unterschiedlich beobachtet wurde. Zwicki: Es geht um ziemlich unübersichtliche Verhältnisse. Man konnte damals nicht sofort alles ordentlich, in der gewohnten Weise, erfassen. Dorfmann: Außerdem sind wir zu viert. Jeder sieht das etwas anders.

Durch die Katastrophe zu Resten der Menschheit geworden; die Mars-Etappe. Im Januar 1981 befanden sich auf dem Planeten Mars nur bestimmte Etappeneinheiten: die Flotten-Justizstelle[1], das Flottenlazarett[2], das Zentralinstitut für extra-galaktische Forschung[3], Zolltruppen, Urlaubsstelle des Immanuel Kant-Instituts[4], eine Transportschule[5]. Von diesem Etappenpersonal abgesehen, waren alle Flottenteile der Erdstreitkräfte vor wenigen Tagen gestartet, um in der Nähe der Erde und des Mondes Gefechtspostionen einzunehmen.

Helmut Heubers Rettung

12 Stunden zuvor: Erde bei Freiburg, 15. Januar 1981. Helmut Heuber, 46 Jahre alt, Kleingärtner aus Wirtsweiler bei Freiburg[6], ein dunkelhaariger athletischer Typ mit kurzen stämmigen Beinen und ungewöhnlich behaarten Oberschenkeln. Auch die Haare im Nacken wachsen ungewöhnlich zahlreich den Rücken hinunter.[7] Aber die in dieser körperli-

1 6 Abteilungen: 1. Rechtsphilosophie, 2. Kriegsgerichtliche Verfahren, soweit nicht besondere andere Gerichtsbarkeiten gegeben sind, 3. Bibliothek und Archiv, 4. Vollständige Sammlung aller Verordnungen, Gesetze und Richtlinien; Herausgabe des »Jahrbuchs der Rechtsbestimmungen«, 5. Rechtsgeschichte; Spezialforschungsstelle für Familien- und Erbrecht im Gesamtbereich der Flotte, insbes. interplanetarisches Familien- und Erbrecht, 6. Zugeordnet: Dienststelle der Geheimen Feldpolizei.

2 Bestehend aus zwei Abteilungen: 1. Chirurgisches Zentrum für schwerste Hirnoperationen, 2. Versuchs- und Behandlungszentrum für Veterinärfragen. – Alle übrigen medizinischen Behandlungsarten für das Flottenpersonal lagen im Zuständigkeitsbereich des jetzt zerstörten Mondstützpunkts.

3 1 Chef, 2 Vertreter, 104 Forscher. Aufgabengebiete: Astro-physikalische und radio-astronomische Erforschung der fernsten Sternennebel, soweit nicht Erdinstitute hierfür zuständig waren.

4 Dieser Urlaubsstelle angeschlossen war ein Rekreationszentrum für Mitarbeiter des Immanuel Kant-Instituts, die als Rekonvaleszenten zur völligen Ruhigstellung von der Erde hierhergebracht worden waren.

5 1 Chef, 6 Dozenten, 126 Piloten und Frachtführer, zum Teil als Schüler.

6 Wenige Kilometer neben der Ausfallstraße von Freiburg ins Höllental.

7 Zwicki: Woher wissen Sie das alles so genau, Dorfmann? Dorfmann: Es ist notwendig, dem Bericht etwas Fleisch und Blut zu geben. Ich stütze mich hierbei auf Berichte, die ich über Heuber erhalten habe. Zwicki: Und so gut funktioniert Ihr Gedächtnis? Dorfmann: Es ist natürlich möglich, daß ich mich täusche. Zwicki: Das will ich wohl meinen. Sie können nämlich gar keinen Bericht über Heubers Körperbau erhalten haben. Dorfmann: Wieso nicht? Zwicki: Weil nach den Berichten, die ich erhalten habe, von Heubers Körper gar nichts Wesentliches auf dem Mars ankam. Dorfmann:

chen Verfassung organisierte Natur steht in keinem Verhältnis zu den Naturgewalten, die in wenigen Stunden diese Landschaft umgestalten werden.
In einem Flüchtlingsstrom eingekeilt, der die Vogesen zu überwinden sucht, will Heuber seit den frühen Stunden des Vormittags dem Verhängnis entkommen. In Nancy durchbricht Heuber (der noch um 7 Uhr früh seine Erdbeeren gepflegt hatte, die, von Glas überdeckt, bei konstant 34 Grad Sommertemperatur heranwuchsen, Wolkenbildung über den Vogesen) gemeinsam mit 11 Landwirten, die über einen Bulldozer verfügen, die Flugplatzabsperrungen. Seitlich der Frachtraumschiffe verteidigen Raumschiffwachen mit Maschinenpistolen die Schiffe gegen die andrängenden Menschenmassen. Nach Überwindung dieses Widerstandes starten Heuber und die Landwirte (weitere Personen haben sich mithereingedrängt). **Sie erreichen die Marsumlaufbahn.** Da sie die Parole nicht wissen, werden sie von Zollsperrschiffen der Marsbasis **zerschossen.**
Anruf von Marsforschungsstelle, Marskoordinator Pätzold, an Leiter der Zolltruppe Mars: Sind Sie verrückt geworden? Sie haben ein von der Erde kommendes Schiff zerschossen.

Chef vom Dienst, Zoll des Mars: Hat Parole verweigert.

Pätzold: Wenn das nochmal vorkommt, lasse ich Sie verhaften.

Stundenlang kam kein weiteres Schiff. Keine Nachrichten von Erde oder Mond.

Noch immer wurden **Versuche** gemacht, **die tatsächlichen Verlustzahlen kleiner zu halten, als sie waren.** Die Arbeitsgruppen der Marsadministration folgten hierin den *Richtlinien für Notfälle* der jetzt vernichteten Erdregierung. Danach sind alle, »auch Schwerstverwundete«, von überlaste-

Und Sie wollen die Fähigkeit zu sprechen nicht als wesentlich ansehen? Zwicki: Konnte der denn noch sprechen? Dorfmann: Selbstverständlich. Zwicki: Dann muß ich Ihnen recht geben. Dorfmann: Jetzt kommen mir selber Zweifel. Heuber könnte natürlich nachträglich mit seinem Körper wahnsinnig angegeben haben. Vielleicht war er ganz klein? Zwicki: Das möchte ich nicht annehmen. Die Schilderung ist ja nicht besonders positiv.

ten Ärzteteams irgendwie »zu retten«. Das **Schiff aus der Heimat** wurde ebenfalls nicht als Totalschaden aufgegeben, sondern um Reste des Schiffsmotors wurde ein neues Fahrzeug gebaut.
Die »wiederhergestellten« Insassen bestanden aus Teilen des Brustkorbs, etwas Schienbein, das an das Brustbein angebunden blieb. Vom Gesicht waren in einem Fall Teile der Kinnpartie, in einem anderen Fall sogar ein Stück Stirn erhalten. Die Hirne hingen in einem Säckchen seitlich neben einem Stück Schulter- oder Armgelenk. Diese – noch irgendwie einen Kreislauf vorstellenden und an lebenserhaltende Maschinen angeschlossenen – Menschen aus der alten Heimat konnten sich nicht äußern, da sie weder Finger noch Mund hatten. So konnten sie auch keine **Schadensersatzansprüche** selber geltend machen, wie es Helmut Heuber, der zumindest noch sprechen konnte, später für seinen verlorenen Grundbesitz (zwei Morgen Erdbeer- und Gemüseland) vermochte. Den Total-»Versehrten« von der Erde halfen nur die Winkelzüge des **Marsadvokaten Treitschke,** der noch längere Zeit sich mühte, eine Rechtssubjekteigenschaft und damit Regreßansprüche an die Marsadministration (als alleinige Rechtsnachfolgerin und Erbin der Erde-Regierung) aus dem Status der Operierten abzuleiten, die in großen durchsichtigen Tüten an der Wand eines temperierten Raumes hingen und sich nicht äußerten. Er erhielt dann auch in Raten gewisse Zahlungen, die er aber nicht in Besitz der Totaloperierten überführen konnte, da sie keine Finger hatten.

»Vom Himmel hoch, da komm ich her
und bring euch eine frohe Mär.
Bedenket wohl: der Tag ist nah,
da ist die Erde nicht mehr da.
Wie glücklich, wer zu jener Frist
noch unversehrt am Leben ist.«

Chef der Flottenjustizstelle Mars teilt dem Chef der Transportschule den »Fund« des halbzerstörten Erdschiffes mit

Raumadmiral Hinnercke, Chef der Flottenjustizstelle Mars[8]: Da wird wohl jetzt nichts mehr nachkommen, was meinen Sie?

Chef der Transportschule: Sie meinen, **das ist das letzte Schiff gewesen, das uns überhaupt aus der Heimat erreicht hat?**

Hinnercke: Selbstverständlich. Da lebt nichts mehr.

Chef der Transportschule: Das heißt praktisch, Sie gehen davon aus, daß die Fronttruppen restlos vernichtet sind. Das ist schwerwiegend.

Hinnercke: Aber das ist nicht das Schlimmste. Wir können auch die Erdbewohner, also Milliarden Mitbürger, als zerschmolzen ansehen.

Chef der Transportschule: Aha. Und das ist sicher?

Auf dem Mars herrschen friedensmäßige Bedingungen. Ein Staubsturm entzieht die Oberfläche des Planeten jeder Direktbeobachtung. Das gibt der Besatzung des Mars eine Chance. **Der Planet Mars muß für jeden unbefangenen Beobachter als »zerstört« gelten.** Hierauf setzt Chefkoordinator Pätzold, ein nicht militärisch ausgebildeter Marsforscher. Er verbietet jede Funktätigkeit. Pätzolds Strategie, überhaupt nichts zu unternehmen, solange die Verhältnisse unübersichtlich bleiben, erscheint den *Männern des Mars* unerträglich. Raumadmiral Hinnercke schickt einen Stoßtrupp der Feldpolizei, die der Flottenjustizstelle untersteht, zu Pätzold. Sie transportieren den Gelehrten zu einem Bunkergelände im Süden des Mars – verschollen.

Eine Statusfrage: sind die Reste der Menschheit auf Planet Mars noch wirklich menschliche Wesen?

Hinnercke: Hören Sie mal, lieber Dennerlein, ich bin jetzt Mars-Koordinator.

Dennerlein, Chef des Chirurgiezentrums, zugleich Bevollmächtigter für Transportschule, Zolltruppe, Marsinstitute usf.: Deshalb komme ich ja zu Ihnen. Pätzold ist Mars-Koordinator.

8 Hinnercke, der spätere Begründer des Raumrechts, war spezialisiert für Strafrecht und Rechtsphilosophie, Teilausbildung im Raumpolizeidienst.

Hinnercke: Seit heute früh nicht mehr. Ich habe das übernommen. Stellen wir die Frage einen Moment zurück. Wir müssen irgendwie Bestand aufnehmen.

Dennerlein: Ist es denn sicher, daß wir der ganze Rest der Menschheit sind?

Hinnercke: Die Kollegen vom extra-galaktischen Institut schwören, daß, von uns abgesehen, keine Überlebenden mehr da sein können.

Dennerlein: Und Sie halten das für sicher? Wir haben manchmal aus einem Kniegelenk oder einem Hüftknochen – denken Sie z. B. an die Manöverunglücke von 1980! – noch etwas ganz Schönes gemacht.

Hinnercke: Nichts. Die Kollegen haben Geräte, mit denen sie »exakt« die fernen Galaxien betrachten. **Sie können auf der Erde eine Briefmarke lokalisieren.** Da ist nichts Lebensfähiges mehr übrig.

Dennerlein: Dann können *wir* uns jetzt Menschheit titulieren?

Hinnercke: Das frage ich *Sie*. Von der Antwort hängen mehrere Rechtsfragen ab, darunter die Frage der Souveränität. Der Kollege von der Urlaubsstelle des Immanuel-Kant-Instituts – alles Rekonvaleszenten, aber noch denkfähig – meint, daß nach Untergang der menschlichen Gesellschaft, wie er sich ausdrückt, und ohne die Menschheitsgeschichte – das wäre jetzt alles untergegangen – wir uns nicht einmal als menschliche Wesen bezeichnen können. Ich denke, daß er sich in den Ausdrücken vergreift. Er meint, wir wären nicht einmal Kannibalen oder Neanderthaler, sondern Nichts.[9]

9 Hierzu äußerte der Chef der Transportschule zu einem späteren Zeitpunkt: Ich muß vom Praktikerstandpunkt den Kollegen von der Urlaubsstelle des IKI unterstützen. Man kann keine Transporte durchführen, die sich auf ein »Wohin« beziehen, wenn man nicht klar das »Woher« bestimmen kann. Kommen wir von Nichts, so sehe ich nicht, wie wir von da wieder wegkommen wollen. Von Nichts kann man nicht starten, wenn ich das einmal philosophisch ausdrücken darf.«
Die ursprüngliche Meinung des Vertreters des IKI läßt sich – nach Mitteilung Zwickis – nur aus einer hinterlassenen Vortragsnotiz rekonstruieren. Danach gilt der *Gesellschaftsvertrag*, der die Grundlage der gesamten menschlichen Gesellschaft darstellt, im Fall eines Untergangs des Planeten als gekündigt.

Dennerlein: Und können Sie den Mann nicht verhaften oder irgendwie wegbiegen? Das ist doch eine ganz gefährliche These. Wenn die einzelnen Marsgruppen sich die zu eigen machen, sehe ich nicht, was daraus werden soll.

Hinnercke: Ich wußte, daß ich Sie ins Vertrauen ziehen konnte, lieber Dennerlein. Der bestreitet uns glatt, daß wir Menschen sind. Daran hängt einiges. Zum Beispiel das ganze Rechtsmaterial, das doch das Arbeitsgebiet meines Instituts ist. Wenn ich den Mann Ihnen im Chirurgischen Zentrum anliefere, können Sie ihn so spritzen, daß er in Wegfall kommt? Wir können uns zu der praktischen Krise nicht noch diese unpraktische Theorie leisten, nicht wahr?

Dennerlein: Völlig richtig. Sehen Sie, praktisch ist mein Chirurgiezentrum – und Sie können mir glauben, daß wir das Spezialisierteste sind, was es gibt, und es gibt nichts, was wir nicht irgendwie zusammenflicken – geben Sie mir ein paar Zellen, und ich mache Ihnen mindestens das Teilstück eines Fingers daraus – aber was sollen wir jetzt machen? Wir haben eine Kapazität für rund 2000 Hirnoperationen in der Woche. Nach Wegfall der Patienten von der Erde und des Verwundetenanfalls können wir in 20 Jahren vielleicht mit acht bis zwölf Fällen rechnen. Wir sind so gut wie überflüssig. Aber wir müssen unsere Spezialkenntnisse doch irgendwie verwerten. Wir müssen in Übung bleiben. Glauben Sie mir, die Finger sind nach kurzer Zeit völlig steif. Sie müssen sich das vorstellen wie bei einem hochqualifizierten Pianisten.

Hinnercke: Ganz ähnlich unser Problem. Wir haben die volle Flotten-Justizstelle gerettet, aber von der Flotte sind keine Rechtsfälle mehr zu erwarten. Wir können froh sein, wenn wir überhaupt noch den **Bestand des Rechts** legitimieren können. Denn wenn wir so wenige sind – und Strafexpeditionen von der Zentralregierung kämen auch dann nicht, wenn hier alles durcheinandergerät –, könnten wir letztlich auch ohne Recht auskommen. Ich muß sowieso die Geheime Feldpolizei unter ganz anderen Bedingungen einsetzen als früher. Da könnten wir ja gleich ein Gewaltregime errichten!

Dennerlein: Wir sind ja unter uns. Was ist denn nach Ihrer Meinung an der Behauptung des Kollegen von der Urlaubsstelle des IKI dran? Ich gebe ja zu: die Trümmer an »Mensch«, die wir aus dem zerschossenen Heimatschiff herausgeholt haben, sind ja wirklich keine menschlichen Wesen im engeren Sinne.

Hinnercke: Aber man darf deshalb nicht übertreiben.

Dennerlein: Sie meinen, **uns** fehlt deswegen physiologisch noch lange nichts?

Hinnercke: Allenfalls betrifft der Untergang der menschlichen Gesellschaft, wenn man ein so großes Wort überhaupt gebrauchen will – es scheint mir, wie gesagt, eher ein philosophischer Spezialausdruck zu sein –, **unsere Institute.**

Dennerlein: Ja. Obwohl man sich manchmal in Stimmungen befindet. Ich fühle mich oft ganz zerstückelt.

Hinnercke: Das war aber doch schon immer so. Ehrlich gesagt, man kriegt seine Sinne nie so zusammen, wie man müßte.

Dennerlein: Es kommt hinzu, daß auf diesem Mars die Institute wie Trümmergrundstücke herumliegen. Eines paßt nicht zum anderen.

Hinnercke: Gut beobachtet. Man könnte es so sagen: bisher wurden diese Trümmergrundstücke durch die übergreifende Beziehung zur **Heimat** zusammengehalten. Diese war ein Ganzes.

Dennerlein: Ich will nicht philosophisch erscheinen, aber ob die Heimat (oder die Flotte) wirklich etwas Ganzes und nicht auch ihrerseits eine gewaltige Sammlung von Einzelstücken war, das weiß man nicht.

Hinnercke: Aber der Eindruck war da, daß es sich um etwas Ganzes handelt.

Dennerlein: So kommen wir nicht weiter.

Hinnercke: Richtig, auch wenn die Heimat nichts Wirkliches war – sie hielt uns in Gang.

(singt:)
»Der Himmel endlos ausgespannt
ist mein geliebtes Heimatland.
O glücklich, wer, wohin er geht,
stets auf der Heimat Boden steht.«

Dennerlein: Was Sie mit Heimat meinen, weiß ich zwar nicht,

aber wenn es dazu führt, daß mein Institut weitermachen kann, will ich den Begriff gern annehmen.

Hinnercke: Irgend etwas von den zahlreichen Werten, die unser Leben bestimmt haben, muß doch übriggeblieben sein, wenn wir hier so fit dasitzen. Solange noch ein Mensch übrig ist, ist das volle Programm der Menschheit in ihm enthalten.[10] Ich lasse also die Kollegen von der Urlaubsstelle des IKI in Ihre Klinik schaffen.

Dennerlein: Wir werden irgend etwas finden, um sie dortzubehalten. Vielleicht könnten Sie sie ein bißchen anschießen oder verwunden. Ich glaube, ich bin der Ältere. Ich halte es für richtig, dir bei dieser Gelegenheit das Du anzubieten.

Sie leerten einen Kognakbecher. Einige Tage später kam Hinnercke zu dem Schluß, daß dieses Gespräch und die anschließende Behandlung der Rekonvaleszenten der Urlaubsstelle für die weitere Entwicklung einen Gefahrenpunkt bildeten. **Eine neue Heimat läßt sich nicht aufs Unrecht gründen. Er ließ Dennerlein verhaften.** Nachfolger Dennerleins als Leiter des Flottenlazaretts wurde Flottenveterinärarzt Dr. Dalquen, der von den Sicherungsmaßnahmen der ersten Stunde nichts wußte.

»Es bleibt nur übrig, der Menschheit neue Plätze zu erobern, kein anderer Planet aber kann die Heimat wirklich ersetzen.«[11]

10 Hinnercke in seinem »Traktat«, a.a.O., S. 17: »Hier liegt der tiefere Sinn des lateinischen Ausdrucks ›ad unum omnes‹, wie Gajus Julius Caesar im ›Gallischen Krieg‹ von einer Schlacht schreibt, der nur 1 Mann entkam. Wörtlich übersetzt kann diese Textstelle auch heißen: ›Sie starben einschließlich des letzten Mannes.‹ Dann hätte aber von der Schlacht niemand berichten können. Es hätte nicht festgestanden, daß alle starben. Die richtige Übersetzung muß daher lauten: ›Sie starben alle bis auf denjenigen, der die Botschaft überbrachte.‹ Andernfalls wäre der Vorgang nicht als exakte Tatsache bestimmt.«

11 Daß Hinnercke bei allem Praxisbezug nicht gefühllos gewesen sein kann, zeigt ein Gedicht, das er später über dem *Portal* des Justizpalastes auf Planet Douglas einritzen ließ: »In der Frühe / Von dem Dünnkuchen zum Morgenbrot / Erst ein Stücklein mir brach ich. / Trank auch einen Krug voll Wein dazu. / Und zur zärtlichen Laute jetzo greif ich. / Mein arm heimatlich Land / Wann werde ich dich wiedersehn. / Mein arm heimatlich Land /.«

»Die Heimat haben wir schon in Stalingrad verloren«

Vom 10. Januar 1943 an drückte der Russe die an der Westfront des Stalingrader Kessels gesammelten Verbände zur Stadt hin zurück. Nach Verlust der Flugplätze Pitomnik und Gumrak war es eine Frage von Tagen, wann dieser Kessel in mehrere Unterkessel aufgesprengt und die 6. Armee gefangen wäre. Im Führerhauptquartier Wolfsschanze in Ostpreußen ließ sich der Generalstabschef Zeitzler die Hungerration der Stalingrader Truppe servieren, er wollte damit seinen Protest gegen die tatsächliche Lage ausdrücken.
In der Eiswüste vor dem Stalingrader Kessel bewegten sich die Roten Truppen. Auf den Panzern hatten sie Lautsprecher montiert, welche von Grammophonen versorgt wurden, die mit starken Gummibändern auf den Fahrzeugen befestigt waren. Mit Schallplattenmusik und großen flatternden Fahnen stürmten diese Truppen über die Schneefelder und Mulden, um zu verhindern, daß die ausgepumpten deutschen Verteidiger sich irgendwo festsetzten.
Der kurzbeinige Stefan Boltzmann hatte nach Einnahme einer Mahlzeit seine von Fußpilz zerstörten Zehen betrachtet (noch in der Bunker-Balka), wieder die Füße in Lappen und Stiefel eingepackt und preßte jetzt seit 6 Uhr früh seinen fetten Hintern auf das Krad. Da er etwas gegessen hatte, fürchtete er,

während der Verdauungszeit einen Bauchschuß zu erhalten, der bei vollem Darm tödlich war – andererseits fürchtete er ebensosehr Nüchternheit beziehungsweise leeren Magen und Darm, die ihm die Nachtstunden vergällten. Es kam zu keiner Stellungnahme, ob es besser war, wenn die Zeit schnell oder langsam verginge. Seine Strahlaugen beobachteten den gefrorenen Schlammweg, auf dem sich das Krad bewegte. Heute früh hat v. Ungern-Sternberg[12] gesagt: »Die Schlacht ist verloren.«

12 *Sohn des Generalleutnants Ramon von Ungern-Sternberg aus einer ungültigen Ehe mit einer mongolischen Prinzessin.*

Ramon v. Ungern-Sternberg, Vater des Oberleutnants.

Wenige Menschen erhalten die Chance, noch im Vollbesitz ihrer Kraft die Vergangenheit abzustreifen und – ausgerüstet mit den Vorräten vergangener Erfahrung – ein völlig geschichtsloses neues Leben anzufangen. *General Ramon von Ungern-Sternberg*, bleiches Gesicht, langer roter Schnurrbart, zaristischer Offizier aus der Gegend von Riga, legte 1917, »als sowieso alles aus war«, seine Offiziersachselstücke ab. Er gründete in Urga in der Mongolei die 1. asiatische Kavalleriedivision, die sofort in Rotrußland einfiel. Er trug seidene Gewänder und hielt sich für die Wiedererscheinung des Tschingis Chan. Er ließ »Rote« niedermetzeln, soweit er erkennen konnte, was ein Roter war. Plante mit seiner Truppe Riga, Warschau, Berlin und Paris zu besetzen.

In den Weihnachtstagen glaubten sie noch einmal in diesem Eiskessel von Stalingrad ganz fest an die Heimat – jeder konzentrierte sich auf eine andere imaginäre Strecke seiner Seele, die für ihn »Heimat« und »Weihnacht« bedeutete.
Noch nach dem großen Angriff der Russen am 10. Januar 1943 wartete Oberleutnant von Ungern-Sternberg darauf, **daß Hitler sich in den Kessel einfliegen läßt. Hat dieser sein Hauptquartier im Kessel, so bleibt der Armee gar nichts übrig als zu halten und zu siegen.**

Zerstörte Maschinen auf Flughafen Gumrak bei Stalingrad. Hier wollte Hitler noch zuletzt im Granatenhagel landen, um doch noch die Wende zu erzwingen.

Am 30. Januar 1943 bewegten sich vier Offiziere der großdeutschen Wehrmacht: Zwicki, Boltzmann, von Ungern-Sternberg und A. Dorfmann, über das verminte Eis der Wolga von Stalingrad fort. Die Offiziere beabsichtigten in Richtung Osten, weil da der Russe am wenigsten aufpaßte, aus diesem Elend auszubrechen, zu Fuß, irgendwie in Richtung China.
Das Eis bildete keine glatte Fläche. Die Soldaten hatten Strümpfe um ihre Stiefel geschlungen, um leiser aufzutreten.
In China kamen sie zu Frühlingsanfang an.

»In China kamen sie zu Frühlingsanfang an.«

Stefan Boltzmann

A. Dorfmann, v. Ungern-Sternberg jun.

Entweder ich bin gar kein Ich, weil ich zu tun habe – oder ich habe nichts zu tun, dann zerfalle ich in mehrere Ichs und möchte mehrere Leben führen. Entweder ich bin mit mir allein, dann habe ich das Ganze um mich, bin Viele. Oder aber ich bin in Gesellschaft, dann bin ich allein mit dem Teilstück in mir, das sich hier in Gesellschaft befindet – das Übrige möchte weg.

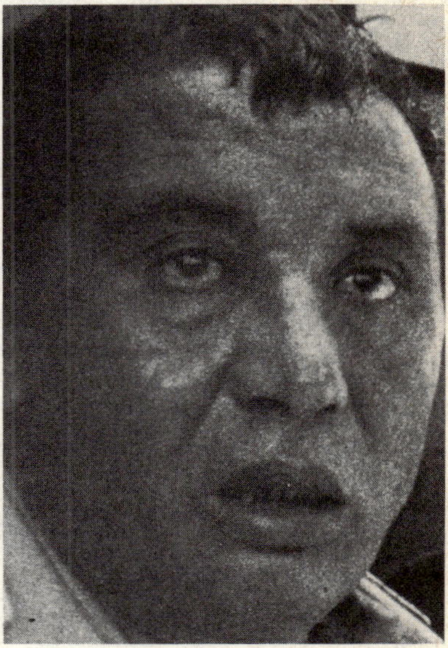

Franz Zwicki

Frühling 1943. Die vier abgerissenen Gestalten, die im April 1943 in einem Tal des Lan-Schan-Gebirges von einer Kuomintang-Patrouille aufgegriffen wurden, bezeichneten sich als Boltzmann, Zwicki, Dorfmann und von Ungern-Sternberg. Der Kuomintang-Oberst im Bezirkshauptquartier, dem sie zum Verhör vorgeführt wurden, glaubte ihnen, die sich sprachlich nicht verständlich machen konnten, gar nichts. Die Schriftstücke, mit denen sie sich ausweisen wollten, zerriß er. Um bessere Aussagen zu erhalten, ließ er sie prophylaktisch mißhandeln. Alles in Zwicki, Dorfmann, von Ungern-Sternberg, Boltzmann drängte nach **Ausdruck.** Sie wollten diesen Mißhandlungen entgehen. Sie haben nicht einmal ein eingesticktes Hakenkreuz oder einen Hoheitsadler mitgebracht, da sie mit Rücksicht auf frühere Stationen ihrer Flucht Nomadenkleider tragen. **Sie weisen auf ihre weiße Haut hin.** Die ist aber durch die Frühlingssonne gelblich gefärbt.

April 1946. Von Ungern-Sternberg, der einige Brocken Chinesisch erlernt hat, ist als Sklave[13] eines Provinzgenerals der Kuomintang tätig. Seine Aufgabe: Gefangene zu verhören. Er hat die Freunde in seine Dienststelle nachgezogen. »Wir glauben an nichts mehr. Wir haben unsere Sprache, Geschichte, die Uniform, alle Hoffnungen (auch die Hoffnung auf die uns von Hitler versprochenen Äcker im Osten) aufgegeben.« Zwicki: Ob wir danach noch wir selbst sind, ist uns unbekannt.

Oktober 1946. Ein Gefangener, der soeben gefoltert worden ist, führt gegen den Vernehmungsführer Dorfmann *haßerfüllte Reden.* Dorfmann läßt sich diese Reden übersetzen. Der Gefangene versucht, ihn anzuspucken. Was sagt er? schreit Dorfmann den Dolmetscher an. Zwicki (scharf): Ruhig bleiben. Es ist in unserer Rolle wichtig, wie eine Maschine, wie ein Nichts zu reagieren.

Zwicki: Dorfmann, Sie müssen die Gefangenen **korrekt** behandeln.

Dorfmann: Korrekt ist gut gesagt, wenn wir ihm den Arm halb abhacken.

Zwicki (nun doch gereizt): Wir tun das, weil wir es unbedingt müssen, weil das hier üblich ist, aber wir verstärken diese Mittel auf keinen Fall dadurch, daß wir persönlich etwas hinzufügen. Dieser Standpunkt entspricht unserer Sicherheit.

Dorfmann (fügsam): Ja.

13 Mensch, der als Inhaber der Ware Arbeitskraft über diese nicht selber verfügen kann.

Zwicki: Wenn diejenigen, die wir heute als Gefangene verhören, morgen die Sieger sind, darf uns niemand vorwerfen, wir hätten so etwas nicht **vorausgesehen.**
Einige Stunden später ist der Gegenstand des kurzen Zwistes, der Gefangene, erschossen. Inzwischen ist der Dolmetscher mit seiner Übersetzung fertig. Der Gefangene hat versucht, die Fremden *geschichtlich einzustufen.* Gern hätte Dorfmann dem Dolmetscher eine Antwort diktiert, um den Gefangenen davon zu überzeugen, daß er einer grotesken Fehleinschätzung zum Opfer gefallen sei. Dorfmann: Der Gefangene hat sich bei der geschichtlichen Einstufung von uns vollständig vergriffen.[14]
Nachmittags erschien Boltzmann und brachte einen Schub neuer Gefangener. Dorfmann lenkte das Verhör auf den Fragenkreis, der ihn schon seit dem Vormittag beschäftigte: inwiefern sie, die *Sklaven* des Provinzgenerals seien, von den Gefangenen für *bürgerlich* gehalten würden. Die Gefangenen antworteten zunächst nicht. Nach einigen Quälversuchen erklärte einer von ihnen: Sie sind vielleicht keine Bürger, aber tragen die bürgerliche Charaktermaske – Sie handeln wie Bürger, sonst würden Sie uns nicht quälen. Dorfmann und Zwicki (wie aus einem Munde): Wir haben überhaupt kein Interesse, Sie zu quälen, wir hören sofort damit auf, wenn das mit unserer Sicherheit zu vereinbaren ist. Der Gefangene (hellwach): Sie müssen etwas riskieren, Sie würden rasch Sicherheit darin gewinnen. Dorfmann (zu Zwicki): Wir müssen unsere Sinne

14 Noch bei Niederschrift dieser Vorkommnisse können sich die Freunde über die damalige Fehleinschätzung durch diesen »Gegner« erregen. Zwicki: Unsere Geschichte lag doch hinter uns. Weder waren wir »Bürgerknechte«, noch »Lakaien der Bourgeoisie«, noch »infame Bürger«, noch »bürgerliche Speichellecker«. Von Ungern-Sternberg: Wie kommen diese Ausdrücke überhaupt bis in die chinesische Provinz? Zwicki: Es lag ein Widerspruch darin, denn entweder waren wir Lakaien *oder* Bürger, der Gefangene hätte sich zwischen den beiden Möglichkeiten entscheiden müssen. Dorfmann: Als wir 1933, elf Jahre alt, »zu denken anfingen«, waren wir keine Bürger, sondern Nationalsozialisten. Zwicki: Und diese Eigenschaft haben wir in Stalingrad zurückgelassen. Es war ungerecht, uns diese geschichtliche Einordnung anzuhängen, wenn wir hier *weit weg von der Geschichte, in der wir groß geworden sind,* in China hocken.
Dorfmann: Zu diesem Zeitpunkt der Erkenntnis war es aber zu spät, den Irrtum aufzuklären, da der Gefangene schon erschossen war. Ich hätte die Sache gern richtiggestellt.

fest zusammenhalten. Es ist keine edle Perspektive, aber schon weil wir uns auf den Dolmetscher nicht verlassen können, ist es unmöglich, dieses riskante Gespräch fortzusetzen.[15] Alles in ihnen wehrte sich dagegen, umgebracht zu werden, so wie an diesem Spätnachmittag auch dieser Schub von Gefangenen, die für ihr China starben, von den Wachen niedergemetzelt wurde. Es befanden sich, wie Zwicki später erfuhr, bedeutende Theoretiker darunter.[16]

Herbst 1949. Als Experten im amerikanischen Geheimdienst. Als die Fronten der Kuomintang-Armeen 1949 zusammenbrachen, gelang Zwicki, Dorfmann, Boltzmann und von Ungern-Sternberg die Flucht nach Hongkong. Dort erwartet sie ein steiler Aufstieg im US-Geheimdienst.

Hochgurgl/Tirol,
Januar 1978

Boltzmann betrachtet, von einem Skilift langsam vorwärtsgetragen, interessante Nebelbildungen am Ende des Gletschers. Sonst strahlender Sonnenhimmel. **Wenig später landet ein Helikopter neben Boltzmann, bringt den Experten zum Bunkergelände von Idaho.**[17] Als Boltzmann ankommt, ist die gefährliche Situation vorüber. Ein Kriegsausbruch hat nicht

15 Boltzmann rückblickend, vom Standpunkt des Jahres 2103: Wir durften uns in diese chinesischen Angelegenheiten nicht einmischen. Zwicki: Wir würden heute nicht mehr leben, wenn wir damals Risiken eingegangen wären. Boltzmann: Kein Mensch will sterben, wenn er nie gelebt hat. Solange unser Leben keinen Sinn hat, können wir ihm nur den einen Sinn geben: daß es ewig dauert. Zwicki: Das haben wir ja praktisch jetzt auch erreicht.

16 Zwicki: Und wenn wir sie zu weiteren Verhören angefordert hätten? Dorfmann: Die Fragen, die ich an sie hätte stellen können, sind mir erst später eingefallen. Von Ungern-Sternberg: Der Dolmetscher hätte wahrscheinlich Meldung erstattet, wenn wir keine sachdienlichen Fragen gestellt, sondern sie über ihr theoretisches Wissen ausgefragt hätten. Zwicki: Es ist auch durchaus zweifelhaft, ob sie geantwortet hätten. Dorfmann: Ich hatte den Eindruck, daß wir Antworten bekommen hätten. Diese Gegner hielten auch die damalige aussichtslose Lage, in der sie sich befanden, *nicht für aussichtslos*. Sie hätten Hoffnung darein gesetzt, uns zu überzeugen.

17 Tarnbezeichnung. Das Bunkergelände liegt in der Nähe von Frankfurt/Main.

stattgefunden, obgleich es – in der Vorausbetrachtung des Geheimdienstes – so aussah.
Boltzmann: Ich habe den Eindruck, Dorfmann, daß Sie nur zeigen wollten, wie gut unsere Organisation, die der eigentliche Zweck unserer Arbeit ist, läuft.
Dorfmann: Werden Sie nicht leichtsinnig, Boltzmann. Sie urteilen wie ein Laie. Wenn wir uns nicht mehr auf unsere Expertisen verlassen können, worauf sollen wir uns dann verlassen?

Bunkergelände von Idaho, Geheimdienstbaracke, März 1978. Eine Untersuchungskommission des US-Senats überprüft die Planstellenpyramide des Geheimdienstes. Sie schlägt eine Besoldungsanhebung vor, weil sie glaubt, damit das Interesse der Geheimdienst-Mitarbeiter an ihrer Arbeit zu verstärken.
Zwicki: Diese Kommission ist in die Materie des Geheimdienstes nicht eingedrungen. Geldzahlungen, ja der gesamte in der Börse zusammengefaßte Reichtum sind *unter dem Gesichtspunkt der sicher zu erwartenden Endkatastrophe,* die für uns Geheimdienstexperten bereits eine Tatsache ist (auch wenn wir den Zeitpunkt noch nicht bestimmen können), überhaupt kein Wertobjekt. **Wert hat allein ein Informationsvorsprung von 6 Stunden im Falle eines kommenden Weltkriegs sowie ein im Wäldchen verstecktes Fahrzeug, mit dem wir von diesem Planeten entkommen können.**[18]

18 Dorfmann, bei der Niederschrift dieser Passage: Seit wann wußten Sie, Zwicki, daß man die Wertfrage von diesem Endergebnis, dem Kriegsausbruch, her analysieren muß? Zwicki: Das wußten wir doch praktisch seit Stalingrad. Boltzmann: Sie übertreiben, Herr Zwicki. Diese Betrachtungsweise, die ich mal als die »reine Erkenntnis« bezeichnen möchte, haben wir uns in der Expertenarbeit im Geheimdienst erst erwerben können. Zwicki: Aber die Tatsache, daß wir nichts mehr zu verlieren hatten, führe ich auf Stalingrad zurück – nur dadurch waren wir in die Lage, klar Stellung zu beziehen. Unsere Dienstherren, als Anhängsel ihres Besitzstandes, haben das niemals so klar definiert, auch wenn sie Experten waren. Boltzmann: Trotzdem glaube ich, daß Sie Stalingrad nachträglich mystifizieren. Ich halte das für gefährlich. Sie bilden sich hier eine Geschichte ein, die Ihnen die »reine Erkenntnis« trübt. Zwicki: Jetzt, auf unserer Eisenplattform hier, von der aus wir weder vorwärts noch rückwärts kommen, ist es ja schließlich gleich, ob wir noch etwas erkennen. Boltzmann: Ich halte das für einen defaitistischen Standpunkt, Herr Zwicki!

Bunkergelände Idaho, Dezember 1980. Zwicki hat eine Ortschaft in Lateinamerika *vernichten* lassen, deren Eintragung in die Karten des Geheimdienstes die Experten vergessen hatten.

Was ist wirklicher: **ihr Befehlsstand,** auf dessen Lagekarten alle wirklichen Verhältnisse erscheinen, oder **die Wirklichkeit draußen?** Wäre herausgekommen, daß Zwicki und von Ungern-Sternberg diese wichtige Ortschaft übersehen bzw. einzutragen vergessen hatten, so hätte sie dieser Fehler die Stellung im Geheimdienst gekostet. Es ist deshalb eine rein akademische Frage, ob die Wirklichkeit draußen oder die Geheimdienstkarte drinnen mehr Wirklichkeitscharakter hat. Für die Freunde sind die Karten das Wirkliche. Zwicki: Ich habe das da draußen lediglich mit den Karten in *Übereinstimmung* gebracht.

Die Rettung der Geheimdienstler

15. Januar 1981, Erde, Vormittags. Sechzigjährige zähe Burschen, die unter normalen Umständen keine bedeutende Zukunft mehr zu erwarten hatten – mit 62 Jahren werden Geheimdienstler pensioniert –, setzten sich im Januar 1981 an die geheimen Richtfunkgeräte.

Zwicki: Hier Chefphysiker des Geheimdienstes, Franz Zwicki. Wir sitzen hier im zentralen Bunkergelände von Idaho, können uns vielleicht noch vier Stunden halten. Haben die Kämpfe auf den Planeten Mars übergegriffen?[19] Richtfunk-Gegenstelle Mars: Wir wissen hier nichts von Kämpfen. Was ist denn dort los?

Zwicki: Geben Sie mir Ihren Vorgesetzten.

Mars: Den technischen Ingenieur?

Zwicki: Nein, den Chefkoordinator des Marssektors.

19 Zwicki im Jahre 2103: Nachträglich betrachtet – kann man angeben, wodurch diese Kämpfe ausbrachen? Dorfmann: Das ist nach wie vor völlig unklar. Es war nicht in dieser Form in irgendeinem Projekt einkalkuliert. Zwicki: Deshalb arbeiteten wir ja mit einem Unsicherheitsfaktor Y bei allen unseren Vorausperspektiven.

Mars: Der ist mit der Flotte mitgeflogen.

Zwicki: Dann seinen Vertreter.

Vertreter des Chefkoordinators Mars, Pätzold: Sie wünschen?

Zwicki: Hier Zwicki, zentrales Bunkergelände Idaho, geheime Einsatzleitung. Ich erbitte eine rasche Auskunft.

Pätzold: Ich kenne Sie nicht.

Zwicki: Sie haben einen Klaps. Prüfen Sie die Identität meines Richtfunkgeräts und geben Sie mir jede gewünschte Auskunft. Sind Raumschiffeinflüge seit Kriegsausbruch vor sechs Stunden in Ihrem Umkreis gemeldet?

Pätzold: Davon weiß ich nichts.

Zwicki: Was ist denn Ihre Funktion da oben?

Pätzold: Ich bin Marsforscher. Ich vertrete heute nur den Chefkoordinator.

Zwicki: Dann gehen Sie vom Apparat weg und schicken Sie mir einen Mann, der Ortungsgeräte ablesen kann.

Pätzold: Einen Augenblick bitte.

A. Dorfmann rannte in den Bunkerraum hinein. Raus, schrie Zwicki, der in seine Geräte hineinhorchte. In dieser planlosen Katastrophenlage hatte nur ein Geheimdienstler die Chance, Übersicht zu gewinnen.
Boltzmann, der an den Missouri-Brücken[20] andrängende Menschenmassen mit den zur Verfügung stehenden Wachtruppen aufhielt, ließ melden, daß er nur noch etwa 30 Minuten die Menschenmenge hinhalten könne.

Boltzmann: Die haben Ingenieure bei sich. Die Bunkeranlagen werden für sie kein Hindernis sein.

Zwicki: Wir müssen hier raus.

Minuten später hatte Leutnant Dagmar Hilfrich, die schon 20 Minuten später in den Trümmern des Bunkers eingeschlos-

20 Tarnname.

sen wurde, eine Richtfunkverbindung zur Truppenschule auf Jupitermond Mimas hergestellt[21].

Zwicki (eiligst): Hallo, hallo.

v. Ungern-Sternberg: Hier von Ungern-Sternberg, Geheime Truppenschule der 12. Division, Geheime Dienstkaderorganisation auf Mond Mimas.

Zwicki: Gut, gut. Was ist da oben noch übrig?

v. Ungern-Sternberg: Was ist denn los?

Zwicki: Wir stehen seit acht Stunden im Gefecht.

v. Ungern-Sternberg: Ist alles aus?

Zwicki: Alles aus. Jetzt – was ist noch bei euch übrig?

v. Ungern-Sternberg: Mars, Jupitermonde ohne Kampftätigkeit. Bis vor einigen Minuten wußten wir nicht, daß überhaupt Krieg ist.

Zwicki: Rede kürzer. Kannst du feststellen, was los ist?

v. Ungern-Sternberg: Auf keinen Fall irgendwelche Fronttruppen mehr von hier aus zu beobachten. Alles untergegangen.

Zwicki: Ganz unser Eindruck hier. Der Planet muß geräumt werden. Was ist oben übrig? Zum Beispiel Mars?

v. Ungern-Sternberg: Oben ist alles übrig.

Zwicki: Schnell, genauer.

v. Ungern-Sternberg: 1. Speziallazarett, 2. Flottenjustizstelle, 3. Marsforschung, 4. Transportschule, 5. Zoll, 6. defekte Fahrzeuge, Instandsetzungsnotdienste, 7. kleinere Institute.

Zwicki: Sonst nichts? Rede schneller.

v. Ungern-Sternberg: Das Ausweichquartier der Geheimdienstschule, kennst du ja.

21 Es handelt sich um eine geheime Basis, die der Flottenführung wie übrigens auch der Marskoordination bis dahin unbekannt war. Aus diesen Gründen entging sie der Zerstörung. Von Ungern-Sternberg war dorthin vorausgeschickt.

Zwicki: Aha.

v. Ungern-Sternberg: Reine Einzeltrümmer.

Zwicki: Kann man wohl sagen. Wir sind in ein paar Stunden da.

In einem Waldsee in der Nähe des Bunkergeländes von Idaho wassert ein Raumfahrzeug, das Zwicki seit einem Jahr hier bereitgestellt hat. Start 15. 1. 1981 in der Abenddämmerung Richtung Jupitermond Mimas.
Auf Mond Mimas angekommen, sackten Zwicki, Boltzmann, Dorfmann zusammen »wie nasse Säcke«. Sie lagen in den Kojen des Stützpunktes ohne jede äußere Verwundung – wie Tote. Von Ungern-Sternberg und die Stützpunkt-Ärzte untersuchten sie. Es schien unwahrscheinlich, daß es sich um physiologische Mängel handelte.[22]
Boltzmann (müde): Wir müssen die von uns geretteten Teilstücke hier neu wieder zusammenfügen.
Sie hatten das Empfinden völliger Sinnlosigkeit. 80 cm Raum bis zur Decke über der Koje, 40 cm Raum an den Seiten, Sprechverbindung zu den Kameraden. Aber der Sinnzusammenhang, der bisher ihre Persönlichkeit zusammengehalten hatte – der Plan, der Endkatastrophe zu entkommen –, war hinfällig. Sie waren hier in den sargähnlichen Abteilen der Geheimbasis Mimas in Sicherheit.
Zwicki: Wie sehen unsere Gesichter wirklich aus? Im Geheimdienst hatten wir Tuchmasken vor dem Gesicht, die wir wechseln konnten. Das gab uns ein bestimmtes Aussehen. Unser wirkliches Aussehen haben wir nach jener Fernsehsendung, in der unsere Gesichter gezeigt wurden, aufgeben müssen. Jetzt müssen wir »wählen«. Sprache, Aussehen, Lebenszusammenhang, zukünftige Aufgaben – alles dies müssen wir neu wählen.
Boltzmann war ursprünglich, sagt Zwicki – und auch Boltz-

22 Zwicki im Jahre 2103: »Es war die jahrelange starre Konzentration auf die Überlebenschance dieses Ich, das jetzt vom Bunker Idaho glücklich zum Mond Mimas verfrachtet war. Aber auf vielfältige Weise war dieses Ich doch verhakt mit Gegenständen und Verhältnissen auf der Erde. Wieder eine Operation? Abschneiden, was den Bewegungen der Zeit nicht folgt? Das wäre jetzt zuviel gewesen.« Dorfmann: Wir hätten das nicht ausgehalten. So lagen wir also krank da.

mann glaubt sich zu erinnern –, stämmig. Jetzt war er langbeinig und schlank. 6 Gesichtsoperationen haben ihn für jeden »Gegner« unidentifizierbar gemacht. Nachdem nunmehr der Gegner entfällt, ist dies keine hinreichende Bestimmung seiner Statur und seiner Persönlichkeit. Zwicki (scherzhaft): Man könnte Boltzmanns lange Beine ja notfalls kappen, dann ist er wieder stämmig. Keiner lacht. Dorfmann: **Die Dekadenz weder genießen noch sich verbieten, sondern konsequent zu Ende denken.** »Grau bereits sind meine Schläfen, und das Haupt ist weiß geworden. / Hin, dahin die holde Jugend. Schon gealtert sind die Zähne. / Von dem süßen Leben ist mir nur ein Restchen Zeit geblieben. / Oft mit Tränen dies bedaur' ich, vor dem Tartaros erbebend. / Denn entsetzlich ist des Hades Tiefe, leidvoll seine Straße. / Offen steht der Stieg hinunter, nimmermehr herauf zu gehen.«

Das gleiche gilt für die »Interessen«. Nachdem Boltzmann, Zwicki, von Ungern-Sternberg, Dorfmann bei Beginn ihrer Geheimdiensttätigkeit auf dem Fragebogen persönliche Eigenschaften, Hobbies, Interessen angegeben hatten (Boltzmann: Panzerführung – Technik, Zwicki: Physik – Segeln, v. Ungern-Sternberg: Generalstabsarbeit – Mathematik, Dorfmann: Bildungswesen – Kinder), haben sie sich konsequent in Richtung dieser Angaben spezialisiert. Die ursprünglichen Interessen sind nicht mehr festzustellen. Sie müssen auch hier »wählen«. Es ist jedoch keine Situation da, in der irgendeine Wahl einen Sinn besitzt.

Notiz Zwickis aus der Zeit dieser Krankheit: »Ich denke, also bin ich. Ich denke, weil ich davon absehen kann, daß ich bin. Gerade weil ich nicht bin, denke ich. Ich **bin** also **nicht.** Wer aber denkt dann? Ich bestimmt nicht.

Da denkt niemand.

Dieser hoffnungslose Sachverhalt wird dadurch verdeckt, daß wir zu viert in Kojen durch Sprechfunk verbunden sind. Zwischen uns denkt es? Als Lösung unwahrscheinlich.«

Wiederauftauchen des Sinnzusammenhangs. Wie bei jeder Katastrophe erwies sich weder die Zerstörung des Planeten Erde noch die der Flotte als *vollständig*. Einzelne, zum Teil stark beschädigte Kriegsschiffe erreichten die Mars- und Jupiterumlaufbahn.

Die Raumortung von Mond Mimas meldet Annäherung weiterer Verbände der 136. Flottille. Boltzmann, Dorfmann und Zwicki haben Pervitinspritzen erhalten. Mond Mimas ist abwehrbereit. Die Freunde: **hellwach und vom Gegner zu festen Persönlichkeiten zusammengeschlossen.**

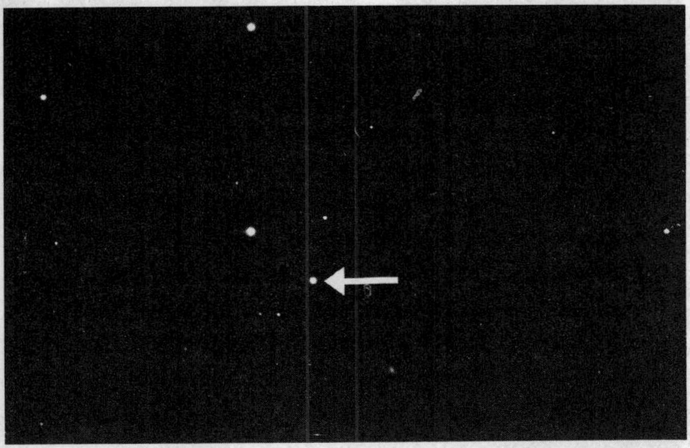

Kriegsschiff der ehemaligen 136. Raum-Torpedoflottille in Umlauf um Mond Mimas. Der Angriff wird unter Aufopferung der eigenen Einheiten abgewehrt.

Sie kannten sich jetzt seit 40 Jahren, und es gab kein Verbrechen, das einer von ihnen hätte begehen können, das nicht die anderen bedingungslos gedeckt hätten. Die menschliche Substanz geht nicht unter, sondern wird eingedickt. Gar nichts erkennen, gar nichts mehr wollen – das macht sie zu den gefährlichsten Gegnern, die in der Galaxis ein Raumschiff starten konnten.

Landschaft auf der Erdoberfläche, jetzt östliches Fragment der ehemaligen Erdkugel. Der Ausschnitt zeigt eine Gegend in der Nähe des ehemaligen Schanghai

Gleicher Ort. »Selbstverständlich haben breite Teile der chinesischen Bevölkerung in Erdhöhlen und -bunkern (bis zu 60 km Tiefe) die Katastrophe überstanden.« Ein Vertreter des Zentralkomitees der KPCh im Gespräch mit dem ehemaligen US-Agenten Myers.

Das Interview mit US-Myers.

Genosse Vertreter des Zentralkomitees: Wir haben Sie aus Ihrer Haft entlassen, auch wenn Sie ein Spion sind, weil wir sonst keinen US-Gegner auf diesem Planeten mehr übrig haben, dem wir ein Interview über die Lage geben könnten.

Agent Myers: Ich höre.

Lu Hsun: Ich spreche im Auftrag des Zentralkomitees. Ihre Auftraggeber haben nicht berücksichtigt, daß »das Mao Tse-tung-Denken von einem völlig anderen Stoffwechsel des Menschen mit der Natur ausgeht; dieses andere Verhältnis zur Natur bestimmt auch die sozialistische Produktion und die gesellschaftlichen Beziehungen zwischen den Menschen«. Dieser Stoffwechsel mit der Natur und diese Beziehungen zwischen den Menschen beruhen auf dem **Gegenteil von Raubbau. Sprengmittel, wie sie die US-Abenteurer anwandten, sind aber die äußerste und abstrakteste Form von Raubbau.** Sie können folglich dem Mao Tse-tung-Denken nichts anhaben.

Agent Myers: Ich nehme das zur Kenntnis.

Lu Hsun: Sie könnten sich – wenigstens von Ihrem wenig realistischen gesellschaftlichen Standpunkt aus – ruhig etwas wundern. Immerhin überleben *wir*, Ihre Auftraggeber dagegen nicht.

Agent Myers: Ich möchte aber darauf hinweisen, daß einige der zuletzt abgeschossenen Fusionsbomben nach meinem Eindruck doch gesessen haben.

Lu Hsun: Richtig. »Die Bitterkeit, viele Genossen und sämtliche Provinzen unseres Landes unter Trümmern begraben zu sehen, werden wir nie vergessen.«

Agent Myers: Bedeutet das, daß ich jetzt herhalten muß, damit Sie einen Kriegsverbrecherprozeß durchziehen können?

Lu Hsun: Sie haben mich offenbar überhaupt nicht verstanden.

Agent Myers setzt einen Funkspruch auf.
Er bemühte sich, den Standpunkt der chinesischen Genossen, unter Anpassung an deren Vokabular, darzulegen. »Die Meldung der Marsadministration, die Erde sei überhaupt unbewohnbar, ist auf charakteristische Weise übertrieben insofern, als die *chinesischen Marxisten* in irgendeiner Weise diesen Trümmerberg ja noch beleben und kultivieren. Es handelt sich also um Trümmer nur *vom Blickpunkt der Ausbeutergesellschaft*, für die Natur zu Trümmern wird, wenn an ihr nicht mehr auf einfache Weise *Raubbau* betrieben werden kann. Insofern ist dieser Bericht nur ein Beispiel für mangelnde Anpassungsleistung der Beobachter. Richtig beobachtet ist daran nur, daß die Erde ihre Kugelgestalt aufgegeben hat und in mehreren großen Stücken sich um die Sonne bewegt.«
Dieser Funkspruch wurde dann nicht abgesandt. Die Genossen entschlossen sich, Funkstille zu wahren. »Man weiß nicht, welche Raubinstinkte in eventuellen Empfängern durch einen solchen Funkspruch ausgelöst werden.« »Zur Zeit läßt sich Weltöffentlichkeit nicht herstellen.«

Einige Jahre später begannen die Chinesen – jetzt im Besitz des ganzen Planeten –, die Berge, Hügel und Landschaften auf dem östlichen Trümmerteil der Erde wieder aufzubauen.

Beim Aufbau der Hügelkuppen.

Naturgetreu wiederaufgebaute Gegend mit Felsentor, Gipfeln in der Ferne, Wasserweg und Dampfern.

Einweihung einer naturgetreu wiederaufgebauten Landschaft mit Brücke und Kraftwerk. Einige Bauten reichen in eine Tiefe von 6 km ins Erdinnere. Die Bauten sind zum Teil glasüberdacht.

Feierstunde zur Sechsjahresfeier der überstandenen Katastrophe.

Kapitel 2
Ein 1. Mai in der Zukunft

116. Raum-Kavallerieflottille auf Mond Mimas, Januar 1982[1]

Die Därme kamen ihnen zum Hals raus – widerspruchslos starteten sie jedoch sofort wieder in Richtung Westen, es war ein Befehl. Hätte man dagegen angeordnet, sie sollten Sträucher pflanzen oder einen Stein von einem Ende der Startrampe zum anderen tragen, hätten sie die Offiziere, die das befahlen, umgebracht.
Während die Kameraden, die zur 12. Division gehörten und die Saturnmonde – die jetzt »Heime« heißen – besetzt hielten, noch auf Einsatzbefehle warteten, zerqualmten ihre Bunker unter dem mörderischen Feuer der 116er, die einen zentripetalen Zangengriff aus der Umlaufbahn ansetzten, gegen den es schon vor Verlust des Planeten keine Gegenmaßnahme gab.[2]
Wenn man Arbeitskräfte gehabt hätte, wären jetzt Industrien aufgebaut worden, und man hätte weitermachen können wie früher.

Eine Produktion von Arbeitskräften, die fehlschlug. 52 Militärärzte wurden im Chirurgiezentrum des Mars zusammengezogen. Sie sollten 20 Tonnen eingesammelten Samen von Flottenangehörigen in Ovarienspenderinnen der 22. Division ein-

1 Notiz Boltzmann: »Durch Zusammenlegung von Zoll, Transportschule Mars, Aushebung unter wissenschaftlichem Personal, Organisierung der wenigen versprengten Teilstreitkräfte, die sich aus der Endkatastrophe in eine Umlaufbahn um Mars oder Jupiter retten konnten, entstehen Truppenteile, die sich zunächst gegenseitig bekämpfen. »Die Organisierung der vorhandenen Kräfte zu einem Ganzen bedingt, daß wir etwa die Hälfte der geretteten Truppen, Kader, Aushebungen usf. im Kampf vernichten. Der Rest gehorcht.«

2 »Von Ungern-Sternberg: »Jedes Geschoß, das *gegen* die Angreifer gesendet wird, ist um die Schwerkraft des Planeten oder Satelliten langsamer. Jedes Geschoß *vom* Angreifer ist um den gleichen Betrag schneller. Daher treffen die Abwehrraketen *Örter, an denen sich die schießfreudigen Angriffsgruppen schon nicht mehr befinden.* Deren Geschosse zerstören dagegen die unbeweglichen Bodenziele.

führen.[3] Dieses Unternehmen, das auch erst nach rund 20 Jahren Resultate gebracht hätte, scheiterte an der Interesselosigkeit der Ärzte, die sich als Militärs und Grundlagenforscher, jedoch nicht als »Fabrikarbeiter« fühlten. Statt Arbeitskräfte zu produzieren, fanden sie ein neues, verbessertes Mittel heraus, wie man in Notfällen die Brut, wenn sie sich als »erheblich minderwertig« erwies, sicher abtöten konnte.

Der letzte Tip des verschollenen USA-Präsidenten. Als sich die Katastrophenlage, die zum Januar 1981 führte, abzeichnete, folgte dieser Präsident, der zwei Jahre Volkswirtschaft studiert hatte, den Geschwadern auf ihrem Kurs über Afrika (wo sie letztlich alle zerstört wurden). Vorher konnte er noch einige befreundete Firmen anfunken, als deren Repräsentant er sich fühlte, und ihnen raten, »Schätze« in den freien Weltraum zu bringen.

Es wurde in diesen Konzernen sehr rasch eine neue *Hierarchie der Werte* ermittelt – unter der Voraussetzung der Zerstörung des Planeten bewerteten sich alle Werte anders als bisher. Gold für Eheringe war zum Beispiel wertlos. **Einige Firmen brachten in Raumern knapp 100 000 Facharbeiter aus dem Anziehungsbereich der Erde hinaus.** Die Arbeitskräfte unterzeichneten noch im Schiff Verträge, in denen sie sich verpflichteten, im Weltraum – als Entgelt für ihre Rettung – zehn Jahre exklusiv für diese Firmen zu arbeiten. Diese Papierverträge schienen dem Prokuristen Schulz, der das Firmenkonsortium vertrat, der schönste Schatz, den er je gehütet hatte.

Die Raumschiffe – mit Schulz und Arbeitskräften – wurden abgeschossen, ehe sie die Bergwerke auf Mars, Titan und Pluto erreichten.

Für dieses Verbrechen an der menschlichen Arbeitskraft ist der Stabsoffizier von Stegmann verantwortlich. Dorfmann bestraft ihn. Obwohl Dorfmann den Stabsoffizier von Stegmann, der vor den Auslösegeräten der Raketenbatterie des Mondes Mimas stand, mit schußbereiter Maschinenpistole bedrohte, drück-

3 Auskunft von Boltzmann: Unter der Bezeichnung 22. Division wurde das weibliche Büropersonal aller Marsinstitute zusammengefaßt. Diese 22. Division mußte später von uns entwaffnet werden, da sie in den Gehorsamszusammenhang nicht einzubeziehen war.

te von Stegmann auf die Knöpfe. Dorfmanns Kugeln erreichten von Stegmanns Bauch und Brust zu spät. Die Raketen vernichteten die im Pulk fahrenden langsamen Transportschiffe, die die 100 000 Facharbeiter enthielten. (Die Schwersttransporter waren am 15. Januar 1981 gestartet und flogen, unter Einhaltung strenger Funkstille, ein Jahr bis zur Jupiterumlaufbahn.) Die Wachen der Raketenbatterie nahmen Dorfmann sogleich fest. Verhör Dorfmanns durch den Gerichtsoffizier der Raketenstellung.

Vernehmender Offizier: Sie haben den Stabsoffizier von Stegmann eigenhändig erschossen?

Dorfmann: Jawohl. Weil er einen Fehler gemacht hat.

Offizier: Ohne kriegsgerichtliche Verhandlung durften Sie nicht vollstrecken.

Dorfmann: Wegen der überragenden Schwere des Fehlers durfte ich.

Offizier: Worin bestand der Fehler – nach Ihrer Ansicht?

Dorfmann: Der Stabsoffizier ließ auf sechs schwere Raumfähren, die sich dem Mond Titan näherten, schießen.

Offizier: Als was identifizierten Sie diese Raumfähren?

Dorfmann: Als die erwarteten Schiffe, die, gefüllt mit Arbeitskräften, die schon unter Vertrag standen, die Flotte aus dem Engpaß gerettet hätten. Rohstoffe haben wir, Arbeitskräfte nicht.

Offizier: Was veranlaßte von Stegmann zu seiner Handlung?

Dorfmann: Das war keine Kurzschlußhandlung. Von Stegmann glaubte, durch seine Tat sich das Ritterkreuz zu verdienen. Er war der Ansicht: wenn sich die Flotte rein erhält, werden Krisen wie die, die zum Verlust des Planeten geführt haben, vermieden. Von Stegmanns Logik: kein Import von Arbeitskräften – kein Import von bolschewistischem Gedankengut.

Offizier: Der schoß also auf Grund einer von ihm individuell angestellten Analyse?

Dorfmann: Was uns unsere letzte Chance kostet.

In diesem Augenblick trifft funktelegraphisch die rechtliche Weisung Nr. 1 der Flottenjustizstelle, betreffend »Schutz der menschlichen Arbeitskraft«, ein.

Der Vernehmungsoffizier liest vor: »§ 1: Wer menschliche Arbeitskraft vernichtet, wird mit dem Tode bestraft. § 2. Der Ausdruck *Arbeitskraft, Arbeiter* usf. ist verboten. Die Bezeichnung für Arbeitskräfte lautet ›Partner‹. § 3. Dieses Gesetz tritt rückwirkend in Kraft.«

Dorfmann: Dieses Gesetz ist gegenstandslos, da es keine lebenden Arbeitskräfte mehr gibt.

Offizier: Die kriegsgerichtliche Anklage gegen Sie wird auf Grund dieses Gesetzes fallengelassen.

Dorfmann: Danke.

Die Kantinenpächter von Zuse II (Neptunmond) beantragen Zuteilung von gefangenen Meuterern als Küchenhilfskräfte und Transporteure. Die Versorgung von insgesamt 160000 Mann aggressiver Truppen, verstreut über bewegliche Stützpunkte im Umkreis von 6 Astronomischen Einheiten, forderte von den Kantinenpächtern *das Äußerste*. War die Truppe unzufrieden, wurden die Kantinenpächter als erste erschossen. **Sie erbaten aus den militärischen Strafvollstreckungsanstalten eine Anzahl von Gefangenen als Hilfskräfte.** Um deren Gleichgültigkeit gegenüber den Handlangerarbeiten, die sie zu leisten hatten (Raumfähren mit Essensmaterialien zwischen den Planeten hin- und herfahren, in den großen Garküchen hantieren), zu brechen, versorgten die Pächter diese »Partner« mit Vergünstigungen.
Der Pächter H. H. Bootszweck bestach Richter, um die Zahl der Verurteilungen von Flottensoldaten zu erhöhen. Die gerecht oder ungerecht Verurteilten gingen als Soldaten in die Gefängnisse hinein und kamen als Arbeiter wieder heraus. Bergwerksunternehmen von Pluto zahlten für Pächter-Partner ein Kopfgeld bis zu 600 Nenndollar. Kantinenpächter wie H. H. Bootszweck gaben den Pächterberuf auf und handelten mit der raren Ware Arbeitskraft.

Die Suche nach »fremdem Leben«. Nach dem Gesetz ist Menschenhandel verboten. Da die Flotte das Gesetz schützt (weil sie zur Aufrechterhaltung ihrer Planstellen auf die gesetzliche Disziplin der Truppe angewiesen war), ist es nicht möglich, ungesetzliche Sklavenjagden zu veranstalten, die den Pächtern eine rasche Vermehrung der Arbeitskraft ermöglichen würden. Deshalb suchten zahlreiche Jagdkommandos der Pächter und der Bergwerksunternehmen nach **nicht-menschlichen** Lebewesen.[4] Da sich trotz aller Forschungen keine »fremden Intelligenzwesen« im Bereich des Sonnensystems und der Nachbarsysteme fanden, wurden später meuternde Einheiten der Flotte »fremdem Leben« gleichgestellt. Durch »Verwechslung« mit meuternden Einheiten wurden auch legale Institute, Flüchtlingsgruppen, isoliert stationierte Einheiten von Jagdkommandos in das für die »Gewinnung von Arbeitskraft« zur Verfügung stehende Material einbezogen.
Raumadmiral Hinnercke: »Das ist offenbar Mißbrauch. Es ist notwendig, schlagkräftig gegen diese Praxis der Menschenjagd einzuschreiten.«
Sofort griffen einige höhere Stäbe zu Kontrollen, Kommandoumbesetzungen, Schikanen gegen einzelne Truppenteile, die dadurch zu Meutereien bewegt und dem Zugriff der Jagdkommandos legal zugeführt wurden. Die Gefangenen wurden zu »Partnern« begnadigt oder aber besonderen Arbeitsstätten, insbesondere den Bergwerken, zugewiesen, die auf Himmelskörpern lagen, von denen niemand entkommen konnte. Diese galten im Vollstreckungssinne als Gefängnis.
Offiziere ließen sich von Pächtern überreden, Nebenämter in der so entstehenden Wirtschaftsorganisation anzunehmen. Die Flottenjustizstelle bekämpfte diese *Nebentätigkeit* mit drakonischen Strafen. Die Offiziere wurden aus der Flotte fristlos entlassen und tauchten als »Büßer« in der Pächterindustrie unter. Hinnercke: »Die Armee muß sich reinerhalten; sie muß versuchen, ihre absolute Vorherrschaft zu erhalten.«[5]

4 Dorfmann: Es hielt sich der Aberglaube, daß irgendwo versteckt im Planetensystem Intelligenzwesen zu finden wären. Zwicki: Das ist doch wissenschaftlich widerlegt. Dorfmann: Aber die Idee hielt sich.

5 Boltzmann: Ostern 1988 wurden zwei Jupitermonde von der 123. Raum-Torpedoflottille überfallen, die Bewohner nach einer wissenschaftlichen Kurzausbildung als Arbeitskräfte verkauft. Nach Zerstörung ihrer Wohn-

Die Wissenschaftler vom Extragalaktischen Marsinstitut glaubten, sie könnten sich eine Extrawurst braten. Die Zerstörung der Erde erscheint den Grundlagenforschern des Marsinstituts keineswegs als Unglück. Die meisten von ihnen, darunter Professor Koeppen, Professor Tautler, Professor Dr. Schlappau usf., sahen jetzt die Möglichkeit eröffnet, ohne das Nützlichkeitsprogramm der irdischen Kultusministerien zu berücksichtigen, breite Teile des fernen Weltraums umfassend zu erforschen. Sie führten keine unnötigen Gespräche mit den Kollegen der Flottenjustizstelle, der Transportschule, des Flottenlazaretts, die sich binnen Jahresfrist in den militärischen Gesamtzusammenhang der Flotte eingliederten. Vielmehr spotteten sie über die zerdepperten Schiffe, die sich als »Neue Galaktische Flotte« (ohne konkreten Gegner, ohne Kriegsziel!) bezeichneten.
Im Sommer 1982 wurde das Institut von Geheimer Feldpolizei umzingelt. Die Wissenschaftler wurden nach dem Zwangspflichtgesetz auf mehrere im Aufbau befindliche Industriezentren verteilt. Hier erteilten ihnen Vertreter der Pächter konkrete, mit wissenschaftlichen Mitteln zu lösende Aufgaben (z. B. Herstellung einer Soldatensuppe). Auf verschiedene Himmelskörper verteilt, kamen die Marswissenschaftler nie wieder zu einem Pulk zusammen, der sie z. B. zu einem Streik oder zu Protesten gegen die Zwangsarbeit in die Lage versetzt hätte.

Das treibhausmäßige Vorwärtstreiben einzelner Eigenschaften. Das, was sich in den ersten drei Jahren nach der Katastrophe als *das Gerettete* heranstellte, war keineswegs eine Einheit, so wie es das Wort »gerettete Menschheit« nahelegt. Vielmehr bestand, allein schon der Ausrüstung nach, ein erheblicher Gegensatz. Jede Gruppe konnte nur dann überleben, wenn sie sich industriell und militärisch gegenüber jeder anderen Gruppe in einer rasanten Geschwindigkeit *verbesserte*. Die Idee, daß ein

sitze und Vorräte hätten sie ohnehin jetzt abhängig arbeiten müssen. Die an dem illegalen Überfall beteiligten Einheiten wurden von meinen Streitkräften umzingelt. Jeder fünfte dieser Meuterer wurde erschossen, jeder zweite und dritte in »Arbeitskraft« überführt; aus jedem ersten, vierten und sechsten machten Dorfmann und von Ungern-Sternberg die straffste Elite-Einheit der gesamten Sternenstraße. Die von der 123. Torpedoflottille »geraubten« Arbeitskräfte wurden den *gutgläubigen Erwerbern* belassen, sofern ordnungsgemäße Arbeitsverträge vorlagen.

Zollinspektor oder Buchhalter bei Ausfall eines Transportpiloten einspringt, ist in diesem Sinne abwegig. Vielmehr ist es Aufgabe des Zollinspektors zu kontrollieren, die des Buchhalters Buch zu halten, die des Transportpiloten: auf keinen Fall auszufallen. So wurden Transportpiloten mit Fieber bis zu 42 Grad oder mit gebrochenen Schulterknochen in die engen Führerkanzeln ihrer Transportraketen gehievt – und brachten diese korrekt ins Ziel. Warenprüfer und Zollinspektoren verbesserten ihre Augen dergestalt, daß diese Berufsgattung **um sechs Zentimeter** *vorspringende* Augen entwickelte. Den Augen dieser Kontrolleure entging nichts.

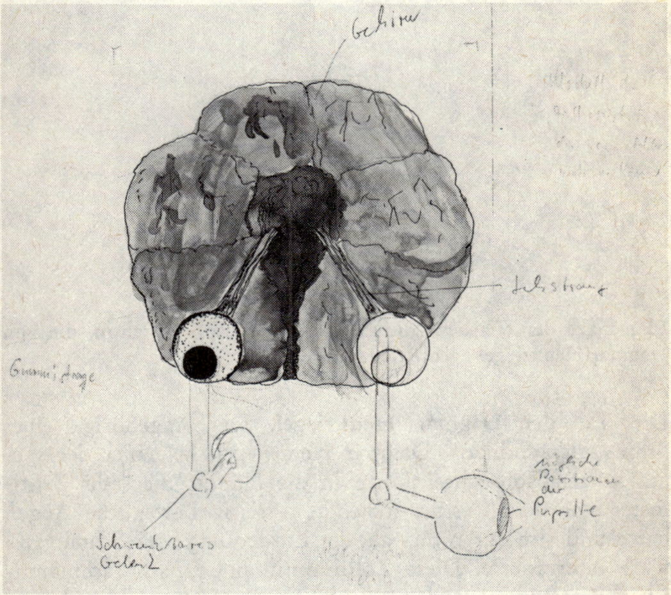

Zöllnerauge

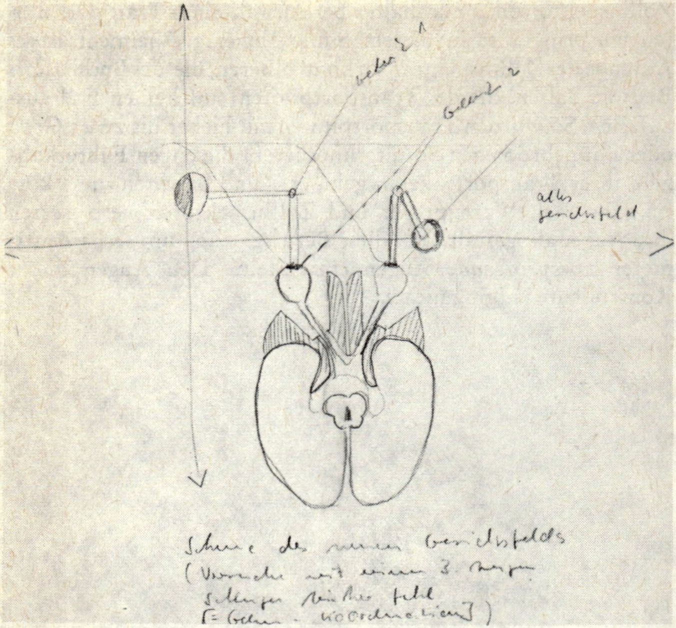

Planskizze der frei beweglichen Augen der Zollassistentin, die von Dagmar Hennriegel »geopfert« wurde.

Die Tat der Dagmar Hennriegel. Die Angehörige eines Schmugglersyndikats, Dagmar Hennriegel, fiel einer der spezialisierten Zollassistentinnen in die Hände, die sechs Zentimeter vor dem Gesicht stehende, allseitig bewegliche Augen hatte und sich für nichts als die Entdeckung von Schmuggelware interessierte. Diese Zollbeamtin holte nach fachmännischer Betastung aus dem spezialisierten Uterus der schönen Schmugglerin vier Kilogramm einer wertvollen Osram-Platin-Gelatinelegierung hervor, die mehrere Milliarden Nenndollar wert war. Mit schlaffem Bauch trat Dagmar Hennriegel einen längeren Gefängnisaufenthalt an. Sie rächte sich später dadurch, daß sie die Zollassistentin in einem Piratenfahrzeug entführte, sie in viele kleine Fleischstücke zerschnitt und diese an Zollangestellte verschickte. Hierauf organisierten sich die

Zollangestellten zu einer Stoßgruppe, die einzeln fahrende Schmuggler mit stehenden Messern *auf der Flucht* tötete. Da Boltzmann mit seinen Panzerschiffen diese Racheakte nicht unterbinden konnte, wurde er vom Oberst zum Oberstleutnant degradiert.[6]

Der Schlachtschiffzähler Erich Feldmann. Der einzige, der sich in dieser Gründerzeit für eine **Gesamtaufstellung aller im öffentlichen Besitz befindlichen Fahrzeuge und Vorräte der Restflotte,** die ehemals die Kampfflotte der irdischen Nationen ausmachte, interessierte, war Erich Feldmann. Damals, unter dem Eindruck des unmittelbaren Schocks von 1981/85, hatte er aus den Stäben alle Informationen erhalten. Seither veröffentlichte er Teile dieser Gesamtinformation in Form von Stichworten und **Flottenkalendern** mit genauen Stärkeangaben, die mit den gemeldeten Ist-Stärken nicht übereinstimmten.

6 Flottenbeauftragter für Bestrafungen, Dr. Vieweg: In diesem Zustand zerteilt sich die Flotte in treibhausmäßig sich entwickelnde Strafabteilungen und Abteilungen für Bestrafte.
Boltzmann: Wie hätte man das in den Griff bekommen können? Diejenigen, die »Schuld« auf sich geladen hatten (weil sie als Reaktion auf vergangenes »Unrecht« Rache übten), waren im Moment der Rache meist nicht greifbar. Daher traf diese Rache jeweils andere als die »Schuldigen«; so wurden diese »Unschuldigen« zu Racheakten veranlaßt, die ebenfalls nicht ihre Adressaten, wohl aber *unschuldige Dritte* erreichten. Unsere (durch den Einsatz der Panzerschiffe an sich mögliche) »Vergeltung« hätte diese »Rächenden« nicht erreicht, sondern konnte nur »abschreckend« an beliebigen »Erreichbaren« vorgenommen werden.
Flottenbeauftragter für Bestrafungen, Dr. Vieweg: Wenn ich auch den erzieherischen Wert solcher *Abschreckung* nicht leugne, so fehlte uns selbst und den zuständigen Panzerschiffkommandanten doch völlig ein passendes *Motiv.* Wir wollten eigentlich die Verletzungen des Rechts nicht an völlig Unschuldigen rächen, durften deren Rachedurst auch nicht auf die Truppe lenken. So traf letztlich mich die Strafe, da die Flotte sich an irgendwen halten mußte und eine Kollektivbestrafung der gesamten hier als Versager dastehenden Truppe diese veranlaßt hätte, das ihr durch ungerechte Strafe zugefügte Unrecht entweder durch aggressive Schläge gegen unbeteiligte Dritte oder gegen uns selbst auszulassen. In der Tendenz werden so die hochspezialisierten Strafabteilungen der Flotte sehr rasch zu Bestraften mit der Neigung, ihre Strafer zu bestrafen. Dies fordert eine permanente Verstärkung und immer höhere Spezialisierung dieser Strafabteilungen, da ja ihre Aufgaben wachsen.

Feldmann war extrem kurzsichtig und schwerhörig. Wie er es machte, die Informationen trotzdem aufzunehmen und in seinem Glatzkopf zu speichern, war unbekannt. Vermutlich wußte er vom Schiffezählen so viel, daß ihm jede neue Information nur die Bestätigung einer alten war. Insofern konnte er einfach raten.

Die Offiziere verschiedener Einheiten hielten ihn für eine Gefahrenquelle, insbesondere wenn sie heimlich *abschreibungsreife* Schiffe der Flotte an Agenten der Wirtschaft veräußert hatten. Im Hirn Feldmanns blieben diese Schiffe und Schiffsteile Flottenzubehör, auch wenn sie längst industriell genutzt wurden. Wirtschaftsführer wie H. H. Bootszweck, die Flottenvermögen an sich gebracht hatten, trachteten, Feldmann zu beseitigen. Er hatte aber in Boltzmann, Admiral Dr. Friedrich, Admiral Hinnercke mächtige Gönner, die ihm Agenten als Leibwache beigaben. Trotzdem zerschmolz Feldmann samt seinen Beschützern, als die Fregatte Thalia durch ein »Versehen« vom Mond Mimas aus angeschossen wurde. Danach wußte niemand mehr genau über den Flottenbesitzstand Bescheid.

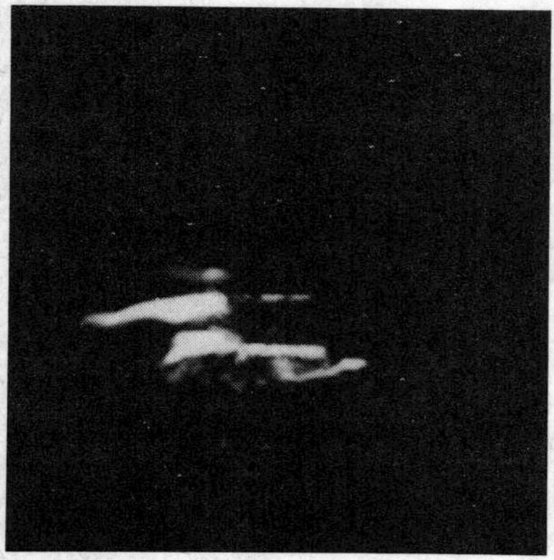

Fregatte Thalia, abgeschossen durch die Raumabwehr, Mond Mimas (Foto der Schußauswertung).

Um weiterzumachen, fehlen jetzt nur die Arbeiter. Boltzmann: »So viel Natur auf einem Haufen, wie ich während der letzten Nahvorbeifahrten an mehreren Monden, Planeten und Sonnen feststellen konnte, habe ich noch nie gesehen. Man wird geradezu weitsichtig angesichts dieses Sternenfirmaments.«

Von Ungern-Sternberg: Wir können aber nicht ran. Sobald wir zu landen versuchen, bemerken das die Kameraden einer der konkurrierenden Divisionen, und sie würden uns, da wir am Boden unbewegliche Ziele bilden, zerschlagen.

Zwicki: So sitzen wir monatelang in diesen 80 cm x 1,20 m großen Befehlskojen und erblicken diese herrlichen Schätze.

Von Ungern-Sternberg: Deshalb kann mich auf die Dauer der gestirnte Himmel auch nicht entzücken.

Die 1. Mai-Feier vom Januar 1982. Raumadmiral Hinnercke, zentrale Flottenjustizstelle, in seinem Gefechtsstand in der Nordzone Mars: »Ich habe die Bedeutung des Abschusses der Arbeitskrafts-Raumschiffe damals sofort verstanden. Uns bleibt nur übrig, neben die Ehrung des unbekannten Soldaten die Ehrung des unbekannten Arbeitskameraden bzw. »Partners« zu setzen.«
Der 3. Propagandasprecher im Flottenstab der Flottenjustizstelle empfiehlt eine gigantische, jahreszeitlich vorgezogene Demonstration der Arbeit – **so also wäre sie noch da.** Vielleicht, daß sich **subjektiv,** von den Vorstellungen der Menschen her, die Arbeit wiedererwecken läßt . . .
Hinnercke: »Schon oft in der Geschichte hat die Idee materielle Umwälzungen bewirkt. Es bleibt uns gar nichts anderes übrig, **als von der Idee her die ganze Sache wieder aufzuzäumen.«**
Befehl: Oberst Boltzmann startet mit ihm unterstehenden Verbänden im Alarmstart von Mond Mimas und angeschlossenen Stützpunkten in Richtung Marsumlaufbahn. Die Soldaten und Maschinisten werden als Arbeiter, Fachkräfte usf. **verkleidet**. Fernsehübertragung. Die Ausstattung der Kostüme im einzelnen wird von Experten der Propagandaabteilung der Flottenjustizstelle überwacht, die auf einen Bildband der Bibliothek der Flottenjustizstelle zurückgreifen, in dem sich Abbildungen ehemaliger Arbeiter, Handwerker usf. aus früheren Perioden der industriellen Entwicklung finden.
Einwand eines Sachbearbeiters der Abteilung Rechtsgeschichte: nicht von Arbeitern zu reden, sondern von Arbeitenden, da Frisöre, Handwerker, Wissenschaftler nicht Arbeiter im enge-

ren Sinne seien. Einwand abgelehnt, da die Bezeichnung »Partner« heißt.[7]

»Ich hatt' einen Kameraden,
einen bessern find'st du nicht.
Die Trommel schlug zum Streite,
er ging an meiner Seite . . .«

Zu diesen von Boltzmann in seiner Kommandokanzel laut gesungenen Worten flogen die notdürftig in Formation gehaltenen Verbände der Rest-Raumflotte in 1600 km Entfernung am Mars vorbei. Boltzmann hatte die mißglückte Unternehmung in eine Heldengedenkfeier für die vor Jahresfrist auf der Erde umgekommenen »Kameraden« umgedeutet.[8] Die Fahrzeuge führten hierbei eine leichte Kreiselbewegung aus, dies sollte »Trauerfeier« bedeuten. Anschließend umkurvten die Schiffe den Planeten Pluto – einen Metallklumpen aus Gold, Osram und Platin in Planetengröße – sowie die rohstoffreichen Planeten III Alpha Zentauri, IV des Sirius. Diese Rohstoffe warteten, bewacht von der Flotte, auf ihre Verwertung.

7 Zwicki, aus der Perspektive des Jahres 2103: Hier lag ein Widerspruch. Es hätte dann nämlich auch nicht mehr Sachbearbeiter sondern Sachbepartner heißen müssen. Es lagen zwei völlig verschiedene Reaktionen auf die unsinnig gewordene Situation vor: 1. der Versuch, das Problem durch Wortausmerzung zu lösen, 2. der genau entgegengesetzte Versuch, von der Idee her wieder zu so etwas wie Arbeitskraft zu kommen.
Auskunft Boltzmanns, 2103: Die Zuschauer an den Fernsehgeräten auf Mars und Mimas wurden von der gesamten Veranstaltung bitter enttäuscht. Sie erkannten zum Teil gar nicht, daß es sich bei den verkleideten Soldaten um *Arbeiter* handeln sollte, sondern empfanden die improvisierten Zurichtungen als Phantasiekostüme. Die Truppe war einer Meuterei nahe. Der Einsatz von Partnern der Geheimen Feldpolizei ermöglichte es, die Paradeformation am Mars vorbeizuführen. Es war nicht möglich, die Truppe sofort nach der Parade wieder zu landen. Vielmehr mußten unter Ablegung der geborgten Kleider weitere Vorbeifahrten manöverartig durchgeführt werden, um die Disziplin wiedereinzuführen.
8 Boltzmann: An sich war es falsch, von Kameraden zu sprechen, da die Truppe im wesentlichen aus Etappen-Einheiten bestand, die die Kameraden von den Erdstreitkräften zum Teil gar nicht kannten. Trauerparaden waren sie jedoch gewohnt.

Vorbeiflug von Boltzmanns Flotte an rohstoffreicher Sonne des Typs G 1.

Exkurs 1: Typische Unternehmensformen

1. Plan einer Produktion von Kampfschiffen unter Verwendung der Sonnenkorona (Omega Virginis) als Schweißbrenner.

Der Erfinder Raumphysiker Dr. Heineke-Bayer brachte 1980 sechs Laborschiffe in langsamer Fahrt aus der Mondumlaufbahn ins System der Sonne Zentaurus. Als er hier – kurz vor Kriegsausbruch – 1981 ankam, waren auf seinen Reißbrettern in einer Raumschiffkoje von 1,80 m Höhe und 1,30 m Breite die Zeichnungen und Pläne entstanden, die eine Auswertung des Sonnenplasmas ermöglichten. Es ging um eine Verwertung der Hitze der Sonnenprotuberanzen für den Schlachtschiffbau.

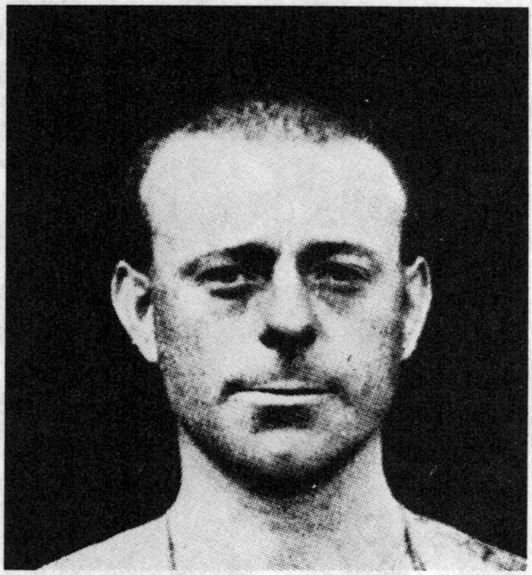

Raum-Pionier
Prof. Dr. Heineke-Bayer

Bei den Versuchen kam Heineke-Bayer um. Als er, in einer schmalen Metalltüte hockend, die in das Ansaugrohr eingeführt wurde, nachsehen wollte, ob das Sonnenplasma bald käme, wandte sich der die Metalltüte fernlenkende Hilfsassistent einer Mahlzeit zu. Wenige Sekunden später war das Plasma ordnungsgemäß da und zerschmolz Heineke-Bayer.

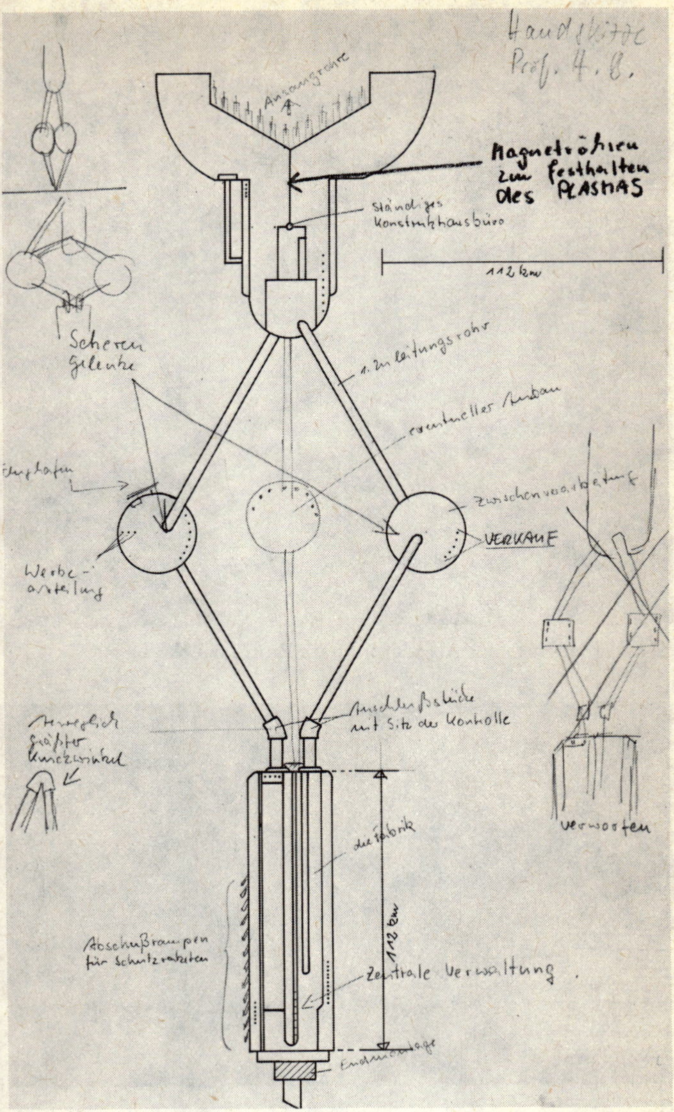
Handskizze
Prof. 4. 8.
Ansaugrohre
Magnetröhren zum festhalten des PLASMAS
ständiges Konstruktionsbüro
112 km
Scheren Gelenke
1. Zuleitungsrohr
eventueller Anbau
Zwischenverarbeitung
VERKAUF
Werbe-abteilung
Anschlußstücke mit Sitz der Kontrolle
beweglich größter Knickwinkel
verworfen
die Fabrik
112 km
Abschußrampen für Schutzraketen
Zentrale Verwaltung
Endmontage

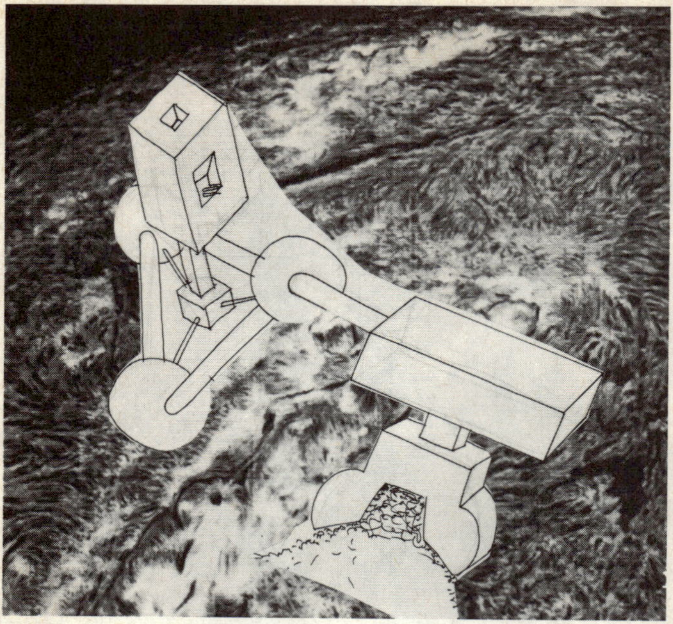

Sonnenplattform mit Absaugrohr nach Prof. Heineke-Bayer.

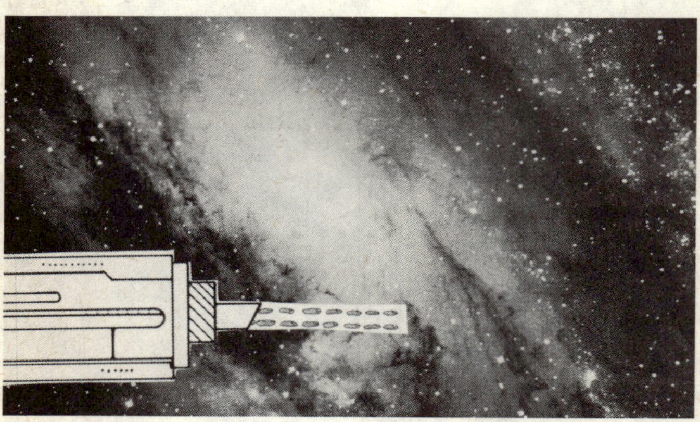

Die fertigen Raumschiffe verlassen die Sonnenofenfabrik nach Prof. Heineke-Bayer. **Werbe- und Planskizze.**

Abtransport der verbrannten Restteile von Prof. Heineke-Bayer †. Das Raumschiff ist mit freihängenden Trauerdekors ausgestattet.

Der Baum auf dem Grab von Prof. Heineke-Bayer. † (An sich waren die Gebeine bei dem Unfall völlig aufgelöst worden.)

2. Der Plan, metallhaltige Teile von Kleinsthimmelskörpern (Asteroiden) abzusprengen und über weite Strecken im Schlepp zu den Marktplätzen zu transportieren.

Als die Raum-Kavalleriedivision Nr. 1, die heute nicht mehr existiert, ihre Pferdetransporter Juni 1980 aufgab, ließ der Veterinärarzt Dr. Dalquen diese Schiffe nicht zerstören, sondern in die Umlaufbahn eines entfernten Mondes bringen. Jetzt, nach der Katastrophe, Januar 1981, beglückwünschte sich Dr. Dalquen zu dieser Vorsicht. Er ließ mit wenigen Handgriffen die Tierschiffe zu Ramm- und Transportschiffen umbauen. **Man kann dadurch kleinere Himmelskörper so rammen, daß Teile absplittern, die anschließend auf Transport gebracht werden.**

Dr. Dalquen

18. März 1984. Erschießung Dr. Dalquens † wegen illegalen Einsatzes von Sanitätssoldaten als Arbeitskräfte.

3. Der Aufstieg der Suezkanal-Gesellschaft

Der Erwerb von Dubna. Die Rechtsordnung ließ nicht zu, daß eine Kapitalgesellschaft Planeten erwarb. Der Ersterwerb blieb Menschen vorbehalten.[1] Deshalb kaufte sich die Suezkanal-Gesellschaft

1 Zwicki, aus dem Blickwinkel des Jahres 2103: Eigentlich handelte es sich nicht um eine wirkliche Rechtsordnung. Vielmehr ging es um einen Kompromiß zwischen der praktischen Tätigkeit der Flottenjustizstelle Mars sowie ihrer Nachfolgeorganisationen, die nach der Ermordung Hinnerckes gebildet wurden, *und* der ebenfalls praktischen Initiative der Kapitalge-

den Piloten Schwertau, der als erster den Fuß auf den Metallplaneten Dubna setzte, der später viel Gewinn abwerfen sollte.[2]
Dieser sonnenferne Planet bestand ausschließlich aus schweren Metalllen, Platin, Gold, das in Stücken herausgelöst und mit Raketenmörsern in den Weltraum auf Transport gebracht wurde. Schwertau verkaufte vereinbarungsgemäß an seine Geldgeberin, die Suezkanal- Gesellschaft.
Die Suezkanal-Gesellschaft gehörte zu den spezialisierten Firmen, **die erst nach Verlust ihres ursprünglichen Kapitalobjekts, des Suezkanals, also nach Aufgabe ihrer ursprünglichen Bestimmung** (und damit der Hemmnisse, die mit dem realen Objekt noch verbunden sind), **ihre wahre Entfaltung fanden. Im Kampf der Arten überlebte unter den Kapitalgesellschaften diejenige, die einstmals alles verloren hat, die gezwungen ist, sich zu immer abstrakteren Betrachtungsweisen bereit zu finden.«**

Ergänzende Bemerkung Dorfmanns: Die Suezkanal-Gesellschaft hat den Schwarzen Krieg nur als Idee überlebt, da von ihr weder Unterlagen noch Personen in den Weltraum gerettet wurden; ähnlich wie sie bereits 1956 von ihrem ursprünglichen Kapitalobjekt, dem Suezkanal, enteignet wird. Diese Idee griff von Müller, letzter Rektor der Universität Kapstadt, der zum Zeitpunkt des Kriegsausbruchs im Extragalaktischen Mars-Institut einen Besuch abstattete, auf. Er fand in der Bibliothek dieses Instituts einen Geschäftsbericht dieser Gesellschaft. Während die Rechtsordnung Admiral Hinnerkkes den Erwerb einzelner materieller Güter genau regelte, war der Erwerb ganzer Monopolzusammenhänge bzw. von Rechtsansprüchen untergegangener Gesellschaften ungeregelt geblieben. In der Flottenjustizstelle bestanden hierüber keine Erfahrungen. Nachdem v. Mül-

sellschaften. Hätte man Hinnerckes Grundsatz Nr. 1: »Nur natürliche Personen sind Rechtserwerber« angetastet, hätte man das gesamte Weltraumrecht umschreiben müssen. Der Kapitalerwerbsprozeß, an solchen Umständlichkeiten nicht interessiert, paßte sich deshalb an das ihm an sich fremde Rechtssystem an.
Es gab Zehntausende Methoden, Grundstücke, Planeten, Rohstoffe in seine Gewalt zu bringen, aber nur eine Möglichkeit, *legale* Gewaltverhältnisse zu begründen.
Dorfmann: Die Rechtsordnung funktionierte also unter den Gewaltverhältnissen als das »Geld der Gewalt«, in dieser Währung wird gezahlt und werden »Zahlungen« anerkannt.
2 Es handelt sich um den Schwerkraftplaneten Dubna, der eine Masseanziehung von 12 g besitzt, d. h. auf alle Körper 12 x stärkere Anziehungskraft ausübt als die frühere Erde. Über die besondere Konditionierung der Dubna-Arbeitskräfte vgl. unten, Exkurs 2.

ler sich das System von Rechtsansprüchen (Transportmonopole; Wiedergutmachungsansprüche aus Kriegszerstörung, die auf Grund der Rechtsnachfolge durch die Mars-Koordination zu decken waren, usf.) angeeignet hatte, wurde er Opfer einer räuberischen Offiziersgruppe. v. Müller wurde in seinem Raumgleiter von bewaffneten Fahrzeugen zusammengeschossen und in kaum überlebensfähigem Zustand konserviert: ohne daß er das Bewußtsein wiedererlangte, wurde er doch so weit über die Jahrhunderte hinweg am Leben erhalten, daß in seinem Namen eine straffe Organisation aufgebaut und geführt werden konnte. (Zwicki: Die besondere Unsterblichkeit dieser Suezkanal-Gesellschaft beruht darauf, daß sie oder ihre Träger in so umfassender Weise schon mehrfach gestorben sind. An ihr kann praktisch nichts mehr sterben). v. Müllers individuelle Persönlichkeit wäre ein Hemmnis gewesen für die sachgemäße Entfaltung dieses Riesenunternehmens, dem ab 2050 alle anderen Kapitaleinheiten der westlichen Galaxie unterstanden.

Zwicki: Um es richtig zu sagen: Die Suezkanal-Gesellschaft gehört nach von Müllers Unfall keinem Menschen, sondern sich selbst, d. h. dem Eigentum an sich.

Dorfmann: Daher der häufige Wechsel in den Führungspositionen dieser Gesellschaft. Die Suezkanal-Gesellschaft hat mehr Führungspersonal verschlissen, als in den von uns geführten Kriegen gefallen sind.

Exkurs 2: Die Konditionierung der Arbeitskraft. 1. Mai-Feier im Jahre 2042

Sommer 2032, Arcturus-Sektor
Sie haben verzweifelt gearbeitet. Jetzt stehen sie vor dem Nichts. Sie werden aus den Diensten der Flotte entlassen. Ingenieure mit Spitzenqualifikation und hohen Kriegsauszeichnungen, noch vor einigen Jahren unabkömmlich, sind froh, einen Posten als Hilfspilot zu ergattern.

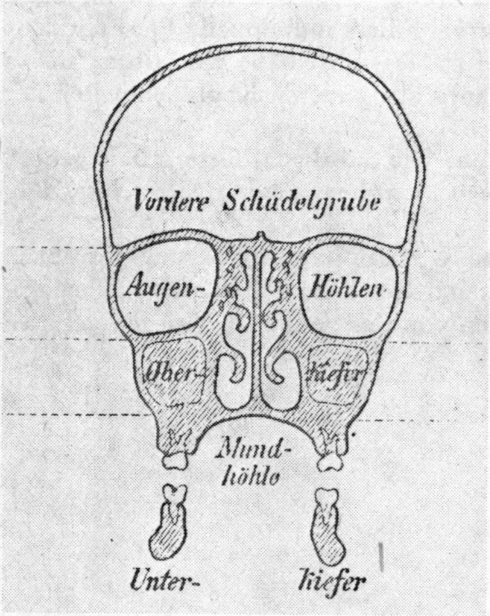

Die »wertvollen« Teile des Menschen, die in beliebigem Maße seitlich verlagert, in ihrer Kombination verändert bzw. einzeln oder insgesamt ersetzt werden können. Nach Prof. Meixner.

Die plötzlich um den Wert ihrer Arbeit gebrachten Ingenieure – eben noch verfügten sie über planetenweite Industrien, Kommunikationsnetze bis zu 3 oder 4 Parsec, jetzt sitzen sie ohne Altersversorgung in einer Kabine von 80 x 120 cm und versuchen, Sonnenleuchtfeuer anzuvisieren – reagieren völlig unterschiedlich. Einige versuchen Aufstände und werden erschossen; andere üben Sabotage an den Geräten und Schiffen, wenn sie sich unterhalb ihrer Qualifikation beschäftigt fühlen, sie werden entlassen. Die Mehrzahl arbeitet nach dem Satz: »Je depressiver die Lage, um so vollständiger die Werte verwursten« – um so einen Teilgewinn für sich selbst einzubringen. Zu den letzteren gehört Prof. Chefingenieur Meixner, der 2036 sein Institut für Arbeitsökonomie und Zeitforschung begründet hat.

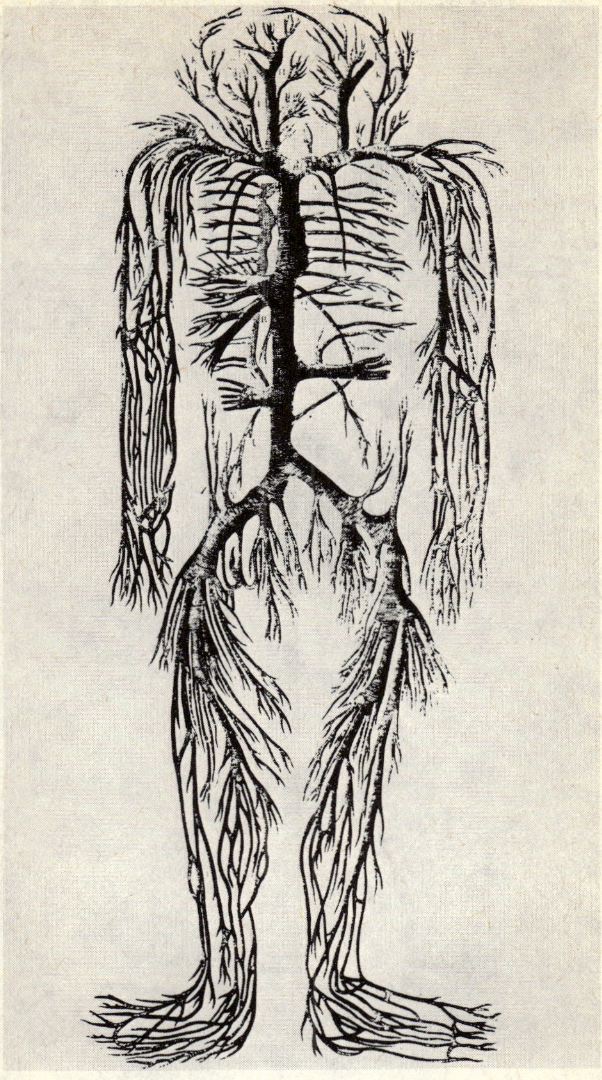

Grundstellung des Menschen nach dem arbeitsökonomischen Verbesserungsmodell von Prof. Chefingenieur Berthold Meixner.

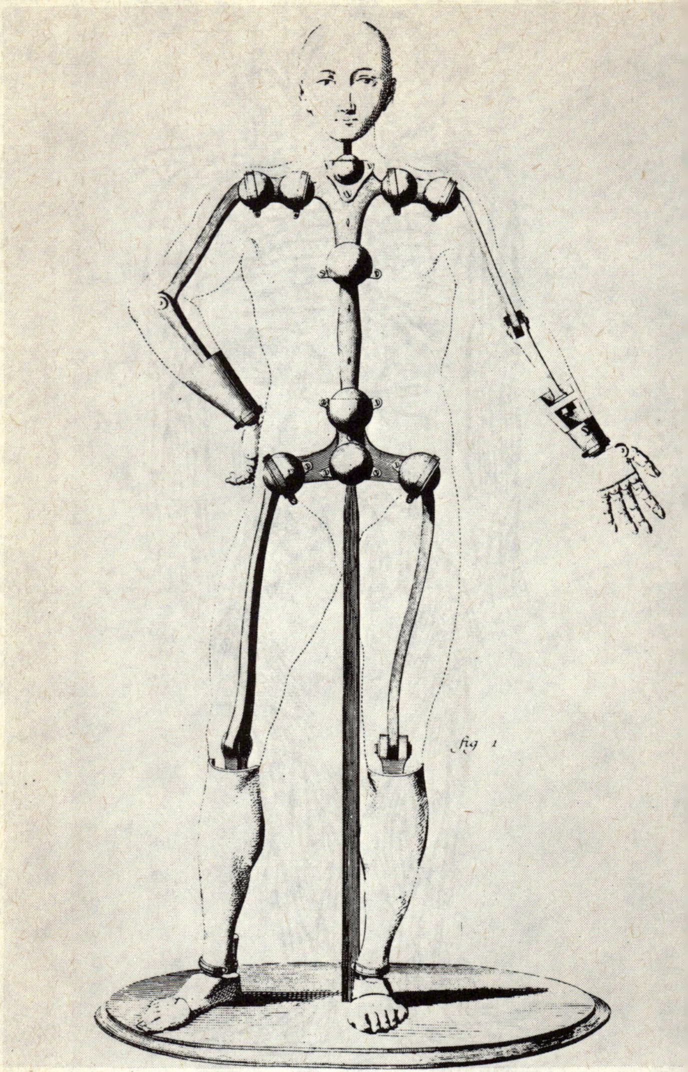

Grundmodell der Stütz- und Bewegungsmechanik nach Prof. Meixner. Kann nach Bedarf umgebaut werden.

Mutative Veränderung der menschlichen Hand (Natur).

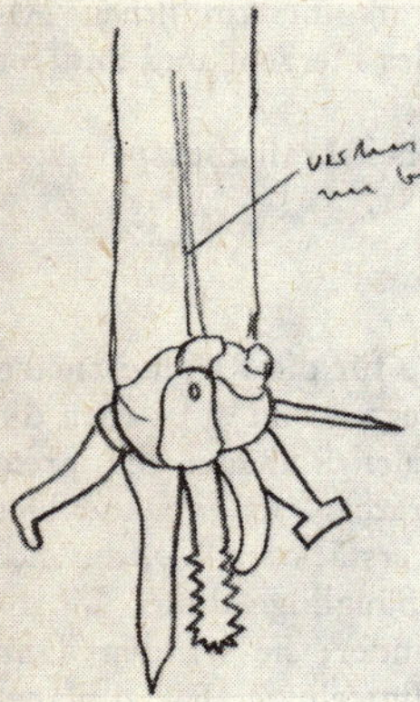

Arbeitsökonomische Verwertung einer mutierten Hand im Sinne der Verbesserung der menschlichen Hand zu einem wirksamen Arbeitswerkzeug. Nach Prof. Meixner.

Einige der älteren Wirtschaftsführer nahmen an, daß zusätzliche Schweißauspressung nach Prof. Meixner die Menschen zur Abstumpfung bringt. Sie sagten deshalb: »Arbeitsökonomie macht sie weniger aufsässig.« Dagegen ging Prof. Ing. Meixner von der »Entwicklung der menschlichen Produktivkräfte, also Entwicklung des Reichtums der menschlichen Natur als Selbstzweck« aus. Bis zu seinem Lebensende – er fiel einem Attentat zum Opfer – blieb Prof. Ing. Meixner ein hoffnungsfreudiger Mensch.

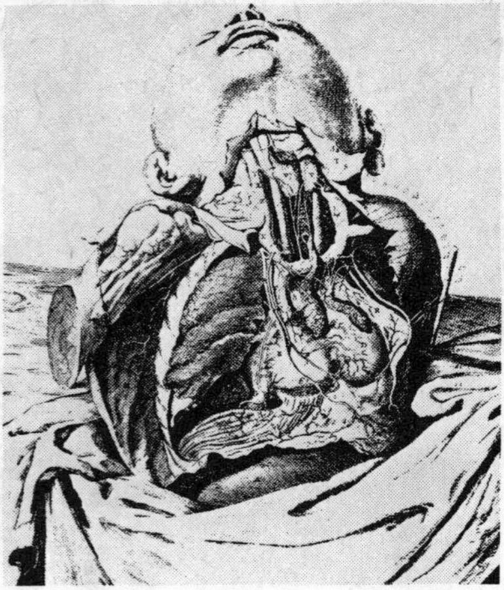

Konditionierung einer künftigen Arbeitskraft im kindlichen Alter nach Prof. Meixner – Querverlagerung des Herzens und anderer störender innerer Organe.
Diese Konditionierung widerspricht der Arbeitskraftschutzgesetzgebung der Zentralen Flottenjustizstelle von 1981.

Die Frauen von Dubna
Im Sektor Schwan wurden 2039 Arbeitskräfte für die Riesenplaneten gesucht, die sich um die Sonne Arcturus bewegten und auf denen die Menschen 12mal schwerer waren als auf solchen Planeten, die ihrem Umfang nach der verlorenen Heimat entsprachen. Es entstand hier durch Übung und Lernen ein unterschenkelverstärkter Typ, der sich zum Muskelflachbau hin spezialisierte. Die Säuglinge dieser Giganten sahen aus wie gewöhnliche Menschenkinder; sie wurden dann durch sofort einsetzendes Training an die Umwelt der Riesenplaneten angepaßt.

Das Schicksal der biologisch »umgelernten« Dubna-Frauen. Wenige Jahre nach Konditionierung der Dubna-Arbeitskräfte wandte sich die Industrie von diesem schweren Metallplaneten ab und überließ die inzwischen in ihrem Geschlechtshaushalt »umgelernten« Frauen sich selbst. Die Männer wurden unter der Vorspiegelung von Umschulungsprozessen in Berglagern zusammengezogen und dort eingeschläfert. Die von ihnen getrennten Frauen durcheilten jahrelang die Galaxis auf der Suche nach diesen Männern, an die sie gewöhnt waren.

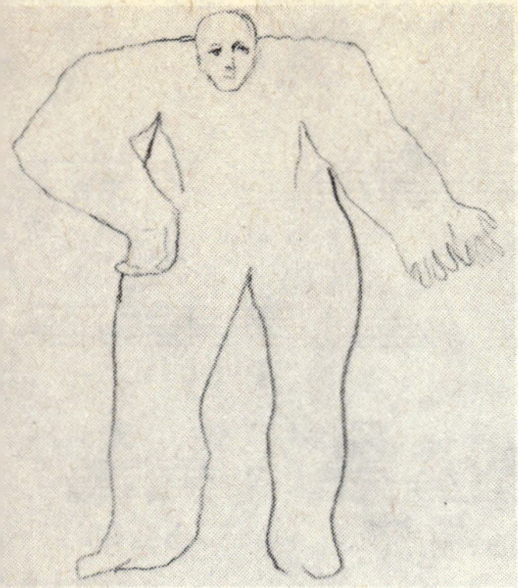

Kopfstellung einer Arbeitskraft auf Dubnamond 1.
Kopf und Hals durch Schwerkraft von 12 g in die Schulterpartie eingepreßt.

Frau eines unterschenkelverstärkten Spezialisten auf Dubna

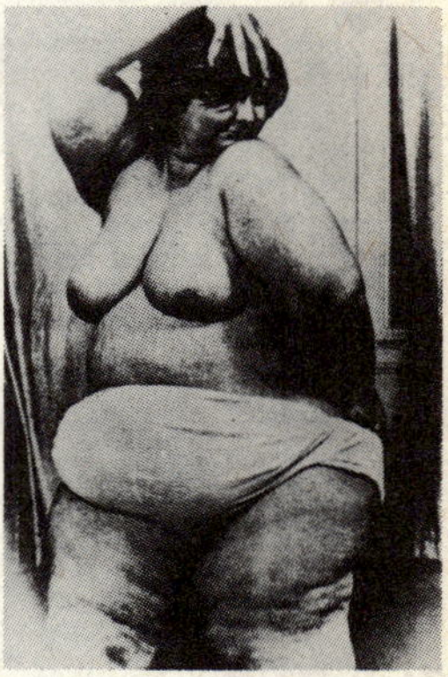

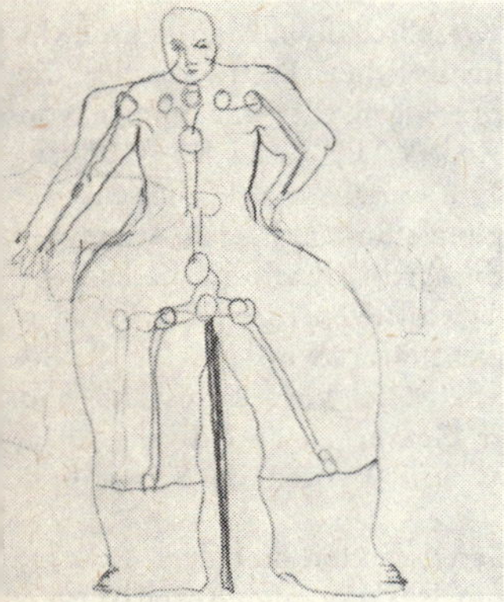

Idealtypische Zeichnung einer Dubna-Frau.

Musikrepertoire des Zentralsenders von Wurst am 25. Mai 2043.

Zur Informationspolitik der Großen Gesellschaften. Man kann nicht sagen, daß die Propaganda, die künstlerischen Beiträge oder die Nachrichtenkommunikation jener Jahre logen. Es war immer von einer Art Untergangsstimmung die Rede.[1] Die Reste an Truppen, über die die Zentralregierung verfügte, sowie die Einheiten, die den Großen Gesellschaften zur Verfügung standen, hatten Angst vor den besonderen Qualifikationen, die die Arbeitskräfte in diesen Jahren erhielten. So fürchteten sich alle bewaffneten Einheiten vor den Giganten von Dubna (weshalb sie eingeschläfert wurden). Die Reaktion dieser Truppen hatte zwei Seiten: 1. sie wurden tückisch und wendeten Kunstgriffe an, um sich der Gefahr zu entledigen; 2. sie versuchten **zum Gegner überzulaufen** und wurden im Sinne ihrer Befehlshaber unzuverlässig.

Das einzige Mittel, das die Großen Gesellschaften hiergegen fanden, war die Isolierung der einzelnen Himmelskörper und Arbeitsstätten voneinander. Außerdem neigten die Managements zu einzelnen Terroraktionen. So wurde zum Beispiel der dritte Mond von Zuse versehentlich zerschossen, auf dem eine intelligente Spezialistenschicht sich organisieren wollte. Die für das »Versehen« verantwortlichen Ingenieure wurden hingerichtet, »damit die Tat nicht über die Gesellschaft käme«.

> »Selbst wenn sich die bürgerliche Gesellschaft mit aller Glieder Einstimmung auflöste (z. B. das eine Insel bewohnende Volk beschlösse, auseinanderzugehen und sich in alle Welt zu zerstreuen), müßte der letzte im Gefängnis befindliche Mörder vorher hingerichtet werden, damit jedermann das widerfahre, was seine Taten wert sind, und die Blutschuld nicht auf dem Volke hafte, das auf diese Bestrafung nicht gedrungen hat; weil es als Teilnehmer dieser öffentlichen Verletzung der Gerechtigkeit betrachtet werden kann. Es ist besser, daß ein Mensch sterbe, als daß das ganze Volk verderbe; denn wenn die Gerechtigkeit untergeht, so hat es keinen Wert mehr, daß Menschen auf Erden leben.«

Die 1. Mai-Feier des Jahres 2042

Die im gesamten Raumsektor um Dubna und Arcturus fernsehübertragene 1. Mai-Feier des Jahres 2042 war **durch auffällige Lücken in den Demonstrationszügen,** die in Form von Raumschiffkonvois zwischen den Planeten hin- und herflottierten, gekennzeichnet. Die Zuschauerschaft an ihren Übertragungsgeräten sah in die einzelnen Raumschiffe hinein und konnte gleichzeitig auf anderen Fernsehkanälen die Gesamtheit des Demonstrationszugs verfolgen. Nach dem Plan der Gewerkschaftsführung sollte die Geschichte der menschlichen Arbeit seit 1900 sowie der gegenwärtige Stand der Produktivität auf Dubna und auf den kleineren Arcturus-Planeten dargestellt werden.

Diese Pläne wurden durch die Ereignisse auf Dubna überholt. Die Flottenzensur verbot den Aufstieg aller derjenigen Schiffe, in denen konditionierte Arbeitskräfte zu besichtigen waren. Das Vorzeigen dieser Arbeitskräfte erschien »geschmacklos«. Andere Gruppen von Arbeitskräften, die gezeigt werden sollten, waren erst kürzlich eingeschläfert worden. Man konnte weder diese Toten noch die in besondere Sträflingsuniformen gekleideten Lagerinsassen der Berglager auf

Dubna in den Triumphzug der Arbeit aufnehmen. Schließlich galt es auch als »delikat«, die Entstehung der modernen »Partnerschaft« aus dem Militärgefängniswesen in den Jahren ab 1982 im Demonstrationszug zu zeigen. So bestand der 1. Mai-Zug im wesentlichen überhaupt nur aus einem historischen Teil (Arbeitsgruppen bis einschließlich 1980) **und sonst nur aus Lücken.**

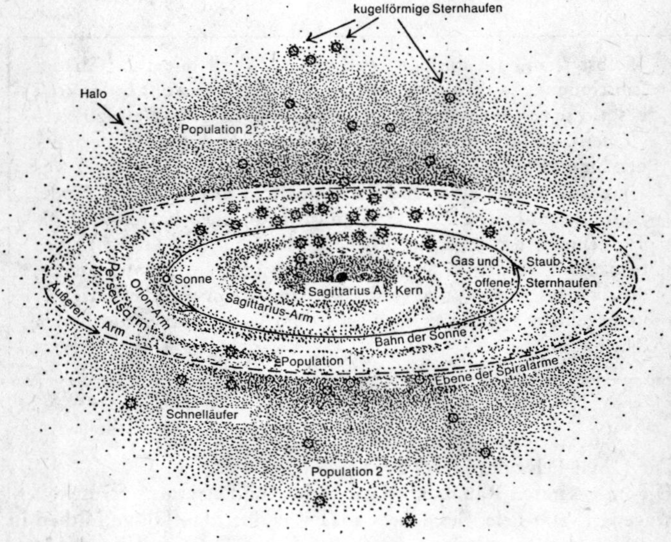

Kapitel 3
Gründerjahre im Westen der Galaxie

Milchstraße: Schematische Darstellung unseres Milchstraßensystems. Die Ebene der Spiralarme enthält Sterne der Population 1, Gas, Staub und offene Sternhaufen. Der Halo besteht aus Sternen der Population 2. In diesem Raum befinden sich auch die kugelförmigen Sternhaufen, die ebenfalls aus Sternen der Population 2 bestehen. Der Kern (mit der starken Radioquelle Sagittarius A) besteht auch hauptsächlich aus Sternen der Population 2. Die Gestalt der Spiralarme ist bisher nur zum Teil bekannt. Die Sterne des Halo, die sich in der Nähe der Sonne bewegen, heißen Schnelläufer. Die Sonne befindet sich auf der Innenseite des Orionarms. Der Durchmesser des Systems beträgt ungefähr 100 000 Lichtjahre, die Sonne ist etwa 27 000 Lichtjahre vom Mittelpunkt des Systems entfernt. Der Kern mißt ungefähr 20 000 x 6000 Lichtjahre.

1. »Heimweh ist es, das die Abenteuer entbindet.«

Westen der Galaxie, Chefetage des Flottenstabs. April 2043.

Hinnerke: Ist die Heimat kaputt, so sind es die **ideellen Werte,** die eine Gesellschaft zusammenhalten.[1] Können wir die realen Verhältnisse, was die Führung durch den Flottenstab betrifft, nicht mehr bewegen, so müssen wir die Bewegung wenigstens im Bereich der ideellen Werte aufrechterhalten. *Hauptsache, daß wir uns bewegen.* Bewegen wir uns unter den fremden Sternen, so wird »Heimat, deine Sterne« aus einer Idee zu einem realen Leitsatz. Wir unterscheiden hierbei zwischen *Gestalt* (Eidos) und *Gestaltung* (Idee).[2] Sie sehen

1 Drawitz, 1. Philologe im Flottenstab Hinnerkes: Die ideellen Werte sind die ehemaligen wirklichen (materiellen) Werte in ihrem jetzigen ausgepowerten Zustand. Mein Land ist gut; mein Land, d. h. die auswertbaren Äcker und Leute, sind gut = Landgut = Gut = Güte; Recht ist, was mir sehr recht ist = Recht; jetzt aber bleibt nur noch übrig die Idee der Güte, Idee des Rechts usf. Diese ist wegen der in dieser Reduzierung liegenden Ausweglosigkeit unverzichtbar.

2 Welp, 1. Assistent, Flottenstab für Friedensforschung: Diese Unterscheidung erlaubt es, sich von der bloßen Gestalt (Eidos) nicht verwirren zu lassen und das aktive Prinzip der Gestaltung (Idee) dagegenzusetzen. Übungsbeispiel: Unterscheiden Sie in folgenden 3 Gruppen »Eidos« und »Idee«:

1. das Gerechte, das Schöne, das Gute;
2. der Mensch, das Feuer, das Wasser;
3. Haar, Lehm, Schmutz.

Es zeigt sich eine Reihe absteigender Evidenz, sobald die Beispiele sich der Alltagserfahrung nähern. Die *reine* Idee der Gruppe 3 bereitet Schwierigkeiten. *Schmutz* z. B. ist definiert als »Materie am unrechten Ort«; dann gibt es aber nur Schmutz in bezug auf ein *Wertsystem.* Ohne dieses Wertsystem, wie es sich z. B. in der Hierarchie der Assistenten des Flottenstabs (Oberbau, Mittelbau, Unterbau) darstellt, existiert Schmutz als *Idee,* d. h. als Gestaltung nicht, sondern nur als Gestalt.

hieran, daß es mir auf eine *aktive Betrachtung* ankommt, den Vorrang der »Gestaltung«. In meinem Stab kann ich überhaupt nur Platokenner gebrauchen.

Wir von der Sternenstraßen-Generation (von Thiersch, Boltzmann, Zwicki, Dorfmann, Heuber, von Ungern-Sternberg usf.) halten an unserer Liebe zur Heimat fest, auch wenn sich diese Heimat nur noch in eingedickter Form, d. h. in Form von Herrschaft greifen läßt. von Thiersch: »Greifen« ist natürlich übertrieben. Wie wollen Sie denn die »Heimat in eingedickter Form« anfassen? Nachdem Ihnen, lieber Boltzmann, erst kürzlich beide Arme abgeschossen wurden, könnten Sie ja selbst eine Heimat, die es wirklich gibt, also z. B. Bäume und Sträucher, gar nicht mehr anfassen.
Boltzmann: Da bin ich aber optimistisch. Ihr ganzer Brustkorb und die Beckenpartie, lieber Thiersch, sind ja erst kürzlich in sich zusammengefallen und wurden von einem Ärzteteam völlig neu wiedererrichtet. Da brauche ich mir um den Ersatz meiner Arme wohl keine Sorgen zu machen.
Die Ärzte brachten Soldaten dieser Spitzenbataillone mühelos auf 160 Jahre Lebenserwartung, ob nun einer im Kampf vorübergehend fiel oder nicht.

Heuber (über Megaphon[3]): Ich verstehe Heimat als Kräfteauffrischung durch Rückkehr zur Natur, und zwar möglichst direkt. Drawitz wies schon auf Entzugserscheinungen hin.[3a] Ich glaube, wir leiden darunter. Es ist eine gewisse Eile geboten. Da wir das Problem nicht durch wirkliche Arbeit – die ich als

3 Das Megaphon ist mit einem 6 cm langen rundlichen Stab verbunden, den Heuber an Teile seiner ehemaligen Halsregion drückt. Über dieses Transistorgerät übertragen sich Schwingungen der Stimmbänder, soweit diese erhalten sind, auf eine Membrane, die durchaus verständliche, allerdings modulationsunfähige Sprachlaute entwickelt. Diese laufen über einen Übersetzer. Der Endeindruck ist oft schrill, der Sinn der Sätze läßt sich jedoch ermitteln.

3a Fred Drawitz: »Heimat als Gestaltung (Idee) z. B. ist ja nicht die äußere Gestalt der Heimat (Eidos), sondern die ›Scholle‹, d. h. Land und Leute, die sich im alten Sinn *auswerten* lassen. ›Heimat ist ein intakter Herrschaftsbereich.‹ Während wir Berge, Flüsse, Hügel und Gärten notfalls durch ihre Darstellung in Filmen ersetzen könnten, bleibt die Scholle selbst unverzichtbar. Nur eine Weile genügt uns die *Idee* der Scholle.«

»Gestaltung« im engeren Sinne bezeichnen würde – z. B. Errichtung von Hügeln, übersichtlichen Wüsten, Tundren, Schneeflächen, auch Kiesgruben usf. (ich sehne mich insbesondere nach relativ einsamen, übersichtlichen Gegenden mit Moos, Huflattich, aber im Grunde recht wenig Vegetation und möglichst keine Nachbarn, also Ruhe usf.) lösen können, besteht die Gefahr, daß wir unter dem Druck dieser Sehnsüchte auf Abwege geraten.[4]

Ein Versuch der Urzeugung. Im Gebiet der ehemaligen Mars-Administration arbeitete eine Forschergruppe an der Entwicklung eines Waffensystems. Nach Vernichtung des zuständigen Flottenstabes war diese Arbeitsgruppe plötzlich arbeitslos. Ihre Existenz war aus den Unterlagen der übrigbleibenden Flottenstäbe gar nicht ersichtlich. Im Verhalten dieser Arbeitsgruppe wurde jetzt sichtbar, daß unterhalb der Auftragsproduktion, die diese Gruppe leistete, die *unbezwingliche Sehnsucht* nach Wiederherstellung der Heimat (so wie sie sie verstand) in Form eines selbständigen Arbeitsprozesses immer nebenher lief. Diese Gruppe entwickelte eine Suppe organischer Substanz[5], die im Verlauf weniger Jahre die Phasen des Lebens

4 Zwicki: Rückkehr zur Natur ist selbstverständlich romantisch; Heuber neigt zum Spinnen. Wir können Kraft (einschließlich Ersatzteile für unsere Körper) nicht aus der Natur direkt, sondern nur aus verarbeiteter Natur in Form des Volkes ziehen. Mensch mischt sich mit Mensch. Wir können ja nicht wie die antiken Götter z. B. mit der Scholle selber Nachkommen zeugen.
Dorfmann: Darauf läuft Heubers Wunsch hinaus.
Zwicki: Obwohl er relativiert. Er warnt ja vor Abwegen.
Dorfmann: Damit kann ich mich jetzt nicht befassen. Wir müssen die »Rückkehr zur Natur« aus unserem Programm ganz ausscheiden. Wir haben genug mit dem Problem zu tun, wie wir unsere Beziehungen zum »Volk« gestalten. Die Soldaten, Siedler, Maschinisten, Ärzte, Funktionäre, in verschiedensten Raumfahrzeugen auseinanderstrebend, schließen sich zu einem Volk nicht mehr zusammen. Verglichen mit »Volk«, wie es die für uns handliche heimatliche Scholle bildet, existiert unter diesen Bedingungen nur eine Idee des Volks, die die Tendenz hat, sich unserer »Gestaltung« durch Ortswechsel zu entziehen und damit auch als *Idee* zu verschwinden. Wir müssen alle Kräfte zusammenfassen, um wenigstens diese Idee des Volks zusammenzuhalten.

5 Boltzmann: Leben entsteht nur in der Ökusphäre, einer gedachten Hohlkugel um die Sonne, die äquatoriale Planeten zuläßt. Äquatoriale Planeten sind Planeten, die in der Äquatorzone wassertragend sind (Gegensatz: Polarplaneten).

in den Urmeeren, die amphibische Phase, die der Saurier und die der Säuger durchlief. Die Entwicklungszeit zwischen frühen Sauriern und frühen Menschen versuchten die Gelehrten wegen der besonderen Eile, die ihrer Sehnsucht anhaftete, durch Kreuzung abzukürzen. Die Gruppe wurde von der Flottenführung entdeckt und sogleich vernichtet, als sie dabei war, eine Variante von menschlichen Lebewesen im freien Gelände zu erproben. Außerdem existiert bereits, eingezäunt, eine Generation von weltraumflugfähigen Kleinsauriern.

Delphinen-Norm. Das Raumschiff, das am 26. März 2052 wegen eines Triebwerkdefekts auf dem Mars niedersank, war zur Hälfte salzwassergeflutet, zur anderen Hälfte »Land«. Die Mannschaft bestand teils aus Flottenangehörigen, teils aus Delphinen. Das Schiff gehörte zu einer Schiffsgruppe, die die Symbiose und die Aufteilung der Schiffsführung unter zwei symbiontierende Mannschaften erprobte.[6] Es gab in der Flottenführung entschiedene Gegner dieses Symbioseversuchs. Sie befürchteten sexuelle Exzesse zwischen den Symbioten. Tatsächlich wurden in den Schiffen an dem Gestade zwischen der gefluteten und der trockenen Hälfte Zärtlichkeiten ausgetauscht, aber sie waren nicht exzessiver als zwischen den Tieren oder

»Die Suppe, die sich selbst aufaß«.
Die Atmosphäre muß sauerstoffrei sein. Wasserdampf (H_2O), Methan (CH_4), Ammoniak (NH_3), Kohlendioxyd (CO_2), Schwefeldioxyd (SO_2) und elektrische Entladungen schaffen – in bestimmter individuell gesteuerter Reihenfolge – in eng abgeschlossenen Tümpeln organische Substanz, die sich in etwa 200 Jahren kompliziert und die weniger komplizierten Teile der Substanz abstößt. Ein Teil der so hergestellten Suppe aß tatsächlich die andere, d. h. lebte.
Flottenführung und Industrie waren zufrieden, daß sie das *natürliche* Vorkommen solcher »Urphänomene«, mit der Tendenz einer *Verdoppelung der Weltgeschichte*, dadurch hindern konnten, daß sie Mikro-Organismen einschleusten. Auf diese Weise wurde z. B. auf dem Mond Mimas mit Erfolg das Phänomen der Urzeugung verhindert. Die Mikro-Organismen fraßen die entstehende organische Materie auf.
6 Notiz von Boltzmann: Sie hatten gemeinsame Nachkommen. Die miteinander nicht kombinierbaren Gliedmaßen wurden nach der Geburt durch eine Gelatine-Eisen=Konstruktion zusammengefügt. Diese vielversprechenden Intelligenzwesen wurden also in zwei Teilen geboren und dann zusammengebaut. Hervorragende kämpferische Eigenschaften.

den Menschen. Im entscheidenden Moment der Havarie führte das Rassenvorurteil der für die Rettungsaktion Verantwortlichen dazu, daß nicht mit der nötigen Schärfe nach dem havarierten Schiff gesucht wurde. In der Nähe des Schiaparelli-Kraters wurde es später – ausgeraubt – gefunden.[7]

Ein typischer Charakter der Sternenstraßengeneration: von Thiersch. Der ehemalige Direktor der Berliner Zuchthäuser, spätere Gouverneur des Sirius-Systems, konnte in mehreren Fällen feststellen, daß bei großem Willen zur Tapferkeit – d. h. er wollte als tapfer gelten – ihm die Kenntnis abging, was tapfer war, »was zu fürchten war und was er nicht zu fürchten brauchte«. »Er wußte, daß er nichts wußte.« Ein Studium wiederaufzunehmen, konnte peinlich sein. Auch zweifelte er, daß die ihm unterstehenden Akademien seines Herrschaftsbereichs hinreichende Informationen zu bieten hatten. Von Thiersch sah seit Jahren ein, daß er veraltet war und nichts wußte, aber er mißtraute seinen Nachfolgern (z. B. dem stellvertretenden Gouverneur Heinz Gervais[8]). Aus diesen Erwägungen blieb er im Amt und machte seine Fehler, die er als »die am geringsten widerwärtigen« vertrat. Um keine übermäßigen Fehler zu machen, um sie sich nicht häufen zu las-

7 Zwicki: Jammerschade.
Boltzmann: Nur die technischen Abfallprodukte dieser Erprobungsarbeit an Symbionten wurden der Entwicklung zugeführt.
In den Fabriken von Raymund A. Komorowski II wurde 2054 mit Elan an der wirtschaftlichen Auswertung der hiermit in Verbindung stehenden Erfindungen gearbeitet. Zum gleichen Betrieb gehörte der Nierenzüchter Oswald auf Planet Wolf 428. Er hatte eine Untermenschenherde von 26 Exemplaren. Eine Nierenkultur braucht 26 Jahre zum Anwachsen, danach ließ sich alle zwei Jahre eine Niere ernten. Die Sitten im Labor sind freizügig. Es kommt darauf an, die wertvollen Nierenträger abzulenken und bei Laune zu halten, insbesondere psychogene Reaktionen, die leicht die Nieren beeinflussen können, zu unterbinden. Anschließend werden die Nieren geeist und auf Transport gebracht.
8 Dorfmann, Notiz zu Gervais: Heinz Gervais, der damals insbesnndere bei den Truppen und auf den Siedlungsplaneten populär war, alle Wahlen gewann und so vorsichtig war, daß kein »zufälliger Unfall« ihn aus dem Wege räumen konnte, definierte Recht als »die wissenschaftliche Lehre von den möglichen Auswegen aus einer Krise«. Dies war der herrschenden Rechtssprechung völlig entgegengesetzt.

sen, enthielt er sich möglichst aller Eingriffe. Seine wesentliche Tagesleistung bestand darin, sich den Ärzten, die seinen Gesundheitszustand überwachten, zur Verfügung zu halten.

2. Die Dekadenz der Flotte

Die Auflösung der Armeen (2046-2058). Niemand hätte die Armeen und Flotten vorsätzlich auflösen können. Sie waren vorbereitet, jeden zu töten, der ihren Interessen entgegengewirkt hätte. Aber gegen eines waren die Armeen machtlos: den Geldhunger ihrer Soldaten.

Der Sternenverbrecher H. H. Bootszweck. Der drahtige Sternenverbrecher ließ seine listigen Schweinsaugen über seine Leibwache gleiten und befahl »Abflug«. Sieben silberne Kriegsmaschinen verließen das getarnte Versteck auf dem unbewohnten Planeten.

Wenn es um die Erzielung von Extraprofiten ging, scheute H. H. Bootszweck nicht vor der Vernichtung einer Sonne der wertvollsten Spektralklasse (Wolf-Rayet-Stern) zurück. Er ließ Sprengkörper von 20^{36} Millionen Megatonnen Sprengkraft in handlichen Einheiten von Zwei-Meter-Kisten zum blauweißen Stern Jota im »Schwert« des Orion bringen. Tief in das Innere der Sonne eingebracht und dort gezündet, *schockt* dieser verbotene Eingriff das Strahlungs- und Schwerkraftgleichgewicht der Sonne und bringt deren Gasmassen zum Kollabieren. Der Riesenball sackt zu einem Zentralklumpen zusammen, einer »Schwarzen Sonne«, deren Materie entartet ist und kein Licht mehr abstrahlt. Bei dieser Operation entsteht eine um den Zentralkern der ehemaligen Sonne rotierende extrem verdichtete Materie-Wolke, **auf deren Ausbeute sich H. H. Bootszweck spitzte.** Ein Fingerhut dieser »entarteten« Materie, einige Millionen Tonnen schwer, ein Kleinstklumpen,[9] Abfall der jetzt »toten« Riesensonne, machte Bootszweck zum mehrfachen Milliardär. Untersuchungsführer Adam A. Komorowski, Bruder des Brillantenträgers, erhob im Sommer 2048 gegen Bootszweck Anklage wegen Sternenverbrechens. Noch galt das Recht der Marsadministration, die die Auslöschung von Sternen mit Auslöschung des Straftäters bedrohte. Bootszweck floh. Eine Strafexpedition wurde auf ihn angesetzt.

Die Strafexpedition wird unterwegs aufgekauft. Die sechs Flottillen, die die Schiffe des flüchtigen H. H. Bootszweck verfolgten, kehrten nie wieder zu ihren Ausgangshäfen zurück. Einige der Söldner wurden während der Auftankmanöver in der Nähe des Raumhafens Kapteyn's Stern von Agenten des Sternenverbrechers Adolf Koenig, den H. H. Bootszweck vorschob, abgeworben. Adam A. Komorowski wurde von eigenen Leuten erschossen, als er mit dem Strahler in der Faust seine Offiziere daran hindern wollte, wertvolle Edelmetalle in der Kommandokabine eines Jagdraumers abzumontieren.

Die Könige des Nachschubs. Sie verkaufen Transportraum und Nachschub-Extras, Kantinenwaren, Munition und ganze Schiffe und kaufen von der Armee Schrott, billige Planeten, die sie weiterverkaufen. Offiziere, die nicht verkauften, waren in Gefahr, aus dem Hinterhalt abgeschossen zu werden, oder sie mußten Raumschiffe besteigen, die von den Händlern neu angeliefert waren und tödliche Defekte hatten.

Das Rammgeschäft.

Boltzmann: Wir entwickelten zur selben Zeit, in der diese Zerfallserscheinungen auftraten, die besonders erfolgreiche

9 Die Atome dieser Materie sind auf den Durchmesser ihrer Kerne zusammengefallen.

Rammtechnik. Die Vorstellung »Rammen« entstammt wohl der Propagandasprache. Tatsächlich wird der Schutzschirm meines Jagdraumers an den Schutzschirm des feindlichen, abzuschießenden Transportriesen – wir dezimierten damals die überschießende Transportkapazität kleiner Konkurrenzfirmen die illegale Transporte durchführten – angenähert. Hierbei bildet sich ein Hitzestau, mit dessen Hilfe, wie mit einem Schweißbrenner, ein Loch in die Raumschiffhülle des »Gegners« gebohrt wird. Aus diesem Loch entweichen Sauerstoff, Materialien und Menschen in den freien Raum. Die feindlichen Besatzungsmitglieder leben meist in ihren Raumanzügen noch eine Zeit lang, werden dann in Richtung der nächststehenden Sonne gezogen – ein Vorgang, der Tausende von Jahren dauern kann. Gegen Angebot eines Lösegeldes – sie tragen ja noch ihre Funktornister in den Raumanzügen und können uns anfunken – werden sie von uns gerettet. Voraussetzung ist, daß sie Zahlungsfähigkeit nachweisen. Andernfalls erhalten wir pro Kopf vernichteter Besatzung eine Vergütung von 2 Silberdollar. Die Summe der Toten wird errechnet aus Durchschnittsfrachtraum der abgeschossenen Frachter mit einem Abschlag von 20 Prozent, wenn die Frachter unterbelegt sind. Mit diesem Geld kaufen die Befehlshaber Mannschaften und Schiffe, die die **freie Jagd** verstärken. Auf diesem Prinzip der Ausbeute basierte bis 2060 die Ökonomie der Raumflotte. Da die Pro-Kopf-Rendite abstrakt nach Durchschnittsfrachtraum und Durchschnittsabschlag berechnet wurde, das Lösegeld für »gerettete« (anschließend meist ebenfalls vernichtete) Besatzungsmitglieder aber ein konkretes Bargeschäft darstellte, rechneten einzelne – in militärischer Hinsicht besonders erfolgreiche – Kommandanten doppelt ab. Wir versuchten verzweifelt, diese Doppelgeschäfte zu unterbinden.

Eine aufrüttelnde Tat, die zwecklos blieb. Auf den Plutomonden war die 10. Jagdflottille stationiert. Diese tapfere Truppe sollte wegen Wegfalls der Aufgabe[10], deretwegen sie zusam-

10 Von Ungern-Sternberg: Die 10. Jagdflotille hatte die Aufgabe, die Beraubung von Osram-Platin=Transporten auf dem Wege von Pluto I zu den Verarbeitungszentren auf den Jupitermonden zu unterbinden. Nunmehr waren jedoch die kleineren Raubgesellschaften, die bisher diese Über-

mengestellt worden war, aufgelöst werden[11]. Diese in ihrer Existenz bedrohten Männer starteten, ehe ihre Nicht-mehr-Existenz als Truppe dem Boden- und Kontrollpersonal bekannt werden konnte, ihre Kriegsmaschinen in Richtung des Flottenhauptquartiers auf Mond Titan.

Auf Mond Titan verließen die Truppen der 10. Jagdflottille im Laufschritt ihre Kampfboote[12], verhafteten den Oberbefehlshaber der Arcturusflotte und seine Stabsoffiziere. Sie stachen den Kommandeuren der Flottenführung, die die Auflösungsorder unterzeichnet hatten, die Augen aus, in deren leeren Höhlen sie kleingeschnittene Körperteile deponierten. Dies wurde von Pressefotografen des Hauptquartiers, denen die Aufständischen Pistolen an die Schultern hielten, von allen Seiten fotografiert und über die Funkbildlinien der Flotte verbreitet. Tatsächlich trat dieser Erfolg ein: jedermann hetzte gegen die umgekommene Flottenführung, die 10. Jagdflottille erhielt neue Arbeitsgebiete in einer Grenzzone des Reiches.[13]

fälle durchgeführt hatten, vertraglich mit den Bergwerksgesellschaften verbunden. Gegen eine angemessene Summe schützten sie – auf Grund ihrer Erfahrung als bisherige Räuber dazu geeignet – die Transportlinien.

11 Zusatz Boltzmann: Es kann hier der falsche Anschein entstehen, daß immer nur Truppen aufgelöst wurden. Wahr ist dagegen, daß gleichzeitig Neuaufstellungen stattfanden. Ich erhielt z. B. um diese Zeit meine Beförderung zum Generalmajor. Mein Kommando: die 16. Bukanierdivision. Durchaus anständige Truppe. Ich tauchte z. B. am 14. 1. 2050 mit dem Kommandoschiff in die Aura der Sonne Epsilon Aurigae. Durchfahrten durch Sonnen waren damals noch nicht üblich. F 2-Gigantin, Durchmesser von 2×10^9 Meilen. Temperatur 1300 Kelvin. Die übrige Truppe folgte ohne Rückfrage dem Kommandantenschiff auf diesem nach bisheriger Erfahrung *unmöglichen* Kurs. *Es entsteht deshalb ein völlig verfehlter Eindruck, wenn von einer »décadence permanente« der Truppe die Rede ist.* Vielmehr handelt es sich eigentlich um ihre Glanzzeit.

12 Während des Manövers strahlten die Kampfboote mit höchster Lautstärke das Erkennungssignal der 10. Jagdflottille ab, das »an den verzweifelten Schrei eines Schlachtpferdes« erinnerte.

Oberst von Vieban: Diese meuternde Truppe siegte nicht wegen tatsächlicher Waffenüberlegenheit, sondern weil sie fähig war, den Ausdruck einer aus aussichtsloser Lage geborenen exzentrischen Brutalität in ihrem Gesamtprogramm aus Funk, Presse und Gewalthandlungen auf die Zuschauer in den Stäben und an den Fernsehgeräten zu übertragen.

13 *Dorfmann, auf Zwickis Frage »Wie könnte man Boltzmanns Persönlichkeit noch plastischer beschreiben?«:* Er prägte die Verhältnisse überall dort, wo sein Fuß hintrat. Zwicki: Sie meinen, jeden Planeten, den er betrat, prägte er mit seiner Persönlichkeit? Aber worin bestand diese Persön-

Vorteile der nichtmoralischen Werte gegenüber den moralischen bei der Führung von Elitetruppen. Die Siedler von Ben Hur, dem 3. Plutomond, waren kleinwüchsige »Hirten«, d. h. sie suchten mit glühenden Augen, die eisernen Karakuls in Richtung der planetarischen Strahlung zu halten und zu »drehen«. Die technisch aufreibenden Tätigkeiten wurden von Männern und Frauen in Overalls aus Osramscheibchen, die innen heizbar waren, verrichtet.[14] Die Zerstörerbeiboote der 326. Flotte landeten am Karfreitag 2052, trieben die »Hirten«-Familien in deren unterirdische Bunker, sortierten die Frauen aus. Die Notzüchtigungen hätten den Frauen vielleicht nicht viel mehr ausgemacht als einer ihrer extrem harten Arbeitstage, die ebenfalls gelegentlich Verletzung von Gewebeteilen zur Folge hatten. Es bestand bei den freundlichen »Hirten« für das erotische Ausgehungertsein der Mannschaft ein gewisses Verständnis.

Das Verhalten der Truppe erfüllte jedoch den Tatbestand eines Militärverbrechens. Weil die Soldaten eine Anzeige befürchteten, beschossen sie, nachdem sie ihre Kriegsmaschinen wieder bestiegen hatten, den Ort ihrer Taten. Die Bombardierung brachte zerfetzte Leiber, aufgerissene Bäuche und Schädel, unersetzliche Menschenverluste für das »Hirten«-Volk auf diesem einsamen und sonnenfernen Mond. Für die Schwerverwundeten bestand keine Heilchance, weil chirurgische Abteilungen im gesamten Plutobereich nicht existierten. Der Kommandant der Beiboote andererseits, der über Ärzte und chirurgische Stationen auf seinen Schiffen verfügte, lehnte die

lichkeit? Dorfmann: Er machte den Eindruck eines immer gleichbleibenden Charakters. Er redete »charakterlich«. Tatsächlich wechselte aber das Bild der Persönlichkeit mit seiner Funktion. Er konnte wie ein »General« aussehen, wenn Sie wissen, was ich damit meine, er konnte aber auch wie ein zerlumpter Rebell aussehen, wenn es darum ging, eine Truppe von seiner Loyalität zu überzeugen. Was gleichblieb, war sein Fußpilz. Dieser Parasit war gegen ärztliche Bekämpfungsmaßnahmen resistent geworden und zersetzte Füße und Schuhe. Boltzmanns Freundinnen sahen Boltzmann kein zweites Mal, behielten jedoch diesen Fußpilz als Angedenken – ebenso litten Raumschiffsbesatzungen, mit denen Boltzmann flog, an diesem unveränderbaren Fußpilz.

14 Zwicki: Die den irdischen Karakulschafen aus Werbegründen äußerlich nachgebildeten »Tiere« waren in Wirklichkeit Maschinen. Dorfmann: Wie diese Menschen auf dem 3. Plutomond sich ernährten, habe ich nie genau verstanden.

Behandlung ab, da er konsequent bleiben wollte. Als Zeugen waren diese Siedler nur dann untauglich, wenn sie als Feinde eingestuft waren.
Wurde eine Vermittlung der entgegenstehenden Interessen der »Hirten« und der Soldaten versucht? Wurde von irgendwem geprüft, ob sich das Interesse der »Hirtinnen«, ungeschoren zu bleiben, vielleicht doch mit dem Interesse dieser Flottenuntergruppe an der Verdunklung ihres vorangegangenen Tuns vereinbaren ließ? Auf der in diesem Raumsektor anerkannten Ebene der »Sittlichkeit« war ein Ausgleich ausgeschlossen.
Als von Ungern-Sternberg diese Angelegenheit später im Auftrag des Generalstabs untersuchte, unterstrich er: diese zusätzlichen Zerstörungen (additional destructions) wären auf jeder anderen Ebene als der der moralischen Werte vermeidbar gewesen. Seinen Vorschlag, die Truppen »amoralisch« zu führen, wagte er jedoch nicht schriftlich niederzulegen. Auf Grund eines ähnlichen Satzes war der Generalstabsoffizier von Schwedler erst kürzlich in eine Presseauseinandersetzung verwickelt worden.

3. Eine Kathedrale der Rechtsverdrehung

Die Konzentration aller Rechtsfragen auf einem einzigen Planeten. Von der vorvergangenen Reformierung war eine Konzentration aller Prozeß- und Rechtssachen des Sektors Alphand auf dem zweiten Planeten Tauta Eridani übriggeblieben. In einem Stadtviertel von Justizpalästen waren hier die Untersuchungsrichter des gesamten Raumsektors konzentriert. Vom Reformelan[15] der ersten Stunde, dem die palastartigen, ja kirchenartigen Bauten zu verdanken sind, war nach dem katastrophalen Ende der Reformregierung nur die Arbeitsüberlastung der Untersuchungsrichter geblieben. Jedermann im Sektor wußte, daß er sich an diesen Ort wenden konnte, um Prozesse zu führen. Es häuften sich hier die Rechtsstreitigkeiten, die sonst unterblieben wären, weil Laien das zuständige Gericht kaum hätten finden können.

15 Zwicki: »Man kann dem Menschen nicht jedes Recht wegnehmen und von ihm dennoch erwarten, daß er arbeitet.«

Die Großen Gesellschaften hatten hier Delegationen ihrer Rechtsabteilungen jeweils in Sonderpalästen untergebracht. Ein Unternehmer Berlinger hatte einen Konzern zusammengebracht, der die Aktivitäten Wahrheitsfindung, Rechtsvertretung, Vertragskontrolle und Rechtsanfertigung umfaßte. Er besoldete eigene Richter, die zwar keine öffentliche Autorität besaßen, wohl aber zu reduzierten Prozeßkosten die Prozesse so simulierten, wie sie im großen Justizpalast auch nicht anders stattfinden konnten. Viele Petenten begrüßten diese Möglichkeit der rasch simulierten und billigen Scheinprozesse.
Die Großen Gesellschaften, die besondere Rechtsvertretungsbüros besaßen, so daß man von ihnen auch Recht kaufen konnte, gingen von der Berechnung aus, daß alle Richter des Justizplaneten überlastet waren. Diese Grundeigenschaft überdeckte alle vielfältigen Nuancen zwischen Rechtsdogmatikern und den Reformisten, die im Recht nur eine wissenschaftliche Anleitung zur Lösung von Krisenfällen sahen.
Von diesen hochspezialisierten Richtern war in schwierigen, unübersichtlichen Rechtsfällen nur eine Abwehrreaktion zu erwarten. Meist neigte sich die Rechtsprechung dieser Richter derjenigen Partei zu, dessen Vorbringen einfacher darzustellen war. In anderen Fällen war ausschlaggebend, welches Urteil mit weniger Aufwand sich begründen ließ.
Die Aufgabe der gewerblichen Rechtsverdrehung, wie sie von den Büros der Großen Gesellschaften betrieben wurde, bestand darin, dem Gegner die schwerer begründbaren Argumente zuzuschieben, die übersichtlichen Fakten aber sich selbst vorzubehalten.
Einer der gequälten Richter schrie leise vor sich hin. Jeder Impuls an das überanstrengte, durch einseitige Tätigkeit seit Jahren gereizte Hirn war wie der Wassertropfen eines Foltergeräts, das pro Minute einen Tropfen auf den Vorderschädel fallen läßt. Keine Regierung, kein wahlberechtigtes Volk im Sektor Alphand war berechtigt, ein solches schmerzendes Nervenbündel nach Erreichung der Altersgrenze zu pensionieren. Dies sollte ursprünglich die Unabhängigkeit der Richter des Justizplaneten gegenüber jeder äußeren Gewalt garantieren. Deshalb durfte auch kein Richter von sich aus die Arbeit einstellen – es hätte diesem Verhalten ein Erpressungsversuch von außen zugrunde liegen können. An diesen Ruinen der noch vor

wenigen Jahren lebendigen Rechtsidee war nicht zu rütteln. Die Großen Gesellschaften waren mit dem Reformprojekt in dem Zustand, in dem es sich seit 2031 befand, zufrieden.

Bild des überlasteten Obersten Richters, übersensitiv.

Justizpalast der Westlichen Galaxie auf dem Zentralen Justizplaneten.

10 Jahre später: Die Justizpaläste des Sektors Schwan im Osten des Zentralen Justizplaneten.

Die dingliche Verbindung. Das System Dogkart, bestehend aus einer rotgelben Zentralsonne und drei Wandelsternen, wurde einige Zeit nach Ruttlers berühmter Expedition von Marssiedlern besiedelt. Die »Besiedlung« bezog sich hinsichtlich des Planeten III (Pinzgau) auf Eintragung im Besiedlungsregister auf Dubna durch die Suezkanal-Gesellschaft sowie »Inbesitznahme« durch einen Agenten, der gleich nach dieser Inbesitznahme wieder abflog. Die Planeten II und I dagegen, stark metallhaltige Himmelskörper mit Halbmessern von rund 6000 km, erfolgte durch den Familienverband Peickert. Diese Kommune besiedelte Planet II, indem sie einen Stahlglaspavillon auf einem der *Kontinente* errichtete, die sich aus der gallertartigen Masse aus Öl, Wasserstoff und Metallspuren, die auf diesem Planeten als »Meere« aufzufassen war, heraushoben. Sie hatten zeitlebens Schwierigkeiten, ihre Besitzergreifung gegenüber den Großen Gesellschaften aufrechtzuerhalten. Die Eintragung im Siedlungsregister schützte sie zwar vor willkürlicher Enteignung; sie war jedoch an den ständigen Nachweis der Inbesitznahme gebunden. Die Gesellschaften strengten in Abständen Prozesse an, um durch den Beweis der Besitzaufgabe die Löschung der Eintragung zu erreichen. Hielt sich das Kollektiv der Peickerts, das gern zusammenbleiben wollte, auf Planet I auf, so wurde der Besitz von Planet II bezweifelt, und umgekehrt. Teilte sich aber das Kollektiv in zwei Gruppen, was für die Dauer keines der Kollektivmitglieder beabsichtigte, so wurde die Identität der Kommune und damit die Übereinstimmung mit dem ursprünglichen Rechtsinhaber, der den Planeten erworben hatte, bezweifelt, denn die rechtsunkundigen Kommunemitglieder hatten sich sämtlich als Eigentümer eintragen lassen.
Einen Ausweg fand der zum Kollektiv gestoßene Ingenieur Makawejew in Form der sogenannten Makawejew-Röhre, einer »starren« Verbindung zwischen den Planeten II und I in Form einer Röhrenleitung, mit der Substanzen (Wasser, Öl, trockene Erdmasse) von einem Planeten zum anderen gepumpt werden konnten. Zweck war aber nicht dieser Pumpvorgang, sondern die physisch-dingliche Verbindung zwischen beiden Himmelskörpern, die sie im juristischen Sinne zu einem einzigen untrennbaren Körper vereinigte.[16]

16 Die Anregung, von der die Peickerts ausgingen – eine Idee von Granville.

Die Röhre war aus einem synthetischen Material hergestellt, das Verbiegungen nach rechts und links bis zu einer Weite von 700 km gestattete. Ihre größte Länge betrug 7 Astronomische Einheiten, ihre kleinste 1 AE. An ihrem einen Ende waren stündlich 820 km Röhrenmaterial abzubauen, das am anderen Ende stündlich zu verlängern war. Dauerte eine Betriebsstörung länger als 72 Stunden, verließ das Röhrenende des sich entfernenden Planeten den Schwerkraftbereich dieses Himmelskörpers und begann im Weltraum herumzuschlagen, während das Röhrenende auf dem sich nähernden zweiten Planeten Zerstörungen anrichtete, sich tief in den Boden bohrte, falls es nicht gelang, die Röhre vorübergehend in den freien Raum zu schießen.
Diese Schwierigkeiten waren für die Peickerts aber eher zu meistern als eine juristische Auseinandersetzung mit den Rechtsabteilungen der Großen Gesellschaften.

Planet Planschwasser. Auf Planschwasser war sechs Jahre zuvor ein Regierungswechsel zustande gekommen, der den Namen Revolution erhielt und nach dem die Jahre benannt wurden. Im Jahre 6 dieser sog. Revolution erschienen unterhalb

Selbstverständlich ist diese Brücke bei der Bewegungsmechanik wirklicher Planeten nicht herstellbar, da die Himmelskörper sich auf Umlaufbahnen bewegen und zu keinem Zeitpunkt »stillehalten«.

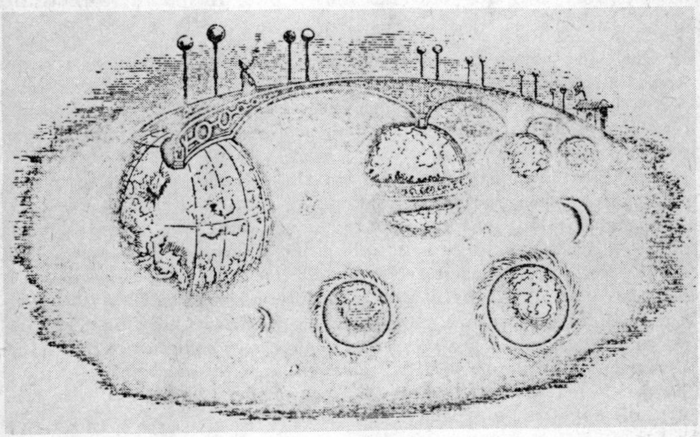

der von Kármán-Linie[17] in der Atmosphäre des Planeten mehrere Kriegsmaschinen.
Diese waren zur Beobachtung des »revolutionierten« Planeten von der Zentralregierung des Systems Herrera I, das um eine grüne Doppelsonne kreiste, entsandt worden. Die Zentralregierung befürchtete Konflikte, falls sich Planschwasser abweichend vom übrigen System entwickelt.[18]
»Recht ist der Inbegriff der Bedingungen, unter denen die Willkür des einen mit der Willkür des anderen nach einem allgemeinen Gesetz der Freiheit vereinigt werden kann.« Es handelt sich also um eine Wissenschaft.[19] Die Anwälte der Zentralregierung, die den Kriegsmaschinen beigegeben waren, beherrschten diese Wissenschaft jedoch nicht. Herr Dietritsch Milonka traf in der Botschaft der Zentralregierung auf Planschwasser ein in der Absicht, den zugespitzten Streitfall von der Rechtslage her zu einem Kompromiß zu führen. Doch die Juristen des Parlaments von Planschwasser waren der Auffassung, daß eine **Beobachtung** ihres Planeten durch Kriegsmaschinen der Zentralregierung einen klaren Völkerrechtsbruch darstellt. »Lieber wollen wir auf die Revolution verzichten und in einem Krieg sterben, als diese Rechtsfrage ungeklärt lassen.«
Die Proteste, die die Anwälte der Republik Planschwasser an die Presse gaben, waren vergeblich. Noch am Abend senkten sich Raumgleiter der Zentralregierung, die sich immer noch knapp oberhalb der von Kármán-Linie, das heißt außerhalb

17 Obere Begrenzung der Lufthülle eines Planeten. Nach interplanetarischem Recht endet hier die Souveränität des Planeten. Oberhalb dieser Linie dürfen interplanetarische Raumflüge ohne Genehmigung der Regierung des betreffenden Planeten ausgeführt werden. Unterhalb der Linie bedürfen sie der Genehmigung.
18 Im wesentlichen handelt es sich um Unterschiede in der Sexualpraxis, der Kindererziehung, um die Abschaffung von Sonn- und Feiertagen usf.
19 Dorfmann: Mit Jurisprudenz hat das natürlich nicht das geringste zu tun. v. Ungern-Sternberg: Falsch. Es heißt ja gerade: Rechtswissenschaft ist die Erforschung derjenigen *Auswege*, die eine Entfaltung der Willkür des einen *und* der Willkür des anderen nach einem allgemeinen Gesetz der Freiheit möglich macht. Zwicki: Gegenstand der Rechtswissenschaft auf Planschwasser ist danach die Veränderung der gesellschaftlichen Verhältnisse. Dorfmann: Und warum nicht? Es geschieht ja wissenschaftlich.
Zwicki: Nun vergleichen Sie das aber mal mit der Feinfühligkeit der Juristen, die auf dem Justizplaneten kaserniert sind.

des Hoheitsgebietes des Planeten, im Weltraum bewegten, in Schußposition. Von dort aus sicherten sie Beobachtungskörper, die in die Atmosphäre des Planeten hinabgelassen wurden und beobachten konnten, was überhaupt in Planschwasser geschah, gleich ob es sich um Handlungen, Bewegungen oder Worte handelte.
Der sofort von den Bewohnern von Planschwasser angerufene Oberste Gerichtshof auf Planet II Eridani stellte – statt sich mit der wissenschaftlichen Erforschung von Auswegen aus der verfahrenen Lage zu befassen – folgende Überlegungen an: zwar handele es sich nicht um eine wirkliche Revolution, sondern lediglich um eine Andersentwicklung. Andererseits sei nicht mit letzter Sicherheit auszuschließen, daß es sich doch um den Anfangspunkt einer Revolutionierung handele. Hierauf habe aber die Zentralregierung ein Monopol. Es sei deshalb der Entscheidung der Zentralregierung überlassen (die damals von einem gewissen Filippini geführt wurde), ob Beobachtungsmaßnahmen stattfinden sollten.
Die Zentralregierung ließ den Planeten von Flottenstreitkräften einkesseln und Warnexplosionen in der Nähe der besiedelten Teile des Planeten ausführen. Die Milizen von Planschwasser eröffneten auf die Kriegsmaschinen der Zentralregierung gezieltes Feuer. In den Kämpfen kam ein wesentlicher Teil der Bevölkerung dieses Planeten um.
Später wurde wissenschaftlich ermittelt: es wäre möglich gewesen, Planschwasser aus dem System Herrera I auszugliedern. Hierzu war nur eine Umpolung der Magnetfelder von Planschwasser erforderlich, die die Transportverbindungen zum System abgeschnitten hätte. Zu diesem Zeitpunkt war jedoch auf Planschwasser der Wille zu einer eigenen Entwicklung bereits erloschen. Planschwasser war auf seinen Gegensatz zum Rechtsstandpunkt der Zentralregierung fixiert. Eine ganze Generation von Juristen und Militärs beschäftigte sich mit »Rache für die verlorene Revolution«.

Die Hauptsache ist plump denken lernen.
Ein Gedanke muß plump sein,
um im Handeln zu seinem Recht zu kommen.

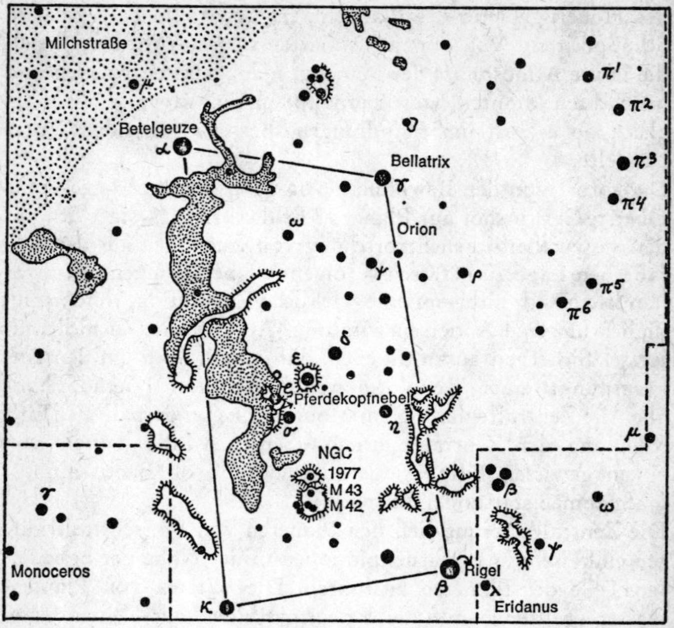

Industrialisierte Zone

Kapitel 4
»La fuite du temps« (Zeitentzug)

»Spanische Augen«

Kantine des Raumhafens eines Provinzplaneten,
Arcturus-Sektor, August 2060

Das krause Haar ist von der rechten Stirnhälfte weggekämmt. Hier kann sich später ein Glatzenansatz ergeben. Sie sieht sich nervös um. Ein Cola bestellt und erhalten. Sie schnalzt an den Zähnen, betrachtet ihre Finger. Sie kneift die Augen, nervös, weil kurzsichtig. Sie sieht Schleier in diesem Lokal. Schleierhaft, warum sich niemand um sie kümmert. Letzte Speisereste entfernt sie aus dem Gebiß. Sie sitzt aufgereckt da, ein weißes, vorn durchgeknöpftes Jäckchen aus Spitze. Inzwischen hat jeder im Lokal erkannt, daß sie nichts sieht. Einige Dasitzende nehmen an: Wir könnten diese Schwäche ausnutzen. Aber die Stunde ist noch nicht reif. Die Dasitzenden wissen nicht, welchen Nutzen diese Frau für sie abwerfen könnte.

Brooks und die Regenbogenpresse. Als der Astronaut Brooks nach zwölfmonatiger Transportfahrt im sternenarmen Sektor Eastend auf einem Raumhafen landete, wollte er nicht zuerst essen, schlafen, sich waschen, die Wärme eines Menschenkörpers, sondern **Nachrichten, Nachrichten, Nachrichten:**

»Die Ausbeutung von Jungluzifer, einem intelligenten Planeten, d. h. einem Protoplasmaklumpen in Planetengröße, den man im Raum schwebend gefunden hat, macht Fortschritte. Gegen den Protest des Interstellaren Büros haben Sternenverbrecher dieses riesenhafte Wesen besoffen gemacht. Man will ihn zur Menschenliebe erziehen, damit man ihn ausbeuten kann.«

»Red Shunkle ist umgekommen, als er bei Absaugen einer titanhaltigen Sonnenkorona in die Explosion der überlasteten Saugröhre einbezogen wurde. Überlastet war die Röhre, weil die Firma ›den Kanal nicht voll bekommen konnte‹.«

»H. H. Bootszweck, der ›die Hände in zu vielen Kuchen hatte‹, ist auf zehn Jahre auf den Strafplaneten Dubna verbannt worden, von wo er entkommen ist.«

Die Begegnungen zwischen den Menschen sind zu kurz, man kann sie nicht »Leben« nennen

Kantine eines Transportraumhafens in der
Nähe einer Metropole, Arcturus-Sektor,
Oktober 2060, nachts

Die beiden Raumschiffkommandanten und die zwei aufgegabelten Mädchen (sie hatten zueinander gefunden, weil sie ein ähnliches Französisch sprachen) tranken mehrere Biere und suchten Berührung, indem sie einander aus der Hand das Schicksal lasen. Später kitzelte oder streichelte Mr. Brooks, einer der beiden Kommandanten, die Hand seines Mädchens, die sie ihm flach unter dem Tisch hinhielt. Ihr Gesicht verzog sich, wenn er sie lange ansah – ob sie beide, erregt, »gütig« aussahen, kann niemand sagen, es waren verschiedene Bewegungen in ihren Gesichtern. Sie schloß ihre Hand impulsiv über seinen kitzelnden Fingern und hielt sie auf ihrem Schoß, lehnte sich zurück. Während über dem Tisch zwischen den Paaren Worte gewechselt wurden, strich sie in ausholenden Streichelbewegungen Brooks' Unterarm, auf dem sich die Adern hervorhoben; in großen Zügen streichelte sie »gründlich« und »fleißig« seine Haut, bis er ihre Hand nahm, sie an seinen Mund und seine Wange führte, worauf sie seine Hände zu ihrem Mund führte und an seinen Fingern nagte. Vergessen waren 24 Monate, längelang in der engen Raumkapsel wie in einem Streckverband. Die aufgehäufte Aggressivität Brooks' äußerte sich in einem beobachtenden Blick, den der erregte Mann auf sein Objekt, sein gütiges Mädchen senkte, und der »leer« blieb, abschätzend, von einer kalten Punktualität, die auch andere Gründe haben konnte als die zurückgestaute Aggressivität der vergangenen Arbeitsmonate. Es konnte auch mit der Erregung selbst zu tun haben. Sie gingen dann eilig nach Hause, d. h. in das ihnen zugewiesene Quartier. Es ist immer zuwenig Zeit in den Raumhäfen. Um sieben Uhr am andern Tag mußte Brooks sein Schiff besteigen, um es zwei Stunden anzuwärmen, wenn er um neun Uhr mit dem dann startenden großen Pulk der Fährschiffe in den Raum gelangen wollte. Das Mädchen räkelte sich um diese Zeit noch in den beiden gemieteten Hotelbetten. Es »genoß nach«. Brooks funkte seinen Kameraden vom Vorabend, Jonasson, an, der zwei

Kilometer westlich in der engen Spitze einer riesigen Transportrakete saß und fror. »Es ist noch kalt hier.« »Es wärmt sich aber langsam.« Brooks: »Wir werden uns wahrscheinlich nicht wiedersehen.« »Gruß«, antwortete Jonasson. »Ich fliege ins Schernowitz-System.« »Gute Fahrt!« »Gute Fahrt!«

Brooks lag seit acht Monaten in seiner stinkigen Raumkapsel: Bakterien, Fusseln, getrockneter Schleim, winzige Hautpartikelchen, Tabakrauch; eine Gastasche im Darmtrakt, saß der Astronaut, frustriert, unterbezahlt, in der Spitze der riesigen Frachtrakete, während sich in den Frachtplattformen der Konzerne auf den vielen Planeten der Sternenstraße die Warenhaufen stapelten. Je offensichtlicher es war, daß diese Anhäufungen keine konkreten Vergnügungen hervorbrachten, desto größer wurde der Zorn der Fronttruppe, die Wut der Ingenieure und Piloten.

Die Kampfstellung der Großen Gesellschaften im Jahre 2066 (Tiefenstaffelung)

1. Werkschutz- und Tiefenschutzstaffel (7 200 000 Mann)
2. Rechtsschutzstaffel (8200 Experten)
3. Rechtsabteilung (220 000 Mann)
4. Zensur und Rechnungskontrolle (70 000 Mann)
5. Marktschutz-Kontrolle (7 300 000 Mann)
6. Marktförderungsgesetz und Freiheitsgarantie-Gesetz (32 Mann mit Stimmrecht; 27 000 000 Mann ohne Stimmrecht)
7. »Marktordner« (1,2 Millionen Mann)
8. Privatwirtschaftliche Polizei- und Gerichtseinheiten, Rechtsselbstschutz (60 000 Mann)
9. Vergangenheitskontrolle (3,2 Millionen Mann)

Die 86. Raum-Gleitflotte – »Die Geschichtstöter«. Der Chefadministrator der Suezkanal-Gesellschaft, Schnellschalter H. Dirksen jun., der diesen Posten vier Jahre innehatte: länger als jeder seiner Vorgänger, und deshalb mehr Erfahrungen sammeln konnte als andere Administratoren, ging von folgender These aus: Die abgestorbenen Zonen der Industrie, als eine hinter uns liegende »ungeheure Sammlung« von Sternen- und Kriegsverbrechen, zertrümmerten Rohstoffen und daran anhängenden Rest-Lebewesen, würden, wenn sie aus diesen Zonen ausbrächen und in die Gegenwart vordringen, die gesamte Produktion, so wie wir sie nun einmal eingerichtet haben, zerstören. **Wir müssen diese Zonen der Vergangenheit hermetisch absperren.** Wir müssen uns von unserer Geschichte trennen, auch wenn das manchem leid tun mag.

Wenige Tage später wurde H. Dirksen jun. von anderen Managern gestürzt, »weil er zuviel wußte«. Die 86. Raum-Gleitflotte war jedoch schon unterwegs. Sie bestand aus »Freiwilligen«. Die Truppe war in Raumfahrzeugen untergebracht, die mit einer gewissen Anfangsgeschwindigkeit vorwärtsgleiten, deren Fahrer aber diese Fahrzeuge nicht wenden oder nach rückwärts zur Zivilisation hin bewegen konnten. Diese Flotte, deren Soldaten am Unterarm einen Ehrenschild mit der Inschrift »Die Geschichtstöter« trugen, riegelten alle Himmelskörper ab, die von der Industrie vor 2052 verlassen worden waren. Die mit zahlreichen Fallen ausgestatteten Trümmer der ehemaligen Sternenstraße – von Krankheiten besiedelte Altplaneten, besondere Kampfformen der Bewohner, angepaßt an die Bedingungen ehemaliger Industrieplaneten – erwiesen sich als äußerst gefährlich für die »Freiwilligen« der 86. Flotte. Deshalb landete keiner dieser Vergangenheitsschützer auf einzelnen Himmelskörpern, sondern sie zerstörten aus der Planetenumlaufbahn die Stätten, an denen Wärmeausstrahlung auf Lebewesen schließen ließ. Grundlage dieser Arbeitsweise war eine vollständige Gleichgültigkeit gegenüber den Werten, Rohstoffen, die hierbei zerstört wurden. Um eine Übertragung dieses besonderen Raubbau-Verfahrens auf die Industriezonen der Gegenwart auszuschließen, wurde die 116. Flotte ausgerüstet, die die produktive Gegenwart durch einen mächtigen, aber starren Sperriegel gegen eine mögliche Rückkehr der 86. Flotte schützte.

Plötzlicher Anstieg der Widerstandshandlungen, Erfolge der Rebellen. Frage: Wie kommt es, Herr Chefadmiral, daß Sie offenbar nicht in der Lage sind, die ständigen Widerstandshandlungen zu unterbinden?

Admiral: Ich muß ausholen. Es ist diesmal nicht gelungen, die meuternden Belegschaften, meuternd, sage ich, weil sie gegen die kriegsrechtlichen Bestimmungen der Arbeitsdisziplin verstoßen haben, auf den Himmelskörpern zusammenzuhalten, auf denen ihre Arbeitsstätten liegen. Diese Himmelskörper sind dergestalt industrialisiert, daß nur die Fabriken mehrerer Planeten gemeinsam Gesamtprodukte wie zum Beispiel Raumschiffe herstellen können.

Frage: Das wissen wir doch alles.

Admiral: Hören Sie nur mal zu. Es gelang den Aufständischen, einen Fährkontakt zwischen den einzelnen Planeten herzustellen. Damit waren sie drei Monate in der Lage, Panzer und Raumfahrzeuge nach ihren Wünschen herzustellen.

Frage: Weil Sie drei Monate brauchten, um Ihre paar Raumschiffe in den Altair-Sektor in Gang zu bringen!

Admiral: Der örtliche Kommandeur fand auch zunächst nicht die richtigen Planeten. Praktisch ist dieser Sektor doch eine Art Trümmergelände von Planeten. Wie gesagt, blieben die Aufständler nicht auf ihren Plätzen. Vielmehr wurde bei ihnen offenbar die Anweisung ausgegeben, in möglichst kleinen Raumfahrzeugen diesen Raumsektor zu verlassen und in die eigentlichen Industriezonen einzudringen.

Frage: Das genau hätte nie passieren dürfen.

Admiral: Wie wollten Sie mit unseren Ortungsgeräten, die auf große Schiffe abgestimmt sind, diese winzigen Raumboote finden? Jetzt befand sich der Feind im »Totraum der Nähe«.

Frage: Was bedeutet dieser Fachausdruck?

Admiral: Der Feind ist hier nicht als Feind erkennbar, sondern als Dienstbote, Pilot, ja als Wachmannschaft tätig. In unseren Militärakademien befindet sich ein bestimmter Prozentsatz von Rekruten, der hier eine kostenlose Ausbildung genießt, um später irgendwelche Zonen des Aufstands aufzusuchen und dort tätig zu werden.

Frage: Und warum erschießen Sie die nicht?

Admiral: Wir können ja nicht unseren gesamten militärischen Nachwuchs vernichten. Sie können die Richtigen nicht herausfinden.

Der Frager, ein Angehöriger einer der reichsten Familien der Republik Antares, besaß Zeitungen, in denen der Chefadmiral in einer Folge von Interviews heftig angegriffen wurde, was zu seiner Absetzung führte.

1. Sinnentzug

Die Verselbständigung des Widerstands, sofern er geschlossen auftritt. Auf den sechs Industrieplaneten von Capella wurden alle Flottenoffiziere erschossen. Die Werkspolizei-Einheiten in der Umlaufbahn dieser Planeten schnürten die Verbindung des Aufstands zur Umwelt ab. Nach Bombardierung waren die Capella-Menschen so verstört, daß sie **auf Generationen außerstande waren zu begreifen, was ein Arbeitsvertrag ist.**

An einen anderen Herd der Meuterei auf zwei Planeten von 61 Cygni kamen die Werkschutzflotten nicht heran. Im Feuer der Aufständischen blieben die Angriffe stecken. Da Befehle von der Zentrale nicht durchkamen, beschränkten sich die Einheiten auf die Abriegelung. Jetzt saßen die Bewohner der beiden Planeten auf ihren Himmelskörpern und warteten.

Auf den Planeten der Riesensonne Deneb schlossen sich die örtlichen Flottenstreitkräfte dem Aufstand an. In geschlossener Masse griffen sie den umgebenden *Raumsektor* Deneb an, in dem sich örtliche Interventionsstreitkräfte sammelten. Diese wurden zerschlagen. Die Verteidigungsstaffeln der *Zentralregierung* griffen die aufständischen Flotteneinheiten nicht an. Sie fesselten in zahlreichen Rückzügen und Vormärschen, die sich über 40 parsec Entfernung hinzogen, über 30 Jahre lang die Streitkraft der Aufständischen, die sich die »Ungläubigen« nannten, weil sie an keinerlei Versprechungen glaubten. Nach diesem Zeitpunkt war eine Rückkehr in die Fabriken von Deneb für die meisten nicht mehr möglich. Der Unterschied zwischen den Einheiten der Tiefenschutzstaffeln und den

Einheiten des Aufstands wurde immer geringer. Gemeinsam zogen diese Heeresmassen plündernd durch die Rest-Galaxis, da dies nunmehr ihre Ernährungsweise war.

Oberst Hinke. Nur um die Aufmarschpläne des Werkschutz-Oberst Hinke ging es dem Mädchen, das dem alternden Oberst zu seiner dritten Jugend verholfen hat. Hinke wußte sich nicht anders zu helfen, als daß er dem im Verhör starrsinnig dasitzenden Mädchen eine Kugel in den Kopf schoß. Damit hatte er sich selbst gerichtet, denn ohne dieses Mädchen konnte und wollte er nicht länger leben.
Der Chirurg, der sich durch den angeschossenen Kopf Hinkes zur Kugel hindurchtastete, mußte zulassen, daß Angehörige der Werkschutzzentrale Sonden in das sterbende Hirn Hinkes einführten, um wertvolle Informationen zu retten, die nur Hinke kannte. Die Geheimhaltungsvorschriften in diesen Elite-Einheiten waren sehr streng, weil keinem Stabsoffizier zu trauen war. Die Kommandostäbe litten daher unter einem fast völligen Mangel an Kenntnis der wichtigsten Pläne, es sei denn, daß ein Zufall wie die Selbsterschießung Hinkes es ihnen ermöglichte, einem der Kommandeure Geheiminformationen abzuzapfen.

Oberst Hinke†

Zeitmaß der Lernprozesse und Lebenszyklus – Gespräch mit dem Chef der Sicherungsgruppe der Suezkanal-Gesellschaft im Jahre 2068. Der Chef dieser Sicherungsgruppe wurde wegen Beteiligung an Gefangenenerschießungen verhaftet. Die Untersuchung sollte so lange hingezogen werden, bis ein Machtwechsel stattfände, der dem Chef der Sicherungsgruppe, Dr. Meier, die Freiheit wiedergeben sollte. Da die zu ermittelnden Tatbestände primitiv waren, hatten die Gesprächspartner des Verhörs Zeit. Die Raumflotte bestritt grundsätzlich den Werkschutzeinheiten Meiers das Recht, hoheitliche Aufgaben wahrzunehmen; daher bestand Feindschaft. Dies war auch der Grund, warum die Raumflotte Dr. Meier zu Abschreckungszwecken verhaftete. Gleichzeitig fühlte sich der vernehmende Raumoffizier jedoch auch als Kollege.

Raumoffizier: Sie sagen, daß die von Ihnen vorgenommenen Gefangenenerschießungen eigentlich bedeutungslos seien, daß Sie die Verhinderung von Aufständen nicht auf diese Maßnahmen stützen.

Dr. Meier: Völlig richtig. Die Tiefenschutzstaffel könnte einen einheitlichen Aufstand direkt nicht bekämpfen.

Raumoffizier: Warum gibt es dann keinen einheitlichen Aufstand?

Dr. Meier: Wegen der Schnelligkeit der Entwicklung.

Raumoffizier: Was geht denn hier schnell?

Dr. Meier: Sie müssen die Entwicklungsgeschwindigkeit am Lebenszyklus der Menschen messen, die ja unser Material sind, wenn es um die Produktion von Sicherheit geht. Die menschlichen Säuglinge, auch auf den Schwerkraftplaneten, den Sonnenplattformen, die sich um die Riesensonnen Antares, Arkturus, Aldebaran bewegen, aber auch wenn Sie an die Wüstenplaneten denken, deren trockene Stürme und Sauerstoffmangel für die menschlichen Lungen nicht geeignet sind, müssen neun Monate in kleinen Kästchen im feuchtwarmen Milieu der ehemaligen Erde aufwachsen. Dagegen folgt die übrige Zeiteinteilung dieses Lebens den Normen unserer industriellen Produktion.

Raumoffizier: Was wollen Sie nun damit ausdrücken, daß die Säuglinge in ihren feucht-warmen Kästen neun Monate warten müssen, was tatsächlich, gemessen an der Bewegung der Flotte, langsam ist?

Dr. Meier: Sehen Sie, die Langsamkeit der Entwicklung wiederholt sich bei der Umformung der Hirn- und Körpereigenschaften, die an die neuen Arbeitsmethoden angepaßt werden. Sie können nicht – auch nicht mit den neuesten Methoden der Arbeitsmedizin – das menschliche Becken durch einen Drehkranz ersetzen und den Mann einfach wieder an die Arbeit schicken, sondern die Wunde muß ausheilen. Die Gewöhnung an die neuen Eigenschaften bedarf des Zeitablaufs. Es laufen also hier Spezialisierungsprozesse, die in den Leuten neue Produktiveigenschaften und gleichzeitig eine tiefe Unzufriedenheit über diese Veränderung ihres Originalzustands entwickeln.

Raumoffizier: Die Veränderung wird nicht als Lust empfunden?

Dr. Meier: Nein. Und die Psychologen sagen, daß die neugewonnene Produktivkraft, die im Wege der Qual erzeugt wird, allmählich lernt, sich gegen uns zu richten. Wir verzögern diese Lernprozesse, indem wir einerseits unsere Tätigkeit nicht zeigen, andererseits Rädelsführer köpfen.

Raumoffizier: Unter Überschreitung Ihrer Kompetenzen, denn dies ist die Aufgabe der Raumflotte.

Dr. Meier: Die mit ihren Fernlenkgeschützen nicht einzelne Köpfe abschießen kann. Wir kommen immer wieder darauf, daß Sie zwar zuständig sind, aber nicht die Mittel haben. – Jetzt lernen also diese Menschen, ihre hochspezialisierten neuen Eigenschaften gegen uns einzusetzen. In diesem Moment ist aber das Interesse der Industrien zu anderen Rohstoffplaneten weitergewandert. Wenn der Widerstand der Leute organisiert ist, sind ihre Produktionsstätten nicht mehr Zentrum, sondern bereits *Niemandsland*. D. h. Menschen sind zwar noch da, aber die Produktionsmittel sind weg. Wir geben diese Gebiete frei.

Raumoffizier: Und sie können von uns beschossen werden.

Dr. Meier: Die Auswertung eines Planeten nahm früher vier

bis sechs Jahre in Anspruch. Sie erfolgt jetzt in zwei Jahren. Wir verwerten nur gewisse leicht zugängliche Rohstoffe und gehen dann weiter. Die Lern- und Spezialisierungsprozesse dagegen dauern mindestens drei Jahre.

Raumoffizier: Sodaß Sie die Arbeitskräfte immer nur halb ausbilden.

Dr. Meier: Genau.

Raumoffizier: Was ist nun der Wert von halb ausgebildeten Arbeitskräften auf Planeten, von denen die Industrie abzieht?

Dr. Meier: In diesem Moment gar keiner. Der von uns unfreiwillig mitproduzierte Widerstand verwandelt sich deshalb in ein Pappschwert.

Raumoffizier: Nun verkleinern Sie aber bitte nicht die Leistung der Flotte, die sich diesem Gegner gegenübersieht, der oft tückische Fallen stellt.

Dr. Meier: Richtig. Ich vergaß, daß die Leute in einer gewissen Hinsicht noch einen Wert haben.

Raumoffizier: Und inwiefern, wenn wir sie doch nachhaltig bomben?

Dr. Meier: Es ist Ihre Illusion, daß Sie sie mit den Bomben wirklich vernichten. Es bleiben immer zahlreiche dieser Typen übrig, gerade weil sie eine gewisse Produktivitätserfahrung haben und sie zum Beispiel in Form von Bunkerbau verwenden. Sie scharren sich tief in die Bergwerksplaneten ein. Es entsteht jetzt ein doppelter Lernprozeß, aber in umgekehrter Richtung wie in den zwei Jahren der Produktivitätsphase: mit den Bombardierungen zeigen wir ihnen, daß sie keine produktive Bedeutung mehr haben. Sie werden »ernüchtert«. Als Flüchtlinge kommen dann einige, die wieder zu Lernprozessen bereit sind, in die industrialisierten Zonen. Es sind nicht viele.

Raumoffizier: Es ist zollrechtlich verboten, daß diese zusätzlichen Arbeitskräfte einfließen!

Dr. Meier: Aber Sie wissen, daß es stattfindet. Ich verrate Ihnen kein Geheimnis, daß gerade unsere Gesellschaft Transportunternehmen finanziert, die Flüchtlinge durch die Sperrzonen der 86. Flotte zu den Industrieplaneten bringen.

Raumoffizier: Darf ich das zu Protokoll nehmen?

Dr. Meier: Bitte nein. Ich würde das in der Verhandlung bestreiten.

Raumoffizier: Und Sie meinen, wir wären während der Produktivitätsphase von zwei Jahren oder weniger auch mit unseren Panzern nicht in der Lage, eine breite Widerstandsbewegung dieser Leute zu unterdrücken?

Dr. Meier: Ihre Panzer sind wertlos, solange sie die Industrieanlagen nicht zerdeppern dürfen. Sie kommen an die Leute gar nicht erst ran. Außerdem wären die, solange sie im Besitz der Produktionsanlagen sind, in der Lage, selber Panzer zu konstruieren. Die einzige Chance ist der zeitliche Vorsprung unserer Gesellschaften, die rascher von Rohstoffplanet zu Rohstoffplanet wechseln, als die zum Widerstand nötigen Lernprozesse in den Menschen verlaufen, das heißt, diese Lernprozesse gehorchen immer noch dem langsamen Zyklus der menschlichen Biologie, sie sind zu substantiell, um Geschwindigkeiten zu erreichen, wie sie unsere Organisationen mühelos erzielen.

Raumoffizier: Und die Flotte ist noch schneller.

2. »Gewalt, an die man sich nicht gewöhnt.«

Meckilein. Das Kind sollte Meckilein heißen. Nach der Geburt wurde das Kind des Apothekenangestellten Alf Arnoldt in ein Wärmebettchen der Frauen- und Kinderklinik Epsakon-Wurst gelegt. Dieses Wärmebettchen besaß einen schadhaften Kontakt. In jener Nacht berichtete eine junge aufmerksame Krankenschwester der Hebamme Lohmann, das Neugeborene im Wärmebettchen sähe bleich aus und halte die Augen übermäßig weit offen. Die erfahrene Hebamme entnahm das Kind, gab einen Klaps auf den Po. Da sie eine normale Schreireaktion feststellen konnte, legte sie das Kind zurück ins Bett. Der

Hitzestau der Heizlampen wirkte sich dahingehend aus, daß während der Nacht bei Temperaturen um 70 Grad vom Kopf bis zu den Oberschenkeln Verbrennungen 3. Grades eintraten. Meckilein versuchte zu entkommen; ursächlich mit den Ausweichversuchen hängt zusammen eine Verbiegung der Wirbelsäule, die heute das Wachstum des Kindes hemmt. So entsteht Meckilein gar nicht erst als ein Wesen, das Rache nehmen kann.

»Und wenn dann die Arbeiter von Wurst tief erschöpft im Morgenlicht der Freiheit stehen ...« Sie standen in Kellern im Dunkeln, kurze Zeit, bis jeder zehnte von Maschinengewehren erschossen war. Sie können kein Morgenrot, sondern nur Mündungsfeuer gesehen haben. Es wurde übrigens nicht jeder zehnte ausgesucht, sondern es wurde nach statistischen Gesichtspunkten in die Dunkelheit hineingefeuert, so mag insgesamt jeder zehnte erschossen worden sein, es können mehr oder weniger gewesen sein. Die Mannschaften und Offiziere, die diese Exekutionen – sehr gegen ihren »inneren Willen« – vornahmen, waren maskenbewehrt, zusätzlich zu dem Schutz, den die Dunkelheit in diesen Kellern gab. Man wollte diese leidige und inzwischen totdiskutierte Frage nach der »Schuld« anonymisieren. Das Direktorium, dessen Tiefenschutzstaffel diese Maßnahme befehlsgemäß durchführte, stellte sie später als *Ausuferung* hin, so als hätten die Mannschaften aus Angst im Dunkeln geschossen.

Der Chefdetektiv von Odeon und der Beginn des Massakers. »Er stand seit Tagen unter Wasser.« Die Erkältung zog sich aus dem Hals-Nasenraum in die Lungen und infizierte von dort wieder den Hals-Nasenraum. Der Kriminalist schob diese Krankheit und seine Unfähigkeit, sie zu heilen, auf den Besuch seiner derzeitigen Freundin Karla, deren fettes Körperchen nicht das war, was er eigentlich anstrebte, die seine tägliche Arbeit verwirrte, die er aber auch nicht *verschenken* wollte. Er hatte jetzt alle Hemden und Schlafanzüge angeschwitzt, mochte in seiner Wohnung während der Feiertage (die vierteljährlichen Feiertage waren auf Planet Odeon aus Zweckmäßigkeitsgründen zusammengelegt, so daß sechs Feiertage hintereinander zu absolvieren waren) nicht mehr leben. Wäre er aber hinausgegangen in den harten Bergwind, der von den Mittelgebirgen auf Odeon herunterspie, so hätte er sich eine Lungenentzündung zugezogen. So wartete er sehnsüchtig auf den nächsten Werktag, damit ihm sein Amt wieder den nötigen Halt gäbe, allein dadurch, daß es ihn nötigte, sich ordentlich zu kleiden.

Als die Alarmmeldungen wenige Stunden nach Dienstantritt durchkamen, befand er sich auf dem Bahnhofsgelände der Hauptstadt, quälte sich über die Bahnsteige. Er wollte eine Flasche Bier ergattern, für sich heiß machen lassen und danach sich ins Bett legen, schwitzen. Die Alarmmeldung wurde über alle Lautsprecher des Bahnhofs gegeben, so wie sie auch der Rundfunk verbreitete. Er wendete sich um und schlich durch die große Halle, wollte ein Fahrzeug requirieren, um sein Büro und insbesondere sein Telefon rasch zu erreichen. In diesem Zustand trafen ihn die Schüsse, denn natürlich war der Gegenseite klar, wo er zu finden war. Mit diesem Mord an Chefdetektiv Reinhardt begann die Abschlachterei auf Odeon, die diesen Planeten in Verbrecherhände brachte.

Die noch sehr aktive, weißblau leuchtende Großsonne Wega – 12^3 Sonnenmassen – gibt noch ihrem 62. Planeten **Humboldt** Wärme und einen der Haut wohltuenden Schleier von Ultraviolett. Der Planet Humboldt wurde wenige Tage, nachdem diese Aufnahme gemacht wurde, zerstört. Jetzt war der Planet »reiner Rohstoff«, er war dem Verwertungsprozeß wieder zugänglich. Die Hyperfunkstation des Planeten, Sprachrohr der unglücklichen Humboldtianer, strahlte noch Monate nach dem Tode der Planetenbewohner den Satz ab:

Euch blutigen Laien
wird Humboldt nie verzeihen.[1]

1 Zwicki: Wer war mit diesem Euch gemeint? Dorfmann: Sie kannten ihren Gegner gar nicht.

Vulkanlandschaft auf Planet Humboldt im Wega-System. Vor Zerstörung dieses Planeten.

3. Zeitentzug

Die Zeit arbeitet gegen die Experten. In zahlreichen Zentren, die man früher als Industrie bezeichnen konnte, saßen noch, soweit die Versorgungssysteme funktionierten, erstklassige Spitzenkräfte, die sich vor dem Ende fürchteten, das jetzt allgemein vorausgesagt wurde. Sie hatten das Gefühl, gegen die Zeit zu arbeiten. Der Weltraumchirurg Dörrschlag, der für seine Kaiserschnitte berühmt war, operierte Kinder von Managerfrauen im ersten Monat der Schwangerschaft aus dem Mutterleib, da er nicht sicher voraussagen konnte, ob sein medizinisches Zentrum 8 Monate später noch arbeitsfähig sein würde. Der Chirurg besaß an jeder Hand acht Finger. Der Rundfunkreporter Friese I hatte aktuelle Nachrichten für drei Jahre im voraus gesammelt, für den Fall, daß die Kommunikationssysteme zusammenbrächen.

Gespräch mit dem Sternenprospektor A. Weiland.

Frage: Sie sehen hier durch die Geräte Ihres Instituts 300 Parsec im Umkreis.

Weiland: Sehen ist gut gesagt. Ich sehe Anzeigegeräte, das heißt mit meinen Augen sehe ich überhaupt nichts, da ich ja, wie Sie sehen, nirgends Fenster habe. Ich kann aber Schlußfolgerungen ziehen aus den Geräteanzeigern, die es mir ermöglichen, Planeten und auch noch kleinere Himmelskörper im Umkreis von 300 Parsec zu »beobachten«. Unter bestimmten Umständen kann ich Gegenstände in der Größe einer Scheune auf diesen entferntesten Himmelskörpern unterscheiden.

Frage: Und was tun Sie mit diesen Beobachtungen?

Weiland: Diese leite ich weiter an diejenigen, die die umfangreichen Haushaltsmittel für dieses Institut aufbringen.

Frage: Und was tun diese mit diesen Informationen?

Weiland: Sie speichern sie. Es sind zu viele, als daß man sie verwenden könnte.

Frage: Und jetzt will man dieses wertvolle Institut schließen?

Weiland: Jawohl, es soll eingespart werden.

Frage: Was ist der Grund?

Weiland: Es ist zu Spannungen zwischen den Auftraggebern, die die Mittel aufbringen, und der Institutsleitung gekommen.

Frage: Wer ist die Institutsleitung?

Weiland: Ich.

Frage: Worin bestehen diese Spannungen?

Weiland: Die Vertreter der Auftraggeber können die vom Institut eingesammelten Informationen, zum Beispiel über die Rohstoffcharaktere von Himmelskörpern in den mutmaßlichen Entwicklungsrichtungen des industriellen Fortschritts, ich denke da vor allem an die Nachbargalaxien Steffens Quintett, Andromeda usf., angeblich nicht auswerten, weil es zu viele sind. Sie schauen da nicht durch. Wir wiederum – und hier spreche ich für alle Forscher an diesem Institut – können nicht weniger Informationen liefern, als wir nach bestem Wissen und Gewissen den Geräten entnehmen.

Frage: Und ein Kompromiß ist nicht möglich?

Weiland: Ausgeschlossen. Wir würden uns selbst aufgeben.

Frage: Aber so, bei Schließung des Instituts, müssen Sie doch auch aufgeben.

Weiland: Wir werden neue Institute errichten.

Frage: Guten Abend.

Weiland: Guten Abend.

Der Wissenschaftler irrte sich. Die Institutsangehörigen wurden nach Schließung des Instituts auf einem einsamen Himmelskörper unter Bewachung gestellt, weil sie Informationen über Rohstoffschätze in den Galaxien besaßen, die auf keinen Fall Konkurrenten zugänglich gemacht werden durften.

Eines Tages ist die Industrie ganz fort. Eine Gruppe von Zollbeamten, die sich eben noch inmitten eines industriellen Systems an Durchsuchungen gemacht hatte, fand sich wenige Tage später im Niemandsland. Dabei hatte sie sich nicht von der Stelle bewegt. Ihr war die Wirklichkeit vielmehr über Nacht entschwunden. **Kurz darauf fingen sie eine Gruppe von 40 Personen, die in kleinen Raumfahrzeugen in die Richtung fuhren, in der angeblich die Industrie verschwunden war.** In einer eilig errichteten Baracke wurden sie vernommen.

Zöllner: Sie behaupten, 40 Spitzenmanager zu sein, die noch kürzlich in ihren Verwaltungstürmen in Sichtverbindung zu den Betrieben und den internationalen Märkten gestanden haben. Wie erklären Sie sich, daß Sie hier zerlumpt dasitzen?

Sprecher der Manager: Wir sind eilig aufgebrochen und nicht gewohnt, diese Raumboote zu bedienen.

Zöllner: Das ist unplausibel.

Sprecher der Manager: Wir haben den Anschluß an unsere Betriebe, die eilig verlegt wurden, verpaßt, da wir zwar Spitzenmanager sind, aber wiederum in der Umbauphase den Direktiven von Vorgesetzten unterstehen.

Zöllner: Wollen Sie bitte Ihre Behauptungen näher begründen?

Sprecher der Manager: Noch vor einiger Zeit wurde der Turnus der Auswertung einzelner Rohstoffplaneten von einem halben Jahr auf zwei Monate verkürzt. Zuletzt fuhren die Prospektoren, Ingenieure und Managing-Direktoren nur noch an den Planeten vorbei und produzierten bzw. verwerteten die Naturschätze *im reinen Gedanken.* Es ist die Konkurrenz der anderen, ebenfalls an den Planeten bzw. anderen Planeten vorbeireisenden Gesellschaften, die uns treibt. Diese Verwertungsform bringt höhere Profite als der tatsächliche Abbau. Ich möchte es einmal so sagen: ein von Vertretern der Suezkanal-Gesellschaft bloß angeblickter Rohstoffplanet steigt in seinem Marktwert bereits derart ins Uferlose, daß er selbst für eine kapitalstarke Firma wie die Suezkanal-Gesellschaft zu teuer wird.

Zöllner: Jetzt wird mir und meinen Kollegen manches klar, was wir in der letzten Zeit erlebt haben und als Rückgang der Zollvergehen auffaßten, der unsere Lebensstellung bedroht. Wenn ich recht verstehe, haben Sie also den Anschluß verpaßt und sind nunmehr auf der Suche nach Ihren Fabrikationsstätten?

Sprecher der Manager: Für die wir ja schließlich verantwortlich sind. Wir haben sie verloren und können sie mit der begrenzten Schubkraft unserer Fahrzeuge auch nicht mehr erreichen.

Zöllner: Gibt es denn diese Industrieanlagen überhaupt noch?

Sprecher der Manager: Das wissen wir nicht.

Zöllner: Wissen Sie wenigstens, daß bei so raschem Aufbruch die nötigen Zollformalitäten nicht berücksichtigt worden sein können?

Sprecher der Manager: Das spielt jetzt auch keine Rolle mehr.

Zöllner: Da irren Sie sich aber gewaltig.

Sternenzähler Eduard Körner stellt eine wichtige Verbindung her, kann aber niemand davon Mitteilung machen und wird schließlich vernichtet. Auf dem Mond Sagitarius saß hinter hochempfindlichen Fernrohren der Sternenzähler Eduard Körner. Während seiner täglichen zwei Stunden »Ausguck« fror er entsetzlich, aber die Linsen der Fernrohre mußten kalt gehalten werden, damit sie nicht beschlugen. Die Maschinen im Innern der Mondstation gaben seit Tagen andere als die gewohnten Geräusche ab. **Voller Neugier richtete der Sternenzähler seine Refraktoren auf die Zonen der Vergangenheit. Diese Beobachtungsform war streng verboten.** Seit einigen Tagen hatte Körner mit den Fernrohren die Trümmer des ehemaligen Planeten Erde abgetastet. Dort stellte er Wälder, Hügel, bebaute Geländeteile fest: unter einer teils nebligen, teils reflektierenden Zwischenschicht, die den Durchblick auf die unmittelbare Erdoberfläche verhindert. Daneben gelbe Flächen, die teilweise durch Wolkenschichten oder Bebauungen verdeckt sind.[2] Eduard Körner strahlte über Richtfunk mehrere mathematische Formeln und Lehrsätze Euklids in Richtung der chinesischen Genossen ab, die diese Nachrichten auch aufnahmen. Da es sich aber offenbar nicht um einen *Notruf* handelte, die Lehrsätze kannten sie, nahmen sie auf diese Ver-

2 Körner hatte für diese Beobachtung keine Erklärung. Er konnte nicht wissen, daß es sich hier um die Terrassen, Gärten, Kanäle und Landstriche handelte, die von den chinesischen Genossen nach der Katastrophe von 1981 wieder aufgebaut worden waren. Bei der Wiederherstellung der Gegenden, »so wie es einmal war«, wurde u. a. auch die Wüste Gobi wiedererrichtet. Jedoch vermieden die Chinesen hierbei jeden Schematismus. Sie verlegten diese Wüste um runde 600 km nach Norden und verkleinerten sie bei diesem Wiederaufbau. Die meisten Teile wurden untertunnelt; in diesen Kellern wurden Pilzkulturen gezüchtet, Werkstätten eingerichtet. Über dem Wüstenboden Terrassen, an Bewässerungssysteme angeschlossen, als Parkanlagen, Aufmarschgebiete für Versammlungen und zur Erdbeerzucht geeignet. In freistehende Wüstenteile waren Farbstreifen eingefügt, die in Buchstaben von 4 bis 6 km Breite eine Botschaft zum Weltall hin auslegten; diese Nachricht hieß:
»Wenn wir sagen, der Imperialismus ist bestialisch,
so meinen wir, daß sich sein Wesen nicht ändern kann,
daß die Imperialisten bis zu ihrem Untergang
ihr Schlächtermesser nie aus der Hand legen werden,
sich nie in Buddhas verwandeln können.«
Körner vermochte diese Schriftzeichen nicht zu entschlüsseln, da er nicht Chinesisch sprach.

bindung keine weitere Rücksicht. Körner versuchte, eine Meldung seiner Entdeckung zum Zentralplaneten, den er noch im System Wurst vermutete, abzusetzen. Wenige Tage darauf landete **eine Räuberbande,** die den Funkstrahl Körners angemessen hatte, auf Mond Sagitarius, übernahm das Funkgerät, zerschoß die Fernrohröffnungen. Sie töteten Körner, damit er nicht gegen sie aussagen konnte.

Reporter in der Marsregion, Nachhut der Menschheit, haben eine überraschende Begegnung. Kennzeichen des Fortschritts in den Sektoren Dubna – Wurst – Morgenröte ist die Nachrichtenverdünnung. Nichts existiert hier, das nicht mit Flottenführung oder den Großen Kapitalgesellschaften zu tun hat. Deren Angelegenheiten sind aber keine Nachrichten, sie sind *geheim.*

Diese Politik extremer Geheimhaltung hat eine Gruppe von Reportern – geschichtlich gesehen – immer weiter nach rückwärts in die Region des Mars abgedrängt. Hier existieren noch Nachrichten. Im Jahre 2102 bricht jedoch die Funkverbindung zum Zentralplaneten Wurst ab. Die Reporter sitzen in ihren Quartieren – arbeitslos. Eines Abends landeten in ihrer Nähe 5 Raumboote, besetzt mit Chinesen, die nunmehr, zum Maifeiertag 2102, ihrerseits die Raumfahrt eröffnen.

Chinesischer Raumschiff-Kommandant (unmittelbar nach Landung): »Wir dürfen keineswegs, nur weil wir gesiegt haben, in der Wachsamkeit gegenüber den wütenden revanchistischen Machenschaften der Imperialisten und ihrer Lakaien nachlassen. Wer in dieser Wachsamkeit nachläßt, der wird sich politisch entwaffnen und in eine passive Position geraten.«

Reporter Mutius: Das ist ja interessant. Mir fällt aber auf, daß Ihre Mitarbeiter hier weder Steine sammeln noch eine Fahne aufgestellt haben. Das ist bei Erstlandungen jedoch üblich.

Chinesischer Genosse: »Der Stein, den sie erhoben haben, fällt auf ihre eigenen Füße.« Wir sind nicht hierher gekommen, um Steine einzusammeln, sondern um mit Ihrem Volk, keineswegs aber den Imperialisten, unter Wahrung Ihrer Eigenständigkeit zusammenzuarbeiten.

Reporter Friese II: Volk ist gut gesagt. Wir haben kaum noch Verbindung zur Zentrale. Wenn Sie uns gebrauchen können, also mehr ein kleines Völkchen von Reportern, sind wir gern bereit, mit Ihnen zusammenzuarbeiten. Daß Sie hier eingetroffen sind in Ihrer langsamen Art, ist an sich schon eine interessante Nachricht.

Reporter Müller (mit Blick auf die chinesischen Raumboote): Und mit diesen Hippen sind Sie bis hierher gekommen? Für die bekämen Sie auf dem Zentralplaneten Wurst nicht einmal 8000 Nenndollar.

Kommandant: Sie gehen zu sehr nach der äußeren Verpakkung. Gewiß, wir sind immer noch ein unterentwickeltes Land. »Auch technisch sind wir keine Großmacht-Chauvinisten.« Sie sollten sich jedoch die Triebwerke einmal näher ansehen.

Reporter Müller: Für mich sind das eindeutig Eimer mit Rädern und Auspuff. Wenn ich hier für meine Leser sprechen darf: die würden Sie nicht einmal für 6000 Nenndollar los.

Kommandant: Wir wollen sie auch nicht verkaufen, sondern damit fliegen.

Müller: Ich bin für die Seite »Technik« meiner jetzt nicht mehr erscheinenden Tageszeitung verantwortlich – früher war ich Ingenieur –, ich kann Ihnen ja einmal ein paar richtige Raumboote zeigen (zeigt Abbildungen neuester Schiffstypen).

Kommandant (nach Betrachten der Abbildungen): Der Unterschied zwischen Ihrer und unserer Auffassung ist der, daß Ihre erstklassigen Abbildungen hier nicht fliegen, unsere weniger sehenswürdigen Botte dagegen fliegen.

Müller: Aber früher, als sie noch gebaut wurden, hätten die hier abgebildeten Schiffe Ihre Boote eingeholt.

Kommandant: Das mag sein. Wir sind nicht in Eile.

Pläne der Chinesen in ihrer Wiedergabe durch Reporter Friese II: »Auf die Frage: Wohin geht Ihre Reise?, antworteten mir die hier eingetroffenen Chinesen, daß sie früher oder später von der Sternenstraße nach Westen abbiegen würden

in allgemeiner Marschrichtung Sternbild Schwan. »Wir sind nicht auf der Suche nach Rohstoffen, sondern nach Menschen«, antworteten sie auf meine Frage nach dem Zweck dieser Expedition. Möglich, daß dies irgendeine Sprachregelung ist, hinter der sich eine altorientalische List verbirgt; möglich aber auch, daß sie es ernst meinen. Jedenfalls sind ihre Boote nicht geeignet, größere Mengen an Rohstoffen zu transportieren. Für den gesunden Menschenverstand erscheint es schleierhaft, daß sie diese enormen Entfernungen überwinden, wenn sie nicht die Absicht haben, Beute zu machen. Aber es gibt noch andere Standpunkte dieser Chinesen, die dem Betrachter rätselhaft bleiben. Mehr hierüber in meiner Sendung am nächsten Donnerstag, gleiche Stelle, gleiche Welle.«[3]
Reporter Friese II führte diese wöchentlichen Sendungen durch, weil die Geräte dafür noch funktionierten. An sich hatte er keinen Auftrag mehr, wurde auch nicht bezahlt.
Als Insassen der chinesischen Raumboote stießen die Marsreporter in Richtung der zertrümmerten Sternenstraße vor; in diesem Frühjahr kamen sie bis Planet Pluto.

»Der Gedanke an den Selbstmord ist ein starkes Trostmittel, mit ihm kommt man über manche böse Nacht hinweg.« Die Massaker auf Planet Wurst, August 2103. 6 Stunden später war der Mond Ust-Urt, 4 parsec nördlich, auf dem die Experten ihre Büros unterhielten, im Bürgerkriegszustand. Zwicki, der mehrfach verjüngte, jetzt 180jährige Gründer, Dorfmann, v. Ungern-Sternberg, neben ihnen Boltzmann. Aber das war

3 *Zwicki, Dorfmann, v. Ungern-Sternberg, Boltzmann, 4 parsec nördlich von Planet Wurst, empfangen die Richtfunksendungen von Friese II.* Sie interessierten sich besonders für einen von Friese II in chinesischer Sprache wiedergegebenen (und von Friese selbst offenbar nicht verstandenen) Trinkspruch, den die chinesischen Genossen abgegeben hatten: »Da schlug der goldene Affe mit seinem Zauberstab darein, da war der Himmel von Jade vom Staube wieder rein.«
Dorfmann (er verstand ja chinesisch): Man könnte dies auch übersetzen: »Goldener Affe, spring auf zu tausend redlichen Prügeln, Jadehimmel zu säubern vom Zehntausend-Meilen-Schmutz.«
Zwicki: Und was versprechen Sie sich von dieser sprachlich sehr viel ungeschickteren Wortwahl? Dorfmann: Schmutz ist »Materie am unrechten Ort«. Die wollen in ihrer geduldigen Methode die Materie wieder an den rechten Ort rücken!

längst nicht mehr Boltzmann im alten Sinne. Die Unterschenkel, Schultern, der Kopf, der Brustkorb zweimal ausgewechselt, Beckenpartie, große Teile der Haut erneuert – man konnte ebensogut sagen: dies war Boltzmanns Urenkel. Die vier Freunde in verzweifelter Stimmung. »Nein, einem Mannesalter jenes verschlagenen und historisch gebildeten Egoismus entspricht ein mit widriger Gier und würdelos am Leben hängendes Greisenalter und sodann ein letzter Akt, mit dem

die seltsam wechselnde Geschichte schließt
als zweite Kindheit, gänzliches Vergessen
ohn' Augen, ohne Zahn, Geschmack und alles.«

Dorfmann: Es ist mir schleierhaft, wo nach diesem Gemetzel noch Arbeitskräfte hergeholt werden sollen.
v. Ungern-Sternberg: Diesmal ist man zu weit gegangen.
Boltzmann (zögernd): Solange wir noch vier Mann sind, können zwei von uns die beiden andern zu Arbeitern machen.
v. Ungern-Sternberg: Halt, Boltzmann! Wir wollen nichts überstürzt unternehmen, **was den Kampf aller gegen alle auch unter uns,** die wir uns jetzt seit rund 160 Jahren kennen, auslöst.
Sie saßen im Kellerversteck, in trübseliger Stimmung, sangen: »Die Erde ist gewaltig schön, doch sicher ist sie nicht.«
Vor dem Bombardement schützte sie ein Stahldach, das diesen ehemaligen Öltank nach oben abdeckte. Nach einer Zeit, die man nach ehemals irdischen Maßstäben als »eine Nacht« bezeichnen konnte, war den Freunden wieder besser. »Jeder Selbstmord ist ein mißglückter Selbstmordversuch.« Nachdem ihnen viele Stunden lang, jeder dachte für sich, Versuche mißglückt waren, Auswege auf Kosten des anderen zu finden – dies wäre unter den konkreten Umständen *Selbstmord* gewesen –, blickten sie jetzt wieder hoffnungsvoll. Auf einer verlassenen Startrampe fanden sie vier Raumschiffe.

Die Avantgarde im Sektor Morgenröte. Sie flogen in einem Gewaltflug, soweit die Maschinen ihrer Raumschiffe Schubmasse hatten. Es blieb nur eine Reaktion: sich so weit wie möglich von der Krise abzusetzen, sich explosionsartig von den »Menschen« zu entfernen. In die Kreisbahn eines roten Gasballes eingeschlossen, den sie »Franz Zwicki« benannten, beglückwünschten sie sich zu diesem Vorstoß über 40 parsec in ein Gebiet von blauen und roten Riesensonnen.

Dorfmann: »Schneller gefahren, als die Krise folgen kann!«

Die Triebwerke waren zerschunden. Aus den Resten ihrer Raumschiffe bauten sie eine Sonnenplattform. Soweit der Blick auf dieser Insel in die Runde ging, sah er auf Alteisen-Konstruktionen, Teile ehemaliger Raumschiffe. Die grüne Riesensonne warf Licht auf die Plastikkuppel, unter der die Freunde saßen. Im Innern der Eisenkonstruktion Kojen, Schreibabteile, Schlafstätten, Vorräte.

Es war unmöglich, weiter vorwärts zu fahren. Mehr Rohstoffmassen, als sie hier im Umkreis einiger Parsec »besaßen«, konnten sie auch anderswo nicht finden.

Hinter ihnen liegen die zerschossenen Zonen der Sektoren Dubna, Wurst und des von ihnen durchquerten Teils von Sektor Morgenröte. Es existieren keine denkbaren Raumschifftypen, die sie wieder zurückbringen könnten. Objektiv ist die Lage *hoffnungslos,* aber für professionelle Hoffer wie Zwicki, Boltzmann, von Ungern-Sternberg und Dorfmann ist sie es nicht. Auf dem sechsten Planeten »ihrer« Riesensonne finden sie wälderbedeckte Kontinente. Mit den chemischen Waffen eines ihrer Rettungsboote »ritzten« sie das Abbild der *Hymne des Sektors Morgenröte* in die Wälder. Boltzmann-Zwickis geschossene Waldschneisen waren zwischen sechs und acht Kilometer breit. Dieses Zeichen intelligenten Lebens mußte vorbeifahrenden Intelligenzwesen auffallen und sie zur Landung verlocken.[4]
Den Waldplaneten nannten die Besitzer »Dorfmann«, den Mond dieses Planeten »von Ungern-Sternberg«. Die Sonnenplattform der Avantgardisten besitzt eine sauerstoffdurchflutete Kunststoffkuppel. Sieht Zwicki hinaus, so erhebt sich am Horizont über Alteisenresten der halbe Ball der roten Riesensonne »Zwicki«. Dreht sich Zwicki um, so kann er im Norden

4 Vielleicht gelingt es auf diese Weise, doch noch Arbeitskräfte anzulokken, die sich als »Partner« auspressen lassen. In diesem Fall kommen Dorfmann, v. Ungern-Sternberg, Zwicki, Boltzmann erneut in Bewegung. Andernfalls bleiben sie als Geschichtsschreiber tätig.

den Planeten Dorfmann erblicken. Setzt er sein Fernrohr ein, so liest er »Die Morgenröte«, ein Zeichen intelligenten Lebens, das ihn entzückt:

12.

L'AURORE.

(𝅗𝅥 = 50)
ADAGIO SOSTENUTO.
Piano e legato.
La nuit pour moi ne cache plus les cieux
pp
f
Esp.
pp

263 Gershom Scholem, Judaica 2. *Essays*
264 Paul Celan, Ausgewählte Gedichte
265 Jürgen Habermas, Philosophisch-politische Profile
266 Wieslaw Brudziński, Die rote Katz. *Aphorismen*
267 Marcel Proust, Eine Liebe zu Swann
269 H. C. Artmann, Von denen Husaren
270 Hans Erich Nossack, Dem unbekannten Sieger. *Roman*
271 Jean-Pierre Jouve, Paulina 1880. *Roman*
272 Thomas Bernhard, Midland in Stilfs. *Erzählungen*
273 Yasushi Inoue, Der Stierkampf. *Roman*
274 Juri Kasakow, Larifari. *Erzählungen*
275 Robert Minder, Wozu Literatur? *Reden und Essays*
276 Nelly Sachs, Verzauberung. *Szenische Dichtungen*
277 Samuel Beckett, Premier amour. Erste Liebe
278 Gertrude Stein, Erzählen. *Vier Reden*
279 Ezra Pound, Wort und Weise – motz el son. *Essays*
280 James Joyce, Briefe an Nora
281 Wolfgang Hildesheimer, Zeiten in Cornwall
282 Andrej Platanov, Die Baugrube. *Erzählung*
283 Jaroslav Hašek, Partei des maßvollen Fortschritts. *Satiren*
284 Hans Mayer, Brecht in der Geschichte. *Drei Versuche*
285 Ödön von Horváth, Von Spießern, Kleinbürgern und Angestellten
286 André Maurois, Auf den Spuren von Marcel Proust
287 Bertolt Brecht, Über Klassiker. *Betrachungen*
288 Jiří Kolář, Das sprechende Bild
289 Alfred Döblin, Die beiden Freundinnen und ihr Giftmord
290 Alexander Block, Der Sturz des Zarenreichs
292 Ludwig Hohl, Nächtlicher Weg. *Erzählungen*
293 Djuna Barnes, Nachtgewächs. *Roman*
294 Paul Valéry, Windstriche
295 Bernard Shaw, Die heilige Johanna
296 Hermann Kasack, Die Stadt hinter dem Strom
297 Peter Weiss, Hölderlin. *Stück in zwei Akten*
298 Henri Michaux, Turbulenz im Unendlichen
299 Boris Pasternak, Initialen der Leidenschaft. *Gedichte*
300 Hermann Hesse, Mein Glaube. *Eine Dokumentation*
301 Italo Svevo, Ein Mann wird älter
302 Siegfried Kracauer, Über die Freundschaft. *Essay*

303 Samuel Beckett, Le dépeupleur. Der Verwaiser
305 Ramón José Sender, Der König und die Königin
306 Hermann Broch, James Joyce und die Gegenwart. *Essay*
307 Sigmund Freud, Briefe
309 Bernard Shaw, Handbuch des Revolutionärs
310 Adolf Nowaczyński, Der schwarze Kauz
311 Donald Barthelme, City Life
312 Günter Eich, Gesammelte Maulwürfe
313 James Joyce, Kritische Schriften
314 Oscar Wilde, Das Bildnis des Dorian Gray
315 Tschingis Aitmatow, Dshamilja
316 Ödön von Horváth, Kasimir und Karoline
317 Thomas Bernhard, Der Ignorant und der Wahnsinnige
318 Princesse Bibesco, Begegnungen mit Marcel Proust
319 John Millington Synge, Die Aran-Inseln
320 Bernard Shaw, Der Aufstand gegen die Ehe
321 Henry James, Die Tortur
322 Edward Bond, Lear
323 Ludwig Hohl, Vom Erreichbaren und vom Unerreichbaren
324 Alexander Solschenizyn, Matrjonas Hof
325 Jerzy Andrzejewski, Appellation
326 Pio Baroja, Shanti Andía, der Ruhelose
327 Samuel Beckett, Mercier und Camier
328 Mircea Eliade, Auf der Mântuleasa-Straße
329 Hermann Hesse, Kurgast
330 Peter Szondi, Celan-Studien
331 Hans Erich Nossack, Spätestens im November
332 Weniamin Alexandrowitsch Kawerin, Das Ende einer Bande
333 Gershom Scholem, Judaica 3
334 Ricarda Huch, Michael Bakunin und die Anarchie
335 Bertolt Brecht, Svendborger Gedichte
336 Francis Ponge, Im Namen der Dinge
337 Bernard Shaw, Wagner-Brevier
338 James Joyce, Stephen der Held
339 Zbigniew Herbert, Im Vaterland der Mythen
341 Nathalie Sarraute, Tropismen
342 Hermann Hesse, Stufen
343 Rainer Maria Rilke, Malte Laurids Brigge
344 Hermann Hesse, Glück
345 Peter Huchel, Gedichte
346 Adolf Portman, Vom Lebendigen
347 Ingeborg Bachmann, Gier

348 Knut Hamsun, Mysterien
349 Boris Pasternak, Schwarzer Pokal
350 James Joyce, Ein Porträt des Künstlers
351 Franz Kafka, Die Verwandlung
352 Hans-Georg Gadamer, Wer bin Ich und wer bist Du
353 Hermann Hesse, Eigensinn
354 Wladimir W. Majakowskij, Ich
356 Werner Kraft, Spiegelung der Jugend
357 Edouard Roditi, Dialoge über Kunst
359 Bernard Shaw, Der Kaiser von Amerika
360 Bohumil Hrabal, Moritaten und Legenden
361 Ödön von Horváth, Glaube Liebe Hoffnung
362 Jean Piaget, Weisheit und Illusionen der Philosophie
363 Richard Hughes, Ein Sturmwind auf Jamaika
365 Wolfgang Hildesheimer, Tynset
366 Stanislaw Lem, Robotermärchen
367 Hans Mayer, Goethe
368 Günter Eich, Gedichte
369 Hermann Hesse, Iris
370 Paul Valéry, Eupalinos
371 Paul Ludwig Landsberg, Die Erfahrung des Todes
372 Rainer Maria Rilke, Der Brief des jungen Arbeiters
373 Albert Camus, Ziel eines Lebens
375 Marieluise Fleißer, Ein Pfund Orangen
376 Thomas Bernhard, Die Jagdgesellschaft
377 Bruno Schulz, Die Zimtläden
378 Roland Barthes, Die Lust am Text
379 Joachim Ritter, Subjektivität
381 Stephan Hermlin, Der Leutnant Yorck von Wartenburg
382 Erhart Kästner, Zeltbuch von Tumilat
383 Yasunari Kawabata, Träume im Kristall
384 Zbigniew Herbert, Inschrift
385 Hermann Broch, Hofmannsthal und seine Zeit
386 Joseph Conrad, Jugend
388 Ernst Bloch, Erbschaft dieser Zeit
389 Thomas Mann, Leiden und Größe der Meister
390 Viktor Šklovskij, Sentimentale Reise
391 Max Horkheimer, Die gesellschaftliche Funktion der Philosophie
392 Heinrich Mann, Die kleine Stadt
393 Wolfgang Koeppen, Tauben im Gras
394 Cesare Pavese, Das Handwerk des Lebens
395 Theodor W. Adorno, Noten zur Literatur IV

459 Goethe u. a., Torquato Tasso. Regiebuch der Bremer Inszenierung
461 Edward Bond, Gerettet. Die Hochzeit des Papstes. *Zwei Stücke*
462 Peter Ronild, Die Körper. *Roman*
463 Hans Mayer, Der Repräsentant und der Märtyrer. Konstellationen der Literatur
464 Michael Kidron, Rüstung und wirtschaftliches Wachstum. Ein Essay über den westlichen Kapitalismus nach 1945
465 Bertolt Brecht, Über Politik auf dem Theater
466 Dietlind Eckensberger, Sozialisationsbedingungen der öffentlichen Erziehung
467 Doris von Freyberg / Thomas von Freyberg, Zur Kritik der Sexualerziehung
468 Walter Benjamin, Drei Hörmodelle
469 Theodor W. Adorno, Kritik. Kleine Schriften zur Gesellschaft
470 Gert Loschütz, Gegenstände. *Gedichte und Prosa*
471 Hans Scheugl / Ernst Schmidt jr., Eine Subgeschichte des Films, 2 Bde.
472 Wlodzimierz Brus, Funktionsprobleme der sozialistischen Wirtschaft
473 Franz Xaver Kroetz, Heimarbeit / Hartnäckig / Männersache. *Drei Stücke*
474 Vlado Kristl, Sekundenfilme
476 Neues Hörspiel. Essays, Analysen, Gespräche. Herausgegeben von Klaus Schöning
477 Tom Hayden, Der Prozeß von Chicago
478 Kritische Friedensforschung. Herausgegeben von Dieter Senghaas
479 Erika Runge, Reise nach Rostock, DDR
480 Joachim Hirsch / Stephan Leibfried, Materialien zur Wissenschafts- und Bildungspolitik
481 Jürgen Habermas, Zur Logik der Sozialwissenschaften. Materialien
482 Noam Chomsky, Die Verantwortlichkeit der Intellektuellen
483 Hellmut Becker, Bildungsforschung und Bildungsplanung
484 Heine Schoof, Erklärung
485 Bertolt Brecht, Über Realismus
487 Eberhard Schmidt, Ordnungsfaktor oder Gegenmacht. Die politische Rolle der Gewerkschaften
488 Über Wolfgang Hildesheimer. Herausgegeben von Dierk Rodewald
489 Hans Günter Michelsen, Drei Hörspiele
490 Bertolt Brecht, Trommeln in der Nacht. *Komödie*
491 Eva Hesse, Beckett. Eliot. Pound. *Drei Textanalysen*

492 Gunnar Myrdal, Aufsätze und Reden
494 Orlando Araujo, Venezuela
495 Über Paul Celan. Herausgegeben von Dietlind Meinecke
496 Walter Schäfer / Wolfgang Edelstein / Gerold Becker, Probleme der Schule im gesellschaftlichen Wandel. Das Beispiel Odenwaldschule
497 David Cooper, Psychiatrie und Anti-Psychiatrie
498 Dieter Senghaas, Rüstung und Militarismus
499 Ronald D. Laing / H. Phillipson / R. A. Lee, Interpersonelle Wahrnehmung
502 Wolfgang Emmerich, Zur Kritik der Volkstumsideologie
503 Anouar Abdel-Malek, Ägypten: Militärgesellschaft. Das Armeeregime, die Linke und der soziale Wandel unter Nasser
504 G. F. Jonke, Glashausbesichtigung
506 Heberto Padilla, Außerhalb des Spiels. *Gedichte*
507 Manuela du Bois-Reymond, Strategien kompensatorischer Erziehung
508 Gunnar Myrdal, Objektivität in der Sozialforschung
509 Peter Handke, Der Ritt über den Bodensee
510 Dieter Henrich, Hegel im Kontext
511 Lehrlingsprotokolle. Herausgegeben von Klaus Tscheliesnig. Vorwort von Günter Wallraff
512 Ror Wolf, mein famili. Mit Collagen des Autors
513 Wolfgang Fritz Haug, Kritik der Warenästhetik
514 Gefesselte Jugend. Fürsorgeerziehung im Kapitalismus
515 Fritz J. Raddatz, Verwerfungen
516 Wolfgang Lefèvre, Zum historischen Charakter und zur historischen Funktion der Methode bürgerlicher Soziologie
517 Bertolt Brecht, Die Mutter. Regiebuch der Schaubühnen-Inszenierung. Herausgegeben von Volker Canaris
518 Über Peter Handke. Herausgegeben von Michael Scharang
519 Ulrich Oevermann, Sprache und soziale Herkunft
520 Melchior Schedler, Kindertheater
521 Ernest Mandel, Der Spätkapitalismus
522 Urs Jaeggi, Literatur und Politik
523 Ulrich Rödel, Forschungsprioritäten und technologische Entwicklung
524 Melanie Jaric, Geh mir aus der Sonne. *Prosa*
525 Peter Bürger, Studien zur französischen Frühaufklärung
526 Herbert Brödl, fingerabdrücke. Schrottplatztexte
527 Über Karl Krolow. Herausgegeben von Walter Helmut Fritz
528 Ursula Schumm-Garling, Herrschaft in der industriellen Arbeitsorganisation
529 Hans Jörg Sandkühler, Praxis und Geschichtsbewußtsein
530 Eduard Parow, Psychotisches Verhalten

531 Dieter Kühn, Grenzen des Widerstands
533 Materialien zu Ödön von Horváths ›Geschichten aus dem Wienerwald‹
534 Ernst Bloch, Vom Hasard zur Katastrophe. Politische Aufsätze 1934–1939
535 Heinz-Joachim Heydorn, Zu einer Neufassung des Bildungsbegriffs
536 Brigitte Eckstein, Hochschuldidaktik
537 Franco Basaglia, Die abweichende Mehrheit
538 Klaus Horn, Gruppendynamik und der ›subjektive Faktor‹
539 Gastarbeiter. Herausgegeben von Ernst Klee
540 Thomas Krämer-Badoni / Herbert Grymer / Marianne Rodenstein, Zur sozio-ökonomischen Bedeutung des Automobils
541 Über H. C. Artmann. Herausgegeben von Gerald Bisinger
542 Arnold Wesker, Die Küche
543 Detlef Kantowsky, Indien
544 Peter Hacks, Das Poetische
546 Frauen gegen den § 218. 18 Protokolle, aufgezeichnet von Alice Schwarzer
547 Wlodzimierz Brus, Wirtschaftsplanung. Für ein Konzept der politischen Ökonomie
548 Otto Kirchheimer, Funktionen des Staats und der Verfassung
549 Claus Offe, Strukturprobleme des kapitalistischen Staates
550 Manfred Clemenz, Zur Entstehung des Faschismus
551 Herbert Achternbusch, L'Etat c'est moi
552 Über Jürgen Becker
553 Hans Magnus Enzensberger, Das Verhör von Habana
555 Alfred Sohn-Rethel, Geistige und körperliche Arbeit
556 Becker / Jungblut, Strategien der Bildungsproduktion
557 Karsten Witte, Theorie des Kinos
558 Herbert Brödl, Der kluge Waffenfabrikant und die dummen Revolutionäre
559 Über Ror Wolf. Herausgegeben von Lothar Baier
560 Rainer Werner Fassbinder, Antiteater 2
561 Branko Horvat, Jugosl. Gesellschaft
562 Margaret Wirth, Kapitalismustheorie in der DDR
563 Imperialismus und strukturelle Gewalt. Herausgegeben von Dieter Senghaas
565 Agnes Heller, Marxistische Theorie der Werte
566/67 William Hinton, Fanshen
568 Henri Lefebvre, Soziologie nach Marx
569 Imanuel Geiss, Geschichte und Geschichtswissenschaft
570 Werner Hecht, Sieben Studien über Brecht
571 Materialien zu Hermann Brochs »Die Schlafwandler«

572 Alfred Lorenzer, Gegenstand der Psychoanalyse
573 Friedhelm Nyssen u. a., Polytechnik in der Bundesrepublik Deutschland
574 Ronald D. Laing / David G. Cooper, Vernunft und Gewalt
575 Determinanten der westdeutschen Restauration 1945–1949
576 Sylvia Streeck, Wolfgang Streeck, Parteiensystem und Status quo
577 Prosper Lissagaray, Geschichte der Commune von 1871
580 Dorothea Röhr, Prostitution
581 Gisela Brandt, Johanna Kootz, Gisela Steppke, Zur Frauenfrage im Kapitalismus
582 Jurij M. Lotmann, Struktur d. künstl. Textes
583 Gerd Loschütz, Sofern die Verhältnisse es zulassen
584 Über Ödön von Horváth
585 Ernst Bloch, Das antizipierende Bewußtsein
586 Franz Xaver Kroetz, Neue Stücke
587 Johann Most, Kapital und Arbeit. Herausgegeben von Hans Magnus Enzensberger
588 Henryk Grynberg, Der jüdische Krieg
589 Gesellschaftsstrukturen. Herausgegeben von Oskar Negt und Klaus Meschkat
590 Theodor W. Adorno, Zur Metakritik der Erkenntnistheorie
591 Herbert Marcuse, Konterrevolution und Revolte
592 Autonomie der Kunst
593 Probleme der internationalen Beziehungen. Herausgegeben von Ekkehart Krippendorff
594 Materialien zum Leben und Schreiben der Marieluise Fleißer
595/596 Ernest Mandel, Marxistische Wirtschaftstheorie
597 Rüdiger Bubner, Dialektik und Wissenschaft
598 Technologie und Kapital. Herausgegeben von Richard Vahrenkamp
599 Karl Otto Hondrich, Theorie der Herrschaft
600 Wislawa Szymborska, Salz
601 Norbert Weber, Über die Ungleichheit der Bildungschancen in der BRD
602 Armando Córdova, Heterogenität
603 Bertolt Brecht, Der Tui-Roman
604 Bertolt Brecht, Schweyk (im zweiten Weltkrieg). Editiert und kommentiert von Herbert Knust
606 Henner Hess / Achim Mechler, Ghetto ohne Mauern
607 Wolfgang F. Haug, Bestimmte Negation
608 Hartmut Neuendorff, Der Begriff d. Interesses
610 Tankred Dorst, Eiszeit
611 Materialien zu Horváths »Kasimir und Karoline«. Herausgegeben von Traugott Krischke

612 Stanislaw Ossowski, Die Besonderheiten der Sozialwissenschaften
613 Marguerite Sechehaye, Tagebuch einer Schizophrenen
614 Walter Euchner, Egoismus und Gemeinwohl
617 Probleme einer materialistischen Staatstheorie. Herausgegeben von Joachim Hirsch
618 Jacques Hochmann, Thesen zu einer Gemeindepsychiatrie
619 Manfred Riedel, System und Geschichte
620 Peter Szondi, Über eine freie Universität
621 Gaston Salvatore, Büchners Tod
622 Gert Ueding, Glanzvolles Elend
623 Jürgen Habermas, Legitimationsprobleme im Spätkapitalismus
624 Heinz Schlaffer, Der Bürger als Held
625 Claudia von Braunmühl, Kalter Krieg und friedliche Koexistenz
626 Ulrich K. Preuß, Legalität und Pluralismus
627 Marina Neumann-Schönwetter, Psychosexuelle Entwicklung und Schizophrenie
628 Lutz Winckler, Kulturwarenproduktion
629 Karin Struck, Klassenliebe
630 Alfred Sohn-Rethel, Ökonomie und Klassenstruktur des deutschen Faschismus
631 Bassam Tibi, Militär und Sozialismus in der Dritten Welt
632 Aspekte der Marxschen Theorie I
633 Aspekte der Marxschen Theorie II
635 Manfred Jendryschik, Frost und Feuer, ein Protokoll und andere Erzählungen
636 Paul A. Baran, Paul M. Sweezy, Monopolkapital. Ein Essay über die amerikanische Wirtschafts- und Gesellschaftsordnung
637 Alice Schwarzer, Frauenarbeit – Frauenbefreiung
638 Architektur und Kapitalverwertung
639 Oskar Negt, Alexander Kluge, Öffentlichkeit und Erfahrung
640 Probleme des Sozialismus und der Übergangsgesellschaften. Herausgegeben von Peter Hennicke
641 Paavo Haavikko, Gedichte
642 Martin Walser, Wie und wovon handelt Literatur
643 Arzt und Patient in der Industriegesellschaft. Herausgegeben von Otto Döhner
644 Rolf Tiedemann, Studien z. Philosophie Walter Benjamins
646 H. J. Schmitt, Expressionismus-Debatte
647 Über Peter Huchel
649 Renate Damus, Entscheidungsstrukturen und Funktionsprobleme in der DDR-Wirtschaft

650 Hans Ulrich Wehler, Geschichte als Historische Sozialwissenschaft
652 Peripherer Kapitalismus. Herausgegeben von Dieter Senghaas
659 Heinar Kipphardt, Stücke I
660 Peter v. Oertzen, Die soziale Funktion des staatsrechtlichen Positivismus
661 Kritische Friedenserziehung
662 Thesen zur deutschen Sozial- und Wirtschaftsgeschichte 1933 bis 1938
663 Gerd Hortleder, Ingenieure in der Industriegesellschaft
664 Hans Setzer, Wahlsystem und Parteienentwicklung in England
665 Alexander Kluge, Lernprozesse mit tödlichem Ausgang
670 Peter Bulthaup, Zur gesellschaftlichen Funktion der Naturwissenschaften
671 Materialien zu Horváths ›Glaube Liebe Hoffnung‹. Herausgegeben von Traugott Krischke
672 Reform des Literaturunterrichts. Eine Zwischenbilanz. Herausgegeben von H. Brackert und W. Raitz
674 Monopol und Staat
675 Autorenkollektiv Textinterpretation und Unterrichtspraxis, Projektarbeit als Lernprozeß
676 George Lichtheim, Das Konzept der Ideologie
677 Heinar Kipphardt, Stücke II
678 Erving Goffman, Asyle
679 Dieter Prokop, Massenkultur und Spontaneität
680 Die Kommune in der Staatsorganisation
681 M. Dubois-Reymond / B. Söll, Neuköllner Schulbuch, 2 Bände
682 Dieter Hoffmann-Axthelm, Theorie der künstlerischen Arbeit
683 Dieter Kühn, Unternehmen Rammbock
688 Evsej G. Liberman, Methoden der Wirtschaftslenkung im Sozialismus
689 Martin Walser, Die Gallistl'sche Krankheit
695 Gesellschaft, Beiträge zur Marxschen Theorie 1
696 Hans Magnus Enzensberger, Palaver
699 Wolfgang Lempert, Berufliche Bildung als Beitrag zur gesellschaftlichen Demokratisierung
701 Sozialistische Realismuskonzeptionen
707 Franz Xaver Kroetz, Oberösterreich, Dolomitenstadt Lienz, Maria Magdalena, Münchner Kindl
712 Hartwig Berger, Untersuchungsmethoden und soziale Wirklichkeit
719 Peter U. Michels, Bericht über den Widerstand in den USA
722 Jürgen Becker, Umgebungen
728 Beulah Parker, Meine Sprache bin ich
740 Bertolt Brecht, Das Verhör des Lukullus. Hörspiel

Alphabetisches Verzeichnis der edition suhrkamp